敦煌与丝绸之路石窟艺术丛书　郑炳林　主编

北周石窟造像研究

吴荭　著

读者出版传媒股份有限公司
甘肃教育出版社

图书在版编目（CIP）数据

北周石窟造像研究 / 吴荭著. -- 兰州 : 甘肃教育出版社, 2015.12
（敦煌与丝绸之路石窟艺术丛书 / 郑炳林主编）
ISBN 978-7-5423-3794-8

Ⅰ. ①北… Ⅱ. ①吴… Ⅲ. ①石窟－研究－中国－北周 Ⅳ. ①K879.204

中国版本图书馆CIP数据核字(2015)第317744号

北周石窟造像研究
郑炳林 主编 吴 荭 著

出版人 王永生
项目负责 孙宝岩
责任编辑 冯 娟
书籍设计 徐晋林 张小乐

出 版 甘肃教育出版社
社 址 兰州市读者大道568号 730030
网 址 www.gseph.cn E-mail gseph@duzhe.cn
电 话 0931-8773136（编辑部） 0931-8773056（发行部）
传 真 0931-8773255
淘宝官方旗舰店 http://shop111038270.taobao.com

发 行 甘肃教育出版社 印 刷 兰州新华印刷厂
开 本 787毫米×1092毫米 1/16 印 张 31 插 页 3 字 数 450千
版 次 2017年1月第1版
印 次 2017年1月第1次印刷
印 数 1~1 500
书 号 ISBN 978-7-5423-3794-8 定 价 78.00元

图书若有破损、缺页可随时与印厂联系:0931-2607208

总 序

丝绸之路是中西文明交流永恒的通途，也是连接中外的一条艺术之路。西域地区的音乐舞蹈、佛教艺术都是通过这条道路传入中国的。隋代"九部乐"、唐代"十部乐"中的西凉、高昌、龟兹、疏勒、康国、安国、天竺等风格的乐舞都来自于西域地区，也都是通过这条路线进入中原地区的，特别是《西凉乐》，就是《龟兹乐》与传入河西的中原古乐融合之后形成的一种乐舞。佛教壁画艺术和雕塑艺术通过丝绸之路进入中原，形成自己特色后又回传到河西、敦煌及西域地区。丝绸之路石窟众多，各有特色，著名的有麦积山石窟、北石窟、南石窟、大像山石窟、水帘洞石窟、炳灵寺石窟、天梯山石窟、马蹄寺石窟、金塔寺石窟、文殊山石窟、榆林窟、莫高窟、西千佛洞等。祆教艺术通过粟特人的墓葬石刻被保留了下来，沿着丝绸之路和粟特人聚落分布于古代天水、长安等商贸城市。体现中原文化特色的墓葬壁画艺术，也分布于丝绸之路上的河西走廊沿线和吐鲁番地区。文化的交融和碰撞通过艺术内容和风格充分体现出来，所以将丝绸之路称之为艺术之路一点也不为过，反而更能体现出它的特色。

丝绸之路沿线星罗棋布地分散着大大小小的石窟殿堂，让人叹为观止。丝绸之路把古代印度地区，中亚地区，我国的新疆地区、甘青宁地区、中原地区、东北地区乃至朝鲜半岛和日本，都串联了起来。如果说石窟殿堂是耀眼的珍珠，那么丝绸之路就像一条线，经过它的串接，亚欧大陆的颈项上出现了一副华美的璎珞，耀眼而又迷人。百年以来，丝绸之路及其沿线的石窟殿堂以其独特的气质和魅力，吸引着来自世界各地一代又一代的学者，前赴后继，投身于相关的研究领域。

敦煌与丝绸之路石窟艺术一直都是教育部人文社科重点研究基地兰州大学敦煌学研究所多年来研究的主要内容。30 多年来，我们不但有一批专家持之以恒坚持石窟考古和石窟艺术研究，同时我们还培养了一批从事石窟艺术研究的博硕研究生和留学生，他们在这个领域做出了卓越的贡献。1980 年我们创办了中国大陆首家敦煌学专业刊物《敦煌学辑刊》，截至 2015 年年底已经发行了 90 期，石窟艺术研究专栏连同敦煌文献研究、敦煌历史地理研究等板块共同构成了刊物内容的主体，已然成为国内石窟艺术研究成果发布的重要平台。2008 年沙武田博士学位论文《敦煌画稿研究》获得该年度全国百篇优秀博士学位论文提名奖；《吐蕃统治时期敦煌石窟研究》进入《国家哲学社会科学成果文库》。与此同时，为了对敦煌与丝绸之路石窟艺术研究进行梳理和总结，兰州大学敦煌学研究所启动了《丝绸之路石窟研究文库》项目。其中《天水麦积山石窟研究论文集》《永靖炳灵寺石窟研究论文集》和《河西陇右石窟研究论文集》已经陆续出版，龟兹地区和陕西地区石窟研究论文集正在收集、整理过程之中。这种工作虽然基础，耗费人力和物力，但若能对学界研究有所裨益，也是我们最大的荣光。

结合目前学术研究动态，兰州大学敦煌学研究所启动了“敦煌与丝绸之路石窟艺术”丛书项目，研究内容涵盖甘肃省境内的大部分石窟，既有石窟群整体性的研究，又有石窟个案研究；一方面，多层次地透视丝绸之路石窟艺术文化的博大精深，另一方面，紧抓学术研究前沿，集中体现了未来丝绸之路石窟艺术研究的方向。

一、石窟艺术专题研究

学界在过去 50 多年中进行了大量基础的测绘调查和壁画内容考

释，这种研究基本上是以单个题材壁画为重点，按照时间顺序或者空间划分来对某种特定题材进行考察。这项研究是基础。无数前辈已经为我们做出了榜样。本套丛书中的《敦煌石窟彩塑艺术概论》则是一个新的案例。该书以敦煌石窟彩塑为主要研究对象，同时涉及中国其他石窟的雕塑。其结合洞窟建筑、壁画，以时代为线索，展示出了敦煌石窟彩塑独特的艺术魅力。此类研究还包括《敦煌石窟中的少数民族服饰研究》《敦煌藏经洞出土绘画品研究史》《敦煌隋代石窟壁画样式与题材研究》《北周石窟造像研究》《甘肃省博物馆藏北朝石刻造像研究》，等等。

二、石窟艺术与社会历史研究

石窟艺术与社会历史研究丝丝相扣。对于敦煌石窟而言，藏经洞出土的敦煌遗书，包括记录敦煌社会开窟造像的功德记、敦煌历史人物的邈真赞等，都是不可或缺的研究材料。史苇湘先生《敦煌社会历史与莫高窟艺术》提出敦煌本土文化论和石窟皆史论，成功运用艺术社会学研究敦煌石窟，这种研究方法意在最大程度地把莫高窟考古资料和藏经洞遗书结合起来，还原敦煌社会历史。本丛书中的《敦煌阴氏与莫高窟研究》就是运用石窟与文献相结合的方法，在石窟营建史的背景下对阴氏家族开凿或参与开凿的 7 个洞窟进行全面研究，从而分析阴家窟所反映出来的佛教思想、佛教功能以及社会和艺术功能。

三、佛教洞窟与寺院仪轨的综合研究

丝绸之路佛教寺院中的壁画造像题材，不同于博物馆藏品，它没有像藏品一样脱离原来的空间关系。这就为学者通过壁画造像所在的空间位置探索古代佛教仪轨提供了可能。本套丛书中的《天水麦积山石窟北朝佛教艺术研究》《马蹄寺石窟群汉传佛教艺术研究》《陇东地区北朝佛教造像研究》等主要研究对象集中于甘肃北朝洞窟，其综合造像内容、佛教经典以及中古时期寺院仪轨，系统阐释了图像与寺院生活的密切关系。这一研究方向是未来石窟艺术研究方向之一。

四、洞窟个案研究

专题性研究是基础，不过其弊端也清晰可见。这种研究割裂了一个洞窟之中壁画和壁画、壁画和塑像之间的互动关系。而实际上所有的造像题材都是一个有机的整体，它们共同诠释了主尊乃至整个洞窟的造像设计理念，同时也反映了洞窟背后的历史信息。因此，我们在过去数十年工作的基础上，将某一特定洞窟的诸种壁画造像题材作为一个整体进行研究，这也是未来丝绸之路佛教艺术研究的大势所趋。本套丛书就包含了莫高窟第 61 窟、第 100 窟、第 454 窟、麦积山第 127 窟以及瓜州榆林窟第 25 窟的个案研究。这些成果选取特定历史时期极富代表性的洞窟作为研究对象，全面透视洞窟设计理念，深层次构建了石窟艺术发展史。

五、特定历史时期特定区域图像的普查与研究

随着新资料的不断公布以及学者对洞窟历史背景认识的加深，部分特定阶段的佛教洞窟研究有待再探讨。本丛书《敦煌十六国至隋石窟艺术》《川北佛教石窟和摩崖造像研究》和《吐蕃统治敦煌时期的密教研究》即属于此类。以敦煌为例，学者们认为，敦煌石窟的晚期，由于西藏后弘期佛教的兴起和广泛流传，敦煌石窟营造被推进到了一个崭新的时期。目前随着藏语文献的整理和藏学研究队伍的壮大，学界对敦煌中唐到元代的历史有了更深的认识，原来对敦煌藏传佛教艺术认知需要重新架构。如本丛书中的《吐蕃统治敦煌时期的密教研究》就对相关问题做了探讨，整理了与吐蕃统治敦煌时期密教有关的大量文献与图像资料，对汉藏文献以及图像做了初步的分类与对比；讨论了吐蕃时期敦煌密教与其他信仰的关系；总结了中唐密教在整个敦煌密教发展史上的里程碑意义。

本丛书以丝路沿线石窟整体为研究对象，既注重梳理其内在的逻辑关系，又注重对个别石窟的重点探究，以开放的、广阔的研究视野，重新审视西到龟兹，东到天水、西安，西南到川北的石窟寺遗址，探索石窟艺术风格的发展演变。

这套丛书主要汇集了兰州大学敦煌学研究所近年在敦煌与丝绸之路研究方面的最新成果,希望借此出版机会倾听学界的批评和指正。

郑炳林

2015 年 12 月

目　录

第一章

绪　论

第一节 本选题的界定及意义

从北魏晚期的520年左右开始，中国石窟造像活动已不似北魏中期之前造像样式大体呈现南北一致的面貌，而是出现了几个不同的佛教文化圈，主要有以太原、邺城、青州等地为中心的中原东部地区；以长安为首的西部地区；以建康、益州为中心的南方地区等。各地区因历史、文化背景等的差异，佛教信仰不同，造像题材内容及造像样式或多或少表现出一定的地域特点。东西魏分裂后，这种特点更加明显。

中原东部地区的河北、山东等地，从东魏到北齐石窟造像表现出突出的地方特性，近年来青州出土的大量东魏、北齐造像就是令人惊叹的一例。邺城地区历来是经济文化重镇，东西魏分裂后，随着都城的东迁，大量的来自洛阳的文化深深地影响了邺城，使其成为当时北方的文化中心、佛教中心，其地高僧云集，加之北齐皇室的倡导，其佛教及其艺术大为发展，出现了许多新的佛教思想，造像内容及样式也与此前不同，南北响堂山石窟等是其代表。青州地区地近江南，受南朝正统文化的影响较大，佛教艺术较为发达。尤其是北朝晚期，青州等地不仅受到邺城、南朝文化的侵染，同时经东南亚从海上而来的印度佛教及其艺术深深地影响了此地，故而其造像表现出一种与众不同的风格特征。

中原西部地区是我国早期佛教的最初侵染地，西来的佛教思想及其艺术，通过丝绸之路，最先到达中原西部地区，使得中原西部地区受到西域文化的影响较大，早期造像中西来的成分较多。与此同时，此地区又受控于中原政权，中土的传统文化也对它们产生了一定的影响，但因时空上的距离，中原的新思想、新内容及新样式对其影响总是处于相对滞后的状态。在这样的历史及文化背景下，中原西部地区的佛教思想及其艺术呈现出受到东西两种文化影响的样态。西魏、北周统治中原西部地区后，此区文化明显落后于中原东部地区，其继承北魏以来的旧有因素较多，新内容、新样式的产生较缓慢。与此同时，长安、陇东、秦州、原州等地处于丝绸之路的要冲，也出现了代表自身特点的石窟寺及造像。

江南是我国佛教文化的另一重要地区，其佛教文化的分布是沿长江而行，上游以益州为中心，下游以建康为中心。建康为南朝文化中心地区，其地不仅文化底蕴深厚，佛教思想的传入也较早，之后随着北方人士及僧侣两次避地江南，为其带来了大量的高僧、工匠，佛教文化也极盛。同时南朝先进的文化艺术对北朝佛教造像样式产生了极大的影响，北魏晚期褒衣博带、秀骨清像造像样式风靡全国；东西魏晚期逐渐出现的丰壮短粗类型，也是吸收了南朝“张家样”画风的特点而形成的；经东南亚而来的印度笈多朝佛教艺术也首先影响建康地区，之后顺江而上波及益州，并通过南北交流反映到北方造像中。而以益州为中心的长江上游地区，在受到北朝早期佛教及其造像形式、南朝文化中心建康的共同影响后，出现了一定数量的石窟寺及单体造像，同时形成了颇具特点的造像风格。南朝石窟寺及造像不仅有自身的发展特点，也与周围的地区产生了互动与影响，如建康与青州、益州与长安、秦州等地的交流，促进了中原西部与长江流域佛教造像艺术的发展，更为重要的是在南朝绘画风格及笈多艺术的影响下，北朝晚期佛教造像艺术发生了根本性的变化。这种变化使得北朝佛教石窟寺及造像的题材出现了前所未见的新内容,佛教思想的多元融合体现明显,北朝佛教石窟及单体造像中占指导地位的法华思想逐渐衰落,净土、华严等思想开始进入佛教石窟寺及造像中。佛教造像的新样式也逐渐出现,并经过北朝晚期的南北融合,为隋唐造像的鼎盛打下了坚实的基础。

以上就是北魏晚期开始形成的中国佛教造像艺术的大格局,这种格局一直持续到隋唐统一之际,并对隋唐佛教造像产生了极大的影响。故这一阶段的石窟寺造像与单体造像的研究不仅具有承上启下的作用,同时也反映了南北造像的相互联系及影响问题,显得极为重要。

北周石窟寺主要分布在北方西部地区,以敦煌莫高窟、西千佛洞、天水麦积山、固原须弥山等地为主,还有一些中小型的石窟寺,如武山水帘洞石窟。另外,永靖炳灵寺石窟、庆阳北石窟中部分洞窟也属于本选题的研究范围。

北周各区石窟寺因在不同的文化背景下产生,对其背景的讨论就十分必要,它不仅能够厘清各地的特点及发展演变的脉络,同时也能够探讨相互间的影响。

单体的佛教造像,是中国佛教艺术的重要组成部分。西魏、北周时期的文化中心长安,因历史及地理环境等因素的影响,不见北周时期石窟寺,使我们无法得见长安地区佛教石窟寺及其造像的特征,所幸的是,长安出土了一定数量的北周单体佛教造像,通过这些造像,我们认识了长安北周佛教造像的特征。其佛教造像头大身短、面若童子的特点,还辐射影响了周围地区,故对其研究有利于全面认识北朝晚期造像的特征。

第二节 本选题研究史回顾

从目前学界的研究状况看，尚无单独对北周石窟寺及造像的综合研究。

20世纪80年代，樊锦诗、马世长等先生对莫高窟北朝洞窟进行了分期，发表了《敦煌莫高窟北朝洞窟的分期》一文，将莫高窟的北朝洞窟分为四期，并对各期洞窟特点进行了归纳分析，其中第四期就是对北周洞窟的研究。1989年李崇峰在其硕士论文《敦煌莫高窟北朝晚期洞窟的分期与研究》中对莫高窟北朝第四期洞窟又做了进一步的分期，将西魏晚期至北周洞窟分为三期，并对各期特点成因等进行了分析。进入21世纪，关于莫高窟的研究还在继续，李裕群《北朝晚期石窟寺研究》一书对莫高窟北朝晚期洞窟再次进行了分期，并与麦积山石窟、须弥山石窟等同时期洞窟进行比较，同时还与中原东部地区的东魏、北齐石窟进行了区域性对比研究。随后陈悦新在其论文《甘宁地区北朝石窟寺研究》中对敦煌地区北朝的石窟也进行了分析，同时也比较了敦煌、秦州、原州等地石窟的异同及其成因。

麦积山北朝洞窟及造像具有完整的系列，是北朝石窟寺的重要组成部分,对研究北朝石窟寺的发展演变极为重要。阎文儒《麦积山石窟的历史、分期及其题材》、黄文昆《麦积山的历史与石窟》、李裕群《北朝晚期石窟寺研究》、陈悦新《甘宁地区北朝石窟寺研究》等书籍文章中均提到麦积山北周洞窟,并总结了其开凿背景、造像特征等。麦积山石窟艺术研究所的学者也对北周洞窟做出了自己的分析,如张学荣发表了《关于麦积山石窟中的北周洞窟、造像和壁画》一文,孙晓峰撰写了《谈麦积山石窟的北周窟龛》,分别对麦积山北周窟龛进行了类型分析,并得出了一定的结论。须弥山石窟主要由中央美术学院、北京大学分别于 20 世纪 80 年代进行了调查,前者出版了《须弥山石窟》一书,综合性地介绍了须弥山石窟的开凿历史、分期、造像特征等。另外,书中还附有简单的内容总录,是了解须弥山各洞窟的重要资料。1986 年北京大学考古系与宁夏回族自治区文化厅文物处合作,对石窟进行了新的全面的调查,做出了翔实的考古报告,并出版了《须弥山石窟内容总录》一书。此书关于基础资料的介绍较为准确、详细,为以后的研究工作打下了基础。陈悦新对唐以前的洞窟进行了分期研究,并撰写了《须弥山早期洞窟的分期研究》,文章运用考古学方法,对北朝及隋代洞窟进行了洞窟形制分类、造像组合关系、造像特点等的分析,并依据分析,结合史料对北朝及隋代洞窟做出了分期排年,是目前关于须弥山石窟早期洞窟分期的重要文章。

甘肃省文物考古研究所近年对武山水帘洞石窟群进行了多次调查,出版了《水帘洞石窟群》一书,详细介绍了水帘洞石窟群的组成部分,各单元的内容及特点,并通过分期排年,判定了其时代。同时对比了水帘洞石窟群与周围石窟的异同。

北周长安单体造像,近年有大量的相关资料发表,是我们认识西魏、北周中心文化区长安造像的重要资料。目前学界对此问题的研究不够,多以刊布资料为主。日本学者松原三郎历时多年,收集了大量的单体造像,并按时代进行了初步研究,总结出北周长安造像的特点,将之命名为“陕西派”，这些研究成果集中在《中国仏教彫刻史论》一书中，使其成为研究中国佛教造像(碑)的重要参考资料。

李静杰在《石佛选粹》一书及《南北朝隋代佛教造像系谱与样式的整体观察》一文中，通过区域及时代研究分析总结了北周以长安为中心的关中区造像特点，认为他们面形方圆，躯体健壮矮短，肌肉隆起显著，可以强烈地感受到注重人体表现的倾向。但四肢与躯体之间的分离十分有限。佛着通肩式袈裟，胸腹部袈裟刻画成一列左右对称的 U 字形褶皱，两腿部也各自刻画一列 U 字形褶皱。总体看袈裟显得比较厚重，整个造像受到了印度笈多造像的影响。但对其来源的探讨还有待深入。

笔者也对北周单体造像有极大的兴趣，近年在大量收集资料的基础上，做了一些探索性的研究，发表了《北周单体圆雕佛造像及其相关问题》一文。另外，李凇《陕西古代佛教美术》、罗宏才《中国佛道造像碑研究——以关中地区为考察中心》、台南艺术大学马羽婀的硕士论文《陕西北朝单体石造像考》等书籍论文中均涉及北周造像。日本学者八木春生也十分关注长安北周造像，先后发表了《西安北周石造如来立像に関する一考察》《西安隋前期の石造菩萨立像に関する一考察》等文。暨远志在《北周丰壮型佛教艺术是如何形成的?》中对北周丰壮造型的特点及产生原因做了翔实的论述。近年年轻学者王敏庆及肖丁也关注北周及长安造像，分别出版和发表了《北周佛教美术研究》《西安地区北周佛教造像及其渊源研究》，他们的研究取得了一定的进展。陈悦新对汉地佛像服饰的研究取得了较大的成果，在其新作《5～8 世纪汉地佛像着衣法式》中涉及西安地区北周单体佛立像的着衣特点。

总之，经过多年的努力，学界对于北周石窟寺及单体造像的认识与研究取得了可喜的成果，对造像年代及特点的判定获得了普遍的共识。目前需要加强的是对其特点来源等问题的探讨。此时造像新内容的出现，反映了多元信仰的状况，北朝以来占主导地位的法华思想，在此时已非绝对主流，代表净土、华严等信仰的图像开始出现在洞窟及造像组合中。

第三节 研究方法

本文在对西部地区北周石窟造像全面调查的基础上，以调查所获大量的第一手资料为基础，运用考古类型学的方法，并参诸文献及前人研究成果，对此地区石窟造像进行研究。

一、实地调查

通过实地调查，对主要洞窟以绘图、文字、照相等手段记录，以期对洞窟遗迹做出较为全面、真实的记录。刊布基础资料，并在此基础上对石窟进行深入研究。

二、综合研究

在实地调查的基础上，结合文献资料、前人研究成果等，对中原西部地区北周石窟寺及造像进行综合研究。具体分为石窟开凿历史背景、窟龛形制、题材内容、造像特点、分期断代等的研究。

三、对比研究

西部地区的北周石窟寺，因其各自所处的地理位置不同，自身的文化背景存在极大的差异，在东西交流的通道上所受到的文化影响与融合不一，各地接受外来的佛教文化的时间早晚有异，佛教的根基不同，佛教思想及艺术的流布程度存在一定的差别，致使石窟寺及其造像在总体面貌上各不相同。但因同处北周大的历史背景下，又具有一定的时代共性。因此，在探讨其时代共性的同时，对比研究也很重要。不仅西部地区各石窟间有一定的联系，南北间的互动也是此时段的一大特色。总之，南北朝晚期，各地佛教思想及艺术除存在共性外，差异也较为明显，故在探索各自发展演变规律的基础上，深入地对比研究相互间的影响就显得极为重要，尤其南朝佛教思想及造像对北朝的影响意义深远。

在本文中，笔者试图通过对这些石窟的对比研究，揭示出它们之间的共性及区域性的差别，并探讨其成因。同时将石窟寺及造像的具体研究融入到北朝晚期佛教中国化的历史进程中。

第二章

北周洞窟类型分析

北周石窟主要分布在北方西部地区，因其地理环境、政治文化背景、佛教流布程度等因素的影响，各地石窟寺形态也不尽相同，以下就其类型等分别介绍。

第一节 敦煌北周洞窟

敦煌石窟包括莫高窟、东千佛洞、西千佛洞、榆林窟、肃北五个庙石窟、一个庙石窟、昌马石窟等。莫高窟位于敦煌市东南 25 公里的鸣沙山东麓的断崖上，洞窟分为南、北两区，南区保存了大部分洞窟与造像，是莫高窟精华所在。北区主要为禅窟、僧房窟、瘗窟等与僧人生活相关的洞窟。北周洞窟主要分布在南区二、三层崖面上（图一）。

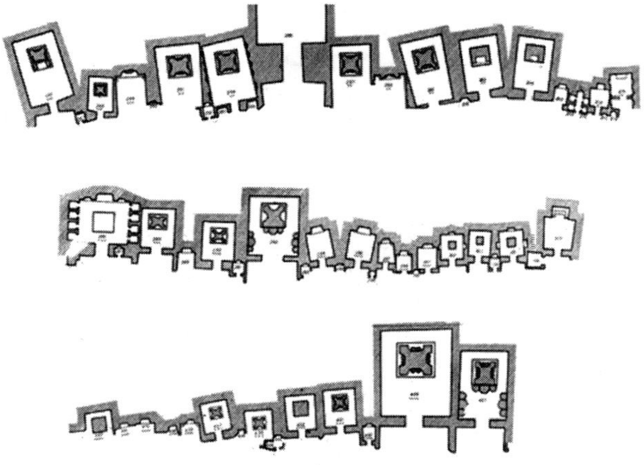

图一 莫高窟北周、隋洞窟形制及分布图（采自《中国石窟·敦煌莫高窟》）

西千佛洞，因位于敦煌莫高窟以西，故名西千佛洞。现存北魏—元代洞窟19个。其洞窟形制与莫高窟同期的洞窟相近，壁画及造像内容也较为重要。许多题材与莫高窟联系紧密，对研究莫高窟壁画有一定的补充作用。

其他各石窟现存遗迹的时代较晚，多为唐、五代、西夏等时期。

一、前人研究成果

藏经洞发现百年来，国内外学界对敦煌莫高窟造像、壁画、出土文献等的介绍与研究较多，取得了丰硕的成果。在石窟寺考古方面，北京大学及敦煌研究院的学者们做出了较大的贡献。1956年宿白先生发表了《参观莫高窟第285窟札记》[①]，以285窟大魏大统四、五年的题记为准，首次以考古类型学的方法对北周以前的洞窟进行了分期研究。尔后，20世纪80年代，樊锦诗等先生对北朝洞窟进行了分期，将莫高窟的北朝洞窟分为四期，并对各期洞窟特点进行了归纳分析[②]。莫高窟隋代洞窟数量多，内容丰富，与中原东部地区同时期石窟寺不同，为了厘清莫高窟隋代洞窟的面貌，樊锦诗等先生又对80余个隋代洞窟进行了分期，并发表了其研究成果[③]。1989年李崇峰在其硕士论文中对北朝第四期洞窟又做了进一步的分期，将西魏晚期至北周洞窟分为三期[④]。同年，赵青兰对敦煌中

---

①宿白《参观莫高窟第285窟札记》，《文物参考资料》1956年第2期。

②樊锦诗、马世长、关友惠《敦煌莫高窟北朝洞窟的分期》，《中国石窟·敦煌莫高窟》（一），文物出版社，1982年。

③樊锦诗、关友惠、刘玉权《莫高窟隋代洞窟分期》，《中国石窟·敦煌莫高窟》（二），文物出版社，1984年。

④李崇峰《敦煌莫高窟北朝晚期洞窟的分期与研究》，北京大学硕士论文，1989年，后收入敦煌研究院编《敦煌研究文集——敦煌石窟考古篇》，甘肃民族出版社，2000年。

心柱窟进行了分期研究[①]。进入 21 世纪，关于莫高窟的研究还在继续，李裕群在其博士论文中对莫高窟北朝晚期洞窟再次进行了分期，并与麦积山、须弥山等同时期洞窟进行对比，同时还与中原东部地区的东魏、北齐石窟进行了区域性对比研究[②]。陈悦新的博士论文中对敦煌地区北朝的石窟也进行了分期研究，同时也比较了敦煌、秦州、原州等地石窟的异同及其原因[③]。这些研究成果为我们进一步认识研究莫高窟北朝石窟奠定了坚实基础。

除了上述的分期研究外，敦煌研究院的学者还致力于莫高窟北朝图像学及题材的研究，其中的代表人物为贺世哲先生，他综合多年研究成果，出版了《敦煌图像研究——十六国北朝卷》[④]，对十六国至北朝的敦煌图像及其来源进行了细致的分析，较为全面地把握了敦煌此阶段图像特点及思想内涵，读后使人受益匪浅。另外，台湾的赖鹏举先生在其《丝路佛教的图像与禅法》[⑤]一书中，涉及莫高窟北周窟中卢舍那佛等内容，其观点令人耳目一新，启发我们多角度、多视野地分析研究莫高窟。

二、洞窟类型

莫高窟洞窟保存较为完整，塑像与壁画保存完好，对于其分期排序十分有利。作为分期研究的基础，洞窟形制、造像组合、壁画题材、技法特点等是必不可少的因素，以下从这几个方面进行分析。

---

①赵青兰《敦煌莫高窟中心柱窟的分期与年代》，北京大学硕士论文，1989 年，后更名为《莫高窟中心柱窟的分期研究》，收入敦煌研究院编《敦煌研究文集——敦煌石窟考古篇》，甘肃民族出版社，2000 年。

②李裕群《北朝晚期石窟寺研究》，文物出版社，2003 年。

③陈悦新《甘宁地区北朝石窟寺研究》，北京大学博士论文，2004 年。

④贺世哲《敦煌图像研究——十六国北朝卷》，甘肃教育出版社，2006 年。

⑤赖鹏举《丝路佛教的图像与禅法》，圆光佛学研究所，2002 年。

(一)窟龛形制

1. 窟形

依平面、顶部特征及四壁开龛情况分为三型。

A 型　平面方形,前部人字披顶,后部平棋顶,正壁开一龛。如 430、439 窟(图二:1)。

B 型　平面方形覆斗顶窟,分二式。

Ⅰ式　正壁开一龛,如 438、294、296、297、299、301、440、441 窟(图二:2)。

Ⅱ式　四壁不开龛,如 461 窟(图二:3)。

C 型　中心柱窟,平面长方形,前部人字披顶,后部平棋顶,窟中央设方形塔柱,塔柱四面各开一龛,壁面多贴影塑,只有 428 窟中心柱壁面无影塑。洞窟四壁不开龛,绘制大量故事画、说法图、千佛图、供养人等。如 442、428、290、432 窟(图二:4)。

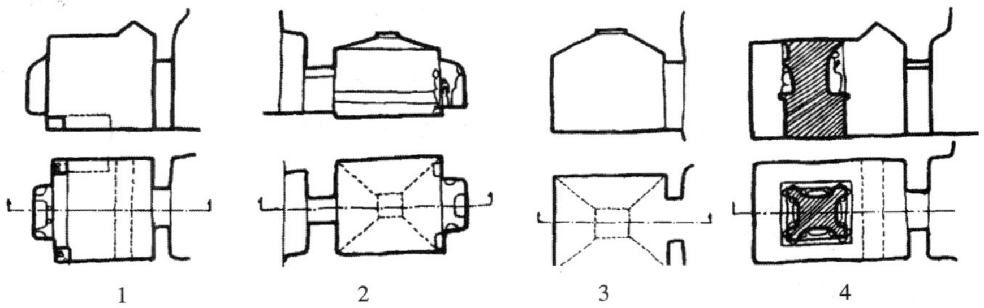

图二　莫高窟北周窟形图

1. 430 窟　2. 296 窟　3. 461 窟　4. 432 窟(采自《敦煌莫高窟北朝晚期洞窟的分期与研究》图 2)

2. 龛形

无论塑绘均为圆拱尖楣龛,依龛楣、龛柱的不同分二型。

A 型　圆形龛柱,龛楣上绘睒子本生、花纹等,柱身素面,柱头上束裹帛巾,之上为忍冬装饰。如 461 窟壁画、438 窟西壁、290 窟中心柱南面龛、432 窟中心柱北向龛(图三:1、2、3)。

B 型　圆形龛柱，柱头覆莲瓣。依柱身装饰纹样及龛梁尾部情况分二式。

Ⅰ式　龛楣塑绘结合，塑交龙托珠及羽人，柱身彩绘花纹，龛梁尾部绘出忍冬。如 297 窟(图三:4)。

Ⅱ式　龛柱上装饰有莲叶、莲蓬等，龛梁尾部塑出穿过火焰宝珠而回首的龙头。如 290 窟中心柱东向面、439 窟西壁、428 窟中心柱东向面、296 窟西壁、432 窟中心柱东向龛、297 窟西壁等(图三:5、6)。

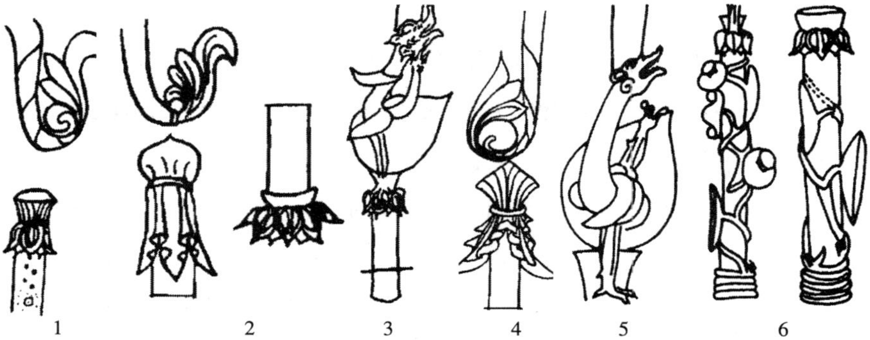

图三　莫高窟北周龛柱样式图

1. 461 窟　2. 290 窟　3. 430 窟　4. 297 窟　5. 428 窟　6. 290 窟(采自《敦煌莫高窟北朝晚期洞窟的分期与研究》图 2、图 3)

(二)题材内容

1. 造像部分

造像组合大都为单铺组合，整铺组合仅见影塑千佛。

(1)单铺组合

分二型：

A 型　一铺三身，据内容不同分二式。

Ⅰ式　一佛二弟子，如 442 窟中心柱南西北向面龛内。

Ⅱ式　一佛二菩萨，如 438 窟。

B 型　一铺五身，据内容不同分二式。

Ⅰ式　一佛二菩萨二弟子。如439窟西壁、428窟中心柱四面龛内、290窟中心柱东南北向面龛内、297窟西壁、296窟西壁、299窟西壁、294窟西壁、301窟西壁(残)、430窟西壁、440窟西壁。

Ⅱ式　一交脚菩萨四胁侍菩萨,如290窟中心柱西向面龛内。

(2)整铺组合

影塑千佛,主要在中心柱窟中,如432窟。

2. 壁画部分

(1)壁画布局

壁画保存较好,中心柱窟四壁均绘壁画,方形覆斗顶窟在左右壁及前壁绘制壁画。另外,窟顶也存有大量壁画。位置不同内容也不同,现据壁画位置描述。

侧壁　分栏绘制,依分栏布局情况及内容分为二型。

A型　分上、中、下三栏,据洞窟结构、壁画分布状况、内容等分三式。

Ⅰ式　上栏绘天宫栏墙、伎乐天,中栏绘千佛,下栏绘供养人、药叉等。如430、290、442窟。

Ⅱ式　上栏绘千佛,中栏绘故事画,下栏画药叉等,如296窟。

Ⅲ式　洞窟前部为人字披顶,人字披处绘说法图,壁面分上、中、下三栏,上栏绘千佛,中栏绘说法图、经变画(降魔变)等,下栏绘供养人、三角形垂帐纹等,如428窟。

B型　分上、下二栏,壁面大部绘千佛,千佛中间绘一铺说法图,下栏绘供养人、药叉、伎乐天、力士、三角形垂帐纹等。如294、297、299、301、438、439、461窟。

窟顶　据顶部结构不同,分为二型。

A型　前部人字披顶,后部平棋顶。前部人字披上绘佛传、莲花等,平棋上多为飞天、供养天。如290、428、430、439、440、441、442窟等。

B型　覆斗顶窟。斗四莲花类井心,垂幔、千佛绕井心一周,四披绘佛传、经变画、本生故事、摩尼宝珠、伎乐天、栏墙等。如294、296、297、299、301、438、461窟。

(2)壁画内容

壁画内容较为丰富,但各题材彼此间无明确的组合关系,只归纳其内容如下:二佛并坐、千佛、说法图、本生故事、佛传图、因缘故事、经变画、卢舍那佛、鹿头梵志、婆薮仙、装饰图案等。其中说法图、装饰图案在各窟中均存在。

本生故事有萨埵太子舍身饲虎(428窟东壁,301窟顶南、东披,299窟顶南、西披)、须达拏太子本生(428窟东壁,294窟顶)、睒子本生(461窟西壁,438窟顶北披,299窟顶北、东披,301窟顶北披)、善事太子本生(296窟顶东披)、须阇提太子本生(296窟北壁)、独角仙人本生(428窟东壁)。

经变画存有涅槃经变(428窟西壁)、法华经变之见宝塔品(428窟西壁,461窟西壁)、福田经变(296窟东壁)。

佛传画有290窟顶、428窟西壁金刚宝座塔中的降生图。

因缘类见得眼林及微妙比丘尼因缘(296窟南壁,窟顶西披、北披)。

另外,前期出现的鹿头梵志、婆薮仙,帝释天(东王公)、帝释天妃(西王母)这两对形象继续出现。较为特殊的是卢舍那佛的出现,428窟南壁的卢舍那佛在莫高窟是最早的一尊,是此时新出现的内容。

(三)造像特点

依莫高窟塑像、壁画均保存较好的特点,在叙述造像特点时还是分塑像与壁画两部分。

1. 造像部分

将对佛、菩萨、弟子等进行分类排比。

(1)佛

按身姿分二种,坐佛与倚坐佛。

结跏坐佛或禅定坐佛 按佛袈裟不同,分为二型。

A 型　佛着通肩袈裟，面相方圆，身躯健壮，袈裟自右肩搭向左肩，并于左肩头外侈，袈裟下摆较短，仅覆盖住腿部。如 432 窟(图四:1)。

B 型　佛着双领下垂褒衣博带样式袈裟(上衣搭肘式)，面相方圆，头较大，肉髻略显低平，袈裟双领下垂，内着僧祇支，右边袈裟角覆搭于左臂上，袈裟宽大，衣纹为阶梯式，袈裟边缘垂覆于佛座上，露足。如 428 窟中心柱四面龛内主尊(图四:2、3)。

倚坐佛　大部分窟龛内主尊为倚坐佛像。据袈裟样式可分为二型。

A 型　通肩袈裟，面相丰圆，颈短，肉髻略为高大。通肩袈裟领口有高低之分，领口高者，不见内衣。另一种，袈裟领口呈 U 形下垂于腹部，露出僧祇支等，衣领略竖起，衣纹为阶梯式，在胸腹及双腿上呈 U 形，露足，体态壮硕。如 438 窟西壁龛内主尊、290 窟中心柱北向面的主尊(图四:4)。

B 型　双领下垂褒衣博带样式袈裟(上衣搭肘式)，面相丰圆，颈短，肉髻低平。僧祇支于胸前结带，或内着交领衣，外着双领下垂袈裟，袈裟右角覆搭于左臂上，袈裟宽大，衣纹或为阶梯式，或贴泥条式，两腿间及双腿上呈 U 形。上身长，下身短。如 290、294、296、297、299、301、428、430、439、440、441、442、461 窟等(图四:5、6)。

1

2

3

图四 莫高窟北周佛像

1. 432 窟 2. 428 窟 3. 428 窟 4. 290 窟 5. 430 窟 6. 297 窟(采自《敦煌莫高窟北朝晚期洞窟的分期与研究》图 3、图 4)

(2)菩萨

塑像中除了 290 窟中心柱西向面的主尊为交脚形外,其他均为站立的胁侍菩萨。按姿态分为坐式、立式二类。

交脚菩萨 面相长圆,戴三叶形花冠,细颈,袒露上身,戴项圈,肩披披帛,下着双层长裙,裙边外翻,交脚而坐。披帛绕肩后于胸前相交,再上折覆搭于双臂上。如 290 窟中心柱西向面的主尊(图五:1)。

立菩萨 据面型、披帛样式等分为六型。

A 型 通肩式,面相略方圆,裙角外侈。如 432 窟(图五:2)。

B 型 斜披络腋式,下着裙,络腋自左肩斜披向右腋,披帛绕肩臂下垂于体侧。如 432 窟(图五:3)。

C 型 披帛绕肩臂外侈型。面相长圆,戴三叶形花冠,细颈,上袒或着僧祇支,下着裙,裙边外翻,腹部微凸,身材较为粗短。肩披披帛,披帛绕肩臂下垂于体侧。如 432 窟中心柱东向面左侧菩萨、438 和 439 窟西壁南侧菩萨(图五:4)、428 窟中心柱东向面南侧菩萨、290 窟中心柱东向面北侧菩萨等(图五:6)。

D型　披帛交叉穿环型。面相同C型，上袒，戴项圈或着对襟式衣，披帛绕肩臂后下垂于腹前，交叉穿环，如290窟中心柱东向面南侧和南向面西侧菩萨、296窟西壁北侧菩萨、430窟、428窟、290窟（图五：7）、432窟（图五：5）。

E型　披帛于膝腹前横过一二道。腹部凸出感增强。胸前饰短璎珞，披帛绕肩后，于腹膝前横过二道，再上搭于两臂垂于体侧。如297窟（图五：8）。

F型　披帛似双领下垂样，依胸前下垂至腹部然后上折搭于两臂上。如432窟、290窟（图五：9）。

图五　莫高窟北周菩萨像

1. 290窟　2. 432窟　3. 432窟　4. 439窟　5. 432窟　6. 290窟　7. 428窟　8. 297窟　9. 432窟（采自《敦煌莫高窟北朝晚期洞窟的分期与研究》图5、图6）

(3)弟子

按面相、身姿、服饰分二型。

A型 面相方圆,身材修长,身着袒右式袈裟,并于右肩部束带。如290窟中心柱南向面龛(图六:1)。

B型 面相、身材同一型,内着僧祇支,外着双领下垂式袈裟。此型弟子较为多见,如290、294、296、297、299、301、428、430、439、440、442窟等(图六:2)。

1 2

图六 莫高窟北周弟子像
1. 290窟 2. 430窟 (采自《敦煌莫高窟北朝晚期洞窟的分期与研究》图7)

2. 壁画部分

按佛、菩萨、供养人、飞天等进行分类排比。

(1)佛

按姿态分为立式、坐式二种。

立佛 面相圆短,身材粗壮。着通肩袈裟,袈裟上绘六界内容。如428窟南壁中层的卢舍那大佛(图七:1)。

坐佛 依面相、服饰等分为三型。

A型 着覆肩袒右式袈裟,面相方圆,肉髻略高大,大耳垂肩,内着僧祇支,外着覆肩袒右式袈裟。如428窟(图七:2)。

B型 着通肩袈裟,面相清秀,肉髻高大。如461窟西壁二佛并坐像。另外千佛壁画中的佛像,均着圆领通肩袈裟,施禅定印(图七:3)。

C型 着双领下垂式袈裟,面相同B型,内着僧祇支,外披双领下垂袈裟。如461窟西壁二佛并坐像。

(2)菩萨

与塑像中菩萨形象颇为不同,按面相、服饰分四型。

1　　2　　3

图七　莫高窟北周壁画佛像

1. 428 窟　2. 428 窟　3. 461 窟　（1、3 自绘，2 采自《敦煌莫高窟北朝晚期洞窟的分期与研究》图 4）

A 型　面相长圆，头戴三株冠或花蔓冠，短颈，身材粗短。上身袒露，下着裙，裙边外翻，披帛绕肩并于腹前交叉后搭于两臂上。如 461 窟西壁法华变中供养菩萨（图八：1）。

B 型　面相、身姿同 A 型。身着对襟式衣，脚穿云头鞋。披帛于胸前打结。如 461 窟西壁法华变中供养菩萨（图八：2）。

C 型　圆脸，短颈，头戴花蔓冠。上袒，下着裙。披帛绕肩、臂外扬。身躯已露“S”形。如 428 窟北壁和南壁、296 窟西壁、428 窟金刚宝座塔外菩萨（图八：3、4、6）。

1　　2　　3　　4　　5　　6

图八　莫高窟北周壁画菩萨像

1. 461 窟　2. 461 窟　3. 296 窟　4. 428 窟　5. 301 窟　6. 428 窟　（1、3、4、5 采自《敦煌莫高窟北朝晚期洞窟的分期与研究》图 6，2、6 自绘）

D型　面相、身姿同A型。上袒,下着裙。披帛绕肩后横于腹膝前二道,身姿略扭曲。如301窟南壁(图八:5)。

(3)供养人

分男、女叙述。

男供养人　按服饰等分为三型。

A型　面相长圆,束发或头裹折檐巾帻,着圆领窄袖衣、紧口裤,腰束带。如428、430、294、297、296、299、301、442窟等(图九:1、2、3)。

B型　束发或戴高冠,外披圆领大衣,内着深衣,脚穿云头履。如290窟南壁下层、294窟、299窟(图九:4)。

C型　头戴进贤冠,内着圆领衫,外穿交领大衣,如296窟。

女供养人　依服饰分二型。

A型　面相长圆,头束高环髻,内着襦裙,外穿披帛或圆领大衣。如296、294、297、299、301、428窟(图九:5)。

图九　莫高窟北周供养人像

1. 430窟　2. 296窟　3. 428窟　4. 290窟　5. 428窟　6. 442窟(采自《敦煌莫高窟北朝晚期洞窟的分期与研究》图11)

B型　上穿交领窄袖衫,下着长裙,外披披帛,束蔽膝。如442、299、297、301窟(图九:6)。

(4)飞天、伎乐天

两者在形象、服饰上有很多相似性,故一同分类排比。按服饰分三型。

A型　裙披式,全袒或上袒,下着裙,披帛绕臂外扬,并于身后形成环状飘扬，裙裾裹腿、露足，如428、290、296、297、299、301、430、438、439、294窟(图十:1)。

B型　对襟式,头束鬟髻,身着对襟大裙,披帛于身后呈数排平行飞扬,不现足。如461、296、290、297、420、439、294窟(图十:2)。

C型　上着僧祇支,下着长裙,披帛绕环外扬,长裙宽大,露足。如299窟顶(图十:3)。

1　　2　　3

图十　莫高窟北周飞天

1. 290窟　2. 428窟　3. 299窟(1自绘,2采自《北朝晚期石窟寺研究》图六○,3采自《敦煌莫高窟北朝晚期洞窟的分期与研究》图9)

据上述类型排比,列表如下:

表一　莫高窟北周窟龛与造像型、式分类表

<table>
<tr><th colspan="5">型、式分类</th><th>窟龛号</th></tr>
<tr><td rowspan="7">窟龛形制</td><td rowspan="4">窟形</td><td colspan="3">A</td><td>430、439</td></tr>
<tr><td rowspan="2">B</td><td colspan="2">Ⅰ</td><td>438、294、296、297、299、301、440、441</td></tr>
<tr><td colspan="2">Ⅱ</td><td>461</td></tr>
<tr><td colspan="3">C</td><td>442、428、290、432</td></tr>
<tr><td rowspan="3">龛形</td><td colspan="3">A</td><td>461壁画、438西壁、290中心柱南面龛、432中心柱北向龛</td></tr>
<tr><td rowspan="2">B</td><td colspan="2">Ⅰ</td><td>297</td></tr>
<tr><td colspan="2">Ⅱ</td><td>290窟中心柱东向面、439窟西壁、428窟中心柱东向面、296窟(残)、432中心柱东向龛、297西壁</td></tr>
<tr><td rowspan="3">造像组合</td><td rowspan="3">造像组合</td><td rowspan="3">单铺组合</td><td rowspan="2">A</td><td>Ⅰ</td><td>442</td></tr>
<tr><td>Ⅱ</td><td>438</td></tr>
<tr><td>B</td><td>Ⅰ</td><td>428、439、290、297、296、299、294、301、440、430</td></tr>
</table>

续表一

<table>
<tr><th colspan="6">型、式分类</th><th>窟龛号</th></tr>
<tr><td rowspan="9">造像组合</td><td rowspan="2">造像组合</td><td>单铺组合</td><td colspan="2">B</td><td>Ⅱ</td><td>290</td></tr>
<tr><td colspan="4">整铺组合</td><td>432</td></tr>
<tr><td rowspan="6">壁画组合</td><td rowspan="6">壁画布局</td><td rowspan="4">侧壁</td><td rowspan="3">A</td><td>Ⅰ</td><td>430、290、442</td></tr>
<tr><td>Ⅱ</td><td>296</td></tr>
<tr><td>Ⅲ</td><td>428</td></tr>
<tr><td colspan="2">B</td><td>294、297、299、301、438、439、461</td></tr>
<tr><td rowspan="2">顶部</td><td colspan="2">A</td><td>290、428、430、439、440、441、442</td></tr>
<tr><td colspan="2">B</td><td>294、296、297、299、301、438、461</td></tr>
<tr><td></td><td colspan="4">壁画内容</td><td>290、294、296、299、301、428、438、461</td></tr>
<tr><td rowspan="13">造像特征</td><td rowspan="13">造像</td><td rowspan="4">佛</td><td rowspan="2">坐佛</td><td colspan="2">A</td><td>432</td></tr>
<tr><td colspan="2">B</td><td>428</td></tr>
<tr><td rowspan="2">倚坐佛</td><td colspan="2">A</td><td>438、290</td></tr>
<tr><td colspan="2">B</td><td>290、294、296、297、299、301、428、430、439、440、441、442、461</td></tr>
<tr><td rowspan="7">菩萨</td><td colspan="3">交脚菩萨</td><td>290</td></tr>
<tr><td rowspan="6">立菩萨</td><td colspan="2">A</td><td>432</td></tr>
<tr><td colspan="2">B</td><td>432</td></tr>
<tr><td colspan="2">C</td><td>432、438、439、428、290</td></tr>
<tr><td colspan="2">D</td><td>432、290、428、296、430</td></tr>
<tr><td colspan="2">E</td><td>297</td></tr>
<tr><td colspan="2">F</td><td>432、290</td></tr>
<tr><td rowspan="2">弟子</td><td colspan="3">A</td><td>290</td></tr>
<tr><td colspan="3">B</td><td>290、294、296、297、299、301、428、430、439、440、442</td></tr>
</table>

续表一

<table>
<tr><th colspan="5">型、式分类</th><th>窟龛号</th></tr>
<tr><td rowspan="16">造像特征</td><td rowspan="16">壁画</td><td rowspan="4">佛</td><td></td><td>立佛</td><td>428</td></tr>
<tr><td rowspan="3">坐佛</td><td>A</td><td>428</td></tr>
<tr><td>B</td><td>461</td></tr>
<tr><td>C</td><td>461</td></tr>
<tr><td rowspan="4">菩萨</td><td colspan="2">A</td><td>461</td></tr>
<tr><td colspan="2">B</td><td>461</td></tr>
<tr><td colspan="2">C</td><td>428、296</td></tr>
<tr><td colspan="2">D</td><td>301</td></tr>
<tr><td rowspan="5">供养人</td><td rowspan="3">男供养人</td><td>A</td><td>428、430、294、297、296、299、301、442</td></tr>
<tr><td>B</td><td>290、294、299</td></tr>
<tr><td>C</td><td>296</td></tr>
<tr><td rowspan="2">女供养人</td><td>A</td><td>296、294、297、299、301、428</td></tr>
<tr><td>B</td><td>442、299、297、301</td></tr>
<tr><td rowspan="3">飞天</td><td colspan="2">A</td><td>428、290、296、297、299、301、430、438、439、294</td></tr>
<tr><td colspan="2">B</td><td>461、296、290、297、420、439、294</td></tr>
<tr><td colspan="2">C</td><td>299</td></tr>
</table>

三、分期及年代

(一)分组

从上表一可知,432 窟、438 窟形制为 B 型 Ⅰ 式、龛形 A,造像组合上为单铺 A 型Ⅱ式、整铺组合 B 型等,造像特点坐佛 A、倚坐佛 A 型、立菩萨 A、B、C、D 型,分为 A 组。另外 461 窟窟形同 438 窟,但不开龛,且无塑像,与西魏286 窟同,具有西魏余风,故也列入此组。

439、440、441、430、442、428、290 等窟窟形主要有两类，其中 442、428、290 的窟形为 C 型，造像组合单铺组合 A 型Ⅰ式、B 型Ⅰ式，壁画布局 A 型Ⅰ式、A 型。壁画内容有佛传、本生故事、经变等。造像特点，塑像类佛像倚坐 A 型、B 型，菩萨 C、D 型，弟子 A、B 型。439、440、441、430 窟形为A 型、B 型Ⅰ式等，造像组合 B 型Ⅰ式，壁画布局 A 型，造像特点倚坐佛B 型，菩萨 C、D 型，弟子 B 型。上述窟龛形制、内容、特点等相似，归为 B 组。

294、296、297、299、301 窟等，洞窟形制为 B 型Ⅰ式，龛形 B 型Ⅱ式，造像组合为单铺组合 B 型Ⅰ式，壁画布局为侧壁 A 型Ⅱ式、B 型、顶部绘画，壁画内容以本生故事、因缘故事为主，经变画亦存在。造像特点，塑像部分倚坐佛B 型、菩萨 D 型，弟子 B 型。壁画部分女供养人 A 型，飞天 B 型。归为 C 组。上述洞窟在崖面分布上与隋代的 302 窟相邻，301 窟西壁开龛，南北壁中央绘制一佛二菩萨说法图，已是隋代三壁三龛窟的雏形。

通过此分析，可将上述洞窟分为 A、B、C 三组。

(二)分期

以下按分组情况对各组的洞窟形制、题材组合、造像特点做一归纳。

A 组洞窟形制主要为方形覆斗顶，西壁开龛造像或四壁均不开龛造像。佛龛均为圆拱尖楣式，圆形龛柱，龛楣上绘睒子本生、花纹等，柱身素面，柱头上束裹帛巾，之上为忍冬装饰。壁画布局方面，在前壁及左右壁绘制壁画，另外，窟顶也存有大量壁画。左右壁壁画分上下二栏，壁面大部绘千佛，千佛中间绘一铺说法图，下栏绘供养人、药叉、伎乐天、力士、三角形垂帐纹等。窟顶绘斗四莲花井心，垂幔、花鸟绕井心一周，四披上绘摩尼宝珠、本生故事、伎乐天、栏墙等。造像组合一佛二菩萨。造像特点，塑像虽仍保留有一定的西魏清秀风格，但已呈现出壮硕感，佛像面部圆润，身躯已显健壮。着通肩袈裟，袈裟领口下垂至上腹，露出结带的僧祇支，衣纹呈“U”形。菩萨面相圆润，身材略修长，腹部微凸，披帛裙披式，穿臂垂于体侧。壁画方面，佛像面部长圆，肉髻高大，着通肩或双领下垂式袈裟。菩萨披帛裙披式，披帛于腹前交叉或打结。飞天出现披帛对襟样式。菩萨、飞天面部晕染为中原色块式和西域凹凸法并存。色彩上沿用西魏习用的石青色。装饰纹样仍以忍冬、垂帐、三角纹为主。

B组中心柱窟、人字披顶西壁一龛窟、前部人字披，后部平棋顶西壁一龛窟三种形式共存。中心柱窟塔柱四面开单层龛，是该组出现的新形式。平面方形西壁一龛的因素承袭了A组的特点。龛形仍为圆拱尖楣，圆形龛柱，柱身素面或彩绘花纹或装饰有莲叶、莲蓬等，柱头上束裹帛巾，再以忍冬装饰，或柱头覆莲瓣。龛楣上绘睒子本生、花纹，或塑绘结合，塑交龙托珠及羽人，或龛柱上龛梁尾部塑出穿过火焰宝珠而回首的龙头等。造像组合中出现了二弟子的形象，构成了一佛二菩萨二弟子一铺五身的新形式。壁画布局上，侧壁分三栏，上栏绘天宫栏墙、伎乐天，中栏绘千佛，下栏绘供养人、药叉等，或上栏绘千佛，中栏绘说法图、经变画（降魔变）等，下栏绘供养人、三角形垂帐纹等。千佛的形象由A组中壁面中央显著位置，逐渐转移到接近窟顶的上栏，而说法图、故事画、经变画等占据了侧壁的主要位置。窟顶前部人字披上绘佛传、莲花等，平棋上多为飞天、供养天。壁画以施舍、牺牲等本生内容为主，另有佛传画。造像特点上，结跏坐佛与倚坐佛共存，以倚坐佛为主。无论结跏坐佛或倚坐佛，双领下垂褒衣博带式袈裟占主流。菩萨除了290窟中心柱西向龛内主尊为交脚形外，其余均为胁侍立菩萨，披帛有裙披式，披帛绕臂下垂、腹前交叉或打结几种样式，均为前期样式的延续。弟子袒右式袈裟与双领下垂式袈裟共存，袒右式袈裟右肩上束带的形式，为新出现样式。相似的形式在水帘洞石窟千佛洞北周造像中出现过。佛、菩萨造像以身材短粗、头大、颈短、腹部凸出为特征，与须弥山、麦积山、响堂山等北周、北齐造像相同。弟子身材还保留有一定的修长感。壁画中佛像以覆肩袒右式与通肩式袈裟为主。菩萨上袒或着僧祇支，新出现了宽大披帛覆搭于肩部和胸前的样式。男供养人面相长圆，束发或头裹折檐巾帻，着圆领窄袖衣、紧口裤，腰束带。女供养人面相长圆，头束高环髻，内着襦裙，外穿披帛或圆领大衣，或上穿交领窄袖衫，下着长裙，外披披帛。飞天全袒或上袒，下着裙，披帛绕臂外扬，并于身后形成环状飘扬，裙裾裹腿，露足，或着对襟式大裙，头束鬟髻，披帛于身后呈数排平行飞扬，不见足。

壁画中佛、菩萨、弟子、飞天等均为圆脸，晕染以西域的凹凸法为主，且在双眼、双眉、鼻梁、嘴、下颌等处涂白。而故事画中的人物及供养人面部为中原式块状晕染法。

C组洞窟形制以方形覆斗顶为主，西壁开一龛。龛形仍为尖楣圆拱龛，圆形龛柱，柱头覆莲瓣，龛楣塑绘结合，塑交龙托珠及羽人，柱身彩绘花纹，龛梁尾部绘出忍冬。或龛柱上装饰有莲叶、莲蓬等，龛梁尾部塑出穿过火焰宝珠而回首的龙头。造像组合依然是一铺五身。壁画布局上继承A组的特点，侧壁分上下二栏，壁面大部绘千佛，下栏绘供养人、药叉、伎乐天、力士、三角形垂帐纹等。窟顶斗四莲花类井心，垂幔、千佛绕井心一周，四披绘佛传、经变画、本生故事、摩尼宝珠、伎乐天、栏墙等。本生故事有萨埵太子舍身饲虎本生、须达拏太子本生、睒子本生、善事太子本生、须阇提太子本生等。因缘类见得眼林故事、微妙比丘尼因缘。经变画存有福田经变。造像特点，塑像中佛均为倚坐，面相丰圆，颈短，肉髻低平，内着僧祇支，并于胸前结带，着双领下垂褒衣博带样式袈裟。菩萨面相长圆，细颈，腹凸，或胸前饰瓔珞，披帛绕肩后，横于腹膝前二道，或披帛于腹前打结。弟子面相方圆，头大身短，着双领下垂袈裟。壁画中佛均为千佛形象，面圆短，着通肩大衣。菩萨上袒，下着裙，披帛绕肩下垂或横于腹膝前二道，身姿已呈现出一定的扭曲状。男女供养人以世俗人物形象及服饰为主。飞天裙披式、对襟式、袒右式均存在，其中裙披式的披帛绕臂外扬，并于身后形成环状飘扬，裙裾裹腿，露足。人物晕染西域式与中原式共存。

在分组及各组特征分析的基础上,进行各组相对年代的讨论。A 组与 B 组之间有一定的差异,A 组窟形为方形覆斗顶、西壁开一大龛;造像仍延续西魏的一佛二菩萨形式;菩萨身躯出现粗壮倾向,但仍比 B 组 428 窟等较为修长。整体表现出保留西魏余风的特点。B 组虽然为方形覆斗顶窟、西壁开一大龛窟和中心柱窟,但中心柱窟出现了塔柱四面单层开龛的新形式。造像组合上出现了一铺五身的新样式。总体看,造像特点上 A 组还略显清秀,具有北魏、西魏以来的秀骨清像的特征。B 组造像头大,身短粗,与须弥山、麦积山北周,响堂山北齐造像形同。同时,B 组 428 窟菩萨像的"S"形身姿,在 A 组不见,更接近于隋代洞窟中菩萨像。故年代上 A 组比 B 组早。B 组间各洞窟有很大的差异,有早晚之分。如 439 窟造像组合为一铺五身,出现弟子形象,且菩萨与弟子尚保持前期身材修长的特点,而主尊佛像已出现了肉髻低平、身姿壮硕的特点,故 439 窟属于 B 组较早的洞窟。

C 组与 B 组比较,C 组仅见方形覆斗顶窟,中心柱窟消失,而这种方形覆斗顶窟在随后的隋代成为主要的洞窟形制。B 组覆斗顶窟中西壁开龛的形式被 C 组洞窟继承。C 组造像组合仍为 B 组的一铺五身像,壁画中千佛、故事画、经变画都存在。从 C 组造像特点上看,佛像身躯粗壮,肉髻低平,菩萨身姿呈现出扭曲样式,与隋代造像风格相近。C 组时代上与隋代接近,故 C 组晚于 B 组。

由此可判定 A、B、C 三组的相对年代,即呈现出从 A 组发展到 B 组,再到 C 组的过程,故将上述 15 个洞窟分为三期:

第一期:A 组;

第二期:B 组;

第三期:C 组。

(三)年代

三组洞窟均无明确的纪年资料,只有一些供养人题记,这些题记虽然没有提供直接的年代信息，但从中也可窥见一些历史状况，对洞窟年代的判定有一定的帮助，现汇集如下。

428 窟东壁门南侧第二身供养人题名“晋昌郡沙门比丘庆仙供养”。第三身题记“晋昌郡沙门比丘□吉供养”。第五身“晋昌郡沙门比丘道宾供养”。

442 窟北壁西侧东起第六身供养人题记“弟子□州主簿鸣沙县丞张缌供养佛时”。第七身“弟子武将军帅都督敦煌郡主簿张□”。

428 窟题记为我们提供了“晋昌郡”这一信息。《元和郡县图志》卷四十瓜州条：“晋惠帝又分二郡置晋昌郡，周武帝改为永兴郡。隋开皇三年罢郡，置瓜州。”①

《太平寰宇记》卷一百五十三瓜州条：“晋惠帝始分二郡，北置晋昌郡……至凉武昭王，遂以南人置会稽郡，以中州人置广夏郡。至后周初，并之复为晋昌郡。至武帝，改晋昌为永兴郡。隋初罢郡，立瓜州。炀帝初废之，以其地并入敦煌。至唐武德五年，复立瓜州，按其地出美瓜故曰瓜州……天宝元年改为晋昌郡，乾元元年复为瓜州。”②

由上引文献记载可知，唐宋以前敦煌共有三次被称为晋昌郡，一是西晋惠帝时期，二是北周初年，三是唐天宝元年。从莫高窟创建的历史看，西晋时期莫高窟尚未创建，故西晋晋昌郡与洞窟开凿无关。这样就只可能在北周与唐之间做出判断。428 窟东壁门南侧第二身供养人题名中的比丘庆仙之名，在敦煌遗书 S.2935《大比丘尼摩羯经一卷》尾题中亦有记载：“天和四年岁次己丑六月八日写竟，永晕（晖）寺尼智宝受持供养，

①《元和郡县图志》卷四十，中华书局，1983 年，第 1027 页。

②《太平寰宇记》卷一百五十三，《四库全书》470 册，上海古籍出版社，1987 年，第 441 页。

比丘庆仙抄讫。”施萍婷先生认为此二庆仙为同一人[①]，如若此推断成立的话，那么结合晋昌郡的设立时间就可以确定428窟开凿于北周年间无疑，而北周武帝统治时期改晋昌为永兴郡。文献记载北周晋昌郡设立于北周初年，则应为武帝统治初期，最晚到天和年间（566—571）。

另外，442窟供养人题记中提到的鸣沙县是北周保定年间并省敦煌、效谷、龙勒、平康、东乡、阳关诸县置，隶敦煌郡，隋开皇三年并郡入县。《隋书·地理志》载：“敦煌旧置敦煌郡，后周并效谷、寿皇二郡入焉。又并敦煌、鸣沙、平康、效谷、东乡、龙勒六县为鸣沙县。开皇初郡废。大业置敦煌郡，改鸣沙为敦煌。”[②]《元和郡县图志》卷四十又记：“敦煌县，本汉旧县，属敦煌郡。周武帝改为鸣沙县，以界有鸣沙山，因以为名。隋大业二年，复为敦煌。”[③]《太平寰宇记》卷一百五十三中也有相关的记载：“敦煌县十二乡，本汉旧县，属敦煌郡。后周保定三年，改敦煌为鸣沙，以县界鸣沙山为名，隋帝初复为敦煌县。”[④]以上三条记载都确切说明鸣沙县的设置是在北周保定三年，敦煌郡的废除在隋开皇初年。这样从现有资料看，442窟供养人题名应在保定三年到隋开皇初年，即563—581年。故第二期的年代在561年至北周末。

534、535年东西魏分裂，河西属西魏版图，元荣继任西魏的瓜州刺史，继续统治敦煌十余年，直到大统十年（544）。元荣统治期间，敦煌境内安定，他团结豪右，并出资写经十余部。元荣卒后，其子元康任瓜州刺史，元荣女婿邓彦杀元康，自立为刺史，迫使西魏承认。大统十一年（545）西魏河西大使申徽在敦煌大族令狐整等人协助下，抓获邓彦，并送至京师治罪。546年申徽任瓜州刺史，任职五年，节俭从事，百姓安居。继任者王

①施萍婷《建平公与敦煌》，《敦煌研究文集》，甘肃人民出版社，1982年。

②《隋书》卷二十九《地理志上》，中华书局，1982年，第816页。

③《元和郡县图志》卷四十，第1026页。

④《太平寰宇记》卷一百五十三，《四库全书》470册，第440页。

子直、韦瑱都如前任保持了敦煌的安定发展。从文献记载和出土实物看，西魏时期瓜州刺史对敦煌的政治、经济的发展做出了积极贡献。莫高窟西魏时期开窟数量不多，早期洞窟内容上也无创新，只是继承了北魏特点，晚期出现了秀骨清像、褒衣博带的风格，并对之后的北周洞窟产生了一定的影响。

从洞窟在崖面的分布情况看，438 窟北面为西魏的 437、435 窟等，南面为 439、441、442 窟。438 窟紧靠西魏洞窟，且洞窟内容及造像特征也保留了西魏的因素，年代上早于 439 窟等，为西魏末年。故第一期的年代大致为西魏末年到北周保定年间（551—560）。

第三期 294、296、297、299、301 窟与北侧的隋代 302 窟相连，而 302 窟中心柱北面发愿文记“开皇四年六月十一日”，305 窟有开皇五年的题记。这样第三期洞窟不仅在位置上与 302、305 窟靠近，年代上也应有一定的联系。三期洞窟中仅见四壁一龛窟。三期菩萨披帛于腹膝前横二道、身姿扭曲的形式在隋代均大为流行。故三期的下限年代为隋初的 584 年前。

第二节　麦积山北周洞窟

麦积山石窟位于甘肃省天水市东南45公里处的小陇山中，山体由红色砂砾岩构成，因山体酷似农家所积的麦垛，故名麦积山。麦积山自然环境优美，“为秦地林泉之冠”。石窟开凿在麦积山的陡峭崖壁上，现存的194个洞窟分布在东西两个崖面上。因岩体不易雕凿造像，麦积山造像以泥塑为主，故有“东方雕塑馆”的美称。

麦积山北朝洞窟及造像具有完整的系列，是北朝石窟寺的重要组成部分，对研究北朝石窟寺的发展演变极为重要。

一、前人研究成果

麦积山石窟是我国北朝时期较为重要的石窟寺，对它的调查、研究起步较早，取得的成果也较多。最早的调查始于20世纪40年代，1941年、1946年冯国瑞先生先后两次对洞窟进行了调查、编号、记录，共编号

121个，并发表了《麦积山石窟志》《天水麦积山石窟介绍》[①]等文章，向世人介绍了麦积山石窟精美的雕塑与壁画艺术，引起政府及学者的高度重视，引发了对麦积山石窟的全面调查工作。1952年西北文化部组织了以常书鸿先生为主的一批专家学者，对麦积山石窟进行了为期一个月的勘察工作，调查、测绘、临摹了洞窟内的塑像、壁画，并发表了勘察成果[②]。一年后中央文化部又组织了麦积山石窟勘察团，以吴作人先生为团长，对所有洞窟进行了编号，并对所能到达的洞窟进行了测量，此次共编号194个洞窟，沿用至今，同时发表了考察报告[③]。1956年、1957年日本人名取洋之助拍摄出版了《麦积山石窟》图录[④]。

20世纪七八十年代甘肃本地包括麦积山的学者、工作人员在对洞窟进行保护管理、修筑栈道的基础上，发表了他们对麦积山石窟调查、研究的成果[⑤]。他们主要对石窟创建年代、洞窟分期、造像壁画内容、风格特点及其源流等方面进行了调查、分析，为以后的研究打下了基础。另外史岩、黄文昆先生又对麦积山的历史、分期、雕塑风格问题提出了自己的看法[⑥]。傅熹年先生从麦积山石窟的建筑入手，探讨了北朝时期麦积山

---

①冯国瑞《麦积山石窟志》，陇南丛书编印，1941年，1989年重印线本装；冯国瑞《天水麦积山石窟介绍》，《文物参考资料》1951年第2卷第10期。

②《西北文化部完成麦积山石窟勘察工作》，《文物参考资料》1953年第1期。

③麦积山勘察团《麦积山勘察团工作报告》，《文物参考资料》1954年第2期。

④转载自李裕群《北朝晚期石窟寺研究》上篇，137页注释④。

⑤麦积山文物保管所《麦积山石窟的新通洞窟》，《文物》1972年第12期；张宝玺《麦积山石窟开凿年代及现存最早洞窟造像壁画》，《中国考古学会第一次年会论文集》，文物出版社，1980年；张学荣、何静珍《麦积山石窟的创建年代》，《文物》1983年第6期；董玉祥《麦积山石窟的分期》，《文物》1983年第6期；初师宾《石窟外貌与石窟研究的关系——以麦积山石窟为例略谈石窟艺术断代的一种辅助方法》，《西北师范学院学报》（社科版）1983年第4期。

⑥史岩《麦积山石窟雕塑的两大风格体系及其分布情况》，天水麦积山文物保管所、麦积山艺术研究会编《麦积山石窟资料汇编（初集）》，1980年；黄文昆《麦积山的历史与石窟》，《文物》1989年第3期。

的建筑特点[①]。1984年阎文儒先生主持编写了《麦积山石窟》一书[②]，它是80年代麦积山石窟研究的集大成之作。20世纪90年代末，文物出版社出版发行了《中国石窟·天水麦积山》，其中收录了一批有关麦积山石窟研究的重要论文，同时附有麦积山石窟内容总录，是迄今为止较为全面记录麦积山石窟各洞窟资料的专著[③]。此后，一批青年学者加强了对麦积山石窟的关注，纷纷撰文，从分期、排年到造像特点、源流及其与其他石窟对比研究中得出了一些新的结论，开辟了新视野，推动了麦积山石窟研究水平的提高[④]。为了更好地提高麦积山石窟的研究水平，近年麦积山石窟艺术研究所、兰州大学敦煌学研究所也付出了自己的努力，分别出版了《麦积山石窟研究》《天水麦积山石窟研究文集》，前者集中了近年麦积山研究的新作，后者集中了历年发表的麦积山研究的论文，极大地方便了研究工作[⑤]。

长期以来麦积山石窟的分期问题一直是其研究中未曾解决的基础性问题，麦积山石窟艺术研究所曾聘请北京大学马世长教授对其洞窟分期进行指导。魏文斌博士也对北朝早期的洞窟进行了考古类型学研究，试图搞清此批洞窟的年代等问题[⑥]。北周是麦积山石窟中极为重要的阶段，不仅洞窟数量多，形制、造像内容等均较为特殊，是上承北魏、西魏，下

---

①傅熹年《麦积山石窟中所反映出的北朝建筑》，《文物资料丛刊》4，文物出版社，1981年。

②阎文儒编著《麦积山石窟》，甘肃人民出版社，1984年。

③天水麦积山石窟艺术研究所编《中国石窟·天水麦积山》，文物出版社，1998年。

④李裕群《北朝晚期石窟寺研究》，文物出版社，2003年；陈悦新《甘宁地区北朝石窟寺研究》，北京大学博士论文，2004年。

⑤麦积山石窟艺术研究所《麦积山石窟研究》，文物出版社，2010年；郑炳林、魏文斌等《天水麦积山石窟研究文集》，甘肃文化出版社，2008年。

⑥魏文斌《麦积山石窟初期洞窟调查与研究》，兰州大学博士论文，2009年。

启隋唐的过渡阶段。学者对北周洞窟进行了研究,提出了自己的观点①。

为了对北周洞窟及造像进行较为翔实、系统的研究,笔者于2005年、2007年对麦积山的北周洞窟进行了实地调查,本文就是在这些调查的基础上,吸收前人的研究成果,对北周洞窟的分期、造像特点提出自己的看法(图十一)。

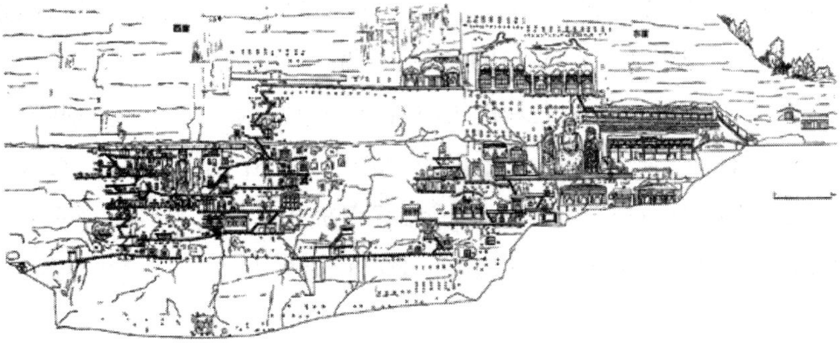

图十一　麦积山石窟全图(采自《中国石窟·麦积山石窟》)

二、洞窟类型

(一)窟龛形制

1. 窟形

按平面、顶部结构分五型。

A型　平面方形四角攒尖顶,依窟内各壁开龛情况分四式。

Ⅰ式　三壁一龛窟,窟内正壁开一龛,多数洞窟左右壁各塑三身佛像,窟顶为仿木结构,共8例,即7、12、26、32、35、36、39、65窟等(图十二:1)。

---

①张学荣《关于麦积山石窟中的北周洞窟、造像和壁画》,阎文儒主编《麦积山石窟》,甘肃人民出版社,1984年;孙晓峰《谈麦积山石窟的北周窟龛》,兰州大学敦煌学研究所、麦积山石窟艺术研究所编《麦积山石窟艺术论文集》(上),兰州大学出版社,2004年。

Ⅱ式　三壁三龛窟，窟内正壁及左右壁各开一龛，窟顶为仿木结构，仅62一窟（图十二：2）。

Ⅲ式　三壁七龛窟，窟内正壁开一龛，左右壁各开三龛，窟顶为仿木结构帐形，仅27一窟。

Ⅳ式　无龛窟，三壁塑像不开龛，仅见52窟。

B型　平面方形覆斗顶，正壁开一龛，两侧壁设低坛塑像，窟内雕仿木结构。如109、141窟（图十二：3）。

C型　方形平顶窟，三壁塑像不开龛或正壁开一龛，其他壁塑像，如22窟。

D型　崖阁式窟，如4窟，面宽七间，单檐庑殿顶崖阁。前廊后殿，正面开七帐形龛，廊两端上部各开一耳龛（图十二：4）。

E五型　平面马蹄形，如10、46窟。

2. 龛形

依龛的立面形制等，分为圆拱、屋形、帐形三型。

A型　圆拱龛，据有无龛柱分为二式。

Ⅰ式　仅一圆拱形浅龛，无龛柱，如62窟内龛、22龛、4窟耳龛、18、45、47、55、67、157龛等。

Ⅱ式　圆拱形浅龛，尖形龛楣，有龛柱。龛柱圆形，柱头上束帛或饰莲瓣，再上饰摩尼宝珠，如141窟内龛（图十二：5、6）。

B型　屋形龛，龛上塑出庑殿顶，仅见31龛。

C型　帐形龛，仿垂帐形式，仅见4窟正壁七龛。横梁上饰摩尼宝珠，梁下半圆形、三角形垂帐，梁两端饰龙头、象头或凤鸟，口衔流苏（图十二：7）。

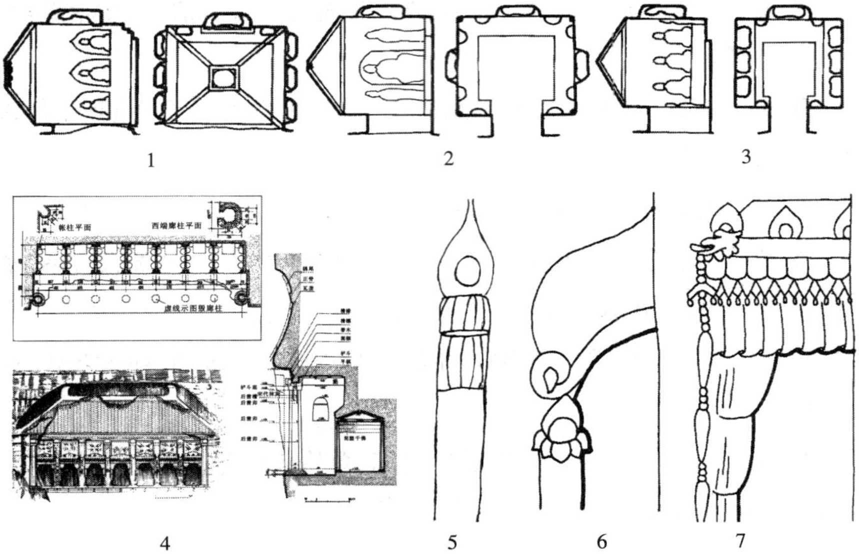

图十二　麦积山北周窟龛型式图

1. 12 窟　2. 62 窟　3. 141 窟　4. 4 窟　5. 141 窟　6. 141 窟　7. 4 窟（1–3 采自《北朝晚期石窟寺研究》图四一、四二，4 采自《中国石窟·天水麦积山》，5–7 采自《北朝晚期石窟寺研究》图四五）

（二）造像组合与题材内容

麦积山石窟造像保存较完好，壁画残毁严重，数量较少。组合内容，以造像为主。

1. 造像组合

分整铺组合、单铺组合等。

（1）整铺组合

分四型。

A 型　三佛及胁侍菩萨弟子等，正壁及左右壁各开一龛，内塑一佛，龛外各一胁侍菩萨，如 62 窟；三壁各塑一佛，如 52 窟；或正壁塑佛像，左右壁各开一龛，如 88 窟。

B 型　七佛及胁侍菩萨弟子等，从形式上看或为三壁一龛，加左右侧壁各塑像三身，或三壁七龛，或并列七龛。共 12 例，即 4、7、12、26、27、

32、35、36、39、65、109、141 窟，其中 27、141 窟为三壁七龛窟，4 窟为并列七龛窟。

C 型　十佛，仅见 31 龛。

D 型　一佛，正壁塑一佛。如 136、11、18 窟。

（2）单铺组合

分二型。

A 型　一铺三身，分二式。

Ⅰ式　一佛二菩萨，如 45、55 龛等，另外 12、26、27、32、36、62、65、141 等窟的正壁或三壁均为一佛二菩萨组合。

Ⅱ式　一佛二弟子，如 157、9 窟 4 号龛等。

B 型　一铺五身，分二式。

Ⅰ式　一佛二菩萨二弟子，如 113、94、22 窟等。

Ⅱ式　一佛二菩萨二力士，仅 67 窟（左侧力士不存）。

2. 其他题材

主要是经变内容。

涅槃变，见于 26 窟窟顶正披及左右披。

法华变，见于 27 窟窟顶正披及左右披。

（三）造像特点

1. 佛

主要为结跏坐式。

依袈裟样式分三型。

A 型　通肩式。据面相、袈裟特点分三式。

Ⅰ式　肉髻低平，面相长圆，细颈，肩部较圆挺，腹部微凸，身躯略瘦或已具健壮感。不见内衣，袈裟自右肩绕搭于左肩上，袈裟边飘垂于左肩外，袈裟下摆较短，仅覆盖住腿部，如 109、45、141、36、39 窟侧壁（图十三：1）。

Ⅱ式　面相身姿同Ⅰ式，通肩袈裟衣领较低，下垂于腹上，露出僧祇支，袈裟边飘垂于左肩外，袈裟下摆长，分层两瓣垂覆于佛座上，如22窟正壁、141窟正壁、94窟正壁，36、39、26窟侧壁（图十三：2）。

Ⅲ式　肉髻低平，面相短圆，短颈圆肩，通肩袈裟覆搭双肩，袈裟下摆较长，分层两瓣下垂于佛座上。袈裟较轻薄，贴体，衣纹为极浅的线刻，如62、65窟左右壁、45窟主尊、31窟等（图十三：3）。

B型　右肩半披式。外层袈裟覆双肩，右衣角绕右腋下，横于腹前，上搭于左肩。依内层佛衣不同，分两式。

Ⅰ式　仅见僧祇支及外层袈裟，外层袈裟右肩半披式。肉髻低平，面相长圆，细颈，肩部略圆挺。袈裟边飘垂于左肩外，袈裟下摆覆盖佛座。如141窟侧壁、31、40、42窟（图十三：4）。

Ⅱ式　内着僧祇支，束带或中衣结带，外层袈裟右肩半披式。肉髻低平，面相长圆，细颈，肩部略削。袈裟下摆略长，分层垂于佛座上。如18

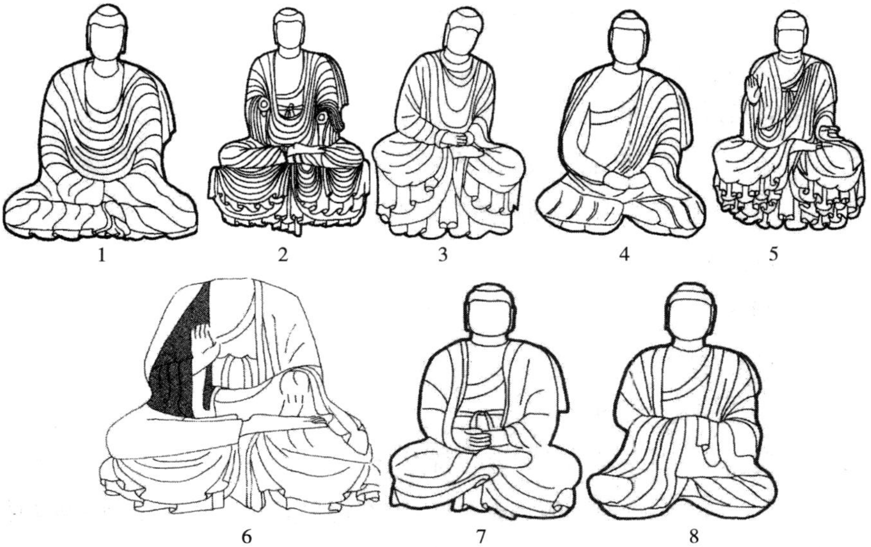

图十三　麦积山北周佛像

1. 141窟　2. 141窟　3. 62窟　4. 141窟　5. 62窟　6. 26窟　7. 12窟　8. 109窟（6采自《5—8世纪汉地佛像着衣法式》图5-1-6，其余均采自《北朝晚期石窟寺研究》图四六、四七）

窟、7 窟侧壁佛、12、26、55、62、65 窟主佛(图十三:5、6)。

C 型　双领下垂式。内着僧祇支,袈裟自双肩下垂,袈裟边飘垂于左肩外。如 12、109、31 窟(图十三:7、8)。

2. 菩萨

依面相、身姿、服饰等分为三型。

A 型　披帛覆遮双肩式。面相长圆,细颈,身材修长,腰部曲线明显。头戴冠,戴项圈、臂钏、手镯等。上袒或着僧祇支,下着裙,裙边外翻,裙轻薄贴体。披帛覆遮双肩下垂于胸前,之后斜挎于膝前。如 141 窟正壁左侧菩萨、36 窟正壁左侧菩萨、45 窟(图十四:1、2)。

B 型　披帛搭肩下垂于腹前交叉穿环。面相长圆,细颈,削肩,肩部饰圆形物。披帛下端略外飘。如 22、113、141 窟(图十四:3、4)。

C 型　披帛搭肩下垂,于膝腹前横过一二道,之后反折搭于两臂上。依体态、璎珞等的变化,分两式。

Ⅰ式　面相圆润,身躯健硕,腹部凸出,自颈部下垂单重或双重璎珞,挂于身前,身体重心立于一腿上,呈现游足样,如 12、26、62 正壁(图十四:5、6、7)。

Ⅱ式　面相等同Ⅰ式,无璎珞装饰。如 141 窟正壁左侧菩萨、62 窟左壁左侧菩萨(图十四:8)。

3. 弟子

依袈裟的样式分三型。

A 型　右肩半披式,面相长圆,细颈,圆肩,内着僧祇支,且束带,袈裟自右肩绕搭过右肘,再经腹部绕搭于左肩上,袈裟边下垂于左胸前,左手抓握袈裟边。袈裟有一定的宽博感。如 22、12、109、157、94 窟等(图十四:9)

B 型　双领下垂式,面相长圆,细颈,圆肩,腹部微凸,身材略修长。内着僧祇支,袈裟双领下垂,衣边搭于左臂上。如 109、113、62 窟(图十四:10)。

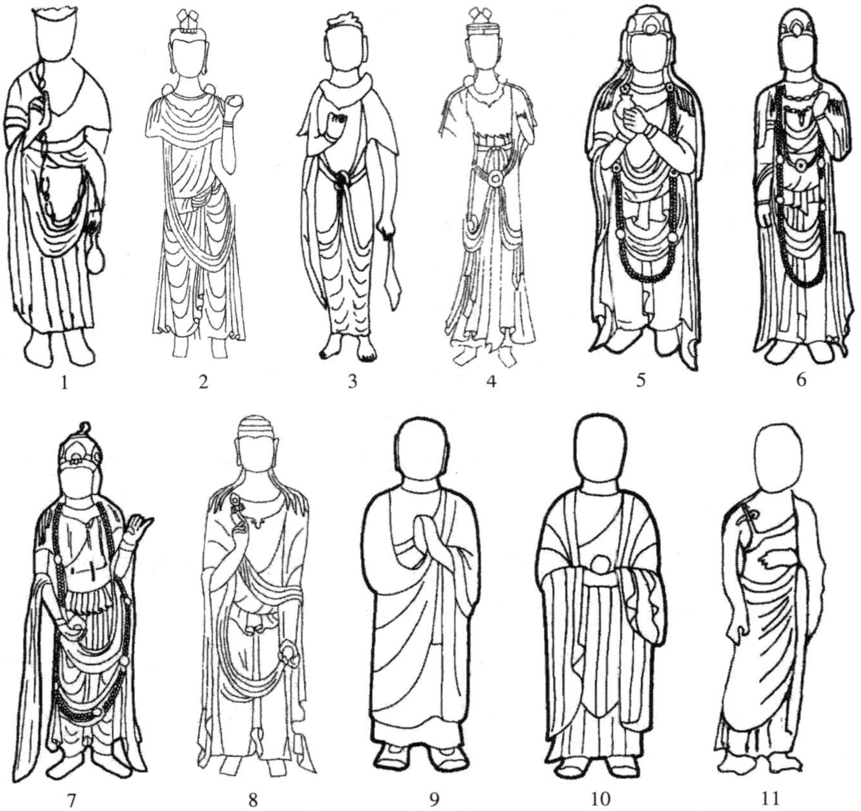

图十四 麦积山北周菩萨、弟子像

1. 45 窟 2. 36 窟 3. 22 窟 4. 141 窟 5. 12 窟 6. 26 窟 7. 62 窟 8. 141 窟 9. 12 窟 10. 109 窟 11. 94 窟(1、3 自绘,2、4、8 分别采自《5—8 世纪汉地佛像着衣法式》图 5-1-10：1,图 5-1-9：10,图 5-1-10：2,其余采自《北朝晚期石窟寺研究》图四八、四九)

C 型 袒右式,面相同 B 型,腹部微凸,身材较短,内着僧祇支,且僧祇支于肩部系带,类似佛像袈裟的钩钮式,外层袈裟仅覆左肩,右肩袒露,如 94 窟(图十四：11)。

依据上述类型排比,列表如下：

表二　麦积山北周窟龛与造像型、式分类表

<table>
<tr><th colspan="5">型、式分类</th><th>窟龛号</th></tr>
<tr><td rowspan="12">窟龛形制</td><td rowspan="3">窟形</td><td rowspan="2">A</td><td colspan="2">Ⅰ</td><td>7、12、26、32、35、36、39、65</td></tr>
<tr><td colspan="2">Ⅱ</td><td>62</td></tr>
<tr><td rowspan="2">A</td><td colspan="2">Ⅲ</td><td>27</td></tr>
<tr><td rowspan="2"></td><td colspan="2">Ⅳ</td><td>52</td></tr>
<tr><td colspan="3">B</td><td>109、141</td></tr>
<tr><td rowspan="3"></td><td colspan="3">C</td><td>22</td></tr>
<tr><td colspan="3">D</td><td>4</td></tr>
<tr><td colspan="3">E</td><td>10、46</td></tr>
<tr><td rowspan="4">龛形</td><td rowspan="2">A</td><td colspan="2">Ⅰ</td><td>62、22、4、18、45、47、55、67、157</td></tr>
<tr><td colspan="2">Ⅱ</td><td>141</td></tr>
<tr><td colspan="3">B</td><td>31</td></tr>
<tr><td colspan="3">C</td><td>4</td></tr>
<tr><td rowspan="9">造像组合</td><td rowspan="8">造像</td><td rowspan="4" colspan="2">整铺组合</td><td>A</td><td>62、52、88</td></tr>
<tr><td>B</td><td>4、7、12、26、27、32、35、36、39、65、109、141</td></tr>
<tr><td>C</td><td>31</td></tr>
<tr><td>D</td><td>11、18、136</td></tr>
<tr><td rowspan="4">单铺组合</td><td rowspan="2">A</td><td>Ⅰ</td><td>45、55、12、26、27、32、36、62、65、141</td></tr>
<tr><td>Ⅱ</td><td>157、9 窟 4 号龛</td></tr>
<tr><td rowspan="2">B</td><td>Ⅰ</td><td>113、94、22</td></tr>
<tr><td>Ⅱ</td><td>67</td></tr>
<tr><td colspan="2">其他</td><td colspan="2">经变画</td><td>26、27</td></tr>
<tr><td rowspan="3">造像特点</td><td rowspan="3">坐佛</td><td rowspan="3">A</td><td colspan="2">Ⅰ</td><td>141、45、36、39、109</td></tr>
<tr><td colspan="2">Ⅱ</td><td>22、94、141、36、39、26</td></tr>
<tr><td colspan="2">Ⅲ</td><td>62、31、65、45</td></tr>
</table>

续表二

<table>
<tr><td colspan="5">型、式分类</td><td>窟龛号</td></tr>
<tr><td rowspan="11">造像特征</td><td rowspan="3">坐佛</td><td rowspan="2">B</td><td colspan="2">Ⅰ</td><td>141、31、40、42</td></tr>
<tr><td colspan="2">Ⅱ</td><td>55、62、65、26、18、7、12</td></tr>
<tr><td colspan="3">C</td><td>12、109、31</td></tr>
<tr><td colspan="2" rowspan="4">菩萨</td><td colspan="2">A</td><td>141、45、36</td></tr>
<tr><td colspan="2">B</td><td>22 、113、141</td></tr>
<tr><td rowspan="2">C</td><td>Ⅰ</td><td>12、26、62</td></tr>
<tr><td>Ⅱ</td><td>62、141</td></tr>
<tr><td colspan="2" rowspan="3">弟子</td><td colspan="2">A</td><td>22、12、109、157、94</td></tr>
<tr><td colspan="2">B</td><td>109、113、62</td></tr>
<tr><td colspan="2">C</td><td>94</td></tr>
</table>

三、分期及年代

(一)分组

从表二可看出 109、113、141、22、40、42、52 等窟龛在洞窟形制、造像组合、造像特征等方面均十分相近,洞窟形制主要是 B 型、C 型,龛形 A 型Ⅰ式、A 型Ⅱ式。造像组合为整铺 B 型、单铺 A 型Ⅰ式、B 型Ⅱ式。造像特征上佛像 A 型Ⅰ式、A 型Ⅱ式、B 型Ⅰ式、C 型。菩萨 A 型、B 型。弟子 A 型、B 型。故将上述洞窟归为一组,为 A 组。

88、18、82、27、31、55、45、46、36、39、65、67、94、26、4、9、7、32、35、157 等窟龛,窟形内容均多样。窟形以 AⅠ式、Ⅲ式、C 型、D 型为主,龛型A 型Ⅰ式、C 型。造像组合整体 A 型、B 型、C 型、D 型,单铺组合 A 型Ⅰ式、A 型Ⅱ式、B 型Ⅰ式、B 型Ⅱ式及经变画。造像特征上坐佛 A 型Ⅰ式、Ⅱ式、Ⅲ式、C 型。菩萨 A 型、C 型Ⅰ式、Ⅱ式。弟子 A 型、C 型等。这种洞窟形制、题材组合、造像特点等是其他洞窟少见的，故将上述洞窟归为 B 组。

62、12 窟在洞窟形制、造像组合、造像特点上相近。窟形 A 型Ⅰ式、Ⅱ式，龛型 A 型Ⅰ式。造像整体组合 A 型、B 型，单铺组合 A 型Ⅰ式。造像特点坐佛 A 型Ⅲ式、B 型Ⅱ式、C 型。菩萨 C 型Ⅰ式、Ⅱ式。弟子 A 型、B 型。这组洞窟从形制到内容，有自身特点，将它们归为 C 组。

A、B、C 三组存有一定的差异，时段上有前后之别，现讨论它们之间的相对早晚关系。

A、B 两组间存在共性，但不同也很明显。A 组洞窟形制以方形覆斗顶窟为主，窟顶中心为方形井心，不见于 B 组。而方形覆斗顶窟是西魏时期麦积山较为流行的形制。B 组四角攒尖顶是新出现的窟形，而 A 组不见此种形制的洞窟。A 组造像虽然已具备北周佛像肉髻低平的特点，但造像多长圆脸型，细颈，仍保留早期头部前倾，肩部下削，面部清瘦的样式。菩萨披帛还多交叉穿环。B 组像身材较 A 组粗壮，菩萨披帛于腹膝前横一二道。A 组从窟形到造像特征上都近于西魏窟，而 B 组北周特征已显露。故 A 组年代上更接近于西魏晚期，早于 B 组。

B、C 组间相似性较多。两组以四角攒尖顶窟为主要洞窟形制，七佛、三佛是共同的组合内容，说明两者间承袭关系明确，时代相差不远。但两组洞窟在造像特征上又有一定的差异，B 组造像佛、菩萨均为长圆或方圆脸型，与 A 组相近。而 C 组佛、菩萨均面短而艳，同时菩萨装饰繁复，身挂长瓔珞，一腿弯曲，身姿具有一定的动感，这在 B 组中不见，而这种特征是隋代造像中普遍的风格。可以看出 B 组更多地表现了北周的特点，而 C 组出现了隋风，故 C 组晚于 B 组。

通过上述分析，知 A、B、C 三组中，A 组年代较早，B 组介于中间，C 组较晚。故可将三组分为三期：

第一期：A 组；

第二期：B 组；

第三期:C组。

(二)年代判定

A组洞窟形制以方形覆斗顶窟为主,是北魏、西魏以来流行的方形平顶窟的改进,顶心覆斗,为四角攒尖顶的过渡样式。麦积山覆斗顶窟最早出现在西魏的127窟,窟顶雕出仿帐形结构或绘制帐形的例子,这种覆斗顶形式在其东边的云冈、龙门石窟中均不见,只见于西部的敦煌石窟,如272窟,而这种形制与河西地区魏晋墓葬有一定的渊源关系[①]。麦积山西魏127窟覆斗顶窟进一步演变就成了北周早期141窟的藻井形式,顶部缩小为藻井,内绘莲花,藻井四角绘镜,但窟内四角还没出现立柱。

造像组合以七佛、一铺五身为主。从造像特点上看,佛像面相长圆,细颈,肩部还带有一定的下削感,造像头部还有脱离壁面前倾的现象。袈裟仍显厚重,下摆垂悬于座前。体现了较多的北魏、西魏风格,但佛肉髻低平,出现了北周佛像的特征。菩萨披帛以裙披式为主,披帛搭肩下垂于腹前交叉穿环,披帛下端外飘贴壁,具有早期特征。披帛覆搭双肩下垂于膝前相交或横一道式为北周新样式。弟子面相长圆,细颈,身材修长,袒右或双领下垂袈裟,其中僧祇支于肩部系带的样式是首次出现,同样的形式在水帘洞石窟群北周早段千佛洞第9窟中可见。141、22、62窟佛袈裟下摆垂于座前,且下缘繁复,延续了北魏、西魏的特点。141窟侧壁佛袈裟下摆较短,覆盖于佛座上,且衣纹简洁,表现出了一种新风,可以看出此时麦积山佛像袈裟两种风格并存。此组中109窟外有大魏的题记,但洞窟形制、造像组合、造像特点均已表现出北周的特点,故将其归为此组。总体上看,此组洞窟的西魏遗风较浓,但又出现北周新风,故年代为西魏末年至北周初期。

B组洞窟以四角攒尖顶窟为主,三壁均开龛或三壁开一龛,窟内出

①敦煌文物研究所考古组《敦煌晋墓》,《考古》1974年第3期。

现完整仿木结构。同时崖阁窟也是此期特有的窟龛形式。龛形为圆拱形、帐形。造像组合七佛、三佛为代表,另出现十佛内容。单铺组合中一铺三身、一铺五身均有。佛像面相长圆,肉髻低平,肩平齐,腹部凸出,身体较壮硕。袈裟以双领下垂与通肩为主,下摆垂悬佛座样仍旧存在,但较前期缩短。另出现袈裟轻薄贴体的样式,下摆简洁,呈两瓣下垂,且较短。菩萨身材瘦长、短粗型共存,面部均圆短,颈粗。披帛裙披式、覆肩式、披帛横过腹膝前一或二道式都存在,有的菩萨身上斜挂玉米棒式联珠纹瓔珞。菩萨身姿较端直,是较为成熟的北周特点。此组的第 4 窟,即上七佛阁,为北周大都督李允信为亡父敬造。庾信《秦州天水郡麦积崖佛龛铭并序》有如下记载:“大都督李允信者,籍于宿植,深悟法门。乃于壁之南崖,梯云凿道,奉为亡父造七佛龛。”对于上七佛阁究竟是谁建造的问题,学界讨论较多,一种意见认为为李允信所开[①]。另一种意见认为 4 号窟非李允信所开,只有宇文广才具有开凿 4 号窟的实力[②]。笔者同意第一种说法,正如李裕群所言,宇文广虽贵为秦州刺史,但其倡行简朴的生活,文献中也不见其信佛的记载,其开凿如此大规模的洞窟实属不可能[③]。李允信为宇文广旧吏[④],阎文儒先生考订其接任宇文广任开府仪同三司都督秦州刺史[⑤],而宇文广曾三次刺史秦州,最后一次为 570 年[⑥]。推测,李允信建造第 4 窟年代当在 570 年以后。又建德三年(574)周武帝灭法,虽然

①阎文儒《麦积山石窟的历史、分期及其题材》,《麦积山石窟》,甘肃人民出版社,1984 年;李裕群《北朝晚期石窟寺研究》,文物出版社,2003 年。

②金维诺《麦积山石窟的兴建及其艺术成就》,《中国石窟·天水麦积山》,文物出版社,1998 年;黄文昆《麦积山的历史与石窟》,《文物》1989 年第 3 期。

③前揭李裕群书。

④《周书》卷十《宇文广传》,中华书局,1983 年。

⑤阎文儒《麦积山石窟的历史、分期及其题材》,《麦积山石窟》,甘肃人民出版社,1984 年。

⑥《周书》卷十《邵惠公颢传附导子广传》,中华书局,1983 年;《周故大将军赵公墓铭》,《文苑英华》卷九四八。

麦积山没受到严重的摧毁，但此时也不可能有大规模的开窟造像活动，故此窟的年代应在 570 年前后至灭佛前。B 组造像与 4 窟相似，年代应相仿，此期是北周成熟期。

C 组窟形为四角攒尖顶，正壁开一龛。造像组合七佛、三佛。佛像面短而艳，颈粗短，肩部丰圆。袈裟以通肩为主，还显厚重。菩萨面相同佛，戴冠。身材较长，腹部凸出，身体重心集中于一弯曲的腿上，上袒或穿僧衹支，裙边外翻，披帛横于膝前二道，挂联珠式长瓔珞。腰部呈现一定的扭曲，身姿动感明显。此种形象与敦煌北周晚期 301 窟、隋 302 窟、开皇四年（584）303 窟、开皇五年（585）305 窟壁画上菩萨像相近。宣政元年（578）宣帝复法，佛教石窟寺的开凿得到了恢复，此时造像不仅保留北周成熟期的特点，同时已显露了隋代造像的风格，故 C 组年代为北周末至隋初（578—581）。

第三节　须弥山北周洞窟

须弥山石窟位于宁夏回族自治区南部固原县城西北55公里处。石窟开凿在六盘山余脉的山体上，山石为红色砂岩，岩石疏松，不宜雕刻和保存。在南起寺河、北迄黑白沟、东始和尚坟、西至青山梁的广大范围内，洞窟由南向北分成八个区域，分别为大佛楼区、子孙宫区、圆光寺区、相国寺区、桃花洞区、松树洼区、三哥窑区、黑石沟区，共计132个洞窟。它们始凿于北魏，北周、唐代兴盛。尤以北周洞窟造像保存较好，时代特点明显，是须弥山的代表之作。

一、前人研究成果

须弥山石窟的调查研究一直以来主要受地理位置、自然条件等因素的限制，纵观目前的研究状况，以20世纪中后期为主，可以分为三个阶段：20世纪五六十年代；20世纪80年代；20世纪90年代至今。

20世纪五六十年代为初步的考察与报道，主要成果有刘敏著《甘肃固原的石窟造像》、朱希元著《宁夏须弥山圆光寺石窟》等[①]。通过这些简要的介绍，使得须弥山石窟首次为世人所知，并引起相关部门的重视。1962 年宁夏回族自治区文管会曾组织人员对须弥山石窟进行了调查、编号，但未公布资料。

20 世纪 80 年代进入须弥山石窟调查的实质性阶段。1982 年宁夏回族自治区文管会与中央美术学院美术史系联合对须弥山石窟进行了新的调查工作。此次调查对洞窟重新进行了编号，1988 年出版了《须弥山石窟》一书[②]，书中较为全面地介绍了须弥山石窟的开凿历史、分期、造像特征等。另外，书中还附有简单的《内容总录》，是了解须弥山各洞窟的重要资料。1986 年北京大学考古系与宁夏回族自治区文化厅文物处合作，由马世长先生带领北京大学考古系佛教考古专业的部分研究生及须弥山石窟的工作人员，对石窟进行了新的全面的调查，包括洞窟实地测绘、文字记录、影像记录等，做出了翔实的考古报告，并以内容总录的形式出版[③]。此书图文并茂，每一个洞窟都配有实测图及洞窟位置、方向、形制、内容等基础资料的介绍，较为准确、详细，为以后的研究工作打下了基础。

20 世纪 90 年代进入须弥山石窟的研究阶段，1990 年陈悦新发表了《须弥山早期洞窟的分期研究》[④]，文中运用考古学方法，对北朝及隋代洞窟进行了窟形分类、造像组合、造像特点等的分析，并依据上述分析，结合史料等对北朝及隋代洞窟做出了分期排年，是目前关于须弥山石窟早期洞窟分期的重要文章。随后结合其他石窟的材料，陈悦新又对须弥

---

①刘敏《甘肃固原的石窟造像》，《文物参考资料》1956 年第 4 期；朱希元《宁夏须弥山圆光寺石窟》，《文物》1961 年第 2 期。

②宁夏回族自治区文物管理委员会、中央美术学院美术史系《须弥山石窟》，文物出版社，1988 年。

③宁夏回族自治区文管会、北京大学考古系《须弥山石窟内容总录》，文物出版社，1997 年。

④陈悦新《须弥山早期洞窟的分期研究》，《华夏考古》1995 年第 4 期。

山石窟中的龟兹风格等问题进行了探索性的研究[①]。进入21世纪，随着石窟寺研究的发展，更多的学者开始关注须弥山石窟，研究工作进入了崭新阶段。学者们不仅重视对基础材料的介绍分析，而且更加注意对同一时段，不同地区、不同风格的石窟进行对比研究。如李裕群、陈悦新等在各自的博士论文中均对须弥山石窟北朝晚期洞窟进行了分期、排年等基础研究，并与同时期的相关石窟做了比较[②]。

须弥山石窟始凿于北魏中晚期，到唐仍兴盛。北朝洞窟是其重要组成部分，其中北周洞窟及造像又是其最具特色的部分。须弥山石窟未发现有关洞窟开凿的纪年及其他文字资料，研究工作只能在实地调查及前人研究的基础上进行。为此，笔者于2006年8月、2009年8月赴须弥山石窟进行实地调查，主要针对北周洞窟做了调查记录等。

须弥山石窟洞窟由南向北主要分布在八个区域，每个区域的洞窟在时

图十五　须弥山圆光寺43—49窟示意图

（采自《北朝晚期石窟寺研究》图三三）

---

①陈悦新《龟兹石窟与须弥山石窟中的穹隆顶窟》，《考古与文物》2004年第1期。

②李裕群《北朝晚期石窟寺研究》，文物出版社，2003年；陈悦新《甘宁地区北朝石窟寺研究》，北京大学博士论文，2004年。

代上都较为集中[①],北周洞窟主要分布于圆光寺区及相国寺区(图十五)。

二、洞窟类型

(一)窟龛形制

1. 窟形

依洞窟平面结构中有无中心柱分为二型。

A型 平面方形中心柱窟,共计7窟,即37、45、46、47、48、51、121窟。均为平面方形覆斗顶大型中心柱窟,洞窟四壁多开龛,中心柱四面开单层龛。又据窟内有无仿木结构等分为三式。

Ⅰ式 四壁不开龛,无仿木结构。仅见121窟(图十六:1)。

Ⅱ式 四壁开龛,中心柱四面开龛。在洞窟顶部构成仿木式垂帐结构。四壁上部设横仿,窟顶四披有斜仿,四角无立柱。如45、46、51窟(图十六:2)。

Ⅲ式 整个洞窟内部构成仿木式垂帐结构。四壁上部设横仿,窟顶四披有斜仿,四隅立角柱,下有柱础,柱头莲花雕饰。如36、37、47、48窟(图十六:3、4)。

B型 平面方形无中心柱窟。覆斗顶、穹隆顶、攒尖顶、平顶,窟内多无仿木结构。据窟内四壁是否开龛、设像等分为三亚型。

Ba型 覆斗顶,三壁各开一龛,龛内造像,形成三壁三龛窟。如34、35、119窟(图十六:5)。

Bb型 窟内四壁均不开龛,在后壁前设低坛。据窟内有无仿木结构、坛上有无塑像分二式。

Ⅰ式 无仿木结构,坛上置像。如110、113、115、40窟。其中40窟无仿木结构,坛上亦不置像(图十六:6)。

Ⅱ式 有仿木结构,四隅立柱,下有柱础,柱头上横撑四壁顶部的横

---

①李裕群《北朝晚期石窟寺研究》,文物出版社,2003年,88页。

仿,四披置斜仿。窟内无像。如16、41、111窟。

Bc型 覆斗顶或平顶,窟内四壁不开龛也不雕像。如38、39、42、43、44、49、120窟等(图十六:7)。

2. 龛形

据龛外立面等,分为圆拱龛和帐形龛两型。

A型 圆拱龛,依有无龛楣、龛柱分二式。

Ⅰ式 仅见一圆拱,无龛楣、龛柱。如51窟北壁窟门西侧上下四龛、南壁西龛、中心柱南北西向面龛,119窟北东西壁各龛。

Ⅱ式 带龛楣、龛柱。龛楣均为尖形,龛柱棱形,柱头上雕摩尼宝珠和莲瓣。如46窟北壁东龛、西龛、中心柱南北向面龛,51窟南耳室内门上浅龛等(图十六:8)。

B型 帐形龛,龛口方形,依有无龛柱及龛上装饰不同分二式。

Ⅰ式 龛上饰摩尼宝珠和花瓣,龛梁下饰三角和垂帐纹。龛梁两侧饰龙头或凤鸟口衔下垂的长流苏,以此代替龛柱或与邻龛共享龛柱。如36窟西南北壁,45窟四壁龛、中心柱四壁龛,46窟南西东壁龛、北壁中龛、中心柱东西向面龛,51窟南壁东龛等(图十六:9)。

Ⅱ式 龛型较简洁,无龛柱,龛梁两侧不饰龙头或凤鸟,流苏绕龛梁下垂。如46窟中心柱(图十六:10)。

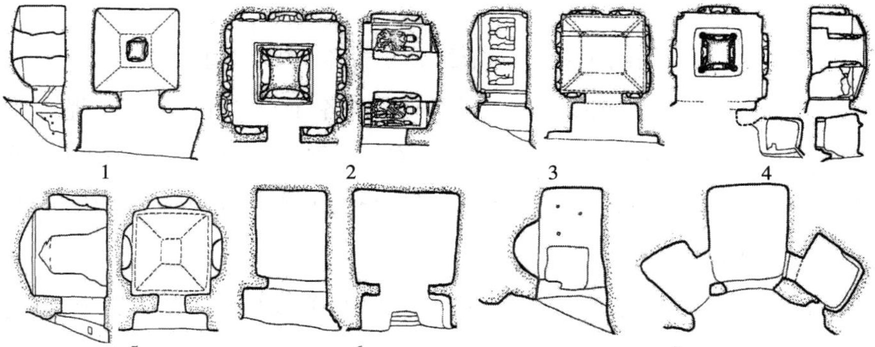

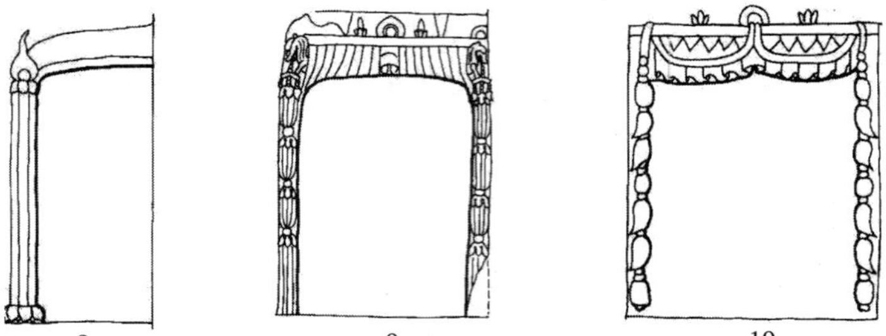

图十六　须弥山北周窟龛型、式图

1. 121 窟　2. 45 窟　3. 36 窟　4. 37 窟　5. 35 窟　6. 40 窟　7. 120 窟　8. 46 窟　9. 46 窟　10. 46 窟（采自《北朝晚期石窟寺研究》图三四、三五、三六、三七）

（二）造像组合及题材内容

造像组合分单铺组合、整铺组合二类。

1. 造像组合

（1）单铺组合

分二型。

A 型　一铺三身，主要是一佛二菩萨组合，45、46、48、51、121 等窟中心柱四面龛内，36 窟南北西三壁，45、46 窟门两侧，48 窟东壁中间龛。另有一佛二弟子，仅见 48 窟中心柱东壁。

B 型　一铺五身，主要是一佛二菩萨二弟子组合，但较为少见，如 46 窟南壁门上中龛，48 窟东壁南龛，51 窟南壁东龛。

（2）整铺组合

多主尊是须弥山的特点，现依组合形式不同分四型。

A 型　三佛。以三壁三龛窟为主，三壁各开一龛，内雕一佛，整窟形成三佛窟。如 34、35、119 窟。另外，还有三壁各开三龛，每壁均构成三佛内容，且中间龛都为立佛，三佛中一身或为交脚菩萨或为倚坐佛（菩萨）。弥勒上下生组合，如 45、46 窟。

B 型　四佛。多分布于中心柱四面，佛坐式。如 45、46、51 窟中心柱。

C 型　六佛。正壁及两侧壁各开二龛，内塑坐佛。如 36 窟。

D 型　七佛。如 51 窟，因未完成，现不得见。另 46 窟中心柱南向面龛楣及窟内后壁两龛龛楣上，上雕七佛。

2. 其他题材神王

46 窟中心柱西、北面基座上雕刻神王。

（三）造像特点

1. 佛

按身姿分结跏趺坐、倚坐、立姿等三种。

（1）立佛

肉髻低平，面相方圆，肩部平挺，腹部凸出，右手上举施无畏印，左手下垂抓握袈裟一角。多着通肩袈裟，衣领于胸前下垂较低（类双领下垂式），露出僧祇支，腹部衣纹呈 U 字形，腿部袈裟呈半 U 字形，且有一定的贴体感。整个造像粗壮。如 45、46 窟正壁、左、右壁中间龛立佛（图十七：1）

（2）结跏趺坐佛

据袈裟特征分三型。

A 型　袒右肩式袈裟，面残，肩宽厚。袈裟下摆十分规整，或垂于须弥座中间，或呈半圆形覆盖于佛座上。如 45 窟南壁门上主尊。

B 型　双领下垂式袈裟，面相方圆，肩宽挺，身躯厚重，腹部凸起，内穿交领衫，袈裟自双肩下垂于胸腹前，下摆密集，分三层垂于座前。如 51

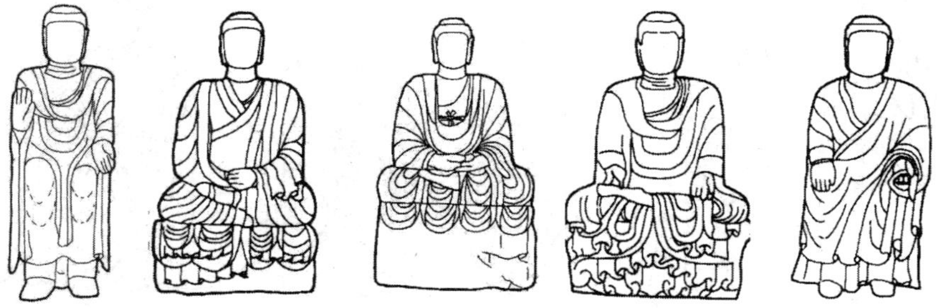

1　2　3　4　5

图十七　须弥山北周佛像

1. 46 窟　2. 51 窟　3. 51 窟　4. 46 窟　5. 46 窟（采自《北朝晚期石窟寺研究》图三八）

窟西壁中间佛(图十七:2)。另外48窟中心柱东向面龛内主尊着双领下垂式袈裟,右边袈裟一角搭于左臂上。

C型　通肩袈裟,内着僧祇支(或结带),外着通肩袈裟,袈裟衣领下垂呈U形。袈裟下摆垂于佛座上,且呈四瓣式横向展开或人字形分层排布于座前。如51窟西壁南北两佛、46窟(图十七:3、4)。

(3)倚坐佛

肉髻低平,面相丰圆,头大,颈短,身躯壮实,着交领袈裟,袈裟宽大,衣纹疏朗,下摆呈现内外两层。存两例,即45窟、46窟东壁南龛(图十七:5)。

2. 菩萨

按身姿分立式、倚坐式、交脚坐式三型。

(1)立式

总体特征头大,颈短,面相方圆,身躯壮硕,身姿直挺,腹部凸出。据璎珞、披帛等差异分二型。

A型　披帛、长璎珞均交叉于腹前。菩萨头戴花蔓冠,宝缯垂肩,戴圆形或心形项圈,下着裙,裙边外翻,裙带下垂。如45、46、51窟(图十八:1)

B型　面相,身姿同A型,披帛于膝前横过一、二道,提握于一手中。之后披帛垂于体侧。U形长璎珞挂于体前或璎珞交叉于腹前。右手上举

1　2　3　4　5

图十八　须弥山北周菩萨像

1. 51窟　2. 46窟　3. 51窟　4. 45窟　5. 46窟(采自《北朝晚期石窟寺研究》图三九)

抚胸,左手提披帛或净瓶。如 45、46、51 窟(图十八:2、3)。

(2)倚坐式

仅存 45 窟西壁南龛主尊一身。头大,颈短,面相方圆,身躯壮硕。头戴花蔓冠,宝缯垂肩,上袒,戴圆形项圈,右手上举,左手抚膝。璎珞、披帛均交叉于腹前,并绕于腿前(图十八:4)。

(3)交脚坐式

仅存 46 窟西壁南龛主尊一身。颈短、身姿壮硕。披帛交叉于腹前,并绕于腿前,交脚脚心朝外(图十八:5)。

3. 弟子像

出现较少,仅见四例。如 48 窟中心柱东向面龛、46 窟南壁门上中龛、48 窟东壁南龛、51 窟南壁东龛。除 51 窟中二弟子绘作一老一少外,其余均为少年状,头大,颈短,身粗,内着交领衣,外穿双领下垂式袈裟。

根据上述类型排比,列表如下:

表三 须弥山北周窟龛与造像型、式分类表

<table>
<tr><th colspan="5">型、式分类</th><th>窟龛号</th></tr>
<tr><td rowspan="10">窟龛形制</td><td rowspan="8">窟形</td><td rowspan="3">A</td><td colspan="2">Ⅰ</td><td>121</td></tr>
<tr><td colspan="2">Ⅱ</td><td>45、46、51</td></tr>
<tr><td colspan="2">Ⅲ</td><td>36、37、47、48</td></tr>
<tr><td rowspan="4">B</td><td colspan="2">B a</td><td>34、35、119</td></tr>
<tr><td rowspan="2">B b</td><td>Ⅰ</td><td>110、113、115、40</td></tr>
<tr><td>Ⅱ</td><td>16、41、111</td></tr>
<tr><td colspan="2">B c</td><td>38、39、42、43、44、49、120</td></tr>
<tr><td rowspan="2">龛形</td><td rowspan="2">A</td><td colspan="2">Ⅰ</td><td>51、119</td></tr>
<tr><td colspan="2">Ⅱ</td><td>46、51</td></tr>
</table>

续表三

<table>
<tr><th colspan="4">型、式分类</th><th>窟龛号</th></tr>
<tr><td rowspan="2">窟龛形制</td><td rowspan="2">龛形</td><td rowspan="2">B</td><td>Ⅰ</td><td>36、45、46、51</td></tr>
<tr><td>Ⅱ</td><td>46</td></tr>
<tr><td rowspan="6">造像组合</td><td rowspan="6">造像组合</td><td rowspan="2">单铺组合</td><td>A</td><td>45、46、48、51、121、36</td></tr>
<tr><td>B</td><td>46、48、51</td></tr>
<tr><td rowspan="4">整铺组合</td><td>A</td><td>34、35、119、45、46</td></tr>
<tr><td>B</td><td>45、46、51</td></tr>
<tr><td>C</td><td>36</td></tr>
<tr><td>D</td><td>46</td></tr>
<tr><td></td><td colspan="3">其他题材神王</td><td>46</td></tr>
<tr><td rowspan="10">造像特征</td><td rowspan="5">佛</td><td colspan="2">立佛</td><td>45、46</td></tr>
<tr><td rowspan="3">结跏趺坐佛</td><td>A</td><td>45</td></tr>
<tr><td>B</td><td>48、51</td></tr>
<tr><td>C</td><td>46、51</td></tr>
<tr><td colspan="2">倚坐佛</td><td>45、46</td></tr>
<tr><td rowspan="4">菩萨</td><td rowspan="2">立菩萨</td><td>A</td><td>45、46、51</td></tr>
<tr><td>B</td><td>45、46、51</td></tr>
<tr><td colspan="2">倚坐式</td><td>45</td></tr>
<tr><td colspan="2">交脚坐式</td><td>46</td></tr>
<tr><td colspan="3">弟子</td><td>46、48、51</td></tr>
</table>

从现存的洞窟看，同时具备洞窟形制、造像组合、造像特征等要素的洞窟仅为45、46、51、36、37、47、48等窟。在此以上述7窟为主，进行分组分期，其余各窟一般只保存有洞窟形制，依其特征分别归入不同的期别。

三、分期及年代

（一）分组

45、46、51 窟洞窟形制为 A 型Ⅱ式，龛型 A 型Ⅱ式、B 型Ⅰ式、Ⅱ式等。造像组合单铺组合 A 型、B 型，整铺组合 A 型、B 型、D 型为主，神王像。造像特征立佛、倚坐佛、结跏坐佛 A 型、B 型、C 型。立菩萨 A 型、B 型，倚坐菩萨，交脚菩萨等。弟子像。它们在洞窟形制、造像组合、造像特征上极为接近。故将它们归入一组，为 A 组。A 组所具备的特点，在其他洞窟中不见。

36、37、47、48 窟所具有的特征相同，洞窟形制 A 型Ⅲ式、龛型 B 型Ⅰ式。造像组合 A 型、B 型，造像特点结跏坐佛 B 型，弟子等。别的洞窟不具备这些特点，故将 36、37、47、48 窟划为 B 组。

下面通过对比，将其他洞窟并入 A、B 二组。121 窟为中心柱窟，窟内四壁不开龛，亦无仿木结构，且造像组合为一铺三身，均保留着西魏洞窟的特征，但中心柱单层开龛，又具备了北周洞窟的特征，具有一种过渡性，故将其年代定为西魏晚期北周初，这样 121 窟可归入 A 组，且应早于 45、46、51 等窟。110、113、115、40 等窟无仿木结构，四壁不开龛，后壁设坛置像，无仿木结构、四壁不开龛的形制，与 121 窟接近。110、113、115、40 窟还没出现单层开龛的中心柱，故应较 121 窟为早。110、113、115、40 窟归入 A 组，属于 A 组最早的洞窟。42、43、44、49 窟与 40 窟均位于圆光寺，同时洞窟形制也大体相同，120 窟窟形也与 40 窟同，故 42、43、44、49、120 窟也划入 A 组。34、35、119 窟为三壁三龛窟，延续西魏形制，可归入此期。这样 A 组洞窟有 42、43、44、49、120、40、110、113、115、121、45、46、51 等窟。

16、41、111 窟为仿木结构的洞窟，但窟内四壁不开龛。且仿木结构已不似 45、46、51 等窟只在顶部表现佛帐，窟内四角均存有立柱，与 36、

37、47、48 等窟形同，具备了北周风格。同时，在逻辑关系上是 110、113、115、40 窟的发展进步，故可将此三窟归入 B 组。这样 B 组包括 16、41、111、36、37、47、48 等窟。

从上述分析知，这些洞窟可分为 A、B 两组。两组洞窟间存在继承关系，代表了须弥山北周洞窟的前后发展状况。

A、B 两组存在一定的共性，同时也有一定的差异。A、B 两组虽均有中心柱窟，但窟内其他结构不同。A 组的仿木结构只出现于窟顶部，B 组增加了四角的立柱，使得整个洞窟内部形成完整的仿木帐形式。而麦积山等地北周成熟期洞窟中，仿木帐结构是最为重要的特征。显然 B 组中心柱窟更加成熟、完善，故 B 组时段上要晚于 A 组。A 组造像中有些菩萨披帛仍存在于腹前交叉穿环的形式，这种披帛样式是北魏、西魏较为常见的，所以 A 组要早于 B 组。B 组较为完整的仿木帐结构与随后的隋代 67、70 窟相近，造像的头大身短的特点也相同，B 组从时间上与隋代更近。

通过上述分析对比，可知须弥山北周洞窟可分为 A、B 组，且 A 组早于 B 组，即 A 组为前期，B 组为后期。

（二）分期年代

下面通过总结 A、B 两组的特征，对其进行年代判断。

A 组洞窟形制为平面方形覆斗顶中心柱窟，四壁上部设横仿，窟顶四披有斜仿，四角无立柱。须弥山中心柱窟自北魏就已出现，但北魏中心柱每面分层开龛，与云冈等地的早期中心柱相同。北魏晚期开始，中心柱形式发生了变化，趋向于简化，层数减少至二层或只开一层龛，如巩县第 4 窟中心柱分上下两层，而 1、3 窟中心柱每面单层龛，渑池鸿庆寺 1 窟亦为单层中心柱。这种变化在敦煌北魏窟内有明显的体现，在同一中心柱上表现出单双层结合的样式，同时因为地域与文化的差异性，这种情况一直延续到西魏。莫高窟北周 428、290 等窟中心柱开始出现单层龛，西千佛洞 8 窟出现正面开一龛的类型。北齐姑姑洞下洞中心柱单层四面开帐形龛，南响堂1、2窟单层方柱体，三面或一面开龛，龛基上雕刻神王。北响堂北洞、中洞亦三面或一面开龛。从上述可知，中心柱单层开龛是北周、北齐时期的特征，故须弥山A组洞窟与上述北周、北齐洞窟时代接近。

须弥山A组部分洞窟只在洞窟顶部构成仿木式垂帐结构，这种形式在麦积山西魏晚期洞窟中就已出现，须弥山形式与其相近，年代也应接近。同时45、46、51窟中心柱四面单层开龛，又具有北周中心柱的特征。

造像题材上三佛、七佛等为主，是北周常见的内容。造像组合以一铺三身、一铺五身为主，其中一铺五身是此时新出现的组合形式。同时45、46窟中心柱基座上的伎乐与麦积山26、27窟相近，而神王题材与南北响堂山、水浴寺等题材一致。

佛像肉髻低平，面相方圆，身材壮硕，菩萨特征同佛，改变了北魏、西魏清秀的特点，出现新的典型的北周造像风格。同时，倚坐及交脚菩萨共同出现也是北周造像的特色。

从以上分析知，A组洞窟虽然已具备了北周洞窟的许多特点，但其中也反映出一定的早期风格，如洞窟形制中，四角无立柱，仿木结构只出现在窟顶；造像组合中一铺三身，它们均非成熟完备的北周特点，还保留着西魏晚期的风格。另外，45窟中心柱基座四个转角处雕刻象头，与庆阳北石窟寺、泾川王母宫石窟北魏风格相同，或受其影响。故A组洞窟的时代为西魏末至北周初年。

B组洞窟平面方形覆斗顶窟，四壁上部设横仿，窟顶四披有斜仿，四隅立角柱，下有柱础，柱头莲花雕饰。整个洞窟内部构成仿木式垂帐结构。与麦积山成熟的北周洞窟形式相同，其年代应接近。造像组合一铺三身、一铺五身、六佛等。造像仍保持A组的面相方圆，头大身短，比例失调的特点，反映了北周成熟期的风格。B组中37、47、48等窟均未完工，当与灭佛有关。故B组的年代在北周盛期至建德灭佛期。

第四节　水帘洞石窟群北周洞窟

武山水帘洞石窟群位于甘肃省武山县城东北 25 公里钟楼湾鲁班峡内的群山之中，这里山势突兀，高岭横天，环境幽雅而神秘。石窟群由水帘洞、拉梢寺、千佛洞及显圣池等四个单元组成。据文献记载及考察知，鲁班峡方圆五公里内，曾有不少佛教遗迹，号称七寺五台，七寺为千佛寺、拉梢寺、峰团寺、砖瓦寺、金瓦寺、显圣池、观台寺等；五台包括莲花台、说法台、清净台、钟楼台、鸣鼓台。这七寺五台主要分布于峡谷内响河沟上游两岸的山崖之间，现大部分已不存在，仅存水帘洞、拉梢寺、千佛洞及显圣池四处遗迹。水帘洞、拉梢寺与千佛洞的分布呈三足鼎立之势，相互之间的距离不足一华里，显圣池位于沟口，距上述三窟约一公里左右（图十九）。

一、前人研究状况与成果

关于水帘洞石窟群的文献记载十分有限，在清康熙四十八年（1709年）冯同宪辑的《宁远县志》“古迹”条内记：“大佛，县东北五十里石山幽深，上有大佛三尊，传云鸠摩罗什建。”“千佛洞，县东北五十里。”“山

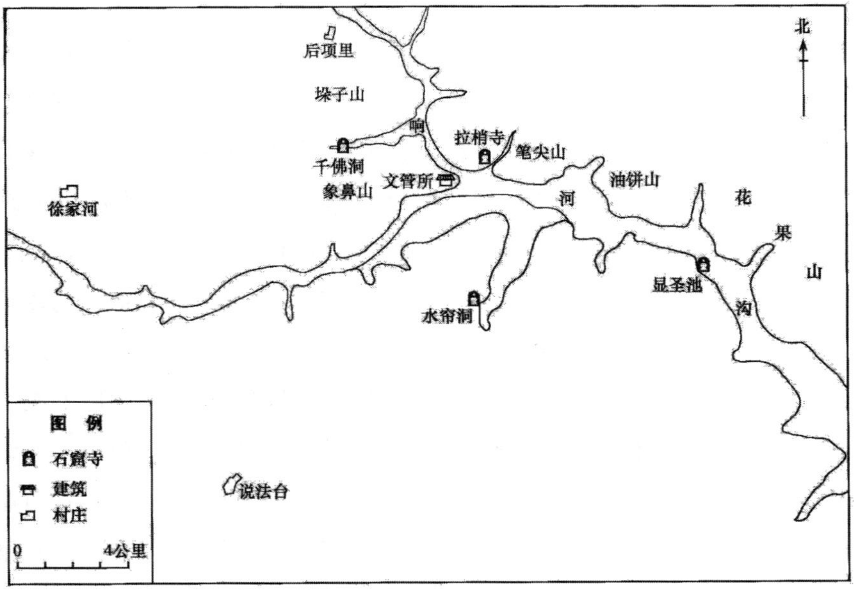

图十九　水帘洞石窟分布图　（采自《水帘洞石窟群》）

川”条云：“水帘洞县东北四十里，祈雨有灵。”①除此之外，再无其他的内容。虽在当地有拉梢寺始建于后秦白雀时期(384—386)的传说，但无明确的文献记载，故后秦时创建水帘洞石窟群的说法不可靠。

水帘洞石窟群地理位置较为偏僻，外界对其了解甚少。1957年甘肃省文物管理委员会组织人员对全省的文物进行全面普查的过程中，首次发现，后以《武山县发现古代石窟》的形式报导，将勘察结果公布于众②。不久甘肃省博物馆乔今同发表了《武山洛门镇的古代石窟》一文③，因当时各方面的客观条件所限，两则调查报导过于简单，只是进行了一些简

①中国西北文献丛书编辑委员会编《西北稀见方志文献》第三十七卷，兰州古籍书店影印出版，1990年。

②张仲生《武山县发现古代石窟》，《文物参考资料》1957年第10期。

③巨玩石、乔今同《武山洛门镇的古代石窟》，《文物参考资料》1957年第11期。

单客观描述，没有引起社会与学界的足够重视。对水帘洞石窟群的再次考察与研究，开始于20世纪80年代初。1981、1983年甘肃省文物工作队与水帘洞石窟保护研究所联合对石窟群做了进一步的勘察。这次勘察的结果，由董玉祥、臧志军撰写《甘肃武山水帘洞石窟群》[①]，文中对该石窟群的内容、现状分别做了客观的报导，并对其开创年代、窟龛分期、造像与壁画的艺术风格、水帘洞石窟群在甘肃石窟研究中的地位与价值等方面进行了初步研究与探讨。1995年，由甘肃省文物考古研究所与麦积山石窟艺术研究所、水帘洞石窟保护研究所共同对石窟群进行重新考察，对洞窟进行了编号、文字记录、摄影和重点洞窟的平、剖面图的测绘等工作。这次勘察，首先对水帘洞石窟群各个单元的窟龛重新进行了编号，纠正了过去勘察中的不足与不合理部分。新编窟龛壁画数目，计有千佛洞51个、拉梢寺24个、水帘洞16个、显圣池14个，总计现存于水帘洞石窟群中的窟龛壁画数目共达105个，包括道教造像大小百余尊，壁画约700余平方米，碑刻题铭18通，石胎泥塑舍利塔12座。这次勘察，收获颇丰，为进一步的分析研究打下了基础。

近年来，有较多的学者逐渐认识到水帘洞石窟群的重要性，将其纳入渭河流域石窟寺研究范围内，现有的研究成果有美国学者罗杰伟撰写的《北周拉梢寺艺术中的中亚主题》、魏文斌和吴荭合作撰写的《甘肃武山水帘洞石窟北周供养题记反映的历史与民族问题》、杨森《拉梢寺大佛题记考跋》、杜斗城《尉迟迥与拉梢寺大佛》等[②]。罗杰伟根据中亚及我国

---

①董玉祥、臧志军《甘肃武山水帘洞石窟群》，《文物》1985年第5期。

②[美]罗杰伟《北周拉梢寺艺术中的中亚主题》，巫鸿主编《汉唐之间文化艺术的互动与交流》，文物出版社，2001年；魏文斌、吴荭《甘肃武山水帘洞石窟北周供养题记反映的历史与民族问题》，《2005年云冈石窟国际学术研讨会论文集》，文物出版社，2006年；杨森《拉梢寺大佛题记考跋》，《敦煌学辑刊》2005年2期；杜斗城《尉迟迥与拉梢寺大佛》，《丝绸之路》2009年第10期。

新疆一带所出土的一些有关动物形象的文物与拉梢寺大佛座上浮雕的狮、鹿、象等动物形象进行了比较研究，并提出拉梢寺造像中含有中亚波斯艺术因素。同时，罗杰伟在他的研究中认为“拉梢寺大佛不仅发挥着宗教的，而且也发挥着政治的功能等”。魏文斌和吴荭主要根据水帘洞、千佛洞和拉梢寺中一些崖面上所留存的供养人题名，结合有关历史文献记载对这些题名中的焦、梁、权、莫折等姓氏和当时的历史背景做了较为详尽的考证，认为焦、权、梁、姚等姓氏为当地大姓，多出自当时活跃于秦州一带的羌、氐等少数民族，他们参与了当时一些佛教活动。这些都为水帘洞石窟群的深入研究开了一个好头，是水帘洞石窟群研究中的可喜收获。2005 年，甘肃省文物考古研究所等单位在前次调查的基础上，开始整理编写《水帘洞石窟群》，并于 2009 年初出版，此报告是目前较为详细、全面记录水帘洞石窟群面貌的专著，报告对各单元洞窟进行了分期排年，比较研究了与其他石窟寺的关系等。

二、洞窟类型

（一）窟龛类型

水帘洞石窟群以壁画为主，造像较少，除了拉梢寺大佛外，主要集中于千佛洞石窟。千佛洞石窟以摩崖悬塑造像为主，另还开凿了部分小龛，但不见有大中型洞窟存在。龛的形制较为单一。现以千佛洞石窟为主，按龛形制及造像形式对其进行分类，大体可分为摩崖造像、开龛造像等二种形式。

（说明：为了行文的方便，四个单元分别以代号代表，其中 Q 代表千佛洞、L 代表拉梢寺窟龛造像、LB 代表拉梢寺壁画、S 代表水帘洞、X 代表显圣池。）

1. 摩崖造像

在崖壁上塑像。如 Q1、Q2、Q3、Q4、Q5、Q6、Q7、Q9、Q20、L1、L11、

L12、X14 等。依悬塑的不同形式，又可分为三型。

A 型　依山崖塑出舟形大背光，其前塑像，造像头部为圆雕，身体浅浮雕，如 Q1、Q2、Q3、Q4、Q5、Q6、Q7、Q9，或石胎泥塑造像，如 L1。

B 型　头部圆雕，身体部分依山崖造出木骨，之后泥塑造像，不见背光等，如 Q20、X14。

C 型　木骨泥塑造像，或泥塑出尖拱形龛楣，如 L11、L12 等。

2. 开龛造像

依龛的外立面形制等，可分为三型。

A 型　圆拱龛，平面长方形圆拱龛，依龛楣、龛柱形制可分三亚型。

Aa 型　仅为一圆拱，无龛楣、龛柱，如 L16，Q24、Q26、Q27（图二十：1）。

Ab 型　圆拱尖形龛楣无龛柱，如 Q14、Q15、Q17、Q23、Q25、Q28、Q29、Q46、Q47（图二十：2）。

Ac 型　圆拱尖形龛楣有龛柱，龛柱圆形，如 Q18、Q19、Q35、Q36、Q37、Q38（图二十：3）。

B 型　尖拱龛，有圆形龛柱，如 Q39、L9（图二十：4）。

C 型　方形龛，平面长方形，外立面方形，如 Q31（图二十：5）。

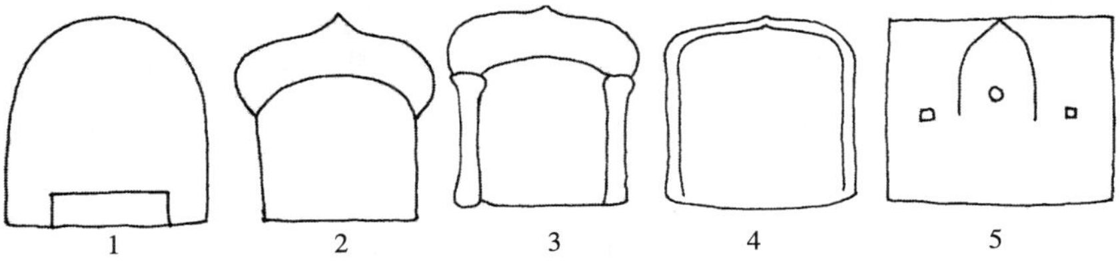

图二十　水帘洞石窟窟龛型、式图

1. Q 37　2. L9　3. Q24　4. Q23　5. Q31（采自《水帘洞石窟群》图五四）

（二）造像组合及题材内容

水帘洞石窟群现存遗迹有造像与壁画两部分。

1. 造像部分

造像组合分整铺组合、单铺组合、单尊造像等。

(1)整铺组合

七佛,如Q20;十佛,如L12。

(2)单铺组合

可分三型。

A型　一铺三身,有一佛二弟子,如Q7号。一佛二菩萨,如Q15、Q18、Q21、Q22、Q24、Q31、Q36、L8、L9、L11。一菩萨二胁侍菩萨,如Q12、Q16。

B型　一铺五身,一佛二弟子二菩萨。如Q3、Q5、Q14、L16。

C型　一铺八身,二菩萨二弟子四胁侍菩萨,如Q9。

(3)单尊造像

有佛像、菩萨像,如Q2、Q4、Q6、Q32、L6、L7、L20、L21等。

2. 壁画部分

(1)壁画布局

水帘洞石窟群的壁画,主要分布在水帘洞、显圣池二单元,拉梢寺在石雕主像周围的壁面上也有分布,千佛洞崖壁上也绘制有部分壁画。总之水帘洞石窟群的壁画分布并无规律,且有大量重绘现象。

(2)壁画组合

多为单铺组合,亦有整铺组合等。

单铺组合分为四型。

A型　一铺三身。一佛二弟子,如Q44、LB3、LB5、LB7、S1、S3、S13。一佛二菩萨,如S4、X12。一菩萨二胁侍菩萨,如X11、LB9、LB10、LB11。

B型　一铺五身。一佛二弟子二菩萨,如X4、X7、X9、X13、S6、S7。一菩萨二弟子二胁侍菩萨,如X5。一菩萨四胁侍菩萨,如S5。

C型　一铺七身。一佛二弟子二菩萨二力士,如X3。一菩萨二弟子二菩萨二力士,如LB17。

D 型　一铺九身。一佛二弟子二菩萨二力士二供养菩萨，如 S2。

整铺组合有千佛，如 Q8、X1。

特殊组合，在千佛洞石窟中，存在主尊塑像，其旁弟子、菩萨、供养菩萨绘制而成的形式，这类归为塑绘结合的特殊组合，如 Q9、Q14、Q15、Q18。

（三）造像特点

1. 造像

主要以拉梢寺 1、12 号等及千佛洞的造像为例，选择较为完整且有一定代表性的佛、菩萨、弟子进行类型排比。

（1）佛像

按身姿，分立佛、结跏坐佛等。

立佛　按服饰分为通肩、双领下垂两型。

A 型　通肩袈裟，依袈裟样式及服饰贴体程度不同，分为二式。

Ⅰ式　佛像面部有孩童状。佛身体健壮，肩宽，腰细。通肩袈裟低领，领垂至上腹部，呈 U 字形下垂，衣纹为凸起的泥条辅以细阴线，同时袈裟较为贴体。如 Q5 号主尊（图二十一：1）。

Ⅱ式　佛像面部不再为孩童状，较为庄严。佛圆肩，不见身体的曲线。圆领通肩领口较高，袈裟较为宽大。如 L9（图二十一：2）。

B 型　内着僧祇支，外着双领下垂袈裟，袈裟厚重，不见身体轮廓。如Q21（残）（图二十一：3）。

结跏坐佛　共五身，即 L1、Q14、Q15、Q18、Q19 龛主尊。按服饰分为通肩式、袒右式、双领下垂褒衣博带三型。

A 型　通肩袈裟，低平肉髻，面形丰圆，脖颈粗短，肩部较宽，身体健壮。着圆领通肩袈裟，衣纹为阶梯状加凸起泥条。袈裟圆领较高，如 L1，或领口较低，下垂至腹部。如 Q19（图二十一：4、5）。

B 型　袒右式袈裟，内着僧祇支，外着袒右袈裟，结跏趺坐，袈裟成两瓣下垂于台座上。如 Q15 龛（图二十一：6）。

图二十一　水帘洞石窟佛造像

1. Q5　2. L9　3. Q21　4. L1　5. Q19　6. Q15　7. Q14　8. Q18(采自《水帘洞石窟群》图五五)

C型　双领下垂褒衣博带式(上衣搭肘式),磨光高肉髻,面相长圆,颈细长,溜肩。内着僧祇支,外穿双领下垂褒衣博带式袈裟,袈裟敷搭于左臂,衣领略竖起。衣纹为阶梯状加泥条凸起,辅以阴刻线。袈裟有一定的厚重感。如Q14、Q18(图二十一:7、8)。

(2)菩萨

按身姿,分舒相坐式、立菩萨等。

舒相坐式　面形圆润,脖颈稍细长,戴红色桃形项圈,左臂披披帛,右舒相坐。如Q1。

立菩萨　按面相、披帛等不同分四型。

A型　披帛绕臂外扬型。面形圆润,略显清秀,肩稍斜,胸部饱满,腹部略凸。宝缯垂肩,肩披披帛,绕臂下垂,上身斜披络腋,或内着僧祇支,下着长裙,裙带于腰部翻出结带,腿部衣纹凸起,两腿间裙带泥条凸起,披帛绕肩臂外扬。如 Q5、L1(图二十二:1、2)。

B 型　披帛交叉穿环型。面形圆润,发髻束瓣从脑后向下垂至两肩头外侧,并沿臂垂下,两绺尖头上卷。上身袒露,戴圆形项圈,项圈上坠饰布带。下着长裙,裙边于腰际外翻。披帛于腹前相交穿环后垂于体外。身躯较饱满。如 Q9(图二十二:3)。

C 型　披帛横于膝腹前型。面形长圆,高发髻,三瓣莲式宝冠,颈细长。上袒,下着长裙,裙边于腰际外翻。披帛覆肩遮胸,披帛一端从左(右)

图二十二　水帘洞北周菩萨像

1. Q5　2. L1　3. Q9　4. Q14 左　5. Q14 右　6. L9　7. Q18(采自《水帘洞石窟群》图五六)

胸下垂横于膝前一道，之后再覆搭于右（左）臂外扬于体侧。一端于左（右）臂外侧下垂，于腹前横过，身材修长。如 Q14、L9、L16（图二十二：4、5、6）。

D 型 覆胸下垂外扬型。扇形高发髻，面长圆润，细颈，宝僧垂肩，披帛覆遮肩胸，双手相叠抱于胸前，腹部微凸，下着长裙，裙边外翻。上身长，下身短，比例失调。如 Q18（图二十二：7）。

（3）弟子

按服饰分二型。

A 型 着覆肩袒右式袈裟，面相长圆，细颈，圆肩。内着僧祇支，于右肩系带，袈裟披覆双肩后，绕过右腋下于腹前横过，搭于左臂上。袈裟整体厚重，如 Q14、Q9 右、Q3 左、Q3 右、Q5 左（图二十三：1、2、3、4、5）。

B 型 着双领下垂式袈裟，面形圆润，颈稍粗短，肩较平，双手合十，着双领下垂袈裟，衣饰厚重，如 Q5 右、Q9 左、L16（图二十三：6、7、8）。

2. 壁画

壁画主要选择佛、菩萨、供养人、飞天等进行分类。

（1）佛像

按身姿，分立式、坐式二类。

1 2 3 4

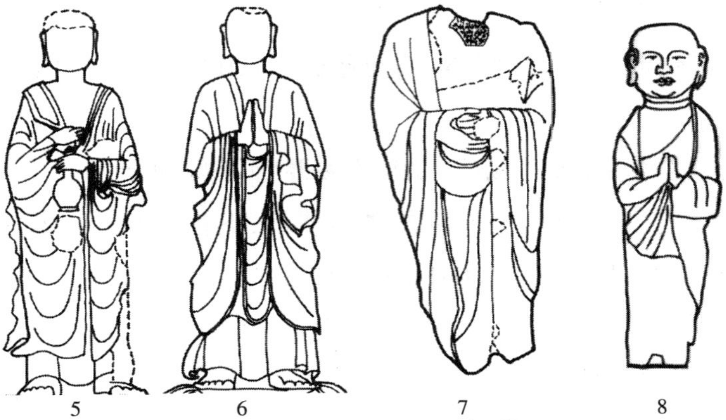

图二十三　水帘洞北周弟子像

1. Q14　2. Q9 右　3. Q3 右　4. Q3 左　5. Q5 左　6.,Q5 右　7. Q9 左　8. L16(采自《水帘洞石窟群》图五七)

立佛按面相、服饰等分二型。

A 型　着圆领通肩袈裟。肉髻低平,面相长圆,袈裟上绘绿色方格田相纹,下着绿色长裙,裙裾直垂,如 S2 主佛(图二十四:1)。

B 型　着双领下垂袈裟。圆球形肉髻,面形短而方圆,内着僧祇支,外着双领下垂式袈裟,如 S6 主佛(图二十四:2)。

坐佛按面相、服饰等分三型。

A 型　着圆领通肩袈裟,袈裟衣纹疏朗有别,面相丰圆,如 S3、S7、S11 主佛(图二十四:3)。

B 型　着双领下垂式袈裟。佛面形长圆,短颈端肩,内着僧祇支,外穿双领下垂式袈裟,半跏趺坐于须弥座上,如 S8、S15、X1、X2、X3、X4、X7、X12、X13(图二十四:4、5)。

C 型　内着交领衣,外着覆肩袒右式袈裟,佛低平肉髻,面形圆润,细眉大眼,短颈,结跏趺坐,如 S1、S2 附、S9(图二十四:6)。

(2)菩萨

按身姿分立、坐、跪三类。

图二十四　水帘洞北周壁画佛像

1. S2 主佛　2. S6 主佛　3. S3 主佛　4. X12　5. X13　6. S1 主佛（采自《水帘洞石窟群》图五八）

立菩萨按面相、服饰、身姿等不同分三型。

A 型　面相清瘦，绘胡须，束高髻，戴宝冠，上身袒露，双肩附有圆形饰物，下着翻边长裙，腰系带，于腹前打结下垂，披帛自双肩搭下穿肘外扬，足穿圆口鞋。如 S2 主胁侍菩萨、S4。或上身袒，下着羊肠大裙，披帛自双肩搭下沿体侧自然下垂，如 S7（图二十五：1、2）。

B 型　面相长圆，略清秀，束高髻，戴冠，上身袒露，下着长裙，披帛自双肩搭下横于腹前一或二道。整体造型直立、粗壮。如 S2 供养菩萨、

S6、S2附中胁侍(图二十五:3、4、5)。

C型　面相清秀,上着僧祇支,下着长裙,裙边外翻,外披披帛,披帛于两腿、腹前横过,之后搭于双臂上,披帛呈细条带状。身躯略扭曲,呈S形。如X3、X4、X5、X6、X9、X10、X13等(图二十五:6、7、8)。

坐菩萨　按面相、服饰、身姿等分二型。

A型　结跏坐式。面相方圆,均束高髻戴冠,宝缯垂肩,上身袒,下着裙,裙边外翻,披帛自双肩搭下或于胸腹前横过,再绕双臂下垂,结跏坐于宝座上。如S2左、右上角(图二十五:9、10)。

B型　交脚坐式。面相方圆,均束髻戴冠,宝缯垂肩,上身袒,下着裙,裙边外翻,披帛自双肩搭下,沿胸前下垂或横于腹前,再搭垂于双臂上,双脚交叉而坐。如S2左上角、X5等(图二十五:11、12)。

跪式　均为供养菩萨,高髻,上身袒,下着大裙,侧身胡跪状,披帛绕肩穿臂,并于头后环形飘扬,如S2(图二十五:13)。

(3)力士

按面相、服饰、身姿等分为二型。

1　2　3　4

图二十五　水帘洞北周壁画菩萨像

1. S4　2. S7　3. S6　4. S2 附中胁侍　5. S2 供养菩萨　6. X5　7. X9　8. X3　9. S2 上　10. S2　11. S2 左上　12. X5　13. S2 供养菩萨（采自《水帘洞石窟群》图五九）

A 型　均戴冠，上身袒，戴项圈，下着裙，腰系带，披巾自双肩搭下穿肘外扬，长须，手持金刚杵，如 S2（图二十六：1）。

B 型　头戴花冠，面部表情狰狞，头扭向外侧，上身袒露，下着长裙，披帛于膝前横过，如 X3（图二十六：2）。

（4）供养人

分男、女供养人。

男供养人面相长圆，头戴笼冠或不戴冠，均身着圆领窄袖胡服，腰系带，下穿宽裤，足穿圆口鞋。如 S2、S6、Q17、Q29、Q36、Q42 等（图二十七：

1　2

图二十六　水帘洞北周力士像

1. S2　2. X3(采自《水帘洞石窟群》图六〇)

1、2)。

女供养人按面相、服饰、身姿等分为三型。

A型　均束高髻,外披圆领长袍,领前结带垂至胸际,下着长裙。如S7、Q14(图二十七:3)。

B型　面相圆润,梳高髻,上着"V"形领,宽袖,高腰长袍,下着裙,双手拢于胸前。S11、S2(图二十七:4)。

C型　面相不清,穿束腰宽袖长袍,披帛至双肩下垂,下着曳地长裙,脚穿云头履,整体形象呈倒"V"形。X4、X5、

1　2　3　4　5

图二十七　水帘洞北周供养人像

1. S2　2. S6　3. S7　4. S11　5. X13(采自《水帘洞石窟群》图六一)

X6、X7、X8、X9、X10、X12、X13 等(图二十七:5)。

(5)飞天

按服饰分二型。

A 型　裙披式,按身姿、披帛等分为二式。

Ⅰ式　面相方圆,高髻,上身袒露,戴项圈,下着裙,披帛自双肩搭下穿臂飞扬,于脑后形成环状,小腿弯曲。如 S7、S2(图二十八:1)。

Ⅱ式　面相丰圆,上身袒露,戴联珠纹项圈,下着裙,披帛较长,自双肩搭下穿臂飞扬,于脑后形成环状。身体弯曲度较为平缓。如 L11(图二十八:2)。

B 型　对襟式,圆形头光,梳四叶状高发髻,面长圆,略清瘦,戴项圈,上披对襟式宽袍,下着长裙,手中持物,披帛自双肩搭下穿臂飞扬,于肩后形成环状。如 Q12(图二十八:3)。

1　　2　　3

图二十八　水帘洞北周飞天

1. S7　2. L11　3. Q12(采自《水帘洞石窟群》图六二)

依据上述类型排比,列表如下:

表四　水帘洞石窟群北周窟龛与造像型、式分类表

<table>
<tr><th colspan="4">型、式分类</th><th>窟龛号</th></tr>
<tr><td rowspan="8">窟龛形制</td><td rowspan="3">摩崖造像</td><td colspan="2">A</td><td>Q1—Q7、Q9、L1</td></tr>
<tr><td colspan="2">B</td><td>X14、Q20</td></tr>
<tr><td colspan="2">C</td><td>L11、L12</td></tr>
<tr><td rowspan="5">开龛造像</td><td rowspan="3">A</td><td>Aa</td><td>L16、Q24、Q26、Q27</td></tr>
<tr><td>Ab</td><td>Q14、Q15、Q17、Q23、Q25、Q28、Q29、Q46、Q47</td></tr>
<tr><td>Ac</td><td>Q18、Q19、Q35、Q36、Q37、Q38</td></tr>
<tr><td colspan="2">B</td><td>Q39、L9</td></tr>
<tr><td colspan="2">C</td><td>Q31</td></tr>
<tr><td rowspan="11">造像壁画组合</td><td rowspan="5">造像</td><td colspan="2">整铺组合</td><td>Q20、L12</td></tr>
<tr><td rowspan="3">单铺组合</td><td>A</td><td>Q7、Q15、Q18、Q21、Q22、Q24、Q31、Q36、L9、L8、L11、Q12、Q16</td></tr>
<tr><td>B</td><td>Q3、Q5、Q14、L16</td></tr>
<tr><td>C</td><td>Q9</td></tr>
<tr><td colspan="2">单尊造像</td><td>Q2、Q4、Q6、Q32、L7、L6、L20、L21</td></tr>
<tr><td rowspan="6">壁画</td><td rowspan="4">单铺组合</td><td>A</td><td>Q44、LB3、LB5、LB7、S1、S3、S13、S4、X12、X11、LB9、LB11、LB10</td></tr>
<tr><td>B</td><td>X4、X9、X7、X13、S6、S7、X5、S5</td></tr>
<tr><td>C</td><td>X3、LB17</td></tr>
<tr><td>D</td><td>S2</td></tr>
<tr><td colspan="2">整铺组合</td><td>Q8、X1</td></tr>
<tr><td colspan="2">特殊组合</td><td>Q9、Q14、Q15、Q18</td></tr>
</table>

续表四

型、式分类						窟龛号
造像特征	造像	佛	立佛	A	Ⅰ	Q5
					Ⅱ	L9
				B		Q21
			坐佛	A		L1、Q19
				B		Q15
				C		Q14
		菩萨	坐菩萨			Q1
			立菩萨	A		Q5、L1
				B		Q9
				C		Q14、L9、L16
				D		Q18
		弟子	A			Q14、Q9右、Q3、Q5左
			B			Q9左、Q5右、L16
	壁画	佛	立佛	A		S2
				B		S6
			坐佛	A		S3、S7、S11
				B		X1、X2、X3、X4、X7、X12、X13、S8、S15
				C		S1、S2附、S9
		菩萨	立菩萨	A		S2、S4、S7
				B		S2供养菩萨、S6、S2附中胁侍菩萨
				C		X3、X4、X5、X6、X9、X10、X13

续表四

型、式分类					窟龛号
造像特征	壁画	菩萨	坐菩萨	A	S2
				B	S2 左上角、X5
			跪式菩萨		S2
		力士	A		S2
			B		X3
		供养人	男供养人		S2、S6、Q17、Q29、Q36、Q42
			女供养人	A	S7、Q14
				B	S11、S2
				C	X4、X5、X6、X7、X8、X9、X10、X12、X13
		飞天	A	Ⅰ	S7、S2
				Ⅱ	L11
			B		Q12

三、分期及年代

1. 分组

根据上述窟龛形制、题材内容、造像特点等类型排比，进行年代断定。

Q1、Q2、Q3、Q4、Q5、Q6、Q7、Q9、Q20、L1、Q12、Q13 等形制、内容较为统一，均为摩崖造像；造像有整铺组合，单铺组合 A、B、C 型，单尊像。造像特点立佛 A 型Ⅰ式，坐佛 A 型；坐菩萨，立菩萨 A、B 型；弟子 A、B 型。为其他窟龛所不具备，且 Q2—Q6 在内容上有一定的联系性，关系密切。开凿时间上应较为接近，分为一组，为 A 组。

Q8、Q14—Q19、Q23—Q29、Q31—Q33、Q35—Q39、L10、S1、S2、S4、S6、S7、S11、S12、S13 等所具有的龛形、题材内容等相近。龛形主要有Aa、Ab、Ac、B、C 型。题材组合为单铺组合 A 型、B 型、单尊像；壁画 A 型、B 型、D 型。造像特点，坐佛 A 型、B 型，C 型；立菩萨 C、D 型；弟子 A 型。壁画立佛像 A 型、B 型、坐佛 A 型、C 型；立菩萨 A 型、B 型，坐菩萨 A 型、B 型，跪式供养菩萨等；力士 A 型男供养人、女供养人 A 型、B 型；飞天 A 型 I 式。风格特点较为接近，划为一组，为 B 组。

X1—X13 为摩崖壁画，壁画内容单铺 A 型、B 型、C 型；整铺组合。壁画特点坐佛 B 型；立菩萨 C 型，坐菩萨 B 型；力士 B 型；女供养人 C 型。晕染上以色块晕染法为主。壁画内容及风格较为相似，划归为一组，为 C 组。

据上述分类，将水帘洞石窟窟龛造像及壁画等，分为三组，这三组洞窟造像及壁画反映了水帘洞石窟北朝——隋代的发展阶段。现讨论各组间的相对年代。

A 组与 B 组相比，存在一定的联系性，但也有差异，如 A 组皆为摩崖造像，而 B 组以圆拱形小龛为主，两者在洞窟及造像形制上不同，说明在年代上有前后之别。A 组的摩崖造像这种形制，是早期石窟寺的造像特征，如新疆早期石窟、十六国时期的炳灵寺 169 窟等就存有一定数量的摩崖造像。另外，A 组造像身体雄壮、略显僵硬，这是早期造像受到犍陀罗造像形式的影响而产生的特点，所以我们认为 A 组相对于 B 组来说，年代较早。但同时 A、B 两组在内容题材上，又有一定的共性，造像组合多为一佛二菩萨二弟子或一佛二菩萨。在早期造像组合中以单尊佛像或一佛二菩萨造像为多，弟子像的出现，最早的例子在河西金塔寺东窟中，其时代为北凉或北凉亡后[1]。之后在云冈第 9 窟前室北壁上层西侧

①宿白《凉州石窟遗迹及“凉州模式”》，《考古学报》1986 年第 4 期。

二佛并坐龛外雕二弟子像[①]。而一佛二弟子二菩萨这样的一铺五身组合首次出现在北魏的云冈6窟中心柱及东西壁面上[②]，稍后一铺五身组合在巩县石窟中延续，如第1、4、3、5窟[③]。西部地区北朝时期此内容以麦积山北魏中期155窟为最早，北魏晚期的122、92、161等窟沿用。之后麦积山、须弥山石窟西魏、北周洞窟中一铺五尊的造像成为主要内容[④]。西边的敦煌地区在北周洞窟中才出现一铺五尊组合，如439、290、428窟等[⑤]。而中原地区的太原天龙山东魏末北齐洞窟、南北响堂山、水浴寺等北齐洞窟中均为一铺五尊像。如此看来，在中原地区及西北地区东部石窟中一铺五尊的造像组合出现较早，约在北魏中期，随后这一内容一直延续至北周、北齐洞窟中，并与一佛二菩萨组合共存。水帘洞A、B组造像中共存的一铺五尊，与麦积山等石窟一致，体现了时代的共性。A组佛面相略长圆，肩部较削，留有西魏特点。菩萨面长圆，细颈，上袒，下着裙，裙边外翻，披帛裙披式或于腹前交叉穿环。弟子面型等同菩萨，着双领下垂式袈裟或袒右式袈裟，右肩披一方巾，且系带，这种形式在B组造像中不见。B组造像佛肉髻低平，着双领下垂褒衣博带式袈裟。菩萨披帛宽大覆搭于胸前，并于腹膝前横二道，这种类型的披帛见于麦积山北周及隋代的洞窟中。综合上述，A、B两组洞窟既有联系性，又具不同，且A组早于B组。

A、B两组中以菩萨做主尊的现象较为多见，这是水帘洞石窟群造像的显著特点之一，但因造像保存较差，很多形象都不得见，这为研究带来

①《中国石窟·云冈石窟》(二)，文物出版社，1994年。

②张宝玺《龙门北魏石窟二弟子造像的定型化》，《龙门石窟一千五百周年国际学术讨论会论文集》，文物出版社，1996年。

③《中国石窟·巩县石窟寺》，文物出版社，1989年。

④《中国石窟·麦积山石窟》，文物出版社，1998年；宁夏回族自治区文管会、北京大学考古系《须弥山石窟内容总录》，文物出版社，1997年。

⑤《中国石窟·敦煌石窟》(一)，文物出版社，1982年。

较大的困难。

B组、C组窟龛形制不同,C组以摩崖壁画为主,B组为小型龛,仅在龛内壁面部分绘制壁画。两者共同的地方是壁画人物晕染中的中原式风格,说明B组、C组年代较为接近。千佛形象在B组、C组中均见,而千佛是北朝造像中的主要题材。C组中人物风格更加中原化,画风亦比较成熟,线条流畅洒脱。菩萨披帛细而长,于腹膝前垂搭,与敦煌隋代洞窟中菩萨相近。女供养人身体呈倒"V"形,衣裙呈条状。男供养人戴冠,着圆领束腰长衫,男女供养人形象与服饰更接近于隋代风格。故C组略晚于B组。

通过上述讨论,可将各组的相对年代进行排列,即A组早于B组,B组早于C组。

故将以上分为三期:

第一期:A组;

第二期:B组;

第三期:C组。

上述三期洞窟,除了第一期有明确纪年外,其余各期缺少年代依据,故对第二期和第三期只能运用考古类型学的方法,结合历史文献等,做出年代推论。

2. 年代判定

(1)第一期

A组中L1有明确的纪年,"大周明皇帝三年"为北周明帝武成元年(559),为断定其年代提供了直接依据。

关于功德主(蜀)国公尉迟迥,《周书》有传,尉迟迥为北周贵戚,通敏有干能,虽任兼文武,颇允时望。太祖以此深委仗焉,拜大将军。后因伐蜀有功,诏为大都督、益潼等十八州诸军事、益州刺史。明帝二年镇陇右,三年任秦州总管。依题记可知在尉迟迥任职秦州的当年就开凿了拉梢寺大像，这跟北周统治者大力提倡佛教，及皇室贵族大肆崇佛有关。《辩正论》卷四称尉迟迥“勋高效重，所在难方，崇善慕福，久而弥著，造妙象寺，四事无阙，法轮恒转，三学倍增”①。可见其对佛教的推崇。综合上述文献及题记内容，推测北周明帝武成元年（559）是拉梢寺造像的年代下限，始凿年代应早于此年。根据第一期的整个造像特征分析，造像面部长圆，有的造像肩部还带有一定的下削感，具有西魏遗风，故第一期的上限应到西魏末，所以我们将第一期的年代定在西魏末至北周初的武成元年（559）。

（2）第二期

从这一组的窟龛形制看，小（浅）龛是其主要形式，且以平面长方形圆拱龛较普遍，据龛楣、龛柱的不同，分无龛楣龛柱龛、圆形龛楣龛、尖形龛楣无龛柱龛、尖形龛楣有龛柱龛等，这些龛形在敦煌、须弥山、麦积山北周时期均见，是北朝晚期常见的龛形。而麦积山、敦煌、须弥山北周洞窟中流行的中心柱窟、三壁三龛窟、大型仿木构建筑窟在水帘洞石窟群中不见，这可能因水帘洞石窟地理条件及开窟者地位、实力不济等原因造成。

造像题材方面以一佛二菩萨、一佛二弟子二菩萨等为主，而一佛二菩萨龛内壁面，在佛与菩萨之间常绘制出弟子的形象，我们可以将这种形式看成是一铺五身塑像的前奏与过渡形式。故此期主要内容为一铺五身像。而一铺五身像是麦积山、固原、敦煌北周洞窟及同时期的北齐洞窟中的主要组合形式。另外，此期菩萨为主尊的现象较多见，但因无一尊保存下来，故对具体内容无法做出明确的判断。

造像特点，佛像大部肉髻低平，面相方圆，腹部凸出，身体呈现一种健壮感，与北魏、西魏以来的秀骨清像为主流的造像风格不同，表现出一种新样式。麦积山、须弥山、莫高窟石窟的北周造像及同时期的北齐南北

①《大正藏》第52册。

响堂山、天龙山等石窟造像中也呈现出相同的壮硕样①。另外，陕西、甘肃等地出土的有明确纪年的北周单体圆雕石造像及造像碑也表现出近似的特点，尤其是王令猥碑、宇文建崇碑等都为北周建德年间凿出，且均出土于天水地区，在造像风格上与水帘洞石窟相同②。菩萨面形圆润，头大，上袒，下着长裙，裙边于腰际外翻，披帛宽大，覆肩遮胸，一端从左(右)胸下垂横于膝前一道，之后再覆搭于右(左)臂外扬于体侧，一端于左(右)臂外侧下垂。菩萨披帛横于腹(膝)前为北周至隋代的典型样式。麦积山、敦煌等地的北周菩萨多有披帛横于腹膝前一二道的特征。菩萨有塑(绘)出胡须的形象，或许有一定的外来影响。

弟子秀骨清像型与丰圆壮硕型并存，以丰圆壮硕型为主，秀骨清像型也已显示出丰壮的趋势。弟子所着袈裟略显厚重。这些特点均与麦积山等地北周弟子风格相同。

女供养人高发髻，外披圆领式长袍，领前结带垂至胸际，下着长裙。或上着“V”形领，宽袖，高束腰长袍，下着长裙，双手拢于胸前。再现了北周贵族妇女的形象。男供养人，面相长圆，头戴笼冠或不戴冠，均身着圆领窄袖胡服，腰系带，下穿宽裤，足穿圆口鞋，也与麦积山、敦煌北周供养人形象相似。

---

①《中国美术全集·雕塑篇》13，文物出版社，1989 年；李裕群、李钢编著《天龙山石窟》，科学出版社，2003 年。

②陈瑞林《甘肃正宁县出土北周佛像》，《考古与文物》1985 年第 4 期；岳连建《西安北郊出土的佛教造像及其反映的历史问题》，《考古与文物》2005 年第 3 期；马咏钟《西安北郊出土北周佛造像》，《文博》1999 年第 1 期；赵力光、裴建平《西安东郊出土北周佛立像》，《文物》2005 年第 9 期；西安市文物保护考古所《西安北郊出土北朝佛教造像》，《文博》1998 年第 2 期；西安市文物局《西安北郊出土北周白石观音造像》，《文物》1997 年第 11 期；李域铮《陕西省博物馆藏的一批造像》，《文博》1988 年第 4 期；吴怡如《北周王令猥造像碑》，《文物》1988 年第 2 期；李举纲、樊波《甘肃秦安出土北周〈宇文建崇造像碑〉》，《甘肃省博物馆学术论文集》，三秦出版社，2006 年。

水帘洞壁画供养人中有许多家族题名，如有梁、权、焦、姚等姓氏，这些姓氏在秦州历史上都是有名的大族，他们对当时当地政治、文化均产生了较大影响①。另根据敦煌文书S.2052《新集天下姓望氏族谱一卷并序》记载唐十道诸郡所出姓望氏族，秦州天水郡出二十姓，其中就有权姓②。北周时名将权景宣，便出秦州③。现能够见到古秦州一带出土的许多权氏造像，其中北周保定三年(563)权道奴造像碑既有明确纪年又有功德主题名④。

从上述分析中可以看出，二期题材内容、造像特点与一期略有差别，但仍属典型的北周样式；同时它与隋代造像、壁画又有一定差别，这点从女供养人造像上可见一斑。故二期的年代应断在武成元年(559)后至北周建德三年(574)灭佛前。

关于二期的年代下限似有讨论的必要。据文献记载，建德三年(574)周武帝宇文邕命僧人、道士辩论二教的优劣，同年五月即下令禁断佛教与道教，展开了大规模的灭佛运动⑤，导致大量的寺院、经像被焚毁，涉及范围应包括当时北周控制的北方大部地区及四川、湖南等地。地处北周政治中心的长安首当其冲，这从近年西安地区出土的大量佛教造像中可以得到印证：多以窖藏的形式出土，且破坏严重，残断较多，身首分离、无

---

①魏文斌、吴荭《甘肃武山水帘洞石窟几则北周供养题记反映的历史与民族问题》，《2005年云冈石窟国际学术讨论会文集》，文物出版社，2006年。

②郑炳林《敦煌地理文书汇辑校注》，甘肃教育出版社，1989年，第323—328页。

③《周书》卷二十八《权景宣传》，中华书局，1983年。

④张宝玺《甘肃佛教石刻造像》，甘肃人民美术出版社，2001年。

⑤《周书》卷五《武帝纪上》，第83—85页。

头、断臂等现象普遍[①]。

然而奇怪的是，与拉梢寺同处秦州的麦积山石窟，北周时期开凿和重修的洞窟多达44座，而且都比较完整地保存了下来。如果把如此众多的北周石窟都看作是周静帝恢复佛法后三四年内重新开凿或修缮的，似难以令人置信；或许还当坚持麦积山的绝大多数北周洞窟应是武宗灭佛前开凿重修的，灭佛令并没有对秦州地区造成严重后果，即它只是让开窟造像的热潮冷却下来，却没有引起对既有石窟寺及造像的破坏。这一点在天水地区出土的造像碑上似也有体现。《甘肃佛教石刻造像》[②]搜集了北周纪年像7座，均为灭佛前所造，而且保存状况较好，如权旱良、王令猥等碑。原出于秦州地区的《宇文建崇造像碑》[③]也是在灭佛令下达前的建德三年二月建成的，碑不仅保存完好，且北周风韵依旧。

上述情况似表明，灭佛令对秦州地区的佛教事业没有造成特别严重的后果，只可能延缓了造像的高涨趋势。

（3）第三期

遗存均为摩崖壁画，壁画内容多为佛说法图或菩萨说法图。其中交脚菩萨为主尊的说法图也已出现，说明在北周至隋代水帘洞石窟中弥勒上生信仰也存在，而这在敦煌莫高窟隋代壁画中也是主体内容。此期人物形象已从前期的壮硕型向更加丰满柔美型发展，身体曲线逐渐展露。

---

①保全《西安文管处藏北朝白石造像和隋鎏金铜像》，《文物》1979年第3期；西安市文物局《西安北郊出土北周白石观音造像》，《文物》1997年第11期；马咏钟《西安北郊出土北周佛造像》，《文博》1999年第1期；赵力光、裴建平《西安东郊出土北周佛立像》，《文物》2005年第9期；杨军凯《西安窦寨村北周佛教石刻造像窖藏》，《2007年中国重要考古发现》，文物出版社，2008年；西安市文物考古保护所《西安窦寨村北周佛教石刻造像窖藏》，《文物》2009年第5期。

②张宝玺《甘肃佛教石刻造像》，甘肃人民美术出版社，2001年。

③李举纲、樊波《甘肃秦安出土北周〈宇文建崇造像碑〉》，《甘肃省博物馆学术论文集》，三秦出版社，2006年。

菩萨披帛呈细条状，横于胸腹前一或二道，身姿略扭曲，此种形象的菩萨在莫高窟隋代壁画中常见。女供养人整个形象成倒“V”字形，衣着特殊，内着高腰裙，外披大氅，与敦煌莫高窟隋代供养人形象相近。人物晕染以中国传统方式为主。南北朝时，北方分裂混战，文人多避难南方，将北方先进的文化等带到南方，与南方文化结合，形成了南朝辉煌灿烂的文化艺术。隋文帝在平陈统一天下后，曾于东都筑“妙楷”“宝迹”二台，珍藏从南朝陈所获八百余卷书画作品[①]。这些对统一后的北方绘画艺术产生了极大的影响。

隋平陈时俘获了大量陈朝的皇室贵族，并将他们发配边州，给田业为生，岁赐衣服。《资治通鉴》卷一百七十七、赵翼《廿二史札记》卷十五，曾记将其“皆配往陇右及河西诸州”。随着这些皇室贵族的西迁，势必将南朝先进文化带到陇右及河西，影响这些地区文化艺术的发展。麦积山、炳灵寺、敦煌壁画中大量中国传统线描、晕染技法的出现，供养人形象、服饰特点上的南朝风格，都是证明。故推测第三期年代为北周复法至隋初。

①张彦远《历代名画记》卷一，人民美术出版社，1985 年。

第五节 其他地区

北周时期除了文化中心区长安，次中心区的敦煌、麦积山、须弥山等地存有大量较为完整的石窟寺及造像外，其他地区也保存了一定数量的北周洞窟，虽然石窟数量较少，且保存较差，但对于全面认识北周石窟还是有一定的参考价值，在此将这些较为零星的北周石窟一并介绍。它们主要是甘肃永靖炳灵寺石窟、庆阳北石窟、华亭县石拱寺石窟等。

一、炳灵寺石窟

1. 炳灵寺石窟地理位置及其内容特点

炳灵寺石窟位于甘肃省永靖县西南40公里黄河北岸的小积石山中。石窟分布在上下寺及其间的洞沟处，现存窟龛196个。石窟始凿于十六国西秦时期，后历经北魏、西魏、北周、隋、唐、元、明各代续建。因炳灵寺169窟中发现国内现存最早的西秦建弘元年(420)造像题记，使其成为西秦造像排年的标尺，故而显得极为重要。同时169窟中造像题材及壁画内容十分丰富，许多都是我国石窟中年代最早的，如无量寿佛三尊像、释迦多宝并坐图、维摩诘图等，为我们认识早期石窟面貌提供了极其宝贵的资料。北魏时期的炳灵寺,集中了一批经统一规划、布局而开凿的洞窟,如126、128、132等窟。题材以三世佛为主,造像为典型的秀骨清像风格。北周、隋时的炳灵寺也开凿了部分窟龛,造像表现出由北魏向唐过渡的特征。

2. 前人研究成果

最早对炳灵寺进行考察的是西北大学教授冯国瑞先生，他于1951年考察了炳灵寺,之后冯先生写成《炳灵寺石窟勘查记》,这是关于炳灵寺的最早的报告。1952年中央文化部与西北文化部组织各方面专家成立了“炳灵寺石窟勘查团”,对炳灵寺进行了较为详细的调查,专家们克服各种艰难险阻,绘制临摹了大量的资料,并于1953年出版了《炳灵寺石窟》[①]。1963年阎文儒先生及甘肃省文物工作队对炳灵寺进行了勘查,并登临了169窟,发现了建弘元年(420)题记,确定了169窟最早的壁画造像创建于西秦时期,这是一个重要的收获。1967年因刘家峡水库的兴建,为保护好这份珍贵的艺术奇葩,对部分洞窟进行了保护性搬迁,许多专家参与了搬迁前的调查保护工作,登临了以前未曾到过的洞窟,并对洞窟进行了重新编号，此次调查成果集中在1982年出版的《炳灵寺石窟》一书中[②]。书中对炳灵寺石窟的开凿历史、洞窟分期、造像题材、造像特点等进行了科学分析,代表了当时的最高水平。1989年甘肃省文物工作队、炳灵寺文物保管所再次编写了《中国石窟·永靖炳灵寺》[③],书中除了综合介绍炳灵寺石窟各时期典型洞窟及其特点外，还对西秦石窟、东

①中央人民政府文化部社会文化事业管理局编《炳灵寺石窟》,北京,1953年。

②甘肃省博物馆、炳灵寺石窟文物保管所编《炳灵寺石窟》,文物出版社,1982年。

③甘肃省文物工作队、炳灵寺文物保管所著《中国石窟·永靖炳灵寺》,文物出版社,1989年。

西文化交流等内容进行了专题研究，同时附录了炳灵寺石窟内容总录，并配有大量精美的图片，为学界提供了一手资料，使得炳灵寺的研究迈上了一个新台阶。

进入20世纪90年代，对炳灵寺石窟展开了更加详细的研究，研究的重点集中在169窟。1993年甘肃人民出版社出版了由阎文儒、王万青主编的《炳灵寺石窟》一书[①]，1994年甘肃省文物考古研究所、炳灵寺文物保管所联合出版了《炳灵寺一六九窟》[②]，这是关于169窟专题研究的首次成果，书中详细地介绍了169窟的内容，并对其进行了分期研究。北京大学佛教考古专业硕士研究生常青先后发表了其对169窟分期、造像题材考释的论文[③]。他运用考古学的理论与方法对169窟造像壁画进行了分期，并通过研读佛经，考释出了部分壁画内容等，这是对169窟较为深入的研究成果，受到学界的关注。近年来，兰州大学敦煌学研究所致力于甘肃佛教石窟寺的考察研究，出版了《炳灵寺石窟研究论文集》[④]。张宝玺先生出版了《昔日炳灵寺》[⑤]，为我们展示了搬迁前炳灵寺的风貌。除此之外，还有大量相关论文发表。

上述成果多集中于资料的刊布及对169窟的研究，对其他洞窟，如北周等洞窟的关注不够，为了更加准确地揭示炳灵寺石窟的全貌，有必要对处于转折期的北周洞窟进行研究。炳灵寺北周隋代洞窟在题材内容、造像风格上有相当的联系，不宜将其分割开，故一并讨论。炳灵寺北

---

①阎文儒、王万青主编《炳灵寺石窟》，甘肃人民出版社，1993年。

②甘肃省文物考古研究所、炳灵寺文物保管所编《炳灵寺一六九窟》，海天出版社，1994年。

③常青《炳灵寺169窟分期研究》，北京大学硕士论文，1991年；常青《炳灵寺169窟塑像与壁画题材考释》，《汉唐与边疆考古研究》第一辑，科学出版社，1994年。

④杜斗城《炳灵寺石窟研究论文集》，兰州大学出版社，1998年。

⑤张宝玺、王恒通《昔日炳灵寺》，科学出版社，2004年。

周隋代洞窟虽然数量不多,但却很重要,其造像风格来自于北魏西魏,但又出现新的特征,这种新特征一直延续到唐代,是唐风的直接来源。对这些处于承上启下时期洞窟的深入研究,会为炳灵寺石窟系统化研究带来一定的推动作用。

3. 炳灵寺北周隋石窟洞窟类型

(1)洞窟形制

洞窟较少,但形制各异,依平面形状分四型。

A 型　平面长方形,平顶,内设低坛。如 6、8 窟。

B 型　平面马蹄形,覆斗顶,内设坛。如 82、134 窟。

C 型　天然洞窟。如 172 窟。

D 型　木阁佛帐建筑。如 172 窟内西壁木阁。

(2)题材内容

①造像组合　分整铺组合、单铺组合两种。

整铺组合,分二型。

A 型　五佛。如 172 窟北壁五立佛。

B 型　多主尊组合。如 172 窟木阁内,三佛二弟子四菩萨组合,正壁一佛二弟子,两侧壁各一佛二菩萨,整个窟内组成三佛二弟子四菩萨题材。134 窟三佛二菩萨。

单铺组合　分二型。

A 型　一铺三身的一佛二菩萨组合。如 6、82 窟等。

B 型　一铺五身的一佛二弟子二菩萨组合。如 8 窟。

②其他内容

维摩诘、文殊图,众菩萨赴会图等。如 8 窟。

(3)造像特点

①佛　按身姿分为坐、立二种。

坐佛　依袈裟样式分四型。

A 型　通肩袈裟，低平肉髻，面相丰圆或长圆，肩部圆润，腹部微凸。如 6 窟主尊、172 窟木阁内南北二佛。其中 6 窟主尊袈裟较轻薄，衣纹自左胸前辐射状散开，下摆四瓣式覆于佛座上。172 窟木阁内南北二佛面部较长圆，细颈，上身略长瘦，领边宽厚，衣纹呈U 字形，下摆呈整齐的三瓣垂于佛座前(图二十九:1、2)。

B 型　双领下垂式袈裟，内着僧祇支，束带，外披双领下垂式袈裟，袈裟角搭于左臂上，如 172 窟木阁内西壁佛(图二十九:3)。

C 型　右袒式袈裟，仅见 134 窟。内着僧祇支，外着袒右袈裟，右手抚胸，左手置于腹前。

D 型　钩钮式袈裟，内着僧祇支，外着右袒式袈裟，左肩钩钮相连，如8 窟。

立佛　佛像贴塑于崖壁上，呈半圆雕式，如 172 窟北壁五立佛。肉髻低平，面相长圆，肩部圆润，身躯挺立，腹部微凸，内着僧祇支，外着通肩袈裟，袈裟领口较低，右手提右侧衣角，左手于胸前抓握袈裟一角(图二十九:4)。

②菩萨　依花冠、披帛的不同，分三型。

A 型　披帛绕背臂后垂于体侧。身躯略微粗壮，头戴花蔓冠，上袒，戴心形项圈，下着裙，裙边外翻，系长带。一手执花，一手下垂提净瓶或环。如 172 窟木阁内菩萨(图二十九:5)。

B 型　披帛腹前交叉。头戴三叶冠或梳扇形髻，面相长圆，颈细长，戴项圈，下着裙，裙边外翻，系长带，披帛宽大，覆搭双肩，帛带下垂，于腹前交叉。如 6、82 窟(图二十九:6)。

C 型　披帛于腹、膝之际横搭两道。戴三珠宝冠，宝缯垂肩，上袒，斜披络腋，下着裙，手上举持花蕾，或握披帛。如 134 窟。

③弟子　仅见 172 窟木阁内，正壁二弟子像。面相长圆，内着僧祇支，外着双领下垂袈裟，双手拢于胸前(图二十九:7)。

图二十九　炳灵寺北周佛、菩萨、弟子像

1. 172窟　2. 172窟　3. 172窟　4. 172窟下　5. 172窟　6. 6窟　7. 172窟　（依《中国石窟·永靖炳灵寺》相关图片描绘）

据上述类型排比，列表如下：

表五　炳灵寺北周隋窟龛与造像型、式分类表

型、式分类		窟龛号
窟龛形制	A	6、8
	B	82、134
	C	172
	D	172木阁

续表五

<table>
<tr><th colspan="4">型、式分类</th><th>窟龛号</th></tr>
<tr><td rowspan="5">造像组合</td><td rowspan="2">整铺组合</td><td colspan="2">A</td><td>172 北壁</td></tr>
<tr><td colspan="2">B</td><td>172 木阁、134</td></tr>
<tr><td rowspan="2">单铺组合</td><td colspan="2">A</td><td>6、82</td></tr>
<tr><td colspan="2">B</td><td>8</td></tr>
<tr><td colspan="3">其他</td><td>8</td></tr>
<tr><td rowspan="10">造像特征</td><td rowspan="5">佛</td><td rowspan="4">坐佛</td><td>A</td><td>6、172</td></tr>
<tr><td>B</td><td>172</td></tr>
<tr><td>C</td><td>134</td></tr>
<tr><td>D</td><td>8</td></tr>
<tr><td colspan="2">立佛</td><td>172 窟北壁五立佛</td></tr>
<tr><td rowspan="3">菩萨</td><td colspan="2">A</td><td>172 木阁</td></tr>
<tr><td colspan="2">B</td><td>6、82</td></tr>
<tr><td colspan="2">C</td><td>134</td></tr>
<tr><td colspan="3">弟子</td><td>172 木阁</td></tr>
</table>

从表五可知，洞窟数量较少，形制各异。造像组合主要为一铺三尊等。

4. 分期与年代

炳灵寺北周、隋代洞窟数量不多，简单分组。

6、8 窟，洞窟形制 A 型，造像组合单铺。造像特征坐佛 A 型、D 型；菩萨 B 型。在洞窟形制及造像组合特征上存在一定的形似性，故归为 A 组。

82、134 窟，洞窟形制 B 型，造像组合单铺 A 型、整铺 B 型。造像特征坐佛 A 型、B 型、C 型，立佛；菩萨 B、C 型并存，属于 B 组。

172 窟，洞窟形制 C、D 型，造像组合以整铺为主。造像特征坐佛 A 型、B 型均有，立佛，菩萨 A 型，重要的是出现了弟子形象。基本特点相同，归入C组。

炳灵寺82、134窟平面马蹄形，覆斗顶，内设低坛。与麦积山北周46窟、隋10窟形制相似。6、8窟方形平顶，不开龛，与麦积山北周22、94窟一致。172窟的三佛也是麦积山、敦煌北周洞窟常见的题材。一佛二菩萨这种延续北魏、西魏的造像组合也在炳灵寺6、82窟中出现，北周时期典型的一铺五身组合在8窟中也见。维摩诘文殊壁画的出现也表现了北朝的总体特征。相对于麦积山来说，炳灵寺处于非文化中心地区，其接受中心区域文化的时间有一定的滞后性，许多麦积山北周洞窟的特点在炳灵寺要到隋代才体现出来。6、82、134、172窟均有较为典型的北周特点，8窟中佛袈裟出现钩钮式，推断其年代为隋。

二、庆阳北石窟

1. 北石窟地理位置及主要内容

北石窟寺位于甘肃陇东黄土高原庆阳市西峰镇西南25公里处，蒲河、茹河于窟前交汇。石窟处于古称覆钟山的寺山峁，寺山峁为红砂岩，砂石细软，易于雕刻。北石窟寺依寺山峁而建，北魏始凿，经历代改扩建的洞窟共计281个，造像2000余躯，是陇东地区规模最大的石窟寺。北石窟寺是由北魏泾州刺史奚康生于永平年间开凿，北魏、北周、隋、唐、宋各代不断扩建，现存北魏窟龛16个，西魏窟22个，北周窟20个，隋窟34个，唐窟180个，宋窟2个。从洞窟数量看，唐代是北石窟寺开凿的兴盛期，北朝各代规模相当。北石窟寺现存窟龛多为中小型，大型窟较少。北魏窟龛是北石窟寺的精华所在，其中165窟是为数不多的大型窟，同时也是年代最早、题材最为丰富的洞窟，堪称北石窟北魏窟龛的代表。165窟为奚康生于永平二年(509)开凿，为大型七佛窟，窟形继承了龙门北魏窟的特点，平面横长方形，盝顶，窟内设高坛基，上雕七佛及十身胁侍菩萨。窟门两侧雕弥勒菩萨、乘象普贤、护法天神、金刚力士等，窟内原满饰浮雕，现存内容有睒子本生、舍身饲虎、割肉贸鸽、降龙入钵、猕猴献蜜等佛教故事。北石窟北周、唐代窟龛数量多，成就较高。虽然北周、隋代窟较多，但多为小龛，且风化严重，对分期造成了极大的困难，笔者在此试做分期（图三十）。

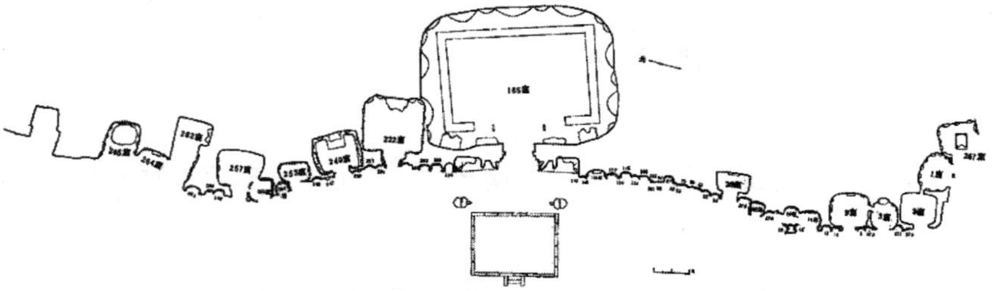

图三十　庆阳北石窟部分洞窟分布图　（采自《庆阳北石窟寺》图三）

2. 前人研究成果

学者对北石窟的记录与介绍开始较早，从上世纪五六十年代的调查开始，取得了一定的成果。吴柏年、陈贤儒、初世宾、邓健吾等在20世纪60年代，就做过一定的调查报道，通过这些报道使我们对陇东地区石窟及北石窟寺有了初步的认识①。20世纪80年代由甘肃省文物工作队的张宝玺、董玉祥二位先生在实地调查、记录的基础上分别撰写了《陇东石窟》《庆阳北石窟寺》两份报告，报告对北石窟均做了较为详细的介绍②。前者对陇东地区主要的石窟寺进行了介绍；后者是一部关于北石窟寺的专著，书中除了较为详细地记述了各主要洞窟外，还通过对洞窟形制及造像特点的类比，进行了分期排年。近年暨远志致力于对陇东、陕北石

①吴柏年《重现光芒的庆阳北石窟寺艺术》，《甘肃日报》1962年4月20日；陈贤儒《甘肃庆阳镇原等县发现三处石窟》，《文物》1961年第2期；邓健吾《庆阳寺沟石窟“佛洞”介绍》，《文物》1963年第7期；初世宾《甘肃庆阳北石窟寺》，《现代佛学》1963年第1期。

②甘肃省文物工作队、庆阳北石窟文物保管所等《陇东石窟》，文物出版社，1987年；甘肃省文物工作队、庆阳北石窟寺文管所《庆阳北石窟寺》，文物出版社，1985年。

窟寺的研究，通过实地调查，他对石窟中供养人民族成分及其构成产生了极大的兴趣，并分析认为陇东地区的石窟可以分为世族石窟、部族石窟[①]，启发我们多角度地认识陇东石窟。李静杰也对陇东石窟提出了自己的看法，并结合陕北地区石窟进行了研究[②]。这些成果使陇东地区石窟的研究迈上了一个新台阶。

3. 北石窟北周洞窟类型

（1）窟龛形制

①窟形　北石窟洞窟较少，以龛居多。240、60、85 洞窟内多设有坛基，据平面及窟顶的形状分为三型。

A 型　平面长方形覆斗顶窟，中设藻井，周壁低坛基，坛基上塑像。仅240 窟一例（每壁均一佛二菩萨，整窟形成三佛）（图三十一：1）。

B 型　平面方形平顶窟，如 60 窟。

C 型　平面方形穹隆顶窟，仅 85 窟。

②龛形　北石窟小龛保存较差，依龛外立面形制分四型。

A 型　盝形龛，平面方形，盝形龛口，其下雕出垂帐纹，如 119 龛（图三十一：2）。

B 型　圆拱龛，大都仅一圆拱形，无龛楣、龛柱。如 242、208、200、109、57、55、54、46 龛，其中仅 55 龛带有尖楣。

C 型　方形龛，仅见方形龛口，如 24 龛。

D 型　方形垂帐形龛，龛口为方形，其下垂帐装饰。如 106、194、184 龛（残）（图三十一：3）。

---

①暨远志、宋文玉《北朝豳宁地区部族石窟的分期与思考》，云冈石窟研究院编《2005 年云冈石窟国际学术讨论会文集·研究卷》，文物出版社，2006 年。

②李静杰《陕北陇东北魏中晚期之际部分佛教石窟造像考察》，麦积山石窟艺术研究所编《麦积山石窟研究》，文物出版社，2010 年。

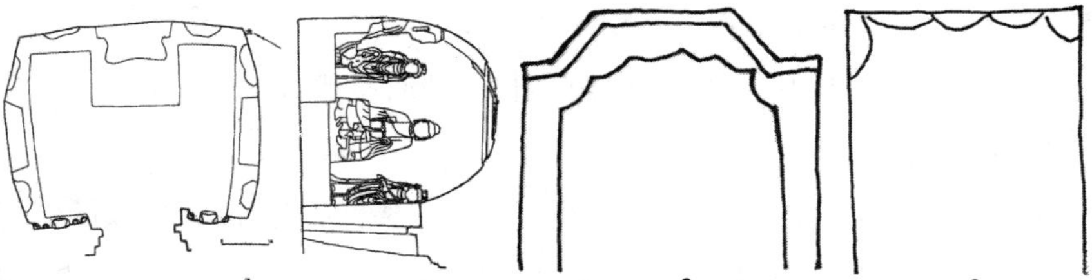

1　　2　　3

图三十一　北石窟北周窟龛型、式图

1. 240 窟　2. 119 龛　3. 194 龛（1 采自《庆阳北石窟寺》图二七，2、3 自绘）

（2）造像组合

①整铺组合　分三型。

A 型　三佛四弟子二力士。正壁一佛二弟子，两侧壁各一佛一弟子，门外两侧各一力士。如 60 窟。

B 型　三佛八菩萨。正壁及两侧壁均雕一佛二菩萨，门外两侧各一菩萨。如 240 窟。

C 型　一佛。正壁一佛，如 194、54 龛。

②单铺组合　主要为一铺三身，分二型。

A 型　一佛二菩萨，如 242、200、57、71、83、86、109 龛。

B 型　一佛二弟子，如 208、87、106、119 龛。

（3）造像特征

③佛　均为坐式，依袈裟样式分二型。

A 型　着双领下垂式袈裟，面相方圆，肩宽挺，身躯厚重，腹部凸起，内着僧祇支，袈裟自双肩下垂于胸腹前，裙摆密集多层两瓣或四瓣垂于座前。例 240 窟、54、60、83、106、109、194、200 龛等。60 窟僧祇支束带，200 龛袈裟自右臂搭于左臂上（图三十二：1）。

B 型　着通肩袈裟，面形身姿同一型，内穿僧祇支（结带）或圆领衫，外着通肩袈裟，袈裟衣领或开口较低，呈 U 形下垂于腹部或绕肩。袈裟下摆垂于佛座上，且呈四瓣式横向展开或两瓣分层排布于座前。如 46、

57、60、71、85、119、242 龛等(图三十二:2)。

②菩萨　总体特征头大,颈短,面相方圆,身躯壮硕,腹部凸出。据面相特点、璎珞、披帛等差异分二型。

A 型　面相方圆,冠宝冠,宝缯垂肩,上着僧祇支,戴圆形项圈,下着裙,裙边外翻,披帛于腹前交叉或交叉穿环,无璎珞。右手抚胸,左手提物。如 240 窟南壁西侧、46、55 北侧、71 龛(图三十二:4)。

B 型　面形发式与 A 型同,上袒,下着裙,披帛横于腹、膝之间两道。

图三十二　北石窟北周佛、菩萨、弟子像

1. 240 窟　2. 60 窟　3. 240 窟　4. 240 窟　5. 240 窟　6. 60 窟　7. 60 窟(采自《庆阳北石窟寺》图四一、四二)

无璎珞或长璎珞U形垂于膝前。如55龛南侧、240窟北壁、85龛(图三十二:3、5)

③弟子　弟子像较少,身躯笔直,袈裟宽博。依袈裟样式分二型。

A型　通肩袈裟,双手合十于胸前,如60龛(图三十二:6)。

B型　内穿交领衫,外着袒右袈裟,如60龛(图三十二:7)。

4. 分期

北周洞窟71、86、87、96、106、119、122、129、179、184、190、194、204、208、206、242等。

240窟平面长方形覆斗顶,中设藻井,周壁低坛基,坛基上塑像。与北魏165窟相同。窟门方形,上饰盝形及垂帐双层装饰,继承了龙门石窟魏窟的形制,龙门有纪年的东西魏窟龛共有16个,其中东魏11个,西魏5个[①]。垂帐形是这些窟龛中较为常见的龛形,既有单独的帐形,也有盝形、帐形结合或垂帐与尖拱形结合的复型龛,北石窟106、194、184等垂帐形龛效仿龙门魏窟,小龛流行也源自龙门。

陇东石窟与云冈、龙门石窟关系密切,165窟洞窟形制继承了云冈、龙门北魏形制。而东、西魏小龛形制被北石窟135、367、119等龛继承。龙门虽然无北周纪年龛,但存有大量的北齐纪年小龛,这些小龛以圆拱尖楣龛为主,且龛的装饰也越发简洁[②]。北石窟242、208、200、109、57、55、54、46龛,大都一圆拱形,无龛楣、龛柱。仅55龛带有尖楣。从形式上看,它们十分相似,年代上应相近。造像内容上北石窟此时以三佛为主,一佛二胁侍的组合也见,这些不仅是北魏以来的常见内容,也是麦积山、须弥山北周洞窟中常见的。造像特征上,佛以双领下垂、通肩袈裟为主,通肩式领口开口较低,露出内衣,与麦积山、拉梢寺等地北周造像同;弟子菩

---

①常青《龙门石窟北朝晚期龛像浅析》,《龙门石窟一千五百周年国际学术讨论会论文集》,文物出版社,1996年。

②同①。

萨像身姿僵硬，直立，与北周长安造像类似；菩萨披帛垂于体侧、腹前交叉穿环、横于腹膝前两道的样式均存在，既有北魏、西魏以来的旧样式，也有北周时期出现的新式样，形成新旧样式并行出现的状态。北周时期的麦积山、须弥山、拉梢寺等石窟，菩萨披帛均呈现出新旧样式共存的状态，说明北石窟与它们同步。由上述分析可知，北石窟 71、87、86、96、106、119、122、129、179、184、190、194、204、208、206、242 年代为北周。

据上述类型排比，列表如下：

表六　北石窟北周窟龛与造像型、式分类表

<table>
<tr><th colspan="3">型、式分类</th><th>窟龛号</th></tr>
<tr><td rowspan="7">窟龛形制</td><td rowspan="3">窟形</td><td>A</td><td>240</td></tr>
<tr><td>B</td><td>60</td></tr>
<tr><td>C</td><td>85</td></tr>
<tr><td rowspan="4">龛形</td><td>A</td><td>119</td></tr>
<tr><td>B</td><td>242、208、200、109、57、55、54、46</td></tr>
<tr><td>C</td><td>24</td></tr>
<tr><td>D</td><td>106、194、184</td></tr>
<tr><td rowspan="5">造像组合</td><td rowspan="3">整铺组合</td><td>A</td><td>60</td></tr>
<tr><td>B</td><td>240</td></tr>
<tr><td>C</td><td>194、54</td></tr>
<tr><td rowspan="2">单铺组合</td><td>A</td><td>242、200、57、71、83、86、109</td></tr>
<tr><td>B</td><td>208、87、106、119</td></tr>
<tr><td rowspan="6">造像特征</td><td rowspan="2">佛</td><td>A</td><td>54、60、83、106、109、194、200、240</td></tr>
<tr><td>B</td><td>46、57、60、71、85、119、242</td></tr>
<tr><td rowspan="2">菩萨</td><td>A</td><td>240 窟南壁西侧、46、55 北侧、71</td></tr>
<tr><td>B</td><td>240 窟北壁、55 南侧、85</td></tr>
<tr><td rowspan="2">弟子</td><td>A</td><td>60</td></tr>
<tr><td>B</td><td>60</td></tr>
</table>

三、石拱寺石窟

1. 地理位置及前人研究状况

石拱寺石窟，位于今华亭县东南41公里的上关乡半川村北侧的山梁崖面上，半川村海拔1700—2012米，属于小陇山山脉。该石窟因地理位置较为偏僻，自发现以来，只有过简单的报道与记述，张宝玺先生在《陇东石窟》中进行了简介，使我们对其有了初步的认识①。近年甘肃省文物局组织人员对境内的中小石窟寺进行全面的调查，麦积山石窟艺术研究所对石拱寺石窟进行了较为详细的调查、记录，并发表了调查报告②，使我们对于石拱寺石窟有了更加深入与详细的了解。

石窟开凿于朝南的崖壁上，距地表5—10米，东西长120米，从西向东排列，共有15个窟龛。北魏始建，北周、隋续建(图三十三)。

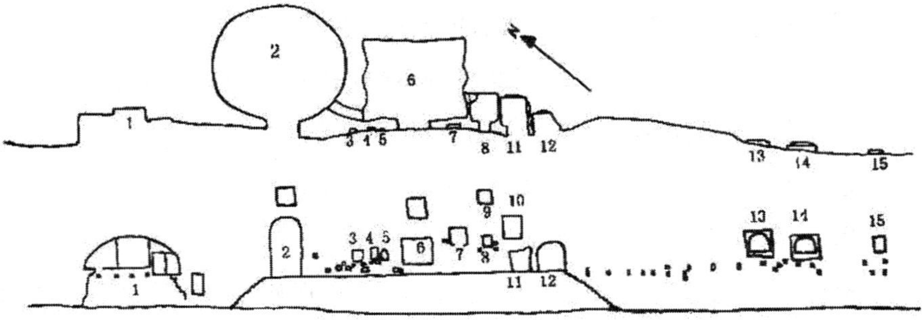

图三十三　石拱寺石窟洞窟总平面、立面图

（采自《甘肃华亭石拱寺石窟调查简报》图2）

2. 洞窟类型

（1）洞窟形制

北周洞窟数量有限，大中型窟较少，有部分小龛。

①前揭《陇东石窟》。

②魏文斌《甘肃华亭石拱寺石窟调查简报》，《敦煌研究》2007年第3期。

窟形　有大型平面方形穹隆顶窟,如第 2 窟(图三十四:1)。

龛形　均为方形浅龛,如 4、7、10 三个小龛(图三十四:2、3)。

1　　2　　3

图三十四　石拱寺北周窟龛型、式图

1. 2 窟　2. 4 龛　3. 7 龛(采自《甘肃华亭石拱寺石窟调查简报》图 3、4、6)

(2)造像组合

三佛、一佛。

(3)造像特点

①佛像　按身姿分结跏坐佛、倚坐佛二种。

结跏坐佛　着通肩袈裟,肩宽体健,矮壮敦厚。如 4、7 龛主尊。

倚坐佛　2 窟左右壁佛。残毁严重。

②菩萨　菩萨身材粗壮,披帛、璎珞横于膝前。

3. 分期断代

石拱寺石窟 2 号窟为大型平面方形、穹隆顶窟,题材上依然流行三佛,佛像最大的特点是肩宽体健,矮壮敦厚。菩萨披帛、璎珞横于膝前,与宁夏固原须弥山第 45 窟北周菩萨像同。表现出典型的北周风格。故将石拱寺 2、4、7、10 等窟龛推断为北周时期。

第三章

各石窟寺北周洞窟比较

上一章内容使我们对北周时期的石窟及其造像有了一定的认识，从中可以看出，北周石窟寺在洞窟形制、题材内容、造像特点上存在一定的地域差别，发展并不同步。以下试对北周石窟进行分区研究，以期说明各区的特点，各区间的相互联系及影响等。按地理位置将北周石窟寺分为长安区、秦陇区（麦积山、水帘洞、北石窟）、原州区、河西区（莫高窟）等。以上各区既独立发展，同时又相互影响。

长安作为西魏、北周的政治文化中心，也是其佛教中心。虽在长安地区不见北朝石窟寺，但长安北周单体造像的大量出现为我们展示了北周中心区域佛教造像的特点，如头大身短、面似孩童样，使我们窥见了其佛教文化的一些面貌。同时此区从北魏开始，佛道混杂现象较为突出，西魏、北周延续此特点，与其他地区相比，佛道混杂及道教像碑数量较多，形成了其特殊性。

秦陇区地近长安，受到北周中心文化的影响较大，同时南朝的佛教思想及造像也对其产生影响，故秦陇区佛教文化面貌较为先进，多元中又以传统文化为主。

原州地处丝绸之路东段北道，地理位置十分重要，东西方文化在此交汇，佛教文化也呈现出多元性。佛教石窟寺及其造像，不仅具有中原特点，也有较为典型的西域样式。这使我们对中原样式经陕北、陇东、原州向西传播的途径及路线，西来因素经此地东传的途径等有了一定的认识。

河西区因地理位置及所受文化影响的特殊性,其文化面貌呈现出东西合璧的样式，虽然在吸收中原文化方面表现出一定的滞后与缓慢性，但此区发展相对较为独立,且其早期石窟对中原及其他各区产生了很大影响。

第一节 敦煌莫高窟

敦煌地区的北周石窟寺及造像，包括莫高窟、东千佛洞、西千佛洞、榆林窟、肃北五个庙、一个庙、昌马石窟等。

一、洞窟形制、造像壁画内容及特点

任何一种文化在吸收外来文化时模仿都是其初期的主要形式，佛教石窟及其造像也如此。西域佛教对敦煌的影响主要表现在早期的洞窟中，其早期石窟不论洞窟形制、造像内容、表现技法等都较多地吸收了中亚、西域、新疆的特点，佛教造像及壁画的面貌上更多地呈现出域外风格。北魏中晚期以后，中原佛教文化的影响逐渐增多，东西两方面的影响在洞窟中均有明显的表现。北周更是如此，且两种风格由并存逐渐呈现融合的趋势。

1. 洞窟形制

敦煌早期的北凉洞窟有禅窟、佛殿窟，形制并不统一。其用于修禅、观像礼拜的目的十分明显。北魏中晚期开始，莫高窟受中原文化的影响，洞窟形制上中心柱窟逐渐出现，中心柱位于洞窟后部，与新疆龟兹中心柱窟布局相同，但中心柱本身的形制又与龟兹不同，龟兹中心柱仅在正面开一龛，其余三面不开龛造像①。而莫高窟北魏、西魏窟中心柱正面单层开龛造像，其他三面分层开龛。这种样式的中心柱窟最早出现在巩县石窟1、3窟中，故莫高窟的这种正面单层开龛造像，其他三面分层开龛的样式应来自中原。同样北周莫高窟中心柱四面均单层开龛的样式也首见于中原的巩县石窟②，之后在固原的须弥山西魏121窟中出现单层开龛的中心柱③。须弥山北周45、46、51窟延续西魏的中心柱形制，均单层开龛造像。敦煌因时空上的差距，北魏、西魏时的中心柱窟仍延续中原北魏中心柱正面单层开龛，其余三面仍是分层开龛的样式，到北周时期中心柱才演变成为四面均单层开龛的形式，所以说来自中原地区的中心柱单层开龛形式，经由原州的须弥山传播到敦煌，体现了中原文化对敦煌的影响。敦煌北周时期中心柱窟中前期的人字披顶的浮塑仿木结构消失，代之以绘制的椽檩，人字披顶结构出现逐渐简化的趋势。且中心柱窟窟形也越发方正，与方形佛殿窟极为接近。中心柱本身较前期也变得低矮，每面均单层开龛。洞窟四壁也较少开龛，多绘制佛教故事画、说法图、千佛图、供养人等。除了中心柱窟外，方形佛殿窟也是莫高窟北周窟较常见的窟形，其正壁开一龛或不开龛，其余三壁均不开龛，而是分栏绘制壁画，壁画内容与中心柱窟同。龛形以尖楣圆拱为主，龛柱顶部饰摩尼宝珠，柱身缠绕莲茎等。从上述分析知，莫高窟北周洞窟形制以中心柱窟、方形佛殿窟为主，前者继承了早期洞窟的形制，并在此时产生了逐渐简化的趋势。同时中心柱窟四壁壁面结构及壁画内容与方形佛殿窟接近。

---

①宿白《新疆拜城克孜尔石窟部分洞窟的类型与年代》，《中国石窟寺研究》，文物出版社，1996年。

②河南省文物研究所编《中国石窟·巩县石窟寺》，文物出版社，1989年。

③宁夏回族自治区文管会、北京大学考古系《须弥山石窟内容总录》，文物出版社，1997年。

方形佛殿窟在此时大量出现，并成为之后隋窟的主要形制。从洞窟形制上也可以看出，北周处于过渡时期。

2. 造像组合、壁画内容、造像特征

北凉洞窟造像主要为单尊无组合的形式，即便出现胁侍，也常以壁画的形式表现。单尊像主要有交脚菩萨、交脚佛像等。北朝时期造像组合逐渐增多，出现一佛二菩萨，一佛二弟子二菩萨等一铺三身、一铺五身的样式，但一佛二弟子四菩萨、一佛四弟子二菩萨、一佛二弟子二菩萨二力士（天王）等复杂组合要到隋窟中才能看到。而此种组合的造像在秦州的麦积山、拉梢寺北周时期就已出现，成都地区南朝造像上更是常见，这也说明了莫高窟在文化上的滞后性。在部派佛教中，罗汉是成佛的不二法门，随着大乘菩萨行思想的兴起，菩萨取代罗汉成为佛法的传承人，这是菩萨在造像中取得主尊胁侍地位的义理根据，菩萨取代罗汉不仅说明佛与罗汉、菩萨传承关系的转变，也是小乘佛教向大乘转变的标志[①]。故莫高窟早期洞窟中从单尊像到一佛二菩萨一铺三身或一佛二菩萨二弟子一铺五身像的转变，是大乘菩萨行思想的反映。当然《法华经》三乘归一思想的影响也不容忽视。到北朝晚期的北周、北齐时，一佛二菩萨二弟子、一佛二菩萨二弟子二辟支佛组合的出现，就很好地说明了《法华经》在提倡大乘菩萨行的同时，小乘的声闻乘、缘觉乘也受到重视。北朝洞窟中主尊造像有释迦多宝、倚坐佛像、交脚菩萨像、佛四相等。其中倚坐佛像大量出现是北朝莫高窟造像的一大特点，北周尤为明显。

北凉洞窟的壁画为大量源于中亚、新疆地区的代表小乘佛教的佛传、本生、因缘等佛教故事画，同时千佛与弥勒菩萨也是重要题材。这些内容常处于洞窟四壁的中间位置，表明其受重视程度[②]。北魏继承北凉

①殷光明《初说法图与法身信仰》，《敦煌研究》2009 年第 1 期。

②樊锦诗等《莫高窟北朝洞窟分期》，《中国石窟·敦煌莫高窟》（一），文物出版社，1982 年。

壁画内容，故事画、千佛图仍盛行，新出现了大量说法图。西魏时中原传统汉文化中的一些因素，与佛教神祇共处一室，故事画继续存在。虽然此阶段因与西域联系受阻，在题材内容上不似之前，并没有太多新出现的西域因素，只是继承前一阶段的西域特点，但在西魏 285 窟西壁中还是出现了带有一定杂密性质的壁画。而此时中原传统文化的影响却表现得较为明显，如壁画中伏羲、女娲及东王公、西王母等内容的出现，云冈石窟二期所见的日天、月天、摩醯首罗天、鸠摩罗天等题材在莫高窟的出现，都表现出其大量吸收中原文化的样态。虽然上述护法天神等原本是希腊、印度等地非佛教的神祇，是经外来民族带入中土，但其首先在云冈二期出现，之后才在敦煌北朝晚期的洞窟中有所表现，说明敦煌的这些内容还是受到中土的影响而产生的，对此学界有较多的论述①。这些中原因素的产生，与其间河西的官吏多为来自洛阳的宗师王侯等密切相关，如安乐王诠、元少、元和、元暹、元荣等均由洛阳来，任职敦煌②。西魏晚期壁画中无量寿佛说法图像的出现，格外引人注目，说明佛教信仰多元化逐渐在洞窟中有所反映。北周时期故事画内容丰富，新出现了经变画。北周时期故事画虽然很丰富，但其位置已由洞窟四壁中间逐渐移至洞窟顶部，说明其地位的下降，说法图取代故事画占据了洞窟四壁中间位置。卢舍那佛等的出现，表明了多种佛教思想融合的情况在北周洞窟中继续发展。

---

①段文杰《敦煌石窟艺术·莫高窟 285 窟》，江苏人民美术出版社，1994 年；贺世哲《敦煌莫高窟 285 窟西壁内容考释》，《1987 年敦煌石窟研究国际讨论会文集·石窟考古编》，辽宁美术出版社，1990 年；姜伯勤《中国祆教艺术史研究》，生活·读书·新知三联书店，2004 年；张元林《粟特人与莫高窟第 285 窟的营建——粟特人及其艺术对敦煌艺术贡献》，《2005 年云冈国际学术研讨会论文集·研究卷》，文物出版社，2006 年；陈清香《云冈石窟多臂护法神探源——从第 8 窟摩醯首罗天与鸠摩罗天谈起》，《2005 年云冈国际学术研讨会论文集·研究卷》，文物出版社，2006 年。

②《魏书》相关传记《文成五王列传》《昭成子孙传》《道武七王传》《景穆十二王列传》。

敦煌北凉洞窟中单尊造像、佛传、本生、因缘等内容多代表了小乘思想，与早期佛教思想相符合。同时三世佛思想也出现，代表是北凉石塔，其中七佛一菩萨造像表现了佛教传承的意图。佛传、本生、因缘及代表佛法传承的弥勒菩萨在莫高窟早期洞窟中的大量出现可看作西域佛教美术的余绪对敦煌的影响[①]，之后的北魏、西魏洞窟延续此类题材，到了北朝晚期的北周，佛传、本生、因缘等小乘题材又再次复兴，许多之前不见的故事画、经变画出现在洞窟壁画中，且与大乘佛教尊像组合出现，表明北朝晚期小乘佛教题材的逐渐大乘化。

另外，形成于西北印度的《观佛三昧海经》，既提倡戒定慧三学，成就阿罗汉，又倡导修行六波罗蜜的菩萨行，以便成就佛道，也反映了大小乘融合的情况。莫高窟早期洞窟壁画中大量说法图、千佛图与佛教故事画的共同出现也是对此的说明。

北凉造像身躯雄伟，肩宽腰细。服饰方面，佛袈裟见偏袒右肩式，菩萨上袒，下着裙。飞天服饰同菩萨，完全是西域样式的再现。北魏时造像、壁画中人物均已出现汉化倾向，外来的造像为适应本土文化而发生了变化。西魏时受到中原文化的强烈影响，秀骨清像、褒衣博带成为主流，且这种样式流行时间较长，一直到有明确纪年的西魏大统四年（538）、五年（539）285 窟，甚至更晚的 546 年都见，却几乎不见中原地区自西魏中晚期出现的身材短粗壮硕的造像，说明敦煌与中原东部地区、长安、天水等地西魏晚期的造像不同，具有一定的滞后性，同时有其自身的发展序列。无论佛、菩萨，莫高窟北周造像才出现丰圆壮硕、头大身短的特征。佛装上身圆领通肩式，下摆演变为褒衣博带类的多层繁褶样，这是中西合璧的特征在服饰上的体现。同时北周时期壁画中的五白式又是取法西域技

---

①李静杰《敦煌莫高窟北朝隋代洞窟图像构成试论》，《2005 年云冈国际学术研讨会论文集·研究卷》，文物出版社，2006 年。

法。

二、题材分析

敦煌北凉洞窟中题材主要是用于禅观的佛、弥勒菩萨、千佛等像。北魏时以释迦多宝、佛传各相、交脚菩萨、千佛等为主，同时说法图出现。西魏延续前期的内容，新出现了七佛、无量寿佛说法图等。北朝晚期，随着佛教进一步中国化、世俗化，《华严经》《法华经》《涅槃经》等多种经典流行，不仅在佛教面貌上出现禅理兼弘的局面，这些宣扬大乘思想的经典对石窟寺造像内容也产生了极大的影响。石窟寺内不仅雕凿佛像，以便于人们禅观、礼拜，同时也成为宣扬佛教义理的场所，北齐石窟中大量刻经现象就是最好的证明。北周石窟寺因在佛教发展中具有不同步及滞后性，佛教义学不如北齐发达，洞窟中不见刻经内容，但依两种或多种经典而雕塑造像的情况却较为普遍，同时新出现的经变画也成为佛教义学的一种表达方式。

莫高窟北周洞窟，无论中心柱四面还是洞窟四壁壁面，塑像主要内容虽还是以禅观为主的佛像、佛传各相、交脚菩萨、思惟菩萨、说法图、千佛等，但新出现了卢舍那佛像及大量的本生故事画，体现了法华、涅槃、华严等佛教思想的相互融合，428 窟是这种融合的典型代表。

北周 428 窟为平面方形中心柱窟，中心柱四面单层开龛，洞窟四壁不开龛，仅绘制壁画。中心柱四面龛内均塑坐佛，与龛内外的弟子菩萨组成北周时期一铺五身的典型组合。洞窟四壁上部均绘千佛，下部为供养人及垂帐等纹样。四壁中部内容丰富，表现了 428 窟的佛教思想。西壁中间坐佛，两侧分别为涅槃图、释迦多宝及佛塔、坐佛。其中佛塔内绘制出释迦诞生场面。南壁由西往东分绘立佛两身、坐佛一身、降魔图、坐佛等。北壁由西往东分绘坐佛、立佛、坐佛、卢舍那佛、坐佛等。东壁窟门北侧绘须达拏太子本生，南侧绘萨埵太子本生。对于此窟的内容，学界有不同的认识，施萍婷、贺世哲先生据四壁绘制佛诞生、涅槃等佛传场景，东壁出现本生图像，将中心柱四面龛内的造像解释为佛传各相，故而认为整个洞窟图像是组画形式的佛传内容①。李静杰分析了中心柱及四壁的内容后认为，428 窟主要反映了法华思想，并以华严经思想为补充，同时考虑到中心柱的禅观功能和窟内的千佛，推测出由法身观到十方佛观的整体构思②。另外，宿白、李玉珉等先生也对 428 窟进行了讨论③。以上学者的见解对于我们认识 428 窟的图像构成、图像来源等具有极大的指导意义。在此本人也谈一些不成熟的想法，428 窟最突出的特点就是多种经典融合现象。

第一，涅槃经与法华经的融合。

敦煌北周时期的写经较少，见明确纪年的经文有 19 件④，另外，还有学者将几件高昌写经及高弼题名的经文也并入其中，计为 32 件⑤。从以上学者的研究中可知，北周时期敦煌写经的内容以《大般涅槃经》《法华经》《华严经》为主，与造像所反映的情况基本相符。诸经中《大般涅槃经》数量最多，可见其流行程度，也说明北周敦煌地区仍然延续前期的佛教涅槃思想。

---

①施萍婷、贺世哲《近承中原、远接西域——莫高窟第四二八窟研究》，《敦煌石窟艺术·莫高窟第四二八窟》，江苏美术出版社，1998 年。

②李静杰《敦煌莫高窟北朝隋代洞窟图像构成试论》，《2005 年云冈国际学术研讨会论文集·研究卷》，文物出版社，2006 年。

③宿白《敦煌莫高窟早期洞窟杂考》，《中国石窟寺研究》，文物出版社，1996 年；李玉珉《敦煌四二八窟新图像源流考》，《故宫学术季刊》第 10 卷第 4 期，1993 年。

④李崇峰《敦煌莫高窟北朝晚期洞窟的分期与研究》，纪念敦煌莫高窟藏经洞发现一百周年《敦煌研究文集·敦煌石窟考古篇》，甘肃民族出版社，2000 年；崔峰《敦煌文书中北周时期写经及相关问题讨论》，郑炳林、樊锦诗、杨富学主编《丝绸之路民族古文字与文化学术讨论会文集》（下），三秦出版社，2007 年。

⑤崔峰《敦煌文书中北周时期写经及相关问题讨论》，郑炳林、樊锦诗、杨富学主编《丝绸之路民族古文字与文化学术讨论会文集》（下），三秦出版社，2007 年。

涅槃经是敦煌地区自开窟造像以来就十分流行的典籍[①]，其主要阐述佛身常住不灭，涅槃常乐我净，一切众生悉有佛性，一阐提和声闻、辟支佛均得成佛等大乘佛教思想。其理论与部派佛教中的大众部义理颇有契合之处，与《般若经》《妙法莲华经》的重要思想也有一致的地方。此经还常常引用《华严经》的某些义理，两者思想相通。

十六国、南北朝时期石窟中多见简单的涅槃图像，其大致分为两种情况，一是包含在佛传故事中，属于佛传的一个情节；二是独立于佛传之外，与其他图像结合表现更加丰富的佛教内涵。北朝晚期至隋唐，随着经变画的发展，涅槃经变盛行于石窟寺及单体造像上。实际上它是南北朝时期佛传涅槃相的扩充。我国新疆地区是较早出现涅槃内容的地区。克孜尔石窟 53 个洞窟中存在涅槃图[②]，说明其盛行状况。克孜尔单幅的涅槃图，保存在 17、38、98、171、172 等窟中，且多将其绘制在后室后壁上，同时后甬道各壁及左右甬道两壁均绘舍利塔，塔中坐佛。除此之外，克孜尔还存在许多后室后壁设置涅槃台，上塑佛涅槃像的洞窟。克孜尔上述诸窟的年代，大约在 4 世纪末至 5 世纪初[③]。虽然表现形式不同，但说明此时克孜尔涅槃思想的流行程度。克孜尔石窟中的这类涅槃图像大都与前室窟门上方的弥勒菩萨构成组合，表现佛法传承的意图。另外，克孜尔 189 窟天井中央绘制降伏火龙图，周围绕以 5 圈千佛，天井西侧与门道交接处绘涅槃图，此窟年代宿白先生认为为 6—7 世纪[④]，它构成了涅槃 + 千佛的图像，符合大乘禅观思想。敦煌的涅槃内容应来自新疆地区，但又有自身的特点。敦煌涅槃图像始自北周，如莫高窟北周 428 窟、西千佛洞

---

①赖鹏举《丝路佛教的图像与禅法》第十一章、十五章，圆光佛学研究所。

②贾应逸《克孜尔与莫高窟的涅槃经变比较研究》，《1990 年敦煌国际研讨会文集》，辽宁美术出版社，1995 年。

③新疆龟兹石窟研究所《克孜尔石窟内容总录》，新疆美术摄影出版社，2000 年。

④同③。

北周 8 窟涅槃图等。莫高窟与西千佛洞涅槃图均是与其他尊像、壁画组合，表现了多种信仰融合的情况。另外，莫高窟的涅槃思想已不局限于涅槃图的表现，一些非佛传类的故事图像就是在涅槃思想影响下产生的，如莫高窟西魏 285 窟、北周 296 窟中五百强盗成佛图，就是《涅槃经》一切众生悉有佛性，只要常念佛法就能成佛思想的体现。

对于莫高窟涅槃图像的来源，有学者据莫高窟 428 窟西壁涅槃图像中释迦的卧姿分析，认为是受到中原表现形式的影响而产生的[①]，但从 428 窟西壁与克孜尔早期洞窟涅槃图像的位置情况看，也有受西域、新疆影响的成分。428 窟西壁绘有金刚宝座塔，塔身内绘坐佛等内容，塔旁绘制涅槃图，这幅涅槃图明显已脱离了佛传的内容，成为独立的图像，与新疆涅槃图像的性质相似；金刚宝座塔也与克孜尔绘制涅槃图窟内的众多佛塔有渊源，应是表现佛法永固的含义。西千佛洞 8 窟涅槃图中释迦佛右胁而卧，卧姿与西域、新疆佛涅槃姿势相同，从而还是可以看出新疆石窟的影子。这样从上述比较中可以看出，东西两方面的因素对敦煌的影响。

五百强盗因缘典出昙无谶译《大般涅槃经·梵行品》。同时代的北齐石窟中相关的刻经及造像也十分流行，反映了时代共性。如小南海中窟外刻《大般涅槃经·圣行品》《大般涅槃经·梵行品》、南响堂 6 窟外亦刻《大般涅槃经·圣行品》[②]。

四十卷本的《涅槃经》专门讲述大乘佛性，它宣扬"一切众生，悉求声闻者，求辟支佛者，求佛道者，如是等类，咸于佛前，闻妙《法华经》一遏一句，乃至一念随喜者，我皆与有佛性"[③]。与《法华经》所提倡的一切众生

---

①贺世哲《莫高窟的〈涅槃经变〉》，《敦煌研究》1986 年第 1 期；李玉珉《敦煌四二八窟新图像源流考》，《故宫学术季刊》第 10 卷第 4 期。

②李裕群《北朝晚期石窟寺研究》，文物出版社，2003 年。

③《涅槃经·如来性品》，《大正藏》第 12 册。

“授记，当得阿藐多罗三藐三菩提……诸人等于未来世必得成佛”本质相同。《涅槃经》之《梵行品》《圣行品》更是说明即使是罪大恶极的人，只要皈依佛法，也能发菩提心，走上成佛之路。同样《法华经》之《提婆达多品》《见宝塔品》也表达了恶人只要修炼佛法，也能成佛的思想，这从一个侧面反映了北朝晚期多元信仰融合的情况。

自西魏的285窟南壁五百强盗因缘、北周296窟五百强盗因缘、285窟五百强盗因缘与释迦多宝二佛图共出，到北周的428窟西壁出现涅槃图与释迦多宝并坐的组合及西千佛洞8窟同样内容的出现[①]，均反映了《涅槃经》与《法华经》的关联性。涅槃图具有解脱生死，达成永久法身的意义，与释迦多宝佛法相承的含义具有异曲同工之妙。而五百强盗因缘与释迦多宝二佛并坐反映了众生皆有佛性的思想，李静杰、张元林都曾对此进行过讨论。李静杰认为两者结合在于说明法华经方便说法的意图，受到云冈38窟、麦积山10号造像碑等中原因素的影响[②]。张元林指出是法华经众生皆有佛性及舍身供养法思想的体现[③]。张元林还认为敦煌地区的这些内容是受判教思想影响而产生的[④]。麦积山北周26、27窟窟顶分别绘制了表现涅槃经变、法华经变的图像[⑤]，笔者认为此二窟形制相同，题材内容也都为七佛，窟顶又都绘制经变画，具有双窟的性质，故其窟顶绘制的涅槃经变、法华经变与敦煌北周至隋一样都是佛教信仰多样化，并呈现出融合趋势。莫高窟北周的428窟西壁不仅出现涅槃图与

①敦煌研究院编《敦煌石窟内容总录》，文物出版社，1996年。

②李静杰《敦煌莫高窟北朝隋代洞窟图像构成试论》，云冈石窟研究院编《2005年云冈国际学术研讨会论文集·研究卷》，文物出版社，2006年。

③张元林《〈法华经〉佛性观的形象诠释——莫高窟285窟南壁故事画的思想意涵》，《敦煌研究》2004年第6期。

④张元林、魏迎春《试论法华判教思想对敦煌北朝——隋石窟的影响》，《敦煌研究》2008年第5期。

⑤《中国石窟·天水麦积山》，图252—258。

释迦多宝并坐的组合，同时在东壁还出现了表现华严内容的卢舍那佛像。

第二，华严经与法华经。

敦煌地区北朝晚期洞窟中的另一突出特点表现在华严经与法华经图像的结合上。北方佛教早期重视禅观实践，不像南方重义理，到北魏冯太后统治时期，重视释教，孝文帝受其影响，重视佛教义行，从此北魏佛教讲论《成实》《涅槃》《法华》《维摩》之风逐渐兴盛①。《法华经》是北朝时期十分流行的经典，依《法华经》组织的图像从云冈二期开始大量涌现，并成为北朝石窟寺及造像中占主导地位的内容，且贯穿始终，同时辐射影响北方地区，法华经成为主导北方石窟造像的重要经典。

我国的卢舍那佛像，文献中记载出现在 5 世纪初②，而佛教石窟寺及单体造像中出现的时间从 4 世纪延续到唐。西域的于阗是较早出现此类佛像的地区，之后在龟兹、敦煌、中原、山东等地均有发现，年代多集中在北朝晚期至唐。因各地的图像所依据的经典不同，图像特征也各异。彭杰、李瑞哲对龟兹地区的卢舍那佛像做了研究③，敦煌卢舍那佛像的发展状况殷光明先生有详尽的考察④。中原地区出土的此类造像李静杰、林保尧先生都做过精辟、详细的论证⑤。

经李静杰先生研究，我国的卢舍那佛像有两种情况，一是在袈裟上

---

①宿白《平城实力的集聚和"云冈模式"的形成与发展》，《中国石窟·云冈石窟》(一)，文物出版社，1991 年。

②[日]吉村怜《卢舍那法界人中像研究》，《天人诞生图研究》，中国文联出版社，2002 年。

③彭杰《新疆库车新发现的卢舍那佛像刍议》，《故宫博物院院刊》2001 年第 2 期；《关于克孜尔 17 窟卢舍那佛像的补正》，《新疆师范大学学报》2006 年第 6 期；李瑞哲《克孜尔第 17、123 窟中出现的化佛现象》，《敦煌研究》2009 年第 2 期。

④殷光明《敦煌卢舍那法界图像研究之一》，《敦煌研究》2001 年第 4 期；殷光明《敦煌卢舍那法界图像研究之二》，《敦煌研究》2002 年第 1 期。

⑤李静杰《北齐至隋代三尊卢舍那法界佛像的图像解释》，《艺术学》第 22 期；林保尧《弗利尔美术馆藏隋石佛立像衲衣线刻画略考——衲衣图像画面构成试析》，《艺术学》第 22 期。

绘制出须弥山、菩萨行等内容的特殊佛像，它是基于华严经的法界观与菩萨行思想而创制的图像，称为卢舍那法界佛像。除此之外，还有一种与普通佛像无异的形式，只有通过文献、题记等内容才能够判断其身份[①]。对于前者的尊格，学术界有很大的争议，主要分歧是它代表的究竟是宇宙主的释迦佛，还是华严世界的教主卢舍那佛[②]。产生分歧的主要原因是学者们所据经典不同，加之北朝晚期，大乘诸经典在义理上表现出一定的相互交融性、共同性，如各经都将佛陀神格化，强调菩萨行，以众生皆能成佛为旨[③]，这样同一造像可以在不同经典中找到依据，使得对图像的确定存在分歧。

敦煌北朝洞窟中明确为卢舍那佛像的仅见于北周428窟[④]。428窟南壁中央绘说法图，图像由一佛六菩萨组成，佛立于中间，着圆领通肩袈裟，右手上举施无畏印，左手抓握袈裟一角。佛袈裟上绘制以须弥山为中心的六道图。依袈裟上的六道图，学界认定此像为卢舍那佛像。这铺卢舍那佛像是莫高窟最早的此类图像，也是莫高窟北周时期新出现的内容。隋427窟主室南壁后部，亦绘制一佛四菩萨立像说法图，佛着圆领通肩袈裟，袈裟上绘制须弥山、阿修罗、宫殿、日月、人间、地狱等内容。经贺世哲先生研究北朝敦煌地区《华严经》流行，仅有纪年的《华严经》就有九种[⑤]，时间主要集中在北魏延昌二年(513)，另有正光三年(522)写经等。北周及隋代

---

①李静杰《北齐至隋代三尊卢舍那法界佛像的图像解释》，《艺术学》第22期。

②[日]松本荣一《华严教主卢舍那佛图》，《艺术学》第22期；[日]宫治昭《宇宙主释迦佛——印度、中亚、中国》，《艺术学》第22期；[日]吉村怜《卢舍那法界人中像研究》，《再论卢舍那法界人中像》，《天人诞生图研究》，中国文联出版社，2002年；何恩之《宇宙佛图像》(A.F. Howard, The Imagery of the Cosmological BUddha, Leiden1986.)；陈维峰《五、六世纪卢舍那佛造像称名意向的诠释》，《艺术学》第22期。

③李静杰《北齐至隋代三尊卢舍那法界佛像的图像解释》，《艺术学》第22期。

④殷光明《敦煌卢舍那法界图像研究之一》，提及北魏257窟南壁前部说法图，但该图像残损不清，无法明确定名，故本文舍去。

⑤贺世哲《敦煌图像研究——十六国北朝卷》，甘肃教育出版社，2006年，第98页。

敦煌《华严经》流布情况可参看殷光明先生文章[①]。

除了石窟寺外，北周、隋的单体造像碑中也存在个别的卢舍那法界像，如现藏美国弗利尔美术馆的佛立像。同时代的北齐较北周更为盛行卢舍那佛像，北齐大住圣石窟是典型代表，其北（正）壁龛内雕卢舍那佛像，并附榜题，明确标明为“卢舍那佛像”。北齐造像碑中也见卢舍那佛像，著名的如河南高寒寺北齐佛像。近年山东青州出土的大量佛教造像，其中存有一定比例的立佛像，其袈裟上绘制须弥山为中心的六道图[②]。

《华严经》全名《大方广华严经》，现存两个版本，一为东晋末、刘宋年间由佛驮跋陀罗翻译的六十卷本，一为唐代实叉难陀所译的八十卷本。实际上《华严经》在4世纪就流传于西域，并在于阗编纂而成。其汉译也经历了漫长的过程，它吸收了早期形成的其他经典的部分内容，是多种经典的集合体。其中包括了东汉支娄迦谶译的《兜沙经》、三国吴支谦翻译的《菩萨本业经》、西秦圣坚译《罗摩伽经》、鸠摩罗什译《十住经》等等，最后的集成时间较晚。贯穿《华严经》全经的是菩萨行思想，经过从“地前”到“入地”，再到“佛界”的菩萨诸行。且《华严经》强调对卢舍那佛的崇拜，虽然卢舍那佛并非《华严经》先提出，早在《阿含经》中就已出现过，但用它取代释迦牟尼的地位，作为“法身”佛的形象出现，却是在《华严经》中[③]。佛教“法身”原本是一种永恒而普遍的抽象存在，它无形无像，不可名状，不可思议。《华严经》却将这种抽象的“法身”具体化到卢舍那佛身上，使得具像的卢舍那佛成为了释迦牟尼佛的“法身”代表，它具有一切智慧和最高觉悟，接受大众的顶礼膜拜，并给予它的信仰者以智慧、觉悟及诸种神通。《华严经》提倡的最高境界及终极目标是观想卢舍那佛所象

---

①殷光明《敦煌卢舍那法界图像研究之二》，《敦煌研究》2002年第1期。

②中华世纪坛艺术馆、青州市博物馆编《青州北朝佛教造像》，北京出版社，2002年；刘凤君《青州地区北朝晚期石佛像与“青州风格”》，《考古学报》2002年第1期。

③《中国佛教史》第三卷，第196—197页。

征的清静法身。

北朝晚期华严思想及地论思想兴起，代表华严教主的卢舍那佛像逐渐流行，卢舍那佛代替释迦佛成为法身代表，使得佛教教义神格化，法身永恒不灭。卢舍那佛的这种神格刚好又与末法时代人们期盼佛法永恒的心理相符合。而北朝晚期在继承北凉末法思想的同时[①]，又受到北魏太武帝、北周武帝灭佛事件的影响，末法思想再次流行。末法思潮的出现，不仅对佛教思想及宗派产生影响，对刻经造像等佛教艺术活动及表现形式也产生了不小的影响。末法时期，宣传护法思想和佛法永存就成为当务之急。出于此目的，佛教造像的内容也产生了相应的变化，北朝晚期作为释迦法身的卢舍那佛大量出现并流行，就是末法时期人们渴望佛法永存的表现之一。而三身佛概念在6世纪出现，也与末法思想及卢舍那佛相关联。同时佛法永存的涵义也以三世佛、二佛并坐及弥勒造像等来表现。北周、北齐时一铺七身的一佛二菩萨二弟子二力士（天王）组合中力士、天王这些护法像固定出现，各种护法神王像的大量涌现都与末法时期人们护卫佛法的思想有关。

北周、北齐不仅流行卢舍那佛像，禅观思想也颇受重视，这些现象除了与北朝晚期华严经及末法思想盛行有关外，禅师僧稠、僧实也起到极大的作用。僧稠为跋陀禅师的两大弟子之一，《续高僧传·僧稠传》记其俗姓孙，年幼便“勤学世典，备通经史”。年二十八于钜鹿出家，初从“跋陀之神足”，后备受北齐皇室的器重与礼遇。天宝二年（551），高洋迎请其至邺城，并受禅道与菩萨戒。天宝三年（552）为其建云门寺[②]，其禅法强调禁欲，以“四念处”为指导，并指明一切苦痛不由外因，全属自招[③]。僧实魏

①关于北凉佛教末法思想及其对后世的影响，可参见殷光明《试论末法思想与北凉佛教及其影响》，《敦煌研究》1998年第2期。

②《续高僧传》卷十六《僧稠传》，《大正藏》第50册，第553页。

③《中国佛教史》第三卷，第516—517页。

太和末年至洛阳，从勒那摩提受禅法，后受到北周的礼敬[①]。僧稠、僧实所倡导的禅定，与《华严经》所要求的向内的自省在某种程度上是一致的。

《法华经》的讲习与翻译较早，西晋时期就已开始。其汉译本现存三种，即西晋竺法护译的《正法华经》、后秦鸠摩罗什译的《妙法莲华经》、隋阇那崛多所译《添品妙法莲华经》，其中前两者对后世的影响较大，隋代创立了天台宗，或者称"法华宗"[②]。《法华经》强调三乘归一，不仅重视菩萨行，对弟子乘、辟支佛乘也十分重视，北朝佛教图像中弟子像、辟支佛像的出现应与此相关。同时，为了加强对广大民众的吸引力，宣传对佛的信仰，《法华经》号召各种偶像崇拜与供养，故石窟造像中释迦、释迦多宝、弥勒、无量寿佛、三世十方佛、七佛等佛像崇拜十分兴盛。莫高窟的造像也明显地体现了这一点。

莫高窟428窟西、南、北三壁中层以坐佛为主，中心柱四面龛内也表现为坐佛，这些处于洞窟中心位置的造像或壁画，应是此窟的主要内容，而它们均是表现释迦，这正符合法华经永恒释迦佛思想。同时在西壁又绘制了法华经象征的释迦多宝并坐图，更进一步阐明了此窟是以法华经为主导而布局的。法华经是南北朝时期流行的主要经典，在莫高窟从第二期的259窟塑出释迦多宝并坐像、三期285窟北壁绘制释迦多宝并坐图，到四期461窟中正壁释迦多宝并坐图都作为主要内容来表现。428窟释迦为主，同时出现卢舍那佛。

第三，佛教故事画。

佛教故事在莫高窟的出现始于北凉洞窟，之后北魏、西魏窟中均沿袭此内容，且都位于洞窟四壁中层极其显著的位置上，充分说明了其受

①《续高僧传》卷十六《僧实传》，《大正藏》第50册，第557页。

②《中国佛教史》第二卷。

重视程度及流行状况。这种题材及布局均受到新疆地区早期石窟小乘佛教内容的影响。北周佛教故事绘制位置已由前期的四壁中部移至天井上或窟门两侧，洞窟四壁中间位置已被大量的说法图等代替，佛教故事在洞窟中的位置变化反映了此类题材已日渐衰落。虽然如此，北周时，许多之前不见的本生、因缘、佛传故事画又大量出现，如萨埵太子本生、须达拏太子本生、须阇提太子本生等都首次出现在莫高窟壁画中。北周301窟主室窟顶南披、东披绘萨埵太子本生，北披绘睒子本生。428窟东壁门南侧萨埵太子本生、东壁门北侧须达拏太子本生成对出现。461、438、299、301窟及西千佛洞12窟均绘制睒子本生图。296窟表现了须阇提太子本生、善事太子本生。因缘图有296窟五百强盗因缘（得眼林因缘）、微妙比丘尼因缘、428窟梵志夫妇摘花坠命因缘等。

佛传图在莫高窟早期的洞窟中，多出现简单的内容，如北凉275窟的出游四门，北魏431窟乘象入胎、逾城出家，北魏254、260、263窟降魔、成道等，到北周290窟出现了完整的佛传故事画，并成为莫高窟最重要的佛传图，它情节众多，内容完整丰富，连续绘制80余个场面。关于其画面及所依佛典，学者已做过详尽的论述①，需要强调的是290窟的佛传图突出了鹿野苑初转法轮、降魔等内容，强调成佛的思想。290窟的佛传故事，反映了生身观内容②。

北周新出现了萨埵太子、须达拏太子、善事太子、须阇提太子、睒子本生等故事画，且都是佛教忍辱、布施及自我牺牲精神的表现。莫高窟自北凉、北魏窟起，表现布施及自我牺牲精神的本生故事就十分普遍，如275窟的毗愣竭梨王本生、虔阇尼婆梨王本生，北魏254窟萨埵太子本

①樊锦诗、马世长《莫高窟第290窟的佛传故事画》，《敦煌研究》创刊号（总3期），1983年；贺世哲《敦煌图像研究——十六国北朝卷》，甘肃教育出版社，2006年，第217页。

②李静杰《敦煌莫高窟北朝隋代洞窟图像构成试论》，云冈石窟研究院编《2005年云冈国际学术研讨会论文集·研究卷》，文物出版社，2006年。

生、尸毗王本生，257 窟的九色鹿本生，西魏 285 窟婆罗门舍身闻偈本生。这些莫高窟早期的本生故事深受西域小乘佛教的影响，但到了北周，这些小乘佛教的内容已与表现大乘的法华、华严等经典，千佛等大乘图像组合出现，具有了大乘化的性质。同时求法布施等思想也是《法华经》《华严经》等大乘经典极力推崇的至高无上的内容[①]。其中须达拏太子本生、萨埵太子本生故事是布施与自我牺牲精神的典型代表，为了修行成佛，可以将自身的一切所有布施出去，甚至自身性命，它表现了佛教中自我布施与所有物布施的两种形式[②]。萨埵太子本生、须达拏太子本生故事在 428 窟窟门两侧成对出现，这一形式最早见于龙门宾阳中洞内，不仅如此，宾阳中洞中的须达拏太子本生、萨埵太子本生图还与维摩诘故事结合出现[③]。另外，在甘肃东部的石窟中也有相似的内容，庆阳北石窟寺 165 窟顶前披雕巨型萨埵太子本生图，天水麦积山 127 窟顶部也绘制萨埵太子本生故事画。虽然在北石窟寺 165 窟中，不见须达拏太子本生图，但出现了尸毗王割肉贸鸽等内容，同样也是宣扬自我牺牲精神的佛本生故事[④]。可见在北魏中晚期的中原、秦陇地区，此类本生故事较为流行。莫高窟 461 窟西壁绘出释迦多宝并坐像，龛楣上绘睒子本生。将法华经的

---

①据《佛学辞典》解释：布施原为佛陀劝导优婆塞等之行法，其本义乃以衣、食等物施与大德及贫穷者，至大乘时代，则为六婆罗密之一，再加上法施、无畏施二者，扩大布施之意义。亦即指施与他人以财物、体力、智慧等，为他人造福成智而求得累积功德，以致解脱之一种修行方法。《大乘义章》卷十二解释布施之义："以己财事分布与他，名之为布。辍己惠人，目之为施。"小乘布施之目的，在破除个人吝啬与贪心，以免除未来世之贫困，大乘则与大慈大悲之教义联结，用于超度众生。

②李静杰《敦煌莫高窟北朝隋代洞窟图像构成试论》，《2005 年云冈国际学术研讨会论文集·研究卷》，文物出版社，2006 年。

③《中国石窟·龙门石窟》(一)。

④甘肃省文物工作队、庆阳北石窟文物保管所编《陇东石窟》，文物出版社，1987 年；《中国石窟·天水麦积山》，图 164、165。

代表释迦多宝佛与忍辱牺牲的典型睒子组合在一起，表明该窟是在法华经支配下绘制的。

除了石窟寺外，雕刻或表现此类题材的造像碑也较多，如北魏太安元年（455）张永像碑阴刻萨埵太子本生、睒子本生故事[①]，北魏延兴二年（472）弥勒像碑，碑阴浮雕有佛传与睒子本生、萨埵太子本生故事等[②]，陕西碑林博物馆藏北魏永平二年（509）造像碑阴雕佛传故事[③]，河南新乡博物馆藏东魏武定元年（543）道俗九十人造像[④]，美国宾夕法尼亚大学博物馆藏北齐天保二年（551）碑两侧均雕须达拏太子本生故事[⑤]。

虽然本生故事画在造像碑与石窟寺中的形式不同，但这些早期石窟中表现小乘佛教信仰的内容，在敦煌北魏中期（254窟）、北周时期的洞窟（428、299、301窟），甚至之后的隋代洞窟中集中出现（莫高窟423、419、427），并与大量的大乘尊像结合，反映了北朝末期小乘题材大乘化这一特点。这些原本产生于西域的内容，在经过中原地区的吸收借鉴后，影响了北朝末期的敦煌地区。同时这些本生内容与其他图像结合，也表现了禅观的主题。

微妙比丘尼因缘表现了因果报应的主题，表明要想洗清前世的罪过，并得以解脱，只有皈依佛法，进行修行。梵志夫妇摘花坠命因缘出自西晋法炬、法立译《法句譬喻经·生死品》，该经系为策励学众精进向道，富有感化激发力量的偈颂集。内容为教示佛教真理观、社会观的根本义理。《生死品》讲述生命的无常。“万物无常，不可久保。生则有死，罪福相

---

①金申《中国历代纪年佛像图典》，文物出版社，1995年2月二版，图13。

②《中国古佛雕》哲敬堂珍藏选辑，觉风佛教艺术文化基金会出版，艺术家杂志社，1989年，图16、17。

③金申《中国历代纪年佛像图典》，文物出版社，1994年，图80。

④《中国美术全集绘画编》19，上海人民美术出版社，1988年，图25。

⑤［日］松本荣一《敦煌画の研究》，东方文化学院东京研究所，1937年。

追。"[①]

296窟福田经变是北周时期为数较少的经变画之一。福田经变出自西晋法立、法炬译《佛说诸德福田经》[②],此经认为修行成佛的途径之一就是做各种善事或佛教公益事业。莫高窟北周福田经变也是末法思想影响的产物。

以上诸经均为大乘经典,它们在敦煌的出现正值北朝末期佛教末法思想流行之时,同时代的中原东部地区石窟中,因末法思想的盛行,刻经十分普遍,小南海中窟外即刻有《大般涅槃经·圣行品》,且此窟正壁浮雕有舍身闻偈的故事。莫高窟的这些内容,是在中原影响下产生的。

第四,倚坐佛。

敦煌北周洞窟中倚坐佛像十分流行,15个洞窟中,主尊为倚坐佛的有11个。其中平面方形覆斗顶窟中,正壁开一龛,内均雕倚坐佛,两侧壁及前壁不开龛,绘制大量千佛、说法图、本生故事、经变画等,如438、439、297、296等窟。另外,中心柱窟在中心柱上也常见倚坐佛像,如442窟中心柱四面龛内全为倚坐佛,290窟中心柱三面龛内雕倚坐佛,一面龛为交脚菩萨。这样几乎每一个北周洞窟内都有倚坐佛像,形成了敦煌北周洞窟的一大特色。平面方形覆斗顶窟中,正壁开一龛,内均雕倚坐佛的窟形及造像内容,与一期的272窟同。另外在莫高窟二期洞窟中,无论是中心柱正壁还是洞窟正壁龛内,除了254窟主尊为交脚菩萨、259窟主尊释迦多宝外,其余主尊均为倚坐佛。三期窟形上还继承二期的某些特点,方形窟正壁开一龛,内塑倚坐佛像,如249、285窟。中心柱窟柱正面龛雕倚坐佛,如288、432窟。北周的倚坐佛形式还是延续前期的特点。究竟莫高窟北朝洞窟中的倚坐佛其尊格为何?前辈学者们提出了各自的

①《大正藏》第4册。

②《大正藏》第16册。

看法，大家关注的重点在北凉三窟。对于一期272窟中主尊倚坐佛的认识有释迦与弥勒两种说法，持释迦说的有贺世哲、袁德领[①]，另一部分学者认为是弥勒[②]。日本学者东山健吾认为窟内三壁塑绘结合，表现了三世的主题，因在现存的石窟寺及造像中没有过去佛定光佛为倚坐的实例，故东山健吾认为西壁主尊倚坐佛像只能是释迦佛或弥勒佛中的一身[③]。从上述研究及现存实物中，我们知早期倚坐佛既有释迦也有弥勒。除了有明确纪年者外，笔者认为对其尊格的认定，应从当时流行的佛教义理、洞窟内造像题材、塑像与壁画的结合等整体方面进行分析，才能揭示其真实面貌。当然这是一个较有难度的课题，需要学界共同努力解决。

北凉佛教在中国早期佛教中占有极其重要的地位，"涅槃学"是其佛教的至高成就。虽然其内涵主要是汇集僧肇《涅槃无名论》、印度传来的《大般涅槃经》及慧远和道生的"法性涅槃"思想，但也依上述涅槃思想推导出"十方三世"及"弥勒净土"等独特的佛学思想[④]。这些佛学思想与现存的北凉石窟寺造像及石塔的联系十分紧密，与宿白先生总结的凉州模式的造像以释迦、交脚弥勒，次有佛装弥勒、思惟菩萨、十方佛等为主的情况相呼应[⑤]。其中弥勒是较为重要的内容之一。从14件北凉石塔看，除了田弘塔外，其余的均刻有七佛一交脚弥勒的形象，不仅说明了三世的传承关系，也强调了弥勒的重要性。莫高窟北凉三窟中275、268窟明确

---

①贺世哲《三世十方佛图像研究》，《敦煌图像研究——十六国北朝卷》，甘肃教育出版社，2006年；袁德领《试释莫高窟第272窟的内容》，《敦煌研究》2002年第5期。

②林保尧《敦煌艺术图典》，台北艺术家出版社，1991年，第12页；赖鹏举《丝绸之路佛教的图像与禅法》，圆光佛学研究所，2002年12月，第198页。

③[日]东山健吾文、贺小萍译《敦煌莫高窟佛树下说法图形式的外来影响及其变迁》，《敦煌研究》1991年第1期。

④赖鹏举《北凉以"十方三世"为内涵的"涅槃"思想、禅法与造像》，《丝绸之路佛教的图像与禅法》，圆光佛学研究所，2002年12月，第174页。

⑤宿白《凉州石窟遗迹与"凉州模式"》，《考古学报》1986年第4期，后收入《中国石窟寺研究》。

地表现出弥勒上下生的思想，两窟主尊均为交脚形象，268 窟主尊着佛装，275 窟着菩萨装，戴宝冠。无论着佛装还是菩萨装，交脚形象在佛教造像中基本认定为弥勒。历来对于弥勒佛的信仰，可分成两大类。其一系依《弥勒上生兜率天经》所说，追求死后往生兜率天净土，以亲聆弥勒菩萨说法；另一系依《弥勒下生经》所说，致力于累积善根，以等待弥勒菩萨降生、成道，在龙华三会之中，蒙受弥勒法益。弥勒下生经的翻译早于上生经[①]，上生经是弥勒三经中成立最晚的作品。

起源于犍陀罗、秣陀罗造像中的弥勒菩萨形象，有结跏坐与立式两种。到犍陀罗晚期阶段，在阿富汗迦毕试地方出现了交脚形象。巴米扬、新疆克孜尔石窟继承了交脚的特点，将弥勒绘制在窟顶或窟前壁上方半圆形部位，并与涅槃图相结合或对应，表现佛法传承的意图[②]。同巴米扬、克孜尔相比较，交脚菩萨与涅槃图相结合表现佛法传承的含义，在莫高窟得到了简化，只以表现未来的交脚菩萨代替，涅槃图像消失。同时交脚菩萨像作为主尊出现，更加强调了传承佛法的弥勒的重要性。窟内本生故事又反映了与新疆地区早期洞窟的联系。虽然代表过去世的涅槃图不见，但 275 窟中的本生图，也能够反映出过去世的含义。这样整窟本生、佛传、交脚菩萨像结合同样构成了三世传承的内容，加之大量的千佛图像，共同组成三世十方内涵。从整窟的壁画与造像组合看，275 窟交脚菩萨应是表现了弥勒下生的内容。李静杰先生在其文章中也认为与弥勒下生相关联[③]。弥勒下生经强调善根的积累，本窟北壁中大量的强调流血牺牲的本生故事或许就表现了积累善根的修行内容，与本生故事所代表的

---

①宿白《南朝龛像遗迹研究》，《中国石窟寺研究》，文物出版社，1996 年。

②[日]宫治昭著、李静杰译《弥勒信仰与美术——从印度到中国》，《艺术史研究》第八辑，中山大学出版社，2006 年。

③李静杰《敦煌莫高窟北朝隋代洞窟图像构成试论》，云冈石窟研究院编《2005 年云冈国际学术研讨会论文集·研究卷》，文物出版社，2006 年。

《观佛三昧》之“法身观”相契合，表现佛为菩萨时的善行。同时洞窟南北两壁上部还出现了居于龛中的交脚菩萨，这明显是表现居于兜率天宫的弥勒上生内容。虽然主尊以交脚菩萨的形象出现，但其所代表的已是成就佛道的弥勒佛。这样主尊与南北壁龛中的交脚菩萨分别代表了下生、上生内容。

268窟主尊为交脚佛装像，两侧壁为小禅窟，顶部及侧壁等处均绘制大量壁画①，顶部凿井中绘制莲花、化生、飞天等，正壁龛外绘莲池，莲池、莲花化生等表现了净土世界，这样两侧壁与主尊交脚佛装像共同组成了弥勒下生的内容。

272窟西壁大龛内塑倚坐佛像。两侧壁不开龛，绘制小型说法图，外绕以千佛像。在西壁倚坐佛像头光中有一圈化佛，其像旁绘制了两身较大的立菩萨像。整窟的内容以大乘题材为主，如佛像头光中化佛、二胁侍菩萨、两侧壁面的千佛等均代表了大乘的因素。所以，从整窟的情况看，三壁共同组成三世佛的说法十分正确。东山健吾先生认为西壁主尊倚坐佛像是释迦佛或弥勒佛中的一身的观点也很有道理②。从西壁龛外大量的供养菩萨坐于长方形莲池及窟顶的伎乐天人等所渲染出的祥和、美好的佛国世界看，西壁或反映了弥勒净土的庄严美好，这样西壁主尊就可能是弥勒佛。

莫高窟北凉三窟中强调弥勒净土的内容，与此时佛教末法思想流行，人们危机意识增强，渴望弥勒这样的救世主尽早出现相关联。

莫高窟二、三期洞窟中倚坐佛也较多，二期以中心柱窟为主，除了个别窟主尊为二佛并坐（259窟）、交脚弥勒佛（254窟）外，其余的洞窟中心

---

①据《中国石窟·敦煌莫高窟》（一）一书，两侧壁现存的上层壁画为清代所绘的千佛图，下层可能为故事画。《中国石窟·敦煌莫高窟》（五）认为壁画为隋代所绘。

②［日］东山健吾著、贺小萍译《敦煌莫高窟佛树下说法图形式的外来影响及其变迁》，《敦煌研究》1991年第1期。

柱正面龛主尊皆为倚坐佛像(257、251、260、263 窟)。三期 437、435、431、288 窟为中心柱窟,中心柱正面开一龛,内塑倚坐佛像,继承二期窟的特点。249、285 窟为方形窟,正壁开龛,内也塑倚坐佛像。莫高窟二、三期的这些倚坐佛像,多数学者研究认为是释迦。他们从洞窟造像、壁画组合上进行考察,如贺世哲先生将与婆薮仙、鹿头梵志组合的倚坐佛像归为释迦[①],斋藤理惠子研究北魏窟后提出,这些洞窟两侧壁中部的佛教故事都与释迦相关,故判定主尊为释迦佛[②]。上述学者的研究结果对于认识上述主尊的尊格有十分重要的意义。

最早的倚坐释迦形象见于炳灵寺 169 窟中的壁画,其中的释迦牟尼与多宝佛,倚坐相对而坐,且有榜题[③]。这是我们能够见到的不仅是最早的,同时也是有明确题记的倚坐释迦佛像。之后在云冈一期 19 窟前室东西两侧室内各雕一倚坐佛像。云冈二期 9 窟中倚坐佛像成为主尊。10 窟前室北壁东西两侧二层龛内雕倚坐佛像,并与三层的释迦多宝成对出现。因 9、10 窟为一组双窟,参照 9 窟相同位置为交脚菩萨与释迦多宝成对的配置,可以确定 10 窟前室北壁东西两侧二层龛内雕倚坐佛像为弥勒佛。可见在云冈二期时,存在交脚菩萨与倚坐佛像组合表现弥勒上下生的情况,这种组合中的倚坐佛像可以断定为弥勒佛。6 窟中心柱四面下层龛内,北面为释迦多宝对坐,南面龛坐佛一身,东西面龛内分别为交脚菩萨、倚坐佛像,南北壁的释迦、释迦多宝体现了法华的含义,东西龛内交脚菩萨、倚坐佛像,均应表现弥勒,代表弥勒上下生的意图。整个洞窟主轴线上的内容均与《法华经》相关,表现了法华经指导下的主题[④],这样云冈

---

①贺世哲《敦煌图像研究——十六国北朝卷》,甘肃教育出版社,2006 年。

②[日]斋藤理惠子《敦煌北魏窟の図像构成について》,《美术史研究》第 36 号,早稻田大学美术史学会,1998 年。

③《中国石窟·永靖炳灵寺》,图 36。

④李静杰《敦煌莫高窟北朝隋代洞窟图像构成试论》,云冈石窟研究院编《2005 年云冈国际学术研讨会论文集·研究卷》,文物出版社,2006 年。

二、三期中交脚菩萨与倚坐佛成对出现，交脚菩萨与倚坐佛分别代表了弥勒上下生的内容。云冈38窟是云冈三期一个较为典型的洞窟，其造像内容、雕刻技艺均十分有特点。38窟正壁龛内释迦多宝对坐。西壁龛内主尊倚坐佛，龛楣中的千佛也以倚坐的形式表现。与之相对的东壁上部龛主尊为交脚菩萨，龛外两侧壁上层各一倚坐佛像，下层各一坐佛，表现了以弥勒为主的三世思想；东壁下部龛主尊为半跏坐的佛像，龛楣七佛，龛外二胁侍菩萨。两侧壁分别为立佛，其中一身为定光佛，也是三世内容。整个东壁主龛交脚弥勒+七佛+释迦的组合，同样体现了三世的思想。南壁以佛传故事为主，附加个别的因缘故事画①。总体来看，云冈38窟整个洞窟以二佛并坐代表的法华经为正壁主尊，说明了其重视法华三昧观，同时又兼有三世的内容。其中西壁的倚坐佛像应为释迦，东壁上层的交脚菩萨代表未来，正壁释迦多宝对坐含有过去的意味，这样大的组合也构成了三世的内容，与东壁交脚弥勒+七佛+释迦的三世组合具有相同的意义。再加上此窟吴天恩造像题记“长辞苦海，腾胜净土”的字句，可以看出38窟既重视法华，也流行净土信仰，结合造像内容，流行的净土应为弥勒净土。从云冈北魏窟看，倚坐佛像的身份较复杂，既有释迦佛，也有弥勒佛，需要根据具体情况进行分析。不光石窟寺中如此，单体造像碑中，倚坐佛像的身份也较复杂。如北魏正光元年（520）王仁兴父母造释迦倚坐像、正光四年（523）邸拔延造弥勒像②。王仁兴造像，头缺失，背屏部分残毁，佛倚坐状，着褒衣博带式袈裟，手施无畏与愿印。邸拔延造弥勒像为倚坐佛式，手施无畏印。普通六年（525）公孙伯成夫妻造倚坐弥勒像、孝昌三年（527）林晨达造倚坐弥勒铜像一躯、大统十七年（551）

①李志国、丁明夷《第38窟的形制与雕刻艺术》，《中国石窟·云冈石窟》（二），文物出版社，1994年。

②杨伯达《曲阳修德寺出土纪年造像的艺术风格与特征》，《中国古代艺术文物论丛》，紫禁城出版社，2002年。

艾殷造四面像碑，一龛中为倚坐弥勒佛①。

从上述石窟、单体造像碑看，北魏、西魏时期的倚坐佛的尊格，既有释迦佛，也有弥勒佛，需要结合相关文献或图像组合进行分析。

莫高窟北周洞窟中大量的倚坐佛像身份判定也遵循同样的原则。首先将莫高窟北周洞窟中倚坐佛及其组合情况列表如下。

表七　莫高窟北周洞窟倚坐佛及其组合

窟号	窟　形	龛内塑像及壁画	龛外塑像及壁画	两壁壁画	顶部壁画
438 窟	方形覆斗顶窟，西壁一龛	倚坐佛像。后壁绘火焰佛光，南北壁飞天、菩萨、弟子	二菩萨立像。壁面绘飞天、菩萨、婆薮仙、鹿头梵志	千佛、供养人、药叉	莲花井心、南西披故事画及天宫伎乐、北披睒子本生及天宫伎乐
439 窟	方形窟，西壁一龛	倚坐佛二弟子像。火焰身光，头光中化佛一匝。南北壁飞天、菩萨	二菩萨立像。伎乐天	南壁千佛、伎乐	禅僧
430 窟	方形窟，西壁一龛	倚坐佛二弟子像。火焰化佛身光。南北壁供养菩萨	二菩萨立像。龛楣绘菩提树、伎乐	南壁伎乐、千佛、供养人。北壁立佛一铺。东壁门上弥勒菩萨一铺、两侧千佛	忍冬、莲花、摩尼宝珠

①[日]大村西崖《中国美术史雕塑篇》，图 433、454；《中国仏教彫刻史论》(一)，图 187。

续表七

窟号	窟　形	龛内塑像及壁画	龛外塑像及壁画	两壁壁画	顶部壁画
297窟	方形覆斗顶窟，西壁一龛	倚坐佛二弟子像。火焰身光，身光、头光中化佛各一匝。火焰尖部摩尼宝珠。南北壁飞天、供养菩萨	二菩萨立像。龛楣塑蛟龙托珠、羽人	千佛、供养人、药叉	斗四井心，四披绘千佛
296窟	方形覆斗顶窟，西壁一龛	倚坐佛二弟子像。火焰身光，身光、头光中化佛各一匝。南北壁弟子、飞天、婆薮仙、鹿头梵志	二菩萨立像。两壁供养菩萨。帝释天、帝释天妃。龛楣忍冬、化生	千佛、故事画（五百强盗因缘、须阇提本生）、药叉	千佛、故事画（善事太子、微妙比丘尼因缘、福田经变）
294窟	方形覆斗顶窟，西壁一龛	倚坐佛二弟子像。南北壁弟子、飞天、菩萨、婆薮仙、鹿头梵志	二菩萨立像。两壁供养菩萨。帝释天、帝释天妃。龛楣忍冬、化生	千佛、说法图、供养人、伎乐、药叉等	千佛、佛传画
299窟	方形覆斗顶窟，西壁一龛	倚坐佛二弟子像。火焰身光。南北壁弟子、飞天、婆薮仙、鹿头梵志	二菩萨立像。两壁绘菩萨。龛楣莲花化生、伎乐禽鸟	千佛、供养人	莲花井心，四披绘萨埵太子本生、睒子本生、天宫伎乐

续表七

窟号	窟　形	龛内塑像及壁画	龛外塑像及壁画	两壁壁画	顶部壁画
301窟	方形覆斗顶窟，西壁一龛	倚坐佛像。龛壁化佛、伎乐天	两壁绘菩萨。龛楣莲花化生、火焰纹	千佛、说法图、供养人、药叉等	莲花井心，四披绘萨埵太子本生、睒子本生、天宫伎乐
442窟	中心柱窟，中心柱四面单层开龛	中心柱四面龛内各一倚坐佛像。火焰化佛身光、飞天、菩萨等	龛楣忍冬、莲花等	天宫伎乐、千佛、供养人	平棋斗四图案
432窟	中心柱窟，中心柱东向面单层开龛，其余三面上下两层开龛	中心柱东向面龛内一倚坐佛像。其余三面除西向面下龛为苦修像外，其他皆禅定佛龛	东向面龛外二菩萨立像。影塑供养菩萨、化生	千佛	西夏绘团花
290窟	中心柱窟，中心柱四面单层开龛	中心柱东、北、南向面龛内一倚坐佛二弟子像。火焰纹身光、头光。中心柱东向面龛壁绘二弟子、婆薮仙、鹿头梵志	二菩萨立像。龛楣忍冬纹	南北两壁前部人字披下一佛二菩萨化生、千佛、供养人；后部伎乐、千佛、供养人、药叉等。东、西壁伎乐、千佛、供养人、药叉等	佛传故事

从上表中可以发现,倚坐佛像与其他尊像或壁画的组合有:

1. 倚坐佛 + 婆薮仙、鹿头梵志 + 佛教故事(佛传、本生、因缘、经变等)+ 梵天、帝释天 + 千佛。属于此类的有 290、299、294、296、438 窟等。其中梵天、帝释天出现在 294、296 窟中。

2. 倚坐佛 + 千佛 + 化生 / 莲花 + 蛟龙 + 本生故事等。如 432、442、297、439、301 窟等,其中 439 窟顶绘禅僧、301 窟绘睒子本生、萨埵太子本生。

3. 倚坐佛 + 千佛 + 化生 + 弥勒菩萨 + 菩提树等,仅见 430 窟一例。

第 1 类组合是较为重要的形式,窟顶的佛教故事中佛传展示了释迦一生追求佛法的事迹。而本生、因缘故事中的五百强盗、微妙比丘尼等表现无论何种人,在前世有何种恶缘,只要一心皈依佛法,皆能成佛。将表达小乘信仰的图画转化为大乘一佛乘的成佛之路[①]。另外,婆薮仙、鹿头梵志皆为外道的典型形象,他们均经释迦的感化而向善崇佛,最终成为释迦的弟子,故他们多与释迦相关[②],显示了佛法无边,能够战胜一切外道的思想。梵天、帝释天本为印度教之神祇,入佛教后就成为释迦的护法之神。《佛说太子瑞应本起经》记释迦诞生时“梵释神天,皆下于空中侍”[③]。释尊曾升忉利天为母说法,下降此世时,梵王持白拂,为佛之右胁侍;帝释天手持宝盖,任佛陀左侍从。此类洞窟中壁画以描述释迦自身经历的佛传为起点,配合小乘各类故事及降伏外道的内容,说明了释迦的无边威力,能够战胜一切外道鬼神,并将不同信仰、不同阶次的修行者引向成佛之路。基于以上认识,此类洞窟中的主尊倚坐佛应为释迦。

第 2 类组合中的睒子本生、萨埵太子本生符合《妙法莲华经·提婆达

---

①李静杰《北朝隋代佛教图像反映的经典思想》,《民族艺术》2008 年第 2 期。

②此二仙人在北齐石窟及造像中,还出现在以三佛或菩萨为主尊的构图中,如小南海中窟西壁南侧、东壁南侧,小南海洞窟东、西壁南侧。北齐菩萨七尊像。

③《佛说太子瑞应本起经》卷上,《大正藏》第 3 册,第 473 页。

多品》等经典宣扬的释迦教化众生，为得到佛道而自我牺牲、自我布施的精神，也表现了与释迦佛相关的内容。

第3类组合，弥勒菩萨、化生等内容似与净土相关，弥勒菩萨代表了弥勒上生信仰，而倚坐佛可能为下生的弥勒，整窟表现了弥勒净土图像。

莫高窟北朝，尤其是北周洞窟中的倚坐佛，大多还应是释迦，反映了莫高窟北周时期的一种地方特点。

第二节 须弥山石窟

固原特殊的地理位置、多民族杂居的状况、多元文化的融合，决定了其特殊的文化面貌。具体到石窟寺及其造像上，也呈现出一种与众不同的样态。

之前的研究多将须弥山与地缘相近的麦积山相联系，认为它们属于一个大的文化圈中，又因须弥山地近长安，同时受到长安中心文化圈的影响[①]，并对此做出了较多的讨论，这一认识有一定的道理。但我们还应注意到从洞窟形制、造像题材上，须弥山与麦积山并不完全相近。两地因所处位置不同，受到的文化影响存在差异。丝路东段南道的麦积山早期石窟更多地受到“凉州模式”的影响，北魏前期间接地受到云冈的影响，北魏晚期主要接受洛阳地区佛教风格特点。而地处丝路东段北道的须弥山，因自古就有通往平城的道路，两地间的交往应较频繁。须弥山早期洞窟中中心柱窟的大量出现就是接受平城影响的结果。随着原州与平城间古道的逐渐衰落，原州与东部地区的联系多经丝路东段南道进行。北朝

①李裕群《北朝晚期石窟寺研究》，文物出版社，2003 年，第 187 页。

晚期丝路的畅通及洛阳、长安佛教的兴盛，又对须弥山开窟造像产生了促进作用。须弥山西魏、北周的造像就较多地吸收了长安造像的特点。当然因须弥山地近麦积山，在一定程度上受到其影响也是合理的。地处丝路要塞的原州，不仅受到上述东方的影响，西面的西域、新疆等地也对其产生了一定的作用。因为受到东西两个方面的影响，须弥山石窟表现出一定特殊性。以下从洞窟形制、造像组合、造像服饰等方面进行讨论。

一、洞窟形制

须弥山石窟北朝洞窟形制上中心柱窟较多，共 7 窟。其中北周时期就有 5 个，是北周主要的洞窟形制。与其处于同一文化圈的麦积山石窟从早到晚均不见中心柱窟，而与须弥山共处陇东高原的庆阳北石窟北魏时就有中心柱窟。陇东的泾川是从长安去往固原、景泰间渡黄河抵武威进入河西走廊的重镇。考虑到地缘与交通等因素，笔者认为须弥山中心柱窟也可能更多地继承了陇东地区北魏窟的形制。陇东北依萧关，是长安的重要门户，在军事及交通位置上十分重要。刺史泾州的又多是北魏重臣，如狄子玉、抱嶷、奚康生等[①]。他们多崇信佛教，抱嶷虽为宦臣，但深得高祖及文明冯皇后的宠信，并赐以高官。“嶷老疾，请乞外禄。乃以为镇西将军、泾州刺史，特加右光禄大夫。”文明太后冯氏崇佛屡见籍载，曾“立思燕浮图于龙城”[②]，其兄冯熙更佞佛法，史载“熙为政不能仁厚，而信佛法，自出家财，在诸州镇建佛图精舍，合七十二处，写一十六部一切经。延致名德沙门，日与讲论，精勤不倦，所费亦不赀”[③]。可见冯氏家族信佛的程度。抱嶷是文明太后宠监，曾任大长秋卿，主管后宫，耳濡目染，

①《资治通鉴》卷一百二十二《太祖文皇帝上之下》；《魏书》卷九十四《阉官列传·抱嶷传》；《魏书》卷七十三《奚康生传》。

②《魏书》卷十三《皇后·文成文明皇后冯氏传》。

③《魏书》卷八十三《外戚·冯熙传》。

当与佛教有缘。故学者们推论泾川的王母宫石窟就是抱嶷晚年刺史泾州时所建①。永平二年(509),在今泾川县城南2公里的高峰山山顶,北魏泾州刺史高乘信修建嵩显寺,并由宣武帝赐以“嵩显禅寺”之名,嵩显寺与化政寺石窟(即王母宫石窟)遥相呼应。据《敕赐嵩显禅寺碑记》尾书:大魏永平二年岁在己丑,四月戊申朔,八日乙卯,使持节都督泾……(下残)②。知奚康生于永平二年(509)带头开凿了北石窟165窟,永平三年(510)又主持开凿南石窟。永平二年(509),泾州沙门刘慧汪聚众造反,北魏派华州刺史奚康生平乱。《魏书》卷七十三《奚康生传》记载:“出为平西将军、华州刺史,颇有声绩。转泾州刺史,仍本将军。以辄用官炭瓦,为御史所劾,削除官爵,寻旨覆之。”史传又称奚康生“久为将,及临州尹,多所杀戮。而乃信向佛道,数舍其居宅以立寺塔。凡历四州,均有建置”。而《南石窟之碑》题称:大魏永平三年(510)岁在庚寅,四月壬寅朔十四日乙卯,使持节都督泾州诸军事、平西将军、□华、泾二州刺史、安国县开国男奚康生造。“宣武灵皇后胡氏,安定临泾人,司徒国珍女也……太后性聪悟,多才艺,姑既为尼,幼相依托,略得佛经大义……(后)寻幸永宁寺,亲建刹于九级之基,僧尼士女赴者数万人。”③灵太后在洛阳城内所立的永宁寺“中有九层浮图一所,架木为之,举高九十丈。上有金刹,复高十丈,合去地一千尺,去京师百里已遥见之……”④神龟元年(518),灵太后更派遣沙

---

①温玉成《中国石窟与文化艺术》,上海人民美术出版社,1993年,第177页;暨远志《泾州王母宫石窟窟主及开凿时代考》,敦煌研究院编《2004年石窟研究国际学术会议论文集》(下),上海古籍出版社,2006年。

②该碑历来为金石学者所重视,《金石萃编》《甘肃新通志稿》《陇右金石录》及陈万里《西行日记》中皆有记录。嵩显寺现已残毁,该碑也在20世纪30年代以后散失。据《古今图书集成》卷553,嵩显寺在唐代又名高峰寺,“高峰寺,在州南五里笔峰山顶,魏永平年泾、平二州刺史高乘□造,唐开国”。《敕赐嵩显禅寺碑记》《南石窟之碑》的录文参考张宝玺先生的校注,见《陇东石窟》,图版101、107。

③《魏书》卷十三《皇后列传》。

④[北魏]杨衒之撰、周祖谟校释《洛阳伽蓝记校释》卷一,中华书局,1987年。

门慧生出使西域，采求佛经[①]。胡太后崇佛的态度使得政府官员竞相攀比，于洛阳城郭大肆兴造佛寺。胡太后崇佛不仅促进了洛阳佛寺的兴建，也催生了泾州地区佛教的发展。胡太后临朝听政时期，宗室亲王齐郡王元佑、外戚胡宁、皇甫集、胡虔等相继出任泾州刺史，他们在京都崇佛的环境下耳濡目染，自然会将洛阳地区流行的佛教艺术新模式带到泾州。从上述文献可以看出，泾州石窟寺的开凿与创建都与云冈、洛阳地区有着极其紧密的联系。

陇东早期石窟中的北石窟娄底1号窟、泾川王母宫石窟均为中心柱窟，中心柱分层开龛造像，洞窟南、北壁各分上下两层开龛造像。中心柱分上下两层，上层平面为八角形，每面开一龛造像；下层方形，四面各开一龛，四角上端各雕一象头[②]。这种形式我们在须弥山北魏洞窟中也能够看到。须弥山北魏时期的14、24、32号窟为中心柱窟，中心柱分三层，每层四面均开龛造像。14窟中心柱由方形塔座及柱身构成，方座残毁严重。柱身三层开龛造像，每层四面均开一龛，内雕像。洞窟北壁开一龛，东西壁各开二龛，窟门上方开明窗。24窟在洞窟形制上同14窟，中心柱分上下三层开龛造像，洞窟四壁素面无饰。须弥山早期的这些石窟残损较为严重，窟中造像内容不易辨识。在24号窟中心柱上层北面龛内雕一骑象菩萨，东面龛内雕一乘马菩萨，似表现了乘象入胎、逾城出家的佛传内容[③]。乘象入胎、逾城出家对应出现，最早见于云冈38窟北壁释迦多宝龛下部、31窟后室南壁明窗东西两侧[④]，庆阳娄底1号窟也能见到。娄底1号窟中心柱正面下层龛楣两侧分别浮雕思惟菩萨牵象与思惟菩萨牵马，

---

①《洛阳伽蓝记校释》卷五。

②《陇东石窟》。

③《须弥山内容总录》。

④《中国石窟·云冈石窟》(二)。

且此窟南壁出现了释迦多宝对坐内容[①]。王母宫石窟、娄底1号中心柱形制相同，内容大体一致，且此类上部八角形，下部方形的样式，不见于其他地区，表明它们之间有一定的关联性，同时又代表了地域特点，它们的年代大约为北魏晚期[②]。其中的思惟菩萨牵象与思惟菩萨牵马图应来自于云冈38、31窟。须弥山北魏中心柱窟及其某些题材内容都继承了陇东北魏石窟的衣钵，而陇东石窟的源头又在云冈、洛阳。如前所述，陇东、固原地区在汉至北朝时期因地域相邻，文化上也同源。须弥山一期（北魏）洞窟的形制来自陇东，而陇东地区一期中心柱窟又是受到云冈二、三期及巩县的影响。云冈二期的6窟中心柱分二层，三期的1、2、39窟中心柱为多层塔柱式。分层开龛的中心柱窟形制，从云冈辐射到周边的地区，巩县石窟首先受到影响，巩县2号窟中心柱分三层，4号窟中心柱分上下二层开龛[③]。除此之外，我们在陕北安塞云山品寺石窟中也见到了类似的中心柱窟，云山品寺5窟中心柱为楼阁式，柱身四面分三层开龛造像，洞窟四壁各分三层开龛造像[④]。由此看来云冈二、三期的中心柱窟形制通过平城与凉州间的通道，在北魏晚期由平城传至陕北、陇东，并通过陕北与陇东，向西影响到须弥山北魏晚期石窟。再沿着这条通道向西到达媪围（今甘肃景泰），现在甘肃景泰、靖远存有一些寺庙及石窟寺，虽然石窟寺残毁，但从残迹看，较早的造像可能早到北魏时期，其中有中心柱窟[⑤]。由此推断，从平城到凉州的丝绸之路沿线佛教石窟寺众多，造像兴盛，这条道路不仅是一条贸易之路，同时也是佛教传播之路。

---

①《陇东石窟》。

②《陇东石窟》。

③《中国石窟·巩县石窟寺》，文物出版社，1989年。

④靳之林《陕北发现一批北朝石窟和摩崖造像》，《文物》1989年第4期；冉万里《安塞云山品寺石窟》，《考古与文物》2005年第4期。

⑤《中国文物地图集·甘肃分册》，测绘出版社，2011年。

须弥山西魏石窟分为前后两期，前期石窟较多地继承了北魏特点，中心柱多层开龛造像，洞窟四壁不开龛或每壁开三龛。而到西魏晚期的36、121窟，中心柱柱身不再分层，单层开龛造像[①]。中心柱不分层的形式，最早在巩县石窟1、3号窟中出现[②]。巩县石窟在北魏晚期开始繁荣，并辐射影响到长安、陇右地区。须弥山36、121窟与巩县石窟1、3号窟中心柱相近，说明西魏晚期须弥山石窟又受到洛阳地区的影响。同时须弥山36窟内出现仿木结构，四角雕立柱、柱础，四壁顶端设横枋，与四披斜枋相连。这种仿木结构又与麦积山石窟相同。麦积山仿木结构虽然在北周时期才大量流行，但自西魏起就已出现，年代上略早于须弥山，须弥山西魏洞窟吸收借鉴了麦积山西魏仿木结构的特点。

须弥山北周45、46窟结构同巩县1窟十分相似，中心柱窟，三壁各开三或四龛，且三壁内容以三佛为主，或三壁共同构成三佛组合。而庆阳娄底1号窟，除了中心柱外，窟内正壁塑像，两侧壁分层开龛，上层三龛，中层二龛，下层药叉一排。这不仅影响了须弥山早期洞窟，在北周时期的洞窟中还能见到其影子。麦积山北魏、西魏窟以三壁三龛的形式居多，不见中心柱窟，同时也较少见到三壁每壁均开三龛的形式，虽然到了北周时期出现了三壁七龛窟的样式，但它是为了配合七佛题材而建造的，与三佛窟无关。故须弥山、麦积山两地在洞窟形制上不同，这种差异应与其来源不同有关。须弥山洞窟形制与云冈二期相同，云冈二期的样式经陕北、陇东地区传播到须弥山，对须弥山早期的北魏洞窟产生了极大影响。迁都洛阳后，龙门与巩县成为了佛教造像的中心，须弥山45、46窟前壁窟门两侧开龛造像的样式（一坐佛二菩萨）与洛阳地区一些石窟相似，如

①宁夏回族自治区文管会、北京大学考古系《须弥山石窟内容总录》，文物出版社，1997年，第10页。

②河南省文物研究所编《中国石窟·巩县石窟寺》，文物出版社，1989年。

巩县5窟前壁窟门两侧各雕一身立佛，龙门皇甫公窟窟门两侧也各雕一身立佛[①]。须弥山北周洞窟继承了西魏的特点，皆为单室窟，窟内雕仿木结构，中心柱均为单层开龛造像，中心柱柱身四角雕立柱，下有莲花柱础，上雕斜枋，支撑梁架与窟顶。同时在基座四面雕刻神王、伎乐等题材，基座四角都雕饰有象头。综上所述，须弥山北周洞窟中心柱单层开龛的形制延续了西魏洞窟的特点，同时又盛行来自麦积山的仿木结构形式，在雕刻内容上出现了来自巩县石窟的神王、伎乐等题材，中心柱基座四周象头的雕饰可以见到陇东北魏石窟的影子，可见北周时期的须弥山受到不同地区的影响。

除了中心柱窟外，须弥山还有穹隆顶窟、僧房窟、禅窟、影窟等，且洞窟出现组合样式，经陈悦新研究穹隆顶窟是继承西域特点[②]，表明其受到西面的影响。

须弥山北魏时期中心柱窟应是受到陇东、陕北、云冈石窟影响，麦积山西魏石窟的仿木结构形式也被须弥山西魏洞窟借鉴。北周时期陇东石窟中不见中心柱窟，以小型窟龛为主，从洞窟形制上来说对须弥山的影响似乎较小，而巩县单层开龛中心柱样式及麦积山西魏以来仿木结构洞窟形制对其影响较深，两者结合，形成了须弥山北周独特的洞窟形式。往西我们在莫高窟北周洞窟发现了相同结构的中心柱。莫高窟北魏时期的中心柱窟是受到中原云冈及新疆石窟的共同影响。莫高窟北魏中心柱窟正壁多开一大龛，其余三壁分上下两层开龛造像。正壁开一大龛的做法受到了克孜尔石窟的影响，而其余三壁分层开龛造像的做法又与云冈相同，这正体现了敦煌特殊的地理位置使其石窟面貌多元的特点。西魏的莫高窟中心柱窟中，中心柱多为四面分层开龛，中原因素占主流。到北周

---

①《中国石窟·巩县石窟寺》;《中国石窟·云冈石窟》(一)。

②陈悦新《龟兹石窟与须弥山石窟中的穹隆顶窟》,《考古与文物》2004年第1期。

时期，中心柱均为单层开龛①，与须弥山相同，表现出了时代的共性。

二、题材内容

须弥山北周时期洞窟以三佛、七佛题材为主。从下表（见表八）所示，可以看出45、46窟北、东、西三壁均为三佛组合，无论是以交脚菩萨、倚坐菩萨、倚坐佛形式与二佛并列，都代表三世佛内涵。

表八　须弥山45、46窟比较

窟号	45 窟	46 窟
中心柱	南向面一坐佛二菩萨	南向面一佛二立菩萨
	北向面一坐佛二菩萨	北向面一佛二立菩萨
	东向面一坐佛二菩萨	东向面一佛二立菩萨
	西向面一坐佛二菩萨	西向面一佛二立菩萨
东壁	北龛一坐佛二立菩萨	北龛一坐佛二立菩萨
	中龛一立佛二立菩萨	中龛一立佛二立菩萨
	南龛一倚坐佛二立菩萨	南龛一倚坐佛二立菩萨
西壁	北龛一坐佛二立菩萨	北龛一坐佛二立菩萨
	中龛一立佛二立菩萨	中龛一立佛
	南龛一倚坐菩萨二立菩萨	南龛一交脚菩萨二立菩萨
北壁	西龛一坐佛二菩萨	西龛一坐佛二立菩萨
	中龛一立佛二立菩萨	中龛一立佛
	东龛一坐佛二立菩萨	东龛一坐佛二立菩萨
南壁	窟门上方三身坐佛	窟门上方三龛中龛一佛二弟子二菩萨
	窟门东侧一坐佛二菩萨	窟门东侧一坐佛二菩萨
	窟门西侧一坐佛二菩萨	窟门西侧一坐佛二菩萨

①樊锦诗、马世长、关友惠《敦煌莫高窟北朝洞窟的分期》，《中国石窟·敦煌莫高窟》（一），文物出版社，1982年。

较为特别的是东西两壁中南侧的一龛内分别为倚坐菩萨、交脚菩萨与倚坐佛像的组合，两像相对，说明它们是一对具有相同尊格的造像。这里需要指出的是46窟东西壁的交脚菩萨和倚坐佛像这一对尊格表现了弥勒上下生题材，这是自云冈二期以来的旧有题材。在云冈二、三期洞窟中存在较多的倚坐佛像、交脚菩萨像成对出现的情况，它们共同构成了弥勒上下生的内容。北魏时期的陇东石窟、陕北石窟中交脚的或类似交脚的菩萨像、佛像数量也不少，如陇东合水县保全寺3、4、7龛中类似交脚的菩萨像、佛像，保全寺中类似交脚的倚坐佛像，附有菩提树，应是弥勒龙华三会的表现。虽然它们还没有变为真正的倚坐样式，似乎还介于交脚与倚坐间的模糊状态，但正是这种过渡样式反映了交脚菩萨、倚坐菩萨在北周的共存。北石窟165窟、南石窟1窟中也出现类似交脚的菩萨像与交脚菩萨组合出现的状况①。可见在陇东地区此类图像较为盛行，且多与交脚菩萨成对出现。北魏、西魏时期的造像碑上也有较多的此类内容。其形式有单尊的菩萨像及与其他尊像结合等两种形式。单尊的菩萨像以北周天和七年（572）、成都万佛寺出土天和二年（567）铭倚坐菩萨像为代表②，另见甘肃西峰博物馆藏北周倚坐菩萨像③，临潼县博物馆藏北周倚坐菩萨像等④。与其他尊像结合出现的例证较多，如甘肃秦安出土的西魏造像塔，中层也有倚坐佛、倚坐菩萨，同时又与其他尊像结合⑤，大家熟

①甘肃省博物馆、庆阳地区博物馆《甘肃张家沟门、保全寺、莲花寺石窟调查记》，《文物资料丛刊》第三辑，文物出版社，1980年；甘肃省博物馆、庆阳北石窟寺文管所《庆阳北石窟寺》，文物出版社，1985年；甘肃省博物馆《甘肃泾川南石窟调查报告》，《考古》1983年第10期。

②《中国历代佛教纪年图典》图221与《中国仏教彫刻史论》（二）图351为同一造像，因《中国仏教彫刻史论》图351说明中有天和七年铭，故本文取天和纪年；《成都万佛寺石刻艺术》，图17。

③《甘肃佛教石刻造像》，图229。

④李美霞《临潼县博物馆藏北周造像座、唐代造像与经幢》，《文博》1992年第2期，图17。

⑤《甘肃佛教石刻造像》，图175。

悉的北周王令猥碑正面释迦为主尊，侧面雕交脚菩萨，背面为倚坐菩萨像等[①]。须弥山北周45窟的倚坐菩萨已从陇东北魏类似交脚的倚坐菩萨像转变为真正的倚坐菩萨，与倚坐佛相对出现，表现了弥勒上、下生内容。北周、北齐时，倚坐弥勒菩萨逐渐代替交脚弥勒菩萨而流行，期间有两种弥勒菩萨造型并存的现象。或许是受倚坐弥勒菩萨造型影响，倚坐弥勒佛也流行开来，并在隋唐时期获得发展。正如王静芬所说，"6世纪中期出现的倚坐弥勒、倚坐佛是弥勒造像的一种新形式"[②]。北周时期的须弥山交脚的弥勒菩萨与倚坐的弥勒菩萨共存，说明在北周的须弥山新旧两种样式同时存在，具有一定的过渡性质。隋唐之后倚坐就成为弥勒的固定坐式。

除三佛内容外，七佛题材在须弥山也有一定的表现，除了未完工的51窟整体布局为七佛外，其余均不作为主要题材，仅在窟龛的龛楣上表现，如46窟北壁东西两龛的龛楣上，46窟中心柱南面龛龛楣之上雕七个小龛，数量少，且也不作为主要内容。这与麦积山北周洞窟以七佛为主的情况不同，但与洛阳地区北魏、西魏时期洞窟一样。在龙门洞窟中，七佛多数雕刻在造像头身光或龛楣上，装饰意义较强。从一期的古阳洞、莲花洞，到二期孝昌三年（527）的皇甫公窟，窟门门楣上均浮雕七身坐佛，窟内北壁龛楣也装饰七佛[③]。而甘肃境内北魏时期只在陇东的庆阳南北石窟中见到过大型的七佛题材，之后七佛题材消失，直至麦积山北周洞窟中再度流行。北周的须弥山在造像内容上，并没受到同期麦积山的强

---

①《成都万佛寺石刻艺术》，图17；李美霞《临潼县博物馆藏北周造像座、唐代造像与经幢》，《文博》1992年第2期，图17；《甘肃佛教石刻造像》，图175；吴怡如《北周王令猥造像碑》，《文物》1988年第2期。

②王静芬《弥勒信仰与敦煌〈弥勒变〉的起源》，《1987年敦煌石窟研究国际讨论会文集》，辽宁美术出版社，1990年。

③马世长《龙门皇甫公窟》，《中国石窟·龙门石窟》（一）。

烈影响,仍以魏窟中的三佛为主要题材。

须弥山北周的三佛、七佛题材仍然延续了北朝前期的禅观思想,反映了法华信仰的流行,相对来说内容较为单一,不似东部北齐石窟中出现了表现净土、华严等新信仰的造像,发展上落后于东部地区。

须弥山北周洞窟中心柱基座上出现的神王、伎乐内容是其题材的一大特点。神王题材自北凉石塔上出现以来,历经北魏晚期、东西魏、北齐,北周,到隋以后的石窟中逐渐消失。关于其来源及发展,学者做过较为详细的讨论[①]。但从各地神王的内容及造像特征看,还是存在一定的差异。北凉石塔神王像是中国现存年代最早的此类作品,14 座石塔中,6 座出现神王像,其中索阿后塔还有明确的“天神王”题记,北凉石塔中神王以菩萨装或菩萨、天王装组合出现,立像居多。宾阳中洞神王着袒右肩大衣,饰项圈,腰束带,下穿长裙。到龙门的路洞中神王已着菩萨装,上袒,戴项圈,披帛绕肩,这种样式一直延续到巩县石窟中神王,且有进一步的发展,披帛在肩部表现为三角形,并于腹前交叉,神王一腿盘坐,一腿弯曲。东魏武定元年(543 年)像碑座有神王像。同年的骆子宽造像,因有明确的神王铭记,历来颇受重视[②],其神王样式继承了巩县的特点,但体态已趋于丰满。同时东魏的无纪年像座上也见神王像[③]。西魏时期的神王现还不确定,莫高窟北魏中期开始出现大量的药叉像,与龙门路洞、巩县神王同样上袒,披披帛,双臂上举做托举状,如 435 窟中心柱基座上药叉,251 窟南壁下部药叉头上绘出狮头,或许也代表某种神王。西魏249 窟北壁下部药叉出现了牛首人身的形象,这种形象汉代画像石墓中就存在,

---

①殷光明《试论北凉石塔基座像与神王》,《敦煌研究》1996 年第 4 期;常青《北朝石窟神王雕刻述略》,《考古》1994 年第 12 期;金申《关于神王的探讨》,《敦煌学辑刊》1995 年第 1 期,后收入《佛教美术丛考》,科学出版社,2004 年。

②《历代纪年佛像图典》,图 168、169。

③《中国仏教彫刻史论》(二),图 421、425。

魏晋时期河西地区的画像砖墓照墙及墓门两侧壁画中也常见，两者间应有一定的联系。北齐时期的安阳宝山灵泉寺大留圣窟、南北响堂山、安阳小南海中窟神王衣着与北魏、东魏时期完全不同，着圆领紧身衣，戴宝冠，有的还着铠甲，长靴，与天王着装类似。另外，北齐天宝二年（552）赵氏造像基座的兽首人身神王像、太宁二年（562）袁景珍敬造弥勒像座上河神王、象神王等[①]。北周明确神王内容出现在须弥山46窟，中心柱基座壶门内雕上袒，戴项圈，披帛披肩，呈菩萨样的神王像，与龙门石窟路洞、巩县石窟、骆子宽造像碑等造像特点一致，反映了须弥山受到洛阳地区的影响，而这种影响是经长安传播的。我们在北周长安地区造像碑座上也见神王像[②]，西安东郊出土的编号为BL04—05立佛佛座正面刻博山炉比丘并一道士，其他三面均为兽首人身状神王像。左侧刻3身神王，分别为象、风、火神王；右侧刻珠、树、山3身神王；背面刻雷、电、牛神王。这种兽首人身状神王，形象较为夸张，不易辨识，与北魏、西魏、北周常见的菩萨装神王造型不同，亦不同于东魏、北齐着铠甲的形式。长安兽首人身神王像，在甘肃地区北周造像上也有所反映。甘肃崇信县博物馆藏一方形佛座，周边均雕神王[③]。碑座一面中间雕刻博山炉二供养弟子、二力士、二蹲狮，另外三面均雕刻神王像，有牛、象、龙、风、火、树、河、珠神王等。这些神王均袒上身，下着裙，肩披披帛。其中的牛、象神王为牛首人身、象首人身。另还有一些形象，因不能够明确其身份的附属物，不好判定其身份。它们有的似力士，不知是否为山神王；有的双手上举，托举圆圈状物；有的双手捧于腹前，手中托物，不明身份；有的身边各一人，两人低头向神王，头发抓于神王手中。从造像特征看，此碑座中着菩萨装的神

---

①《历代纪年佛像图典》，图190；《海外及港台藏历代佛像珍品纪年图鉴》，第105页。

②张鸿修《北朝石刻艺术》，陕西人民美术出版社，1993年，图64、66；裴建平《西安东郊出土北周佛立像》，《文物》2005年第9期。

③甘肃省中小石窟调查资料。

王形式与须弥山46窟中心柱基座上的雕刻相近，如中央博山炉，披帛绕肩上飘，时代应为北周。崇信神王像中兽首人身的形象，除了在莫高窟西魏洞窟中出现外，我们目前仅在上述西安东郊出土的编号为BL04—05立佛佛座上发现，据此分析西安东郊立佛座上神王像应与汉以来的画像石墓有一定的联系，同莫高窟药叉一样受到了墓室雕刻及壁画艺术的影响。崇信县出土的神王内容较为特殊，有神王中普遍存在的形象，也有一些新出现的形象，极大地丰富了神王内容。其上袒、披披帛的样式与洛阳、须弥山等地相同，而兽首人身的样式又延续长安特点。从以上分析可知，北周时期神王与北齐神王在造像形态上差别较大，北周神王装束与菩萨像相近，同洛阳北魏晚期以来的神王像相似，而北齐神王则出现了一些新因素，更多地吸收了天王的着衣特点。

作为护法的神王像，最早出现于北凉石塔上，之后在北魏晚期偶见，到了北朝晚期的北周、北齐时大规模出现，是与当时的佛教思想紧密相关的。北凉及北朝晚期佛教末法思想盛行，信徒们祈望佛法永存，佛理常在，故要想尽办法护卫佛法，雕刻神王像就是护法的一种方式。

须弥山伎乐形象与麦积山相近，应受其影响。

三、造像特点

佛像分坐、立二种姿态，坐佛除了结跏趺坐式外，还有倚坐样式。佛像肉髻低平，面相丰圆，肩圆胸厚。立佛腹部凸出，着圆领通肩袈裟，圆领开口较低，左手提握袈裟角，右手于胸前上举，这种样式的佛像在长安出土的单体佛造像上十分常见，而在麦积山北周洞窟中很少见到立佛像。这也从一个侧面说明北周时期的须弥山与长安造像的关系紧密。

随着北魏分裂为东、西魏，西魏的文化中心迁移到长安，长安也成为佛教中心，隶属于长安的原州此时文化上受到长安的影响较大。西魏、北周时期原州与长安的关系紧密。宇文泰在孝昌二年(526)平定万俟丑奴，定陇右后，行原州事。后以原州为根据地，进军长安[①]。北周建立后，宇文泰两次巡幸原州。大统十四年“夏五月，进授太祖太师。太祖奉魏太子巡抚西境，自新平出安定，登陇，刻石纪事。下安阳，至原州，历北长城，大狩”[②]。“十六年，(贤)迁骠骑大将军、开府仪同三司。太祖之奉魏太子西巡也，至原州，遂幸贤第，让齿而坐，行乡饮酒礼焉。其后，太祖又至原州，令贤乘辂，备仪服，以诸侯会遇礼相见，然后幸贤第，欢宴终日。凡是亲族，颁赐有差”[③]。高祖宇文邕“保定三年，崇从高祖幸原州，高祖夜还京师，窃怪其故”[④]。可见最高统治者与原州渊源及对其重视程度。

李氏家族因与皇室关系密切，成为原州的豪族，并统治原州。李贤家族是陇西成纪人，三代定居高平，自曾祖起有功于朝廷，并为秦陇等地的地方官。李贤、李远、李穆兄弟均刺史原州。李氏家族“声彰内外，位高望重，先国荣家……冠冕之盛，当时莫比焉。自周迄隋，郁为西京望族”[⑤]。除了李贤外，蔡佑、田弘等也是世居高平的地方豪族，都曾任原州刺史[⑥]。除了地方豪族与长安关系密切外，刺史原州的官吏也有来自长安，如宇文导、宇文胄、窦炽等[⑦]，有的为随尔朱天光、贺拔岳等入关的将士，或北魏旧臣，如王盟、王德[⑧]。他们的到来一定带来了长安中心文化圈的影响。李贤曾刺史瓜、原两州，虽然我们找不到李贤在两地开窟造像的记载，但他与北周皇室关系密切，受北周诸帝崇佛的影响，李贤不会反对佛教。须弥山 45、46

---

①《周书》卷一《帝纪第二文帝上》，中华书局，1983 年，第 2—3 页、8—9 页。

②《周书》卷二《帝纪第二文帝下》，第 31 页。

③《周书》卷二十五《李贤传》，第 416 页。

④《周书》卷十六《列传八侯莫陈崇传》，第 269 页。

⑤《周书》卷二十五《李贤传》，第 424 页。

⑥《周书》卷二十七《蔡佑传》《田弘传》。田弘墓出土于原州，原州联合考古队编《北周田弘墓》，文物出版社，2009 年。

⑦《周书》卷二十五《李贤传》。

⑧《周书》卷二十《王盟传》，第 333—335 页；《周书》卷十七《王德传》，第 285—286 页。

等窟中的立佛，表现出与长安北周单体圆雕造像十分相近的特点，一方面体现了北周的时代共性，另一方面与这些来自长安的人物不无联系。

须弥山51窟佛像呈现面短而艳的典型北周特点，与麦积山北周62窟等相似。菩萨与佛像相同，都呈现出一种丰壮的体态，身躯呈柱状，腹部凸出，头大身短，比例不甚协调。表明两地间有一定的联系。

从造像服饰来看，须弥山佛像多着圆领通肩袈裟，衣领较低，露出僧祇支，还有双领下垂及交领等样式。圆领通肩、双领下垂袈裟与北周麦积山相同，而交领样式是须弥山特有的。通肩袈裟下摆呈现出繁缛多层的南朝样式，这种西域与汉地袈裟结合的样式在须弥山的出现，应是通过麦积山传播而来的。西魏末年攻蜀平江陵后，荆益并入西魏版图，北周沿袭。益州与秦陇的交流加强，使得两地佛教造像相互吸收借鉴。而同属西魏北周领地的原州与秦陇在此时的交流互动较北魏时期明显增多。益州南朝造像的某些因素，就是通过秦州传播到原州须弥山的。交领样式的服饰在麦积山北魏114、139窟正壁主尊上见到，但其不是在袈裟上表现出交领样，而是中衣为交领。另外，部分菩萨像上也出现交领衫[①]。但须弥山北周佛像袈裟上的交领式在其他地区不见。

须弥山菩萨像披帛交叉穿环与横于腹前两道的样式均有，且以后者为多，而麦积山此时已很少见到交叉穿环样的披帛了，须弥山吸收新因素要晚于麦积山。

因地理位置、历史背景等原因，从洞窟形制到题材内容上，须弥山北魏时期更多地继承了中原云冈、洛阳地区的特点，到了北周时期，这种影响还在延续，神王像的出现就是代表。北周中心文化区长安立佛的造像特点也向西影响到须弥山，同时在服饰上须弥山又通过麦积山接受了南朝的影响，形成了多元文化融合的局面。

---

①《中国石窟·天水麦积山》，图60、104、136。

第三节　麦积山石窟

一、洞窟形制

麦积山石窟洞窟形制与题材有着紧密的联系。其北周时期洞窟形制与题材内容的结合就是一大特色。按常理洞窟形制对造像内容有一定的限制作用，但反过来，题材内容也会决定洞窟形制的变化。麦积山北周时期七佛是主要的题材内容，而此时麦积山洞窟中出现的新形制就是配合七佛题材而设计的[①]。

麦积山北魏、西魏时期洞窟以方形无龛窟、三壁三龛窟为主，这样的洞窟形制与麦积山西魏以前三佛题材相统一，可见在麦积山洞窟形制与造像题材的配合从较早阶段就开始了。北周时期这种情况变得更为突出。麦积山北周洞窟中，虽然三壁三龛形式仍存在，如62窟，但主要形制为三壁一龛、三壁七龛、崖阁式等。三壁一龛窟，平面多为方形，正壁开一龛，两侧壁设低坛，坛上各塑三身佛像，正壁与两侧壁组成七佛内容，如

①李裕群《北朝晚期石窟寺研究》，文物出版社，2003年。

7、12、26、32、35、36、39、65、109 窟等。三壁七龛窟，正壁开一龛，两侧壁各开三龛，七龛内塑七身佛像，如 27、141 窟。崖阁式窟，如 4 窟等。这些洞窟形制虽有一定的差异，但均与七佛题材相配合而成，表明了形制与题材内容的结合。麦积山还有部分北周洞窟，窟内面积较小，仅能容纳一人，以常规判断可能是禅窟，但窟内仍造像，且七佛题材较多，形成了禅窟内塑七佛的形式。禅观是西部地区北朝石窟的主要内容，麦积山小型禅窟的出现，反映了北周继承前朝的特点，而七佛窟等又代表了北周的新内容，使我们看到了麦积山北周洞窟既保留了旧有洞窟形制，又体现出时代特性的一面。

麦积山大型崖阁式窟有 1、4、5、9、28、30、43、49 等，都位于东崖中上层。4、28、30、43、49 窟为庑殿顶，其他窟顶部残。5 窟还见斗拱等建筑形式。这些窟前部多存有廊柱，后部三间或七间窟室，与之前的洞窟形制完全不同，是纯中国式的建筑形式。其年代从北魏延续到隋。其中明确的北周窟为 4 窟，其外观为面阔七间单檐庑殿顶的大型佛殿形式，前檐原有七柱，后壁雕七座帐形佛龛，此窟“如实反映了南北朝后期已经中国化了的佛殿外部、内部面貌，在中国石窟发展史上具有重要意义”[①]。4 窟大型庑殿，前檐列柱形式，在云冈二期洞窟中就已出现，如云冈 9、10 双窟，11、12、13 组窟等，均为前后室，前室前方列柱，崖面上雕仿木构窟檐，殿堂龛面，帷帐流苏等特点，让我们感受到汉风充盈于整个洞窟中。加之同期的造像内容、服饰等都表现出汉式特点，如此使得云冈二期成为西来佛教中国化的关键时期。这一重大变革的发生，除与北魏孝文帝改制等因素有关外，青齐入魏，南北交聘局面形成，都使得包括佛教建置在内的

①傅熹年《麦积山石窟所见古建筑》，《中国石窟·天水麦积山》。

众多方面进一步汉化[①]。云冈二期汉化了的建筑形式在随后的龙门石窟中显现，龙门北魏宾阳中洞、皇甫公窟、唐字洞外壁上部均采用四阿式屋顶形式，有的还雕出石刻的屋檐。不仅是这些大型洞窟，龙门北朝小龛中也出现一定的屋形龛，如古阳洞安定王元燮造释迦像龛，刘智明造像龛等[②]。北魏分裂后，龙门魏窟中承袭云冈的仿木结构形式被东、西魏石窟延续。我们在东魏北响堂山 7 窟（北洞）、4 窟（中洞）、2 窟（南洞），西魏时期麦积山 43、49、28、30 等崖阁窟中再次见到了此类结构。只是东、西魏在继承这种样式的同时，又吸收了新的因素，形成了具有各自地域特点的式样。如东魏、北齐以屋形仿木结构与覆钵塔结合的形式表现洞窟、龛的外立面，东魏的北响堂山第 7 窟（北窟）的塔形龛，塔周围饰以摩尼宝珠等。麦积山西魏崖阁式窟，崖壁上部及前部采用来自云冈及龙门的列柱、仿木结构大型庑殿顶等形式，后部各龛为圆拱形。发展到北周的 4 窟，又出现了新的因素，将列柱、仿木结构大型庑殿顶等形式与帐形龛结合，形成了北周麦积山独特的崖阁式窟龛。大型仿木结构是西魏就已有的因素，帐形龛中出现了一些新内容，如顶部成覆斗形，周围饰以摩尼宝珠、山花、蕉叶等，龛两侧多垂悬各种样式的流苏、龙首、象头、凤鸟等装饰物。麦积山 4 窟帐形龛上部覆斗形是东魏覆钵塔的简化形式，摩尼宝珠此时也变得简洁，这些形制似是受到东魏影响后的变体。帐形龛是仿自中原的日常用品帐构，这种源于中原战国、汉代的室内起居设施，在北朝中晚期以帐形龛的形式在石窟寺中盛行[③]。麦积山北周帐形龛继承了中原遗风，但又有了进步。龙门魏窟中的帐形龛只表现了其外立面，而麦

①宿白《平城实力的集聚和“云冈模式”的形成与发展》，《中国石窟·云冈石窟》（一），文物出版社，1991 年。

②温玉成《龙门北朝小龛的类型、分期与洞窟排年》，《中国石窟·龙门石窟》（一），文物出版社，1991 年。

③唐仲明《从帐形龛饰到帐形龛》，《敦煌研究》2004 年第 1 期。

积山帐形龛在注重外部表现的同时，对内部的结构也给予了充分的重视。自西魏起麦积山洞窟中就出现的仿帐结构形式，到北周越发流行，大多数洞窟中都采用仿帐结构，并且还影响到须弥山北周45、46等洞窟中。

从上述分析知，麦积山北周4窟帐形龛及仿木结构崖阁在继承了中原北魏、东魏等洞窟结构的同时，又加入了中国传统的仿帐结构等新元素，形成了自身的特点，并向外影响了须弥山石窟。

二、题材内容

麦积山北周时期造像内容上并没继承前期的三佛题材，而是大量流行七佛。但北周之前的洞窟中极少能够见到七佛题材，只在北魏的89、128窟前壁窟门上部小龛中出现过七佛影塑像，西魏127窟前壁门上绘制了七铺说法图①。麦积山魏窟以三佛为主，反映了北朝前期法华信仰主导洞窟图像构成的特点。

众所周知，陇东地区的南北石窟寺北魏永平二年到延昌四年（509—515）间出现大型的七佛窟，以七佛与弥勒为主要组合。这种组合，是北魏中原地区常见的造像内容。《魏书·释老志》记载："释迦前有六佛，释迦继六佛而成道，处今贤劫。文言将来有弥勒佛，方继释迦而降世。"②是谓七佛与弥勒佛。我国最早的七佛形象出现在新疆克孜尔石窟中，它们多与佛降伏六师外道组合而成③。七佛与交脚弥勒菩萨组合，首先出现于北凉石塔上④。北魏灭北凉后七佛题材出现在云冈二期的10、11、13窟中，它们以七身立佛的组合表现。北魏迁都洛阳以后，七佛与弥勒菩萨组合做

---

①《中国石窟·天水麦积山》，图162。

②《魏书》卷一百一十四《释老志》，第3027页。

③新疆龟兹石窟研究所编《克孜尔石窟内容总录》，新疆美术摄影出版社，2000年。

④王毅《北凉石塔》，《文物资料丛刊》第一辑，文物出版社，1977年；殷光明《敦煌市博物馆藏三件北凉石塔》，《文物》1991年第11期；殷光明《北凉石塔研究》，觉风佛教艺术文化基金会，香港商务印书馆，2000年；张宝玺《北凉石塔研究》，上海古籍出版社，2006年。

主尊的形式，在龙门石窟基本上销声匿迹了，七佛仅仅出现在某些龛楣上，装饰意味较浓。不仅石窟寺中如此，单体造像碑中此种情况也较为普遍。而在地处陇东的泾州、豳州地区，七佛与弥勒组合成为造像的主流，它们更多地强调了两者间的传承关系。麦积山石窟北周造像中七佛题材流行，与庆阳南、北石窟寺北魏七佛窟应有一定的联系，都是继承云冈题材发展形成的一种全新的内容。西魏末北周时期，秦陇地区七佛与交脚弥勒菩萨造像再次出现，应理解为宇文泰关陇集团的佛教信仰，实际上是根植于北魏胡太后执政以前的佛教信仰。同时七佛题材的回归，也体现了北周复古改制的核心思想，就是否定北魏胡太后执政以来的一切文化政策（包括提倡的佛教内容），力图建立一种全新的关中本位文化体系①。从佛教发展的角度看，七佛在北周的再现，还与北朝晚期末法思想有关，人们期望佛法长久，永世流传。再有北朝以来一直流行的禅观思想此时仍发挥着重要的作用，七佛题材的出现就是重禅观的表现。

麦积山地处中原通往西域的交通要道上，距中原佛教中心洛阳、长安较近，便于吸收中原文化，同时又受到西来文化的影响，虽然在图像内容上也表现出了一定的双重性，但这种双重性毕竟不同于敦煌，其佛教面貌更多的还是继承中原特色。另外，多种信仰的融合趋势自西魏窟中就已出现，到北周时更加明显。西魏的 127、135 窟中就已出现了涅槃变、维摩诘变、西方净土变等内容。北周 26、27 窟以双窟的形式更加突出地表现了这种趋势。

127、135 窟均位于麦积山西崖上部，两窟都是三壁三龛的形式，三佛是洞窟的主要内容，洞窟四壁及窟顶满绘壁画，壁画内容丰富，是麦积山现存为数不多的壁画，显得极为重要。正壁龛外绘制涅槃变，与其对应

---

①暨远志《北周丰壮型佛教艺术是如何形成的？》，待刊。提要见山东大学美术考古研究所《中国北朝佛教造像及其传播国际学术研讨会纪要》，《文物》2006 年第 4 期。

的前壁门上部画七佛图，两侧壁面分别绘制维摩诘变、西方净土变，窟顶左右披绘萨埵太子本生，前披绘睒子本生。135窟正壁龛外绘大型的涅槃变，左壁龛外绘维摩诘变、说法图等，右壁龛外说法图，前壁门上亦绘说法图。

从127、135窟三壁的造像组合看，仍是北魏以来的三佛内容，整窟的构图是受法华思想支配的。127窟前壁与正壁上部的七佛图、涅槃变又具有佛法相承的意图，与新疆克孜尔石窟中后壁涅槃图像与前壁门上方的交脚弥勒菩萨所构成的图像所代表的含义相同。只是西魏晚期交脚菩萨渐渐减少，127窟中以七佛来代替弥勒菩萨，虽然无代表未来的弥勒菩萨，但七佛也是佛法相承的表现。135窟前壁绘说法图，正壁画涅槃变，也表现了佛法相承的意图。所以127窟中主像三佛+涅槃变像+七佛图的构图形式，135窟主像三佛+涅槃变像+说法图都表现了法华佛法相继的思想。涅槃图是西域新疆地区早期石窟中流行的内容，虽然有学者据佛卧姿的不同，将其表现形式分为中原与西域两种来源①，但涅槃这种早期佛教题材，应是自西向东传播的。西魏麦积山出现的涅槃内容，首先以经变画的形式表现，不同于涅槃图，它表现了相对完整的涅槃内容，与随后流行的经变画关系密切。西域新疆的涅槃图像，只是脱离开传统的佛传图的内容，并多与千佛、弥勒、佛像等形成组合，用以表现佛法传承的概念，与完整的经变不同，它已脱离了佛经的原始记述，有了自身的发展变化。麦积山的涅槃经变对这一古老的题材从内容到形式都进行了一定的改变，融入了新的因素，可看作是北朝晚期佛教思想发生变化的新状况，表现出适应于中国自身的发展样态。

①贺世哲《敦煌莫高窟的〈涅槃经变〉》，《敦煌研究》1986年第1期；[日]平野京子《中国北朝期の涅槃图についての一考察》，《佛教艺术》205号，每日新闻社，1992年，本文转载于李静杰《敦煌莫高窟北朝隋代洞窟图像构成试论》，《2005年云冈国际学术讨论会论文集·研究卷》，文物出版社，2006年。

127 窟两侧壁面上的维摩诘变、西方净土变也是新出现的内容。维摩诘造像在麦积山石窟中出现较多。这种题材的绘画作品最早出现在东晋著名画家顾恺之笔下，南朝诸多的画家都绘制过维摩图像①。5 世纪初期，炳灵寺 169 窟中的维摩、文殊对坐图是石窟寺中出现最早的此内容。且炳灵寺 169 窟中维摩诘图均与法华经关联。第一组维摩诘作为释迦侍者出现，这组图像中上层仅存“释迦牟尼”及“维摩诘”，下层存“释迦文佛”及“文殊师利”榜题，虽然两层图像均残，不得全貌，但榜题明确，推测二图原皆为释迦与维摩诘及文殊的组合。第二组维摩诘及侍者像与法华经象征的释迦多宝图像共出。这是否说明维摩诘经是统摄于法华经下呢？虽然此图中只出现了维摩诘的形象，没有维摩、文殊成对出现的图像，但明确显示了维摩与释迦多宝代表的法华经的密切联系。总之，炳灵寺 169 窟中早期维摩诘（文殊）与释迦、释迦多宝组合出现的图像，代表了大乘佛法的重要性。炳灵寺 169 窟中维摩诘内容与鸠摩罗什在长安大寺重译《维摩诘所说经》有关。佛经中讲，释迦派遣诸菩萨、弟子去维摩诘处问疾，目的是在弘扬“菩萨与一切众生悉皆平等”的大乘思想，学法重在心神，并非身形。维摩诘“通达方便，久于佛道，决定大乘”。《维摩诘经》讲“心、佛、众生，三无差别”之不二法门，体现了大乘佛教的精髓，是决定大乘法之纲要。在弥勒佛及阿弥陀佛在北方流行以前，鸠摩罗什所译的《法华经》与《维摩经》同受欢迎，两经的故事往往同时出现。炳灵寺 169 窟之后，维摩、文殊在云冈、龙门北魏窟中流行。宾阳中洞是很明显的一个例证，此窟传为宣武帝（500—515）所造。据说 509 年宣武帝在洛阳宫中曾为僧人及其他朝臣亲说《维摩经》②。魏宣武帝的行为从一个侧面说明维摩诘经的流行。北朝中期以后的云冈、龙门维摩、文殊像多与释迦、

①《历代名画记》卷五，第 108、113 页；卷六，第 128 页；卷七，第 149 页中记张墨、顾恺之、陆探微、张僧繇等均绘维摩诘像。

②《魏书》卷八《世宗纪》，中华书局，1984 年，第 209 页。

释迦多宝对坐等图像组合出现，应受到炳灵寺169窟的影响。不仅石窟寺中流行维摩诘图像，北朝的造像碑上也常见此内容。麦积山10号造像碑中维摩、文殊也与释迦共出。麦积山西魏102、123窟中，主尊坐佛与维摩、文殊共处一窟，虽然主尊无榜题表明一定是释迦佛，但是从102窟主尊胁侍一弟子一菩萨的组合看释迦佛的可能性极大。以上的维摩、文殊造像说明维摩诘经在北魏、西魏时期的麦积山较为常见，是一种较为重要的题材。北周的维摩诘变就是延续此内容，只是表现形式发生了变化。西魏麦积山三佛与维摩诘同处一窟的情况与北朝中晚期维摩诘经多从属或包含在法华经中的情况相关联。同期的南朝造像中也出现维摩诘与三佛的组合①，体现出法华与维摩经的相互结合。由此看来这种以两经结合的组合，似乎在南北都很普遍。维摩诘这一源于南朝的佛教图像，在北朝得到了极大的发展。《维摩诘经》的流行与此时佛教大乘化及世俗化相关。“出家”“在家”的界限被抹杀，“在家”甚至高于“出家”②。维摩诘所代表的菩萨道思想在北魏、西魏的麦积山十分受重视。

另外，127窟顶所画萨埵太子本生、睒子本生都是表现自我牺牲、自我布施的内容，也属于法华经、维摩诘经中提倡的布施、牺牲精神。《法华经·法师品》云：“是人，一切世间，所应瞻养，应以如来供养。而供养之，当知此人是大菩萨，成就耨多罗三藐三菩提。”③而维摩诘经认为维摩诘能够具有超常的智慧，是他“曾供养无量诸佛，深植善本”的结果，因此也大力提倡供养、布施思想。《维摩诘经·不思议品》也描述了自我布施与所有物布施的思想，与上述两本生故事反映了相同的内涵。

西方净土变这一题材与维摩诘变一样是来自南朝的内容，西方三圣

①西安路造像H1:6，成都文物考古研究所《成都西安路出土佛教造像》，《文物》1989年第11期。

②任继愈主编《中国佛教史》第三卷，中国社会科学出版社，第1988年。

③《法华经》卷四《法师品》，《大正藏》第9册，第30页。

的造像目前所见最早的出现在炳灵寺169窟中，它与弥勒净土一同组成了净土信仰。之后南朝大量流行西方净土思想及造像，同时期，北魏晚期龙门小龛中也开始流行雕凿无量寿佛像。直至北朝晚期的石窟寺中大量流行，如麦积山127窟、敦煌285窟都见，之后北齐、北周大为盛行，北齐小南海中窟、东窟，南响堂石窟中大量出现，使得北朝晚期中国佛教石窟中的信仰及图像具有了多元性，打破了一直以来法华占主导地位的状况，佛教中国化进程加快。

西魏麦积山127、135窟内的经变画，到北周时期的26、27窟中，又有了新的变化。26、27两窟虽然在洞窟形制上有一定的差别，26窟为三壁一龛窟，27为三壁七龛窟，但都是为七佛内容而设计的，似为“双窟”，故洞窟中的主要造像从之前的三佛变为七佛，而一直以来的主题——法华经内容以经变画的形式出现在窟顶，不似早期以小龛泥塑二佛并坐的简单形式出现。涅槃经变延续西魏的内容也位于窟顶。双窟构成了七佛+法华+涅槃的内容，七佛塑像承袭北朝重视禅观的特点，而法华、涅槃变壁画具有重视大乘义理的涵义，故双窟体现了定慧双弘之思想，与莫高窟隋代洞窟的性质相同。

麦积山北周造像西域式与汉式袈裟共存，同时两者还有相互交叉结合的样式。纯西域式通肩袈裟以141窟左右壁后部造像为代表，圆领相对较高，不见僧祇支，袈裟右角搭于左肩上，并形成一下垂衣角，下摆短而简洁，仅遮住双腿。汉式袈裟仍延续西魏的双领下垂式、下摆悬裳样。62窟等呈现出交叉样式，即上身西域圆领通肩式，下摆汉式悬裳式。22窟佛像袈裟体现出两者的结合性，圆领通肩式袈裟开口较低，露出僧祇支，下摆呈多层两瓣繁复样。

秦州特殊的地理位置使得其能够吸纳不同文化，不论造像内容、造像样式还是服饰上均有一定的表现。

第四节　水帘洞石窟群

水帘洞石窟群因地质条件所限，以摩崖悬塑及壁画为主，其中水帘洞、显圣池二单元以摩崖壁画为主；拉梢寺、千佛洞二单元存有摩崖雕塑及壁画。拉梢寺 1 号摩崖释迦三尊像最为著名，它绘塑结合，是国内现存的北朝大佛之一。千佛洞以摩崖悬塑与中小窟龛为主。壁画方面四个单元均是利用天然崖面绘制，且内容多为说佛图、千佛图等。整体看，题材内容较为单一，但水帘洞北周至隋代的造像壁画从题材内容、造像组合到特征上都有一定的自身特点，且与周边的长安、麦积山石窟、成都地区南朝造像等有着十分紧密的联系，本节试图通过对其部分题材、组合特点等的分析，来探讨其源头。

一、十方佛、七佛、菩萨

除了说法图、千佛外，十方佛也是水帘洞石窟的一个重要内容，拉梢寺 12 号造像位于 1 号造像的右上方，摩崖悬塑出十身立佛。造像原做于北周，后经宋代重修。十方佛是十六国北朝时期石窟寺中常见的题材，十方是指空间四维四方及上下。各种佛经中对十方佛名都有记载，但各经记载不同，现将各重要经典中的十方佛名录出列表如下：

表九　十方佛名经

经名	成书时代	译者	相关内容	出处
《般舟三昧经》，又作《十方现在佛悉在前立定经》	东汉灵帝光和二年（179）	支娄迦谶	《问事品》“有三昧，名十方诸佛悉在前立。”《四事品》“持佛威神于中立，东向视见若干千百千万亿佛，十方等悉见之。”	《大正藏》第十三册
《兜沙经》（其内容相当于华严经中如来名号品与光明觉品之部分）	后汉	支娄迦谶	东方阿逝堕佛，南方阿尼罗堕罗佛，西方阿斯堕陀佛，北方阿阇堕佛，东北方阿输那堕国陁佛，东南方阿旃陁堕陁佛，西南方郁沉堕大佛，西北方阿波罗堕佛，下方梵摩堕佛，上方堕色佛	《大正藏》第十册
《思惟略要法·十方诸佛观法》	后秦	鸠摩罗什	念十方诸佛者，坐观东方廓然明净，无诸山河石壁，唯见一佛结跏趺坐，举手说法，心眼观察光明相好，画然了了，系念在佛，不令它缘，心若余缘摄之令还。如是见者更增十佛，既见之后复增百千，乃至无有边际。近身则狭，转远转广，但见诸佛光光相接。心眼观察得如是者，回身东南复如上观。既得成就，南方、西南方、西方、西北方、北方、东北方、上下方都亦如是。既得方方皆见诸佛如东方已，当复端坐，总观十方诸佛，一念所缘，周匝得见	《大正藏》第十五册

续表九

经名	成书时代	译者	相关内容	出处
《十住毗婆沙论·易行品十佛》	后秦	鸠摩罗什	一东方无忧界善德如来，二南方欢喜界栴檀德如来，三西方善世界无量明如来，四北方无动界相德如来，五东南方月明界无忧如来，六西南方众相界宝施如来，七西北方众音界华德如来，八东北方安稳界三乘行如来，九上方众月界广众德如来，十下方广世界海德如来	《大正藏》第二十六册
《坐禅三昧海经》	后秦	鸠摩罗什	若行者求佛道，入禅先当系心专念十方三世诸佛生身。……行者便得十方三世诸佛悉在心目前一切悉见三昧。若心余处缘还摄令住念在佛身。是时便见东方三百千万千万亿种无量诸佛。如是南方、西方、北方、四维上下，随所念方见一切佛	《大正藏》第十五册
《观佛三昧海经·念十方佛品》	东晋	佛陀跋陀罗	观十方佛者，东方为始。东方有世界，佛号善德。南方栴檀德佛。西方无量明佛。北方相德佛。东南方无忧德佛。西南方宝施佛。西北方华德佛。东北方三乘行佛。上方广众德佛。下方明德佛……得此观者见佛无数不可限量，入此定者名见一切诸佛色身，亦得渐渐入三空门	《大正藏》第十五册

续表九

经名	成书时代	译者	相关内容	出处
《观佛三昧海经·四威仪品》	东晋	佛陀跋陀罗	东方善德佛持妙宝花。南方栴檀德佛持宝莲花。西方无量明佛以宝莲花。北方相德佛以宝莲花。东南方无忧德佛。西南方宝施佛。西北方花德佛。东北方三乘行佛。上方广众德佛。下方明德佛	《大正藏》第十五册
《华严经·如来明号品》	东晋	佛陀跋陀罗	东方不动智，南方智火，西方习智，北方行智，东北方明智，东南方究竟智，西南方上智，西北方自在智，下方梵智，上方伏怨智	《大正藏》第九册
《华严经·升须弥山顶品》	东晋	佛陀跋陀罗	迦叶、拘那牟尼、拘楼、随叶、尸弃、毘婆尸、弗沙、提舍、波头摩、锭光	《大正藏》第九册
《五门禅经要用法·观十方诸佛法》	刘宋	昙摩蜜多	念十方佛者。坐观东方廓然大光。无诸山河石壁。唯见一佛结跏趺坐举手说法。心明观察光明相好画然明了。系心在佛不令他缘。心若余念摄之令还。如是见者便增十佛。既见之后复增百佛千佛乃至无边身。近者则使转远转广。但见诸佛光光相接。心明观察得如是者。回想东南复如上观。既得成已西北方四维上下亦复如是。既向方方皆见诸佛已。当复一时并观十方诸佛。一念所缘周遍得见。定心成就者。于定中见十方诸佛皆为说法	《大正藏》第十五册

续表九

经名	成书时代	译者	相关内容	出处
《十吉祥经》		失译	佛为离垢盖大士说东方十佛之名号功德。一庄严世界大光耀如来，二谛胜诸胜世界慧灯明如来，三金刚世界大雄如来，四净尊住世界无垢尘如来，五金光明世界上像幢十盖王如来，六大威神世界威神自在王如来，七香熏世界极受上影王如来，八宝严世界内宝如来，九海灯明世界大海如来，十十力灯明世界十力现如来	《大正藏》第十四册
《罗摩伽经》即《华严经·入法界品》之别译	西秦	圣坚	东方佛号明净妙德王。南方佛号普照妙德王。西方佛号法界智灯。北方佛号法界虚空妙德。东北方佛号无碍眼。东南方佛号龙自在王。西南方佛号法月普照智王。西北方佛号普明净妙德须弥山王。下方佛号无碍虚空智幢王。上方佛号圆满普智光音	《大正藏》第九册
《称赞净土经》	唐	玄奘	一东方不动如来，二南方日月光如来，三西方无量寿如来，四北方无量光严通达觉慧如来，五下方一切妙法正理常放火王胜德光明如来，六上方梵音如来，七东南方最胜广大云雷音王如来，八西南方最胜日光名称功德如来，九西北方无量功德火王光明如来，十东北方无数百千俱胝广慧如来	《大正藏》第十二册

从上表可知，十方佛是观经类、法华系与华严系等经典的主要内容。

拉梢寺 12 号十方佛像因无榜题，它们是依据哪部经典塑出不得而知。若联系崖面的整体布局，或许对此问题的理解会有一定的帮助。

拉梢寺 1 号造像为石胎泥塑的摩崖三像，位于拉梢寺崖面中部，坐北向南，利用凹进去的崖面雕凿而成，造像两侧绘制壁画。它是时任秦州刺史的尉迟迥于北周明帝武成元年(559)主持雕凿的。造像题记中明确记载了此三尊像为释迦牟尼及二胁侍菩萨。1 号摩崖三尊像是崖面主体造像，其余的造像都是围绕其布局雕凿，我们现只能够见到右侧崖面的遗迹，左侧崖面无存。11、12 号就是位于右侧围绕主题造像的悬塑，虽然经过宋代重修，但从残迹看初创于北周。

1 号造像主尊为释迦牟尼，学界一般将释迦看作是法华世界的教主。《妙法莲华经》中与十方佛相关的经文记："尔时佛放白毫一光，即见东方五百万亿那由他恒河沙等国土诸佛。彼诸国土，皆以颇梨为地，宝树宝衣以为庄严，无数千万亿菩萨，充满其中，遍张宝幔宝网罗上，彼国诸佛以大妙音而说诸法，及见无量千万亿菩萨，遍满诸国为众说法。南西北方四维上下，白毫相光所照之处，亦复如是。"①《思惟略要法·法华三昧观法》记："当念释迦牟尼佛于耆阇崛山与多宝佛在七宝塔共坐，十方分身化佛遍满所移众生国土之中……"②虽然在佛教美术中依《见宝塔品》创作的二佛并坐像已成为法华的象征，但法华世界教主释迦也是法华永恒的代表。拉梢寺 1 号造像主尊虽非释迦、多宝二佛，但其"释迦牟尼佛"的题名，又使得其必依法华而制。12 号十佛与 1 号摩崖造像同时雕凿，应与法华三昧观法相关联。

赖鹏举先生在其大作《麦积山石窟造像由"涅槃"到"卢舍那"的转

---

①《妙法莲花经》卷四《见宝塔品》，《大正藏》第 9 册，第 32 页。

②《思惟略要法·法华三昧观法》，《大正藏》第 15 册，第 300 页。

变》中认为拉梢寺1号摩崖造像与其佛座及周围的壁画共同构成了"华严海会"的场景[①]。虽然北朝晚期华严经典流行,与此适应,华严系佛教美术作品也大量出现,如北齐、北周、隋出现的卢舍那法界图像就是其代表。但同时北朝晚期出现了华严经美术与其他经典关联美术并存的现象,如敦煌莫高窟北周428窟是华严经与法华经图像共出,安阳小南海、邯郸响堂山表现了华严经与西方净土信仰融合的情况。拉梢寺1号造像周围的壁画为后代重绘,原作内容无从得知。且华严世界的教主为卢舍那佛,与题记中所记的主尊释迦牟尼不符。虽然卢舍那佛常作为释迦牟尼的法身佛出现,但此种情况下均称卢舍那佛而非释迦牟尼。故拉梢寺1号造像壁画与华严经的联系在目前情况下似乎缺乏证据。虽然华严类经典是具体记载十方佛的主要经典之一,12号摩崖造像是否与华严类经典有关,还有待探讨。

从上表中知,除了华严经外,十佛与观经类佛典紧密相关。观经类经典是由西域出身的僧人于5世纪上半叶译成汉文的一类以"观"字为首的经典,以观想佛陀和净土为中心内容,与西域佛教美术中的禅定、禅观造像等关系密切。这些观经类经典对十六国北朝佛教造像与壁画产生了重要影响。禅观思想与佛教同步传入我国,东汉末,安士高传入"安般"和"十二门"等小乘禅法,支娄迦谶介绍"般舟""首愣严"等大乘三昧,二者从此在中土就没中断过[②]。念佛是禅观中最为重要的内容[③],除了观想佛陀外,过去七佛、弥勒、十方佛、佛传、因缘、本生等都与禅观有关,禅观自始至终是北朝佛教信仰的重要组成部分,而十方佛是禅观的主要内容。

---

①赖鹏举《麦积山石窟造像由"涅槃"到"卢舍那"的转变》,《麦积山石窟艺术文化论文集(上)》,兰州大学出版社,2004年。

②任继愈主编《中国佛教史》第三卷,中国社会科学出版社,1988年,第490页。

③汤用彤《汉魏两晋南北朝佛教史》(下),中华书局,1983年。

十六国北朝早期石窟寺中塑造或绘制十方佛的现象就已出现，如炳灵寺169窟建弘龛十方佛壁画及题记、酒泉文殊山前山千佛洞十方佛壁画、张掖马蹄寺千佛洞2号窟中心柱南面近窟顶处绘制的十方佛、麦积山78窟仇池镇供养人题记“仇池镇供养十方佛时”等[①]。其中较为完整的为炳灵寺169窟造像及题记，经张宝玺先生考证此组十方佛是依据晋译《华严经》而绘制[②]。马德先生认为此十方佛名是依据《佛名经》重新组合十方十智佛而成，或是依已佚失的早期佛名经绘成[③]。虽然炳灵寺169窟十方佛名与华严经记载相符，但壁画位于无量寿佛像上方，似与无量寿佛相关。作为西方净土世界教主的无量寿佛“威神光明最尊第一，诸佛光明所不能及。或有佛光照百佛世界，或千佛世界”[④]。《佛说阿弥陀经》中记载了东方世界有阿閦鞞佛、南方世界有日月灯佛、西方世界有无量寿佛、北方世界有焰肩佛、下方世界有师子佛、上方世界有梵音佛[⑤]。张掖马蹄寺千佛洞2号窟中残存的题记有“东南方无忧德佛”“西北方华德佛”“西南方宝施佛”“下方明德佛”。这些佛名与《观佛三昧海经·念十方佛品》《十住毗婆沙论》相关，并与《观佛三昧海经·念十方佛品》记载完全相同。从上述佛经及石窟遗存所反映的情况分析，十六国北朝早期的佛教造像中十方佛多是据观经类和华严类经典而绘制雕凿的。北朝晚期到隋初，北方禅法亦十分流行，代表人物为北齐僧稠、北周僧实[⑥]。僧实“大

---

①贺世哲《三世十方佛图像研究》，《敦煌图像研究——十六国北朝卷》，甘肃教育出版社，2006年；暨远志《酒泉地区早期石窟分期试论》，《敦煌研究》1996年第1期。

②张宝玺《建弘题记及其有关问题的考释》，《炳灵寺石窟》，甘肃人民出版社，1993年。

③马德《炳灵寺第169窟6号龛“十方十智佛”臆测》，《炳灵寺石窟学术研讨会论文集》，甘肃人民出版社，2003年。

④《佛说无量寿经》上卷，《大正藏》第12册，第269页。

⑤《大正藏》第12册。

⑥汤用彤《汉魏两晋南北朝佛教史》(下)，《北方之禅法净土与戒律》，中华书局，1983年。

和末从原至洛，因遇勒那三藏，授以禅法。每处皇宫谘问禅秘”[①]。在北周禅观信仰流行状况下，与此相关的造像也大量存在。如北周时期的麦积山31窟[②]、敦煌西千佛洞12窟、莫高窟隋代419窟中可见到十方佛及其题记，贺世哲先生考察辨识出敦煌西千佛洞12窟中有“无量明佛”“南方宝相佛”题记[③]。核对经文，“无量明佛”出现在《观佛三昧海经·念十方佛品》中，为西方佛，而“南方宝相佛”在十方佛经中似乎不存在，它是四方佛中的南方佛。如《金光明经》卷一记：“如是经典，常为四方，四佛世尊，之所护持。东方阿閦，南方宝相，西无量寿，北微妙声。”[④]《佛说观佛三昧海经》卷九：“当文殊上即变化成四柱宝台，于其台内有四世尊，放身光明俨然而坐。东方阿閦、南方宝相、西方无量寿、北方微妙声。”[⑤]以此观察，北朝时期十方佛有与四方佛相互混同的现象，而四方佛也是禅观的内容之一。

对于拉梢寺十方佛，在目前无任何文字记载的情况下，我们只能做一些推测，拉梢寺1号摩崖造像主尊佛足上刻有法轮印迹，法轮表现佛三十二相之一。《中阿含经》卷十一、《大智度论》卷四中均有记载：足心现一千辐轮宝之肉纹相，此相能摧伏怨敌、恶魔，表照破愚痴与无明之德[⑥]。观佛三十二相是禅观的基础，“若初习行人，将至佛像所，或教令自往，谛观佛像相好”[⑦]。加之1号摩崖大佛体量高大，给人以威严感，应是观念的极好对象。12号十方佛及其下方壁面的大量千佛图，就构成了三世十方佛

①《续高僧传》卷十六，《大正藏》第50册，第557页。

②《中国石窟·天水麦积山》，图223。

③贺世哲《三世十方佛图像研究》，《敦煌图像研究——十六国北朝卷》，甘肃教育出版社，2006年。

④《大正藏》第16册，第335页。

⑤《大正藏》第15册，第688页。

⑥《大正藏》第25册。

⑦《坐禅三昧经》卷上，《大正藏》第15册，第276页。

观的禅观内容。故拉梢寺1、12号摩崖造像及其周围的壁画，是依观经类经典而雕凿绘制，符合北朝佛教图像中禅观实践与大乘佛教义理交互作用的情况①。

七佛是秦州地区北周时期流行的题材，麦积山北周以七佛为主要题材，拉梢寺虽然七佛题材数量不是很多，但千佛洞20号巨大的悬塑七佛像，虽现仅存一佛头，却居于较为显要的位置，且造像的体量在千佛洞石窟中是最大的一组，仅佛头长便1.2米，说明了其重要性，同时千佛洞俗名“七佛沟”，都表明了七佛在当时的盛行程度。

千佛洞还存在一定的菩萨尊像，如2、4、6、9、12、13、16、32号都是以菩萨为主尊，因保存较差，仅残留披帛、宝缯等，使我们无法判定菩萨具体的尊号，但以菩萨为主尊却是不争的事实。四川地区南朝造像中存在大量的单体、双身菩萨像，北齐时期单尊、双身菩萨像也较多见，且以观音菩萨为主。北周政治中心长安出土了较多单体观音菩萨像，而陇右地区北周单体菩萨像也常见，虽然不能确定千佛洞的主尊菩萨像为观音或弥勒，但大量菩萨像的出现，还是反映了时代的共性。

二、造像组合

拉梢寺石窟群造像中一佛二弟子或二菩萨的一铺三身、一佛二弟子二菩萨的五身组合、一佛二弟子二菩萨二力士的七身组合是北周时期定型的组合，体现了时代特点。而此时出现的多身主尊、单身主尊多胁侍的群像组合形式，在北周时期的敦煌、麦积山、须弥山等处石窟造像中不见，是一种新风，具有一定的特殊性。北周时期的一铺三身、一铺五身组合受到长安、麦积山造像的影响，而群像组合却与成都南朝造像相同（详见第五章）。

①李静杰《北朝隋代佛教图像反映的经典思想》，《民族艺术》2008年第2期。

三、水帘洞石窟题记及其所反映的石窟性质[1]

水帘洞石窟壁画中存有较多的题记，除了尉迟迥造像外，还有部分其他的造像题记，如水帘洞单元 2 号供养人题名有“比丘蕴化供养佛时”“南安郡丞都□魏洪标供养佛时”“□□□西县吕运供养佛时”“比丘须□□□”“沙弥□□□□”“比丘□□□□”“沙弥尼僧晖供养”“佛弟子□□□□□□□”“佛弟子莫折永恕一心供养”“□□南安郡……”“杜行供养佛时”“清信女王真供养佛时”“□□□供□□□□”“清信女王女妙□供养”。11 号壁画为一佛四胁侍，四胁侍均为世俗装，右侧第 1 身为女性，旁有“佛弟子权之女供养”题名，第 2 身“佛弟子权□□供养”，左侧第 1 身“佛弟子清信女□容供养”，此幅说法图以俗装人物作胁侍，且从人物组成及题名分析似为一家族，说明是家族供养图。同时说法图下女供养人中另有“佛弟子莫折永妃一心供养”的榜题。6 号龛下绘有大量的供养人，五身女供养人，其中三身附墨书榜题“比丘尼清□/ 供养佛时”“□□□□□□/ 供养佛时”“清信女焦□□/ 供养佛时”。男供养人榜题依次为：“佛弟子焦阿帛供养佛时”“佛弟子焦阿祥供养佛时”“佛弟子焦阿善供养佛时”“侍人□□□/□□□□”“佛弟子□□所□/ 供养佛时”。下排分别墨书题名：“比丘□□/ 供养佛时”“佛弟子梁□□/ 供养佛时”“佛弟子梁令超供养佛时”“佛弟子梁畅供养佛时”“佛弟子梁阿洛 / 供养佛时”“佛弟子梁阿□/ 供养佛时”“佛弟子梁景延 / 供养佛时”。千佛洞单元 44 号残存有一幅北周原绘一佛二弟子说法图，其中佛左侧有数身供养人画像，第一身为比丘，第二身为一男供养人，穿红色圆领胡服，题名“大都督

①此内容发表于云冈石窟研究院编《2005 年云冈国际学术研讨会论文集·研究卷》，文物出版社，2006 年。

姚庆子供养”，再后一身为其执伞盖的侍从①。由上述题记可知，水帘洞石窟壁画中供养人有莫折氏、权氏、梁氏、焦氏、姚氏等。

关于莫折氏，据姚薇元考证：“关西莫折氏，本西羌族。”②《元和姓纂十九铎》《通志·氏族略》第五《关西复姓》下并云：“莫折氏，本羌姓，代居渭州襄城。”由此知莫折氏是羌族的一支，主要活动于陇右秦州、渭州一带。《魏书》卷九《肃宗纪》云：“正光五年六月，秦州城人莫折太提据城反，自称秦王。寻死，子念生，代立，僭称天子，号年天建，置立百官，下陇东寇。”《周书》卷二十五《李贤传》云：“四年，莫折后炽连结贼党，所在寇掠。贤率乡兵与行泾州事史宁讨之。”③据此，可知莫折氏为关西羌中强族，魏周之世，迭为边患。

由以上记载可知，莫折（或曰莫者）为主要活跃于今甘肃天水一带的羌族的一支，最早的记载为十六国西秦时期，则其内迁于秦州一带必在西秦之前。西秦于 417 年后秦亡后占领并据有秦州，任用秦州羌族大姓为官，以加强对秦州的控制。莫折一族最为活跃的时期当为北魏末年，代表事件为莫折大提父子发动的秦州大起义。起义被镇压后莫折一族可能一蹶不振。西魏大统四年（538）莫折氏又发动了一次起义，这次是在原州（今宁夏固原）一带。北周之时，史书中再难见到有关莫折一族的记载了。因此，水帘洞石窟北周“莫折永妃”的供养题名就显得非常重要，对我们了解北周时期莫折一族在秦州及其周围的活动和他们的宗教信仰等问题提供了极为珍贵的资料。

佛教本为印度传入的外来宗教，传入中国后，亦很快被一些少数民族所接受并崇奉，如统治甘肃的十六国北凉沮渠氏、西秦乞伏氏、前秦苻

①甘肃省文物考古研究所等《水帘洞石窟群》，科学出版社，2009 年。

②姚薇元《北朝胡姓考》外编五《西羌诸姓》，科学出版社，1958 年 5 月第一版，第 330 页。

③关于莫折氏的起义，又见于《魏书》卷六十六《薛安都传附薛峦》、《北史》卷六十一《史宁传》与《周书》卷二十八《史宁传》、《周书》卷二十七《梁台传》等。

氏、后秦姚氏等少数民族政权的统治者均极推崇佛教，北魏拓跋氏政权几乎将佛教作为国教，西魏、北周佛教亦极兴盛。故汤用彤论魏晋佛法兴盛之原因时总结："中原异族错居时，佛教本来自外域，信仰归依，应早已被中国内地之戎狄信奉。"[①]佛教在魏晋南北朝时逐渐兴盛，关中陇右在十六国后，亦为佛法兴盛之地，用于礼佛建功德的石窟寺也不断开凿，如麦积山石窟为陇右兴起的大型石窟寺。在如此的历史背景下，羌族可能已经逐渐淡化了其本身的原始信仰，而以佛教为主要的宗教信仰了。佛教传入前火葬和信仰巫术是西羌特殊而古老的习俗。但后秦姚兴的大力崇佛，对秦州等地的羌人信仰不无影响。北魏亦不遗余力地提倡佛教，而关中第一个造寺立像的就是冯翊李润羌堡的钳耳羌豪王遇。北周至隋唐，碑铭所见羌人造像礼佛之事层出不穷[②]。水帘洞石窟莫折氏题名说明北周时期莫折一族仍然活动于这一地域，和汉族人一道信奉佛教并做功德。

日本佐野美术馆藏王清造铜佛坐像有莫折念生天建元年（524）题记，"天建元年十二月十七日弟子王清造像一区"。此尊造像为释迦坐像，秀骨清像，褒衣博带，完全为中原风格。说明此时莫折氏统治的地区不仅与中原一样，信仰佛教，且造像样式也照搬仿照汉风[③]。

梁氏是陇西羌的大姓，前秦时苻生的皇后为梁氏。另外见记载的还有梁楞、梁安（苻生岳父）、梁平老等。苻生要杀梁安、梁楞，废梁氏后，惹起众羌的叛乱[④]。可见梁氏势力之大。西秦有南安人安南将军焦遗及其子尚书民部郎焦华。梁《高僧传》卷七记载有"下定林寺僧镜，陇西焦氏"，陈

---

①汤用彤《汉魏两晋南北朝佛教史》(上)，中华书局，1983 年 3 月，第 135 页。

②马长寿《碑铭所见前秦至隋初的关中部族》，中华书局，1985 年。

③《中国历代纪年佛像图典》，图版 117，第 474 页。

④《晋书》卷一一二《苻生载记》，中华书局，1982 年，第 2873 页。

垣《释氏疑年录》卷一考为:"宋元徽中卒,年六十七。"[①]从以上几条文献记载中,我们知道西晋十六国时期,梁、焦、姚等姓氏为陇西、天水、南安等地的军政要员。

前秦残余势力苻登东进陇东时,原据仇池的氐酋杨定取陇右翼城、略阳等地,自称秦州牧、陇西王。休官首领权干城据秦州显亲(今天水西北),称秦州牧。太初六年(393),权干城为苻登所逼,投降西秦,乞伏干归以其为东秦州刺史、休官大都统、显亲公。后秦皇初四年(397)苻登败亡后,包括略阳休官(杂虏)豪族权干城在内的秦陇各族地方势力,先后归降或为后秦所击降。休官是氐族,常与屠各并见,想系杂居之故[②]。可见权干城既为氐族豪门望族,又受前、后秦统治者的重视,其家族渊源及势力可见一斑。根据敦煌文书S.2052《新集天下姓望氏族谱一卷并序》记载,唐十道诸郡所出姓望氏族,秦州天水郡出二十姓,其中就有权姓[③]。北周时又有名将权景宣、唐有名臣权德舆等,俱出秦州[④]。这些秦州的世族大家,与莫折氏同样接受佛教信仰,参与佛教石窟寺的开凿与兴建,以胁侍或供养人身份出现在石窟中,同时出资建造了许多造像碑,秦州一带出土了许多西魏北周时期权氏造像碑,如西魏大统十二年(546)权旱良像碑、北周保定三年(563)权道奴像碑等[⑤]。

从以上可知姚、焦、权、梁氏不仅为当地大姓,且这些世家大姓多出自氐羌等少数民族,北朝时期在秦州的地位还很重要。他们参与了当时一些佛教活动,如开凿石窟等,水帘洞石窟北周壁画中出现的焦氏等家族的供养题名和画像就是一个证明。同时这种供养带有一种世家望族供

---

①陈垣《释氏疑年录》,中华书局,1964年,第20页。

②唐长孺《魏晋南北朝史论丛》,河北教育出版社,2000年。

③郑炳林《敦煌地理文书汇辑校注》,甘肃教育出版社,1989年,第323—328页。

④分别见《周书》卷二十八《权景宣传》、《旧唐书》卷一百四十八《权德舆传》。

⑤张宝玺《甘肃佛教石刻造像》,甘肃人民美术出版社,2001年。

养的性质。焦氏等世族掌握当地的政治、经济大权，有足够的实力开凿石窟绘制壁画，加之北朝从统治者到普通百姓的崇佛热潮这一大的历史背景，秦州、渭州的世族开窟造像就成为必然，这样，使得水帘洞石窟部分壁画造像具有世族石窟的性质。

第五节　各石窟北周洞窟异同及其成因

一、北周洞窟异同比较

通过上述北周各石窟寺历史背景、洞窟形制、题材内容、造像特点等的分析，我们认识到，北周各石窟寺处在相同的历史背景下，在漫长的发展过程中存在着千丝万缕的联系，这其中除了共性的因素外，差异也很明显，显示出各石窟自身的发展轨迹及体系。如此，对于各石窟的横向比较分析就显得尤为重要，通过对这些差异及其原因的深入分析，能够帮助我们厘清北周石窟的面貌。

在第二章中对各石窟进行了分期研究，但各地的情况不尽相同，分期上有一定的不同步性。除须弥山外，各地的发展都分为三个时段，基本能够相互对应。须弥山石窟因造像保存较差，大部分洞窟仅存窟龛，造像全无，虽然从洞窟形制上也能看出早晚关系，但因无法得见造像组合及特点，为了能够得出准确的结论，只能够将集洞窟形制、造像组合、造像特点三要素的洞窟进行比较，故其分期只有前后两期，从其特征看分别与敦煌、麦积山北周二、三段对应。另外，炳灵寺、北石窟、石拱寺等石窟因北周洞窟数量较少或保存较差,特点不易全面把握,在此不对上述三处进行横向比较。

首先对各石窟各期段的特点等列表(表十、表十一、表十二)进行总结。

表十 北周一段洞窟比较

	敦煌	麦积山	拉梢寺
窟龛形制	方形覆斗顶窟为主,西壁开龛造像或四壁均不开龛。龛形多为圆拱形。龛柱装饰较多	方形覆斗顶窟为主,正壁开一龛,或三壁不开龛。圆拱龛	摩崖造像
组合	一佛二菩萨	整铺组合有三佛、七佛、单铺一佛二菩萨	七佛、一佛二菩萨、一佛二菩萨二弟子
造像特点	佛像虽已具丰圆的特点,但西魏秀骨清像的风格还较明显。佛着通肩或双领下垂式袈裟。菩萨身材略修长,有上身斜披络腋样,披帛主要是裙披式,或绕臂垂于体侧略外扬,或于腹前交叉穿环	佛像肉髻低平,面相长圆,细颈,肩部还带有一定的下削感,通肩、偏袒右肩、双领下垂袈裟并存。通肩类袈裟右角搭于左肩上。菩萨披帛搭肩下垂于腹前交叉穿环,披帛下端外飘贴壁。新出现披帛披裹双肩式。弟子面相长圆,细颈,身材修长,着袒右或双领下垂袈裟,其中僧祇支于肩部打结的样式是首次出现	佛面相略长圆,肩部较削。着通肩、双领下垂袈裟。菩萨面长圆,细颈,披帛裙披式或于腹前交叉穿环。弟子面相等同菩萨,着双领下垂式袈裟或袒右式袈裟,右肩披一方巾,且系带。飞天对襟式
壁画	全窟布局,壁面上下分栏绘制。晕染为中原色块式与西域凹凸法并用。内容千佛、本生故事、供养人、装饰题材	无	千佛

表十一　北周二段洞窟比较

	敦煌	麦积山	须弥山	拉梢寺
窟龛形制	中心柱窟，人字披顶西壁一龛窟，前部人字披、后部平棋顶西壁一龛窟三种形式共存。中心柱窟塔柱四面开单层龛。圆拱尖楣龛	四角攒尖顶窟为主，三壁均开龛或三壁开一龛，窟内出现完整仿木结构。同时崖阁窟也是此期特有的窟龛形式。圆拱形、帐形龛	方形覆斗顶中心柱窟为主。中心柱四面单层开龛。窟顶出现仿木结构。三壁三龛。圆拱形龛、帐形龛	圆拱龛为主
组合	一佛二菩萨、一佛二菩萨二弟子	整铺组合有三佛、七佛、十佛。单铺一佛二菩萨、一佛二菩萨二弟子	三佛、七佛、四佛等。单铺一佛二菩萨、一佛二菩萨二弟子。神王	一佛二菩萨、一佛二菩萨二弟子。菩萨为主尊组合
造像特点	佛着通肩或双领下垂式、袒右式袈裟。菩萨披帛主要是裙披式，壁画中出现了覆肩式披帛。披帛多腹前结带	佛像以双领下垂与通肩袈裟为多，悬裳仍旧存在，但较前期缩短。通肩类袈裟右角搭于左肩上。另出现袈裟轻薄贴体的样式，下摆简洁，呈两瓣下垂，且较短。菩萨身材瘦长、短粗形共存。披帛裙披式、覆肩式都存在，披帛于腹膝前横过一或二道，身上斜挂璎珞。菩萨身姿较端直如柱。弟子袒右式袈裟，右肩系带	佛像肉髻低平，面相方圆，身材壮硕敦实，肩部宽平。通肩或双领下垂袈裟。下摆呈四瓣式或多层两瓣式。菩萨特征同佛，披帛于腹膝前交叉穿环，或横于膝前	佛着通肩、双领下垂袈裟。菩萨面长圆，细颈，披帛裙披式、覆肩式披帛横于腹膝前。弟子面相等同菩萨，着双领下垂式袈裟。飞天裙披式。女供养人外披圆领式长袍，领前结带垂至胸际，下着长裙。或上着“V”形领宽袖高束腰长袍，下着长裙。男供养人，面相长圆，头戴笼冠或不戴冠，均身着圆领窄袖胡服，腰系带，下穿宽裤，足穿圆口鞋

续表十一

	敦煌	麦积山	须弥山	拉梢寺
壁画	全窟布局，壁面分三栏绘制。晕染为中原色块式与西域凹凸法并用。内容千佛、说法图、经变画、本生故事、供养人、装饰题材	窟顶残留壁画，内容涅槃经变、法华经变		千佛、群像多身组合

表十二 北周三段洞窟比较

	敦煌	麦积山	须弥山	拉梢寺
窟龛形制	方形覆斗顶为主，西壁开一龛，龛形仍为尖楣圆拱龛	四角攒尖顶窟为主，正壁开一龛或三壁三龛。圆拱形龛	方形中心柱窟，内部仿木佛帐结构。禅窟。帐形龛	摩崖壁画为主
组合	一佛二菩萨二弟子	整铺组合有三佛、七佛。单铺组合一佛二菩萨	一佛二菩萨、一佛二菩萨二弟子	一佛二菩萨、一佛二菩萨二弟子、一佛二菩萨二弟子二力士

续表十二

	敦煌	麦积山	须弥山	拉梢寺
造像特点	塑像中佛均为倚坐，肉髻低平，面相丰圆，颈短，着双领下垂褒衣博带样式袈裟。菩萨面相长圆，细颈，腹凸，或胸前饰璎珞，披帛绕肩后，横于腹膝前二道，或披帛于腹前打结等。弟子面相方圆，头大身短，着双领下垂袈裟。壁画中佛均为千佛形象，面圆短，着通肩大衣。菩萨披帛绕肩下垂或横于腹膝前二道。男女供养人以世俗人物形象及服饰为主。飞天裙披式、对襟式、袒右式均存在	佛像面短而艳。袈裟双领下垂、通肩、袒右并存。下摆多层两瓣式。通肩类袈裟右角搭于左肩上。菩萨面相同佛，戴冠。身材较长，腹部凸出，身体重心集中于一弯曲的腿上，上袒或穿僧衹支，披帛横于膝前二道，挂联珠式长璎珞。腰部呈现一定的扭曲，身姿动感明显	佛着双领下垂或袒右式袈裟	佛着双领下垂式袈裟。菩萨披帛条带状，呈裙披式。披帛横于腹膝前。力士着装同菩萨。女供养人整个形象成倒“V”字形，衣着特殊，内着高腰裙，外披大氅
壁画	全窟布局，壁面分栏绘制。晕染方式及内容同上段			佛说法图、交脚菩萨说法图

第一段各地窟形有共同因素，但差异较大。方形覆斗顶窟为敦煌、麦积山石窟中共有的窟形，两地窟内正壁开一龛造像或四壁均不开龛。敦煌还沿袭前期的中心柱窟，但中心柱已非早期的多层开龛，而成单层开龛。麦积山不见中心柱窟，方形窟内已在顶部出现仿木结构。拉梢寺为摩崖造像。各地龛形多为圆拱尖楣形。造像组合上麦积山整铺组合较多，有三佛、四佛、七佛等。其中七佛是麦积山主流题材，同时拉梢寺也有七佛内容。单铺组合各地均存在，以一佛二菩萨为主，一佛二菩萨二弟子像出现在拉梢寺。佛像虽已具北周丰圆的特点，但各地表现不同。敦煌保持着明显的秀骨清像风格。麦积山、拉梢寺造像均长圆脸、细颈、肩部下削，留有西魏遗风。佛着通肩或双领下垂式袈裟。麦积山在保留袒右式袈裟的同时，还出现袈裟于左肩外飘垂一角的样式。麦积山袈裟下摆覆座较长，多层两瓣式。敦煌袈裟相对较为简短。敦煌、麦积山菩萨身材略修长，披帛还存在垂于体侧略外扬式，保持北魏、西魏的早期特点，敦煌尤甚。但总体来说，菩萨披帛以裙披式为主，多于腹前交叉穿环。麦积山还出现裹肩式披帛。弟子袒右或双领下垂袈裟，麦积山、拉梢寺有僧祇支于肩部打结的新样式。壁画方面，本期敦煌壁画较多，内容有千佛、本生故事、供养人、装饰题材，全窟布局，壁面上下分栏绘制。晕染为中原色块式与西域凹凸法并用，仍继承敦煌的传统。拉梢寺壁画以千佛为主，为中原色块式晕染法。

第二段窟龛形制上各有特色，但相互间的共性增加。敦煌延续早期的形制，中心柱窟，人字披顶西壁一龛窟，前部人字披、后部平棋顶西壁一龛窟三种形式共存。中心柱窟四面单层开龛与须弥山相同。麦积山四角攒尖顶窟成为主流，且内部的仿木结构更加完善，四角立柱等此段大都出现。与此相同的是须弥山诸中心柱窟中也大量出现仿木帐结构。另外，三壁三龛是麦积山与须弥山此时共有的。崖阁窟是麦积山此段的新特点。拉梢寺以小龛为主。龛形上在共有的圆拱龛外，麦积山、须弥山的帐形龛较流行。造像整体组合上麦积山七佛仍流行，须弥山新出现七佛。三佛仍是麦积山、须弥山共有的内容。麦积山新见十佛，须弥山出现四佛。单铺组合各地相近，一佛二菩萨为主，一佛二菩萨二弟子逐渐增多。须弥山交脚菩萨、倚坐菩萨共存，且新见神王内容。拉梢寺壁画中出现千佛及多身的群像组合，后者不见于其他石窟。另外，菩萨为主尊成为拉梢寺的特色。造像特点上，此段各石窟佛像面部较前段略短，丰圆的特征更加明显。袈裟为通肩或双领下垂式。麦积山袈裟下摆较一段略短，略简化。菩萨披帛裙披与覆肩共存，披帛多于腹膝前横过一二道。只有敦煌菩萨披帛交叉穿环仍较多，其他地区消失或少见。弟子袒右或双领下垂式袈裟为主。壁画在敦煌仍继承一段的内容，形式上壁面分上中下三栏。麦积山部分洞窟的顶部出现了经变画。

第三段洞窟形制仍旧各具特色，敦煌方形覆斗顶一龛窟。麦积山承袭二段四角攒尖顶窟仿木佛帐窟。须弥山仿木佛帐形中心柱窟。麦积山、须弥山窟内仿木结构相同。造像组合上七佛、三佛仍是麦积山的主流。单铺仍沿续一铺三身、一铺五身组合，拉梢寺壁画中多身组合较多。造像特点上，麦积山较突出，北周佛像典型的面短而艳的风格出现，敦煌、须弥山仍敦实厚重型。麦积山佛袈裟虽然还有繁复的多层两瓣式，但已出现简略的倾向。麦积山菩萨像同佛像风格，且新出现了身姿扭曲的样式。拉梢寺壁画中菩萨也表现出同样的特点，但时代略晚至隋。须弥山菩萨同佛像较敦厚。

从上述分析中可以看出，各地在不同阶段差异与共性都很明显，各地除了自身的发展外，相互的影响也贯穿始终。西魏晚期在麦积山就已出现的仿木帐形窟（龛），北周时期一直存在，并在二段时出现在须弥山中心柱窟内。中心柱窟是敦煌、须弥山共有的窟形，两地北魏、西魏时期就有中心柱窟，但每面多层开龛，到北周时都变为单层开龛。麦积山七佛题材也在二段时出现在须弥山，说明两地间联系紧密。须弥山神王雕刻的出现或是受到中原的影响，但北凉石塔等西来的因素也不能忽略。麦积山佛及菩萨等造像特点都经历了从略修长到丰壮的过程，面相从长圆到丰圆再到面短而艳的变化明显，而敦煌、须弥山变化较慢，始终较为敦实厚重。菩萨造像一、二段均保持直立如柱的特点，到三段时麦积山率先出现了身体扭曲状，这是受到南朝及长安造像的影响。敦煌、须弥山一直保持敦实直立的特色，到隋窟中才出现变化，与麦积山相比略显滞后。菩萨披帛横于腹膝前的样式也最早出现在麦积山，须弥山在二段出现，而敦煌则一直到三段时才出现，明显晚于麦积山、须弥山。从各地各段的不同中可以看出，麦积山在自身发展的同时，对其他石窟影响较大，尤其是对须弥山和拉梢寺石窟。壁画方面，敦煌壁画发达，内容丰富，但仍沿袭早期的本生、因缘、说法图等内容，自身体系较明显。麦积山出现了较为完整的经变画，与东魏、北齐及南朝相似。总体看麦积山的发展较其他地区先进。

麦积山的先进性不仅表现在洞窟形制、造像特点等外在形式上接受中原东部、南朝的影响而产生的改变，更表现在佛教思想上。只有在佛教思想上发生了改变，其题材内容才会随之变化。4窟窟龛形制及护法的天王像都表达了末法时期，信众希望佛法永存的观念。七佛构图中不出现弥勒，也可以理解为对佛涅槃后的末世前途担忧，希望渺茫，只祈愿佛法永驻的思想。北朝晚期东部东魏北齐石窟受末法思想的影响，刻经流行，石窟面貌发生了变化。虽然麦积山并没出现刻经的现象，但开龛数量大增，窟龛规模宏大，七佛造像、涅槃经变内容都与前期不同，反映了受末法思潮影响的结果。当然这种势头只处于萌芽阶段，还十分模糊，但已迈出了这关键的一步。须弥山、敦煌中心柱窟本身也具有牢固之意，同时须弥山中心柱下部的护法神王像都与末法思想有关。长安地区出现大量高大的圆雕佛像、菩萨像及一定数量的覆钵式造像塔，都反映了末世来临，人们造像、建塔，祈求佛法永留的愿望。

二、差异产生的原因

麦积山地处西部诸石窟的最东边的秦州地区，从地缘上与长安、中原东部地区、成都地区最近，这种地域上的特点，使得其在文化上较早受到上述三地的强烈影响，故石窟寺中出现了较多的新因素。西魏、北周中央政权均加强对秦州的控制，尤其北周时期秦州与长安的关系密切，极易受到长安的影响。同时历任秦州刺史多为皇族重臣[①]，这些人对加强两地的联系起到了极大的推动作用。造像内容上除了保留西部地区北魏、西魏的传统三佛题材外，还大量出现旧有的七佛题材，这与北周复古的政治背景有关。另外，东魏、北齐末法思想的流行也对其产生了一定的影响。长安地区虽然石窟寺不存，但北周时期单体造像碑中也发现了七佛的题材[②]。北周、北齐间互派使节[③]，使得东西往来频繁，相互影响出现。麦积山 4 窟的外立面类覆钵塔形、帐形龛、护法天王、力士等明显受东部地区影响（虽然帐形龛、覆钵塔等是北方地区北魏旧有的形式，但在此时大量流行还是与东部地区北齐石窟寺及末法思想盛行有关）。而麦积山涅槃、法华经变画题材虽是北方地区久已流行的题材，但此时出现，更多的是末法思想护法意愿的表现。

在造像样式方面，麦积山佛螺髻、面相方圆、身材短粗、通肩袈裟及其衣纹的各种变化在长安北周造像中十分普遍。菩萨像冠、瓔珞装饰繁多、身躯扭动、游足样等都与长安、成都联系密切。

自秦汉以来就存在的“金牛道”是连接蜀、秦的重要通道[④]。道路的畅通促进了文化的交流，秦蜀间僧人帛法祖、法祚的经历都反映了秦蜀间

---

①陈悦新《甘宁地区北朝石窟寺研究》，北京大学博士论文，2004 年。

②《长安佛韵——西安碑林佛教造像艺术》，第 63 页。

③《周书》卷五六《武帝纪》，中华书局，1971 年，第 75—76、79—83、91 页。

④严耕望《唐代交通图考》第四卷《金牛成都驿道》，台湾商务印书馆，1986 年。

的交往[①]。北周平巴蜀兼江陵，更加强了益州与长安的交往，也促进了秦蜀的联系。麦积山石窟自北魏时期就受到益州的影响，北魏窟中佛袈裟下摆三瓣式样就来自益州。北周时期佛着通肩袈裟、右肩半披式袈裟。菩萨S形身躯的变化就更是受到益州南朝造像的影响。

总之，麦积山地处丝绸之路东段，地近长安、洛阳等北方文化中心，很容易接受先进文化的影响。北周、北齐互通后又加强了与东部邺城等地的互动，而南通巴蜀，使得其又吸收了南朝文化的因素，在多种因素的共同作用下，形成了较为先进的文化面貌。

与秦州相邻的渭州为北魏时设立的新州，其地原为秦州所辖，军事上仍属秦州统辖范围，与秦州关系甚为密切。北周设立秦州总管，渭州同属其辖。位于渭州的拉梢寺石窟成了秦州地区规模上仅次于麦积山的中型石窟寺，同时造像内容上也有诸多相似之处，如两地均有七佛题材，造像特征上长圆面相、细颈等是两地共同的特征。拉梢寺除了上述与麦积山的相似处外，自身特点也很明显，如群像组合、菩萨像为主尊的造像，这些特点与蜀地南朝造像密切相关。作为水帘洞石窟群开创者的尉迟迥曾为蜀国公、益潼十八州诸军事、益州刺史[②]，同时尉迟迥极其崇信佛教，曾在长安建造妙像寺[③]。他任职渭州后便在拉梢寺建造摩崖三尊大像。如此大规模的造像，在全国现存的佛教造像中都是少有的，这从一个侧面反映了尉迟迥的实力及其崇佛的态度。

敦煌地处河西走廊西端，西通葱岭，东接走廊。自元鼎六年（前111年）汉武帝在敦煌设郡以来，不仅成为东西交通的枢纽，同时也是中原通往西域的门户和边防重镇。“华戎所交，一都会也。”[④]自新莽末年，中原

---

①《高僧传》卷一，《大正藏》50册。

②《周书》卷二十一《尉迟迥传》，中华书局，1983年，第349—352页。

③《大正藏》第52册，第518页。

④《后汉书·郡国志》敦煌郡条注引《耆旧记》，第3521页。

大乱以来，敦煌成为中原人士避乱的地区。东汉元初七年（120）在敦煌置西域副校尉，承担起“西抚诸国，总护南北道”的责任。魏晋时期几任太守也大力发展敦煌的经济文化。十六国时，中原大乱，敦煌为五凉政权所统治，处于相对较为安定的局面，“中州避难来者，日月相继”。北魏灭北凉统一河西后，控制敦煌，并在敦煌设镇，作为经营西域的基地。太平真君六年（445）、九年（448）万度归两次进军西域，使得西域诸国纷纷降服，丝绸之路畅通。随着柔然的强大，北魏献文帝时，柔然控制了西域，敦煌成为北魏抵御柔然的前沿。在北魏与高车的夹击下，柔然衰退，敦煌得以安定，东西交通顺畅，交流频繁。北魏末年关陇大起义，东西交通受阻。西魏时突厥、吐谷浑兴起，并控制了西域，丝绸之路再次被阻隔，敦煌的门户作用受到了削弱。直到西魏大统十二年（546）嚈哒国遣使献方物起，与西域的交往才得以恢复。北周在“安三边”“定四表”的同时，加强同南朝的联系，并与西域诸国通好往来，相互间遣使赠方物①。北周武帝时这种交往最为频繁。在这样的大背景下，敦煌地区与中原及西域的联系畅通，贸易往来频繁，经济发展，文化交流得到恢复。

敦煌的繁荣、衰落，经济文化的发达、停顿，与丝绸之路的畅通与否密切相连。汉魏时期中原人士避难敦煌，带来大量的汉文化，使得中原传统文化在敦煌根植，儒家经典在此地传播。从考古资料看，中原艺术在魏晋时就影响了河西敦煌等地②。与此同时，外来的佛教文化也通过丝绸之路传到敦煌。据《高僧传》记载，约 244 年前后，竺法护在敦煌被外国僧人竺高座收为徒，并于晋武之时随师游历西域诸国，后回到敦煌等地传教

---

①《周书》卷五十《异域传下》，中华书局，1983 年；《北史》卷九十七《西域传》，中华书局，1983 年。

②大量的河西魏晋墓葬表现出了强烈的中原文化因素，参看甘肃省文物考古研究所编《敦煌佛爷庙湾——西晋画像砖墓》，文物出版社，1998 年；甘肃省文物考古研究所《敦煌祁家湾——西晋十六国墓葬发掘报告》，文物出版社，1994 年。

译经，成为译经大师[①]。十六国时，东来传教、西去求法的僧人常常往来于敦煌，促进了佛教在敦煌的发展。“凉州自张轨后，世信佛教。敦煌地接西域，道俗交得其旧式，村坞相属，多有塔寺。”[②]就是对河西、敦煌此时佛教发展状况的最好诠释。乐僔、法良先后在鸣沙山开凿洞窟，创洞窟开凿的先河。北朝时期，敦煌佛教仍继续发展，时任敦煌地方长官的许多人都来自中原，并崇奉佛教，如穆亮、元荣、于义等，他们不仅崇佛，同时也大力开窟造像，使得“合州黎庶，造作相仍”[③]。但佛教的发展并不是一帆风顺的，北魏晚期正光五年至建明元年（524—530）关陇大起义，使得丝绸之路阻断，西魏初期敦煌与中原、西域的联系都受到一定的影响。普泰二年（532）东阳王元荣敬造《律藏初分》第一四卷尾题：“大代普泰二年岁次壬子三月乙丑朔二十五已丑，弟子使持节散骑常侍都督岭西诸军事车骑大将军开府仪同三司瓜州刺史东阳王元荣，惟天地妖荒，王路否塞，君臣失礼，于滋多载。天子中兴，是以遣息叔和，早得回还。”“……惟天地妖荒，王路否塞。君臣失礼，于慈（兹）多载。天子中兴，是以遣息叔和诣阙修□。弟子年老疹患，冀望叔和早得还回。敬造无量寿经一百部供养。”[④]《上海图书馆藏敦煌遗书目录》中《维摩经疏》卷一中也有相似记载。从上述文献可知，因关陇大起义的影响，丝绸之路中断，敦煌自北魏晚期开始与中原的交通贸易等受阻，文化交流也一度停顿，佛教艺术受此影响，也表现出一定的滞后性。西魏晚期、北周时期，丝绸之路重新畅通，东西交往又开始密切，与西域政治上通使、经济上互市、文化交流加强，佛教及其艺术又开始受到新的因素的影响。西域胡商不仅经商贸易，也参与洞窟的开

---

①《高僧传》卷一《竺昙摩罗刹传》，《大正藏》第 50 册，第 326 页。

②《魏书》卷一百一十四《释老志》，第 3031 页。

③参看《李君莫高窟佛龛碑》，郑炳林《敦煌碑铭赞辑释》，甘肃教育出版社，1992 年。

④宿白《东阳王与建平公（二稿）》，原载《敦煌吐鲁番文献研究论集》第四辑，后收入《中国石窟寺研究》，文物出版社，1996 年 8 月。

凿，如北周 294 窟中供养人题名中大量的胡商榜题就是极好的例证[①]。与此同时，随着与中原联系的畅通，来自中原京兆的皇亲国戚等执政敦煌，北周时期刺史敦煌的韦瑱、段永、李贤、于义等多出自长安或皇族，将北周文化中心长安的新样式带到敦煌，并在此获得传播与发展[②]。韦瑱"字世珍，京兆杜陵人也。世为三辅著姓"[③]。"魏恭帝二年，赐姓宇文氏。三年，除瓜州诸军事、瓜州刺史"[④]。李贤，大统"八年，授原州刺史……保定二年，诏复贤官爵，仍授瓜州刺史"[⑤]。有关于义及其在敦煌的开窟造像活动，宿白先生已有精辟论述[⑥]。至于段永，文献记其于北周明帝武成二年(560 年)至武帝保定三年(563 年)刺史瓜州[⑦]。《北史》卷六十七《段永传》记："段永字永宾，其先辽西石城人，晋幽州刺史疋磾之后也。"因"复弘农，破沙苑，并有战功，进爵为公。河桥之役，永力战先登，授南汾州刺史。累迁骠骑大将军，开府仪同三司，赐姓尔绵氏……周孝闽帝践阼，进爵广城郡公。历文、瓜州刺史，户部中大夫"。《周书·段永传》中记载与北史相近，但无刺史瓜州的内容[⑧]。《周柱国大将军大都督同州刺史尔绵永神道碑》载："国家以玉门西据，久劳亭障；阳关北牧多事风尘。武成二年，有诏进公都督瓜州诸军事瓜州刺史是以名驰梓岭，声振榆关，无雷畏威，负霜还惠。保定三年还朝……"据载，段永曾建"尔

①敦煌研究院编《敦煌莫高窟供养人题记》，文物出版社，1986 年。

②宿白《东阳王与建平公(二稿)》，原载《敦煌吐鲁番文献研究论集》第四辑，后收入《中国石窟寺研究》，文物出版社，1996 年。

③《北史》卷六十四《韦瑱传》，中华书局，1983 年，第 2275 页。

④《周书》卷三十九，中华书局，1983 年，第 694 页。

⑤《周书》卷二十五，第 416 页。

⑥同②。

⑦《庾子山集》卷十四《周柱国大将军大都督同州刺史尔绵永神道碑》；《北史·段永传》；《周书·段永传》。

⑧《周书》卷三十六《段永传》记："……孝闽帝践阼，进爵广城郡公，转文州刺史……"

绵寺”[①]，推测他或许信佛。李崇峰据敦煌遗书 S.2732 号卷子尾题“保定二年岁次壬午于尔绵公斋上榆树下大听僧稚讲维摩经一遍私记”考证，卷尾“尔绵公”即段永[②]。虽然我们现在只能找到于义在敦煌开窟造像的史料，其他人的造像活动不见记载，也无实物留存，但他们来自崇佛的长安，带来长安等地的新风是极有可能的。这样使得大量中原文化，融入敦煌佛教石窟中，逐渐形成中国化的佛教艺术形式及体系，为隋唐中国佛教的繁盛打下了基础。

须弥山石窟位于宁夏固原县，固原处于陕、甘、宁三省交界的黄土高原，陇山、六盘山之巅。这里山势险峻，地理位置极其重要。

从近年的考古发现看，距今约 2.7—3.2 万年前的旧石器时代，固原所在的宁夏南部地区就有人类活动[③]。新石器时期文化属半山、齐家文化体系，西周时期沦为荒蛮之地。但 1981 年在固原发掘了西周成、康王时期的墓葬及车马坑[④]，出土了大量的青铜礼器等，说明西周时期的统治区域已到达固原地区。春秋时期大量流行北方草原系青铜器，这些早期人类活动遗迹及遗物的发现，表明固原地区的历史十分久远。《元和郡县图志》中记固原属雍州[⑤]，自秦汉设置郡县后，固原先属北地郡，汉武帝元鼎三年（前 114）置安定郡，辖二十一县，郡治高平（今固原）[⑥]。王莽新政，改安定郡高平为“铺睦”[⑦]。东汉沿西汉制，称安定郡，治所高平[⑧]。至东汉

---

①《辩证论》卷四《十代奉佛篇》下，《大正藏》第 52 册，第 518 页。

②李崇峰《敦煌莫高窟北朝晚期洞窟的分期与研究》，敦煌研究院编，纪念敦煌莫高窟藏经洞发现一百周年《敦煌研究文集·敦煌石窟考古篇》，甘肃人民出版社，2000 年。

③《宁夏彭阳发现旧石器时代遗址》，《中国文物报》2003 年 6 月 13 日。

④韩孔乐《宁夏固原县西州墓清理简报》，《考古》1983 年第 11 期。

⑤《元和郡县图志》卷三，中华书局，1983 年，第 57 页。

⑥《汉书·地理志》卷二十八下，中华书局，1983 年，第 1651 页。

⑦《汉书·地理志》卷二十八下。

⑧《后汉书·郡国志》，中华书局，1973 年。

安帝永初五年(111)为防御少数民族的侵扰,“徙郡县以避寇难……安定徙美阳(今陕西武功)”[①]。二十年后的顺帝永建四年(129),安定郡回迁,治所为临泾。“高平自移郡入户稍小,至曹魏废”[②]。直到北魏太延二年(436)置高平镇,成为军事重镇,魏孝明帝正光五年(524)改置原州[③]。北周时在原州设总管府。隋大业三年(607)罢州为平原郡[④]。如前所述,春秋战国时期发达的青铜文化,就反映了固原地区文化面貌的多样性,据专家研究,此批青铜器既受到了鄂尔多斯系青铜文化的影响,又与中原文化、秦文化等互相联系,属西戎文化,是由义渠戎创造的[⑤]。西汉设置的管理归顺少数民族的属国——安定属国即包括固原地区。东汉在安定郡设三水属国,用以安置内徙的羌民。三国魏时,匈奴别部休屠胡被安置在高平一带。西晋时,鲜卑鹿结部、乞伏部迁徙固原。十六国时固原属于前赵、后赵、前秦、后秦、西秦、大夏等少数民族政权的控制范围。北魏灭大夏后,统治了固原地区。为抵御漠北的柔然等族,北魏于太延二年(436)在高平设镇,安置降服的柔然、敕勒等人,并从内地迁徙汉人屯驻高平,使得此地的民族融合不断加剧。固原发现的北魏、北周墓葬中出土了大量的具有中亚、波斯风格的文物[⑥],揭示了中西文化在此地的交流情况。近年发现的

---

①《后汉书·西羌传》。

②《太平寰宇记》卷三十三,《四库全书》469 册,上海古籍出版社,1987 年,第 283 页。

③《太平寰宇记》卷三十三,第 283 页。

④《太平寰宇记》卷三十三,第 283 页。

⑤罗丰《以陇山为中心甘宁地区春秋战国时期北方青铜文化的发现与研究》,《内蒙古文物考古》1996 年第 1、2 期合刊;马建军《半环陇山的戎族青铜器文化》,《固原师专学报》1997 年第 1 期;马建军《二十世纪固原文物考古发现与研究》,宁夏人民出版社,2004 年。

⑥韩孔乐、韩兆民《宁夏固原北魏墓清理简报》,《文物》1984 年第 6 期;宁夏固原博物馆《固原北魏墓漆棺画》,宁夏人民出版社,1988 年;宁夏固原博物馆《彭阳新集北魏墓》,《文物》1988 年第 9 期;宁夏文物考古所《固原北周宇文猛墓发掘简报》,《宁夏考古文集》,宁夏人民出版社,1996 年; 宁夏回族自治区博物馆、宁夏固原博物馆《宁夏固原北周李贤夫妇墓发掘简报》,《文物》1985 年第 11 期;原州联合考古队编《北周田弘墓》,文物出版社,2009 年。

隋唐时期粟特史家墓葬，又为我们了解粟特人在固原的生存、发展状况提供了珍贵的资料[①]。

固原因其地理位置的重要，使得其在很早的时候就是中外交流的必经之地。汉武帝曾多次巡查安定郡。在居延出土的汉简中，记载了出长安西行的驿站及相互间的里程等内容[②]，从简文中可知自长安经茂林、泾阳、平林、高平、张掖、删丹等西去河西的路线，而这条路线是汉代通往西域诸国的“第一号国道”[③]。途经高平西行的道路之所以重要，除了它是东距长安最近的道路外，还在于这条古已有之的西行之路，避开了大量的高山险阻，又有长城、黄河等屏障的护卫，安全性相对较高。北朝时期原州更是成为丝绸之路东段北道的要地，是连接平城与凉州的孔道，日本学者前田正名在其《平城の历史地理学的研究》中指出北魏迁都前，平城与高平间的道路主要依赖于鄂尔多斯南缘之路[④]，通过此路往来的使臣、商旅、僧人不计其数，中西文化在此地碰撞、交流，使得原州的文化面貌不同于其他地区，有其自身的特点。佛教文化及其艺术也与此相同，大量中心柱窟的存在就是受到云冈石窟二期洞窟的影响，经陕北、陇东传播至须弥山。而北周造像的敦厚感又是长安风格的体现，也是经由陇东的泾川等地而来。至于洞窟中仿木结构及题材内容上的七佛、三佛等则是吸收了麦积山石窟同期的因素。

总之，上述各地历史背景、文化的差异等是其佛教文化面貌不同的主要原因。

---

①罗丰《固原南郊隋唐墓地》，文物出版社，1996 年。

②甘肃省文物考古研究所、甘肃省博物馆等《居延新简》，文物出版社，1990 年，第 395 页；甘肃省文物考古研究所等编《居延新简甲渠候关》（上），中华书局，1994 年，图版 389。

③初世宾《汉简长安至河西的驿道》，《简帛研究二〇〇五》，广西师范大学出版社。

④[日]前田正名著、李凭译《平城の历史地理学的研究》，书目文献出版社，1994 年。

第四章

北周单体造像研究

前面上述章节中我们讨论了北周石窟寺及其造像特征等，使我们对北周石窟寺有了一定的了解，而地处北周文化中心的长安，或因地理条件的限制，不宜开凿石窟寺，或因破坏无存，故不见北周石窟寺，对于探寻北周时期长安佛教艺术的面貌造成了一定的困难。然而长安建造塔庙风行一时，当时必有大量佛教造像。近年长安地区出土了大量窖藏佛教造像，其中保留了较多的北周单体造像（碑）等，它们成为认识北周长安佛教艺术的珍贵资料，可以帮助我们探寻北周长安佛教艺术的一些特点及其与周边地区造像的关系。为此，笔者收集了北周各地的单体造像，并将其列表附于文中，以期能够全面准确地认识北周单体造像。

对于中国佛教造像的研究，国外学者的起步较早，日本东方美术史学家大村西崖著有《中国美术史雕塑篇》[①]，书中收录了大量的造像及图片，以佛教美术为主体，介绍了五代以前的中国美术。瑞典学者喜龙仁搜集了大量包括佛教造像在内的石刻作品，出版了〈Chinese Scolpture from the Fifth to the Fourteenth Centuries〉[②]，并按省份编排，较早地注意到区域研究的重要性。日本学者松原三郎历时多年，收集大量佛教造像，出版

①［日］大村西崖《中国美术史雕塑篇》，1915年，东京。

②Osvald Siren 〈Chinese Scolpture from the Fifth to the Fourteenth Centuries〉，Londen，1925.

了《中国仏教彫刻史论》[①],此书所收集资料是目前最全的,同时书中的文本卷,对各时期各地区的造像进行了比较分析,是研究中国佛教造像碑的重要参考资料。

目前国内学界对单体造像的研究较为薄弱,大多限于对某一地区某一时段的个体造像的研究,且以公布资料为主,综合性的研究较少。金申在《中国历代纪年佛像图典》及《海外港台历代佛像——珍品纪念图典》中[②],收录了大量的造像资料,其中大部为流失海外的中国佛教造像,使我们得以看到更多的资料,利于学术研究。李静杰所著的《石佛选粹》是目前所见唯一的对全国范围内的单体造像进行综合论述的著作[③],书中不仅将造像形式进行了分类,同时从不同区域造像的特点进行了分区论证,对造像碑在全国的分布及特点有了一个全面的把握。但因当时条件所限,文中收录的造像数量较少,对深入研究有一定的限制。1998年李静杰又发表了《早期单体石佛区域性分析》[④]一文,进一步阐述了对各地域造像的认识。张总《佛教造像研究——以隋唐之前纪年造像为主体》、王景荃《试论北朝佛教造像碑》,对北朝造像碑做出了综合分析[⑤]。这些成果为进一步研究南北朝造像打下了坚实基础。

---

①[日]松原三郎《中国仏教彫刻史论》,吉川弘文馆,1995年,东京。

②金申《中国历代纪年佛像图典》,文物出版社,1994年;金申《海外港台历代佛像——珍品纪念图典》,山西人民出版社,2007年。

③李静杰《石佛选粹》,中国世界语出版社,1995年。

④李静杰《早期单体石佛区域性分析》,《故宫博物院院刊》1998年第2期。

⑤张总《佛教造像研究——以隋唐之前纪年造像为主体》,中央美术学院硕士论文,1985年,《中国佛教学术论典》80册,佛光山文教基金会印行;王景荃《试论北朝佛教造像碑》,《中原文物》2000年第6期。

20世纪以来在陕西各地陆续出土了大量佛教造像(碑)[①],主要收藏于碑林博物馆、西安市文物保护考古所及耀县药王山博物馆。另有部分散藏于各地博物馆。近年西安市文物保护考古所将其所发掘收藏的部分佛教造像结集出版,中国社会科学院考古研究所将长安城遗址中出土的佛教造像编写出版了《古都遗珍——长安城出土的北周佛教造像》,碑林博物馆将馆藏的佛教造像进行了展示,配合展览出版了《长安佛韵——西安碑林佛教造像艺术》[②]一书。2013年甘肃泾川佛教遗址中发现了2个佛教造像窖藏坑,共出土260余件组佛教造像,其中部分为北周造像[③]。这些考古成果,为学界提供了较为详细的关于西安及其周边地区佛教造像的资料。

目前具体到各个时段、地域造像的研究,成果较少。随着成都、青州大量单体造像的出现,学界将注意力集中在对南朝及青州北齐造像的考

---

①靳之林《延安地区发现一批佛教造像碑》,《考古与文物》1984年第5期;陕西省文物普查队《耀县新发现的一批造像碑》,《考古与文物》1994年第2期;马咏钟、保全《西安文管处所藏北朝白石造像及隋鎏金铜像》,《文物》1979年第3期;西安市文物保护考古所《西安北郊出土北朝佛教造像》,《文博》1998年第2期;张连喜《西安出土一尊北朝石雕佛像》,《考古》1995年第4期;韩保全《隋正觉寺出土的石造像》,《考古与文物》1987年第6期;王长启《礼泉寺遗址出土佛教造像》,《考古与文物》2000年第2期;李美霞《临潼县博物馆藏北周造像座、唐代造像与经幢》,《文博》1992年第2期;王长启等《西安北郊出土北朝佛教造像》,《文博》1998年第2期;马咏钟《西安北郊出土北周佛造像》,《文博》1999年第1期;西安市文物局《西安北郊出土北周白石观音造像》,《文物》1997年第11期;赵立光、裴建平《西安市东郊出土北周佛立像》,《文物》2005年第9期;马琴莉《北周天和四年造像碑》,《考古与文物》2005年第1期;慧明《陕西户县发现北周佛教造像碑基座》,《考古与文物》2002年汉唐增刊;西安市文物保护考古所《西安窦寨村北周佛教石窟造像》,《文物》2009年第5期。

②西安市文物保护考古所编著《西安文物精华——佛教造像》,世界图书出版公司,2010年;中国社会科学院考古研究所编著《古都遗珍——长安城出土的北周佛教造像》,文物出版社,2010年;碑林博物馆《长安佛韵——西安碑林佛教造像艺术》,陕西师范大学出版社,2010年。

③吴荭等《甘肃泾川佛教遗址》,《2013年中国重要考古发现》,文物出版社,2014年;甘肃省文物考古研究所泾川县博物馆《甘肃泾川佛教遗址2013年发掘简报》,《文物》2016年第4期。

察上，发表了大量的论文，探讨其来源与特征[1]。而对于西部地区单体造像(碑)的研究、关注较少，李凇的《陕西古代佛教美术》、罗宏才《中国佛道造像碑研究——以关中地区为考察中心》、台南艺术大学马羽娴硕士论文《陕西北朝单体石造像考》是部分的研究成果[2]。但对北周单体造像，目前研究成果很少。八木春生《西安北周石造如来立像に関する一考察》《西安隋前期の石造菩萨立像に関する一考察》探讨了其特征[3]。暨远志《北周丰壮型佛教艺术是如何形成的？》[4]一文对北周丰壮造型的特点及产生原因做了详尽的论述。近年王敏庆《北周佛教美术研究》、肖丁《西安地区北周佛教造像及其渊源研究》两文着眼于长安单体造像，对其进行了详细的讨论，取得了一定的进展[5]。

5世纪下半叶，平城地区开始流行各类单体造像(碑)等，并辐射影响周围地区。迁洛后，佛教造像中心转移到洛阳及其周围的中原地区。随着北魏分裂，佛教造像艺术与政治文化中心相适应，形成了邺城与长安两个中心。单体佛教造像自北魏正光以来，进入了大发展的繁荣时期，到北周、北齐时期，达到了顶峰。但随着寺院经济的无限膨胀及佛道之争，

---

①宿白《青州龙兴寺窖藏的几个问题——青州城与龙兴寺之三》，《文物》1999年第10期；金维诺《南梁与北齐造像的成就与影响》，《美术研究》2000年第3期；罗世平《青州北齐造像及其样式问题》，《美术研究》2000年第3期；刘凤君《青州地区北朝晚期石佛像与"青州风格"》，《考古学报》2002年第1期。

②李凇《陕西古代佛教美术》，陕西人民教育出版社，2000年；罗宏才《中国佛道造像碑研究——以关中地区为考察中心》，上海大学出版社，2008年；马羽娴《陕西北朝单体石造像考》，台南艺术大学硕士论文，2007年。

③[日]八木春生《西安北周石造如来立像に関する一考察》，泉屋博古館纪要第二十四卷，平城20年3月30日发行；八木春生《西安隋前期の石造菩萨立像に関する一考察》，《芸術研究报29》，筑波大学芸術学系研究报告，第53辑。

④暨远志《北周丰壮型佛教艺术是如何形成的？》，待刊，提要见山东大学美术考古研究所《中国北朝佛教造像及其传播国际学术研讨会纪要》，《文物》2006年第4期。

⑤王敏庆《北周佛教美术研究——以长安造像为中心》，社会科学文献出版社，2013年；肖丁《西安地区北周佛教造像及其渊源研究》，南京艺术学院硕士论文，2012年。

导致了北周武帝灭佛，佛教造像受到灭顶之灾，单体造像的高潮从此落幕。

北周单体造像的分布地域是以长安为中心的陕、甘、宁、晋、豫、成都等地。其中陕西关中地区为北周文化的中心地带，出土的造像数量较多，反映的时代特点也最为明显。甘、宁属于北周辖境，受北周中心文化的影响，除了存有大量的北周时期的佛教石窟寺及造像外，还出土或传世一定数量的北周单体造像碑等。其分布地区主要集中在地近陕西的陇东、宁夏南部的固原一带，造像特点与长安相近，但也有一定的地域特色。6世纪中叶，山西、河南属于北周、北齐交汇点，同时外来文化对两地也有过一定的浸染，其文化面貌具有一定的多样性。虽然山西、河南境内出土的北周造像碑等数量有限，但其风格特点却与以长安为中心的其他地区不同，形成了自己的独特风格。成都地区不仅出土了大量的南朝造像，同时也出土了一定数量的北周造像等，且成都的北周圆雕造像继承了南朝的特点，故在认识成都北周造像时必须考虑到南朝造像的因素。如上所述，北周单体造像碑，在共性的基础上，从形式到特色都存在一定的地域差异。以下试进行分析研究。

第一节 造像形式及内容

在讨论北周单体造像之前，笔者首先想搞清一个概念，目前学界对于造像、造像碑等名词有各种不同的理解，概念较为混乱。本文所说的单体造像是指存在于佛教石窟寺以外的，可移动的佛教造像这一特定的遗物，包括单体的造像、造像碑等。从材质上又可分为石质、陶质、铜质、玉质、木质、泥质等。目前所见大都为石质、铜质，玉质、木质、泥质少见。

我国的单体石造像从形式上可以分为碑式、浮雕嵌板、圆雕式、背屏式、塔式、龛式等几种①。各个时期所流行的造像样式有一定的差别，如北魏单体造像碑较为常见，背屏式也很普遍，而圆雕式造像基本不见。东、西魏像碑基本沿袭北魏的特征，没有大的发展变化。到了北齐、北周单体圆雕石造像数量猛增，且形式独特，反映了此时佛教造像的特点。

①李静杰《石佛选粹》，中国世界语出版社，1995 年。

一、造像碑

1. 概述

造像碑是中国独有的一种佛教造像艺术形式,它是将传统的刻石纪事与佛教雕刻结合,像文并茂,成为中国独特的佛教艺术表现形式。

北周造像碑形制有长方形平顶、长方形圆拱顶、长方形蟠螭纹碑额、梯形平顶等几种类型。各种像碑分布区域不同,加之各地区文化背景的差异,在像碑面貌上表现出一定的地域性特征。

长方形平顶碑在各地区都见,陕西地区最常见。造像碑碑身长方形,顶部平齐,碑身单面、两面或四面开龛造像,并出现了开龛造像与龛外立面阴线刻相结合的形式。龛内雕刻尊像,龛外线刻骑马、乘牛车供养人等。同时碑身还刊刻大量发愿文及邑子姓名,表明佛教社邑组织的发达。另外,从邑子姓名中所反映的情况看,少数民族较多,如保定三年(563)像碑(图三十五:1)。

长方形圆拱顶像碑也是一种较为常见的像碑形式。自中国佛教像碑开始制造,此类像碑就已出现,其结构同长方形平顶类,只是碑顶部为圆拱形。北朝各地都存在大量的此类碑像,山西安邑出土的北周保定二年(562)陈海龙像是其中的精品(图三十五:2)。

长方形蟠螭纹碑额是长方形圆拱顶形式的一种变形,它结合了中国传统的碑石纪事的功能,常在碑额部分雕刻蟠螭纹及寺名,说明这类碑像与寺院关系密切。此类碑的碑额部分饰有并行或相互缠绕的蟠龙,蟠龙中间开小龛,龛内造像或刊刻寺名。碑身上部开龛造像,下部刻造像铭记或浅浮雕骑马及乘牛车出行的供养人等内容。较早的此类碑为北魏正光元年(519)像碑,碑顶圆拱形,碑首正面雕刻两相交的蟠龙,造像雕刻精美。神龟三年(520)交脚菩萨像碑碑首也出现蛟龙装饰。永安二年(529)五十人等造像碑,就已十分成熟,碑额直接为蟠龙相交。而永安三年(530)像碑为方形平顶，碑身上部一坐佛，顶饰华盖，华盖两侧雕刻倒垂的祥龙，与蟠龙作碑首的样式不同。到东、西魏时仍沿袭北魏特点，如东魏武定年间像、西魏大统年间像碑上蟠龙雕饰碑额的现象较多见，造像制作也越发精美。尤其值得注意的是大统十三年(552)铭四面像碑(图三十五:3)，蟠龙碑额部分宽出碑身，这一点在北周蟠龙碑中常见。北周时期蟠龙碑额类像碑数量较多，是最具特色的像碑，且以甘肃陇东地区多见，河南、陕西也有。北周蟠龙碑碑身多数只开一层龛，用以雕刻造像，碑身其他部分刊刻供养人出行图及题名，一改西魏大统年间碑身多层开龛的样式。王令猥、王文超碑是北周此类像碑的代表①(图三十五:4)。山西地区的造像碑，碑身多高大窄长，分层开龛造像，与西北地区北周像碑多单层开龛造像的形式不同。

1　　2　　3　　4　　5

图三十五　造像碑形式

1. 保定三年像碑　2. 保定二年像碑　3. 大统十三年像碑　4. 王令猥碑　5. 白石浮雕嵌板(采自《中国仏教彫刻史论》图332、320、302、362、357)

2. 内容

造像碑内容有佛教、道教、佛道混合等。佛教像碑的造像内容，从铭

---

①[日]松原三郎《中国仏教彫刻史论》(一)，吉川弘文馆，1995年，东京，图149b、146、291、291、302、314、315、317、320、332、357、362；金申《中国历代纪年佛像图典》，文物出版社，1994年，图131；吴怡如《北周王令猥造像碑》，《文物》1988年第2期；张宝玺《甘肃佛教石刻造像》，甘肃人民美术出版社，2001年，图209—211。

文看有释迦、弥勒、观音、千佛等。佛道混杂碑有释迦、天尊等。道教碑主要表现天尊像。

佛道混杂及道教像碑均吸收了佛教像碑的特点。陕西地区自北魏以来佛道混合就成为其造像内容的一大特点。从北魏的魏文朗造像开始，到北周时期的绛阿鲁佛道碑、辅兰德道教碑、马洛子玉老君碑、李昙信佛道碑、许三谨像碑、李要贵像碑、雷小豹道像碑、刘男俗像碑等均为佛道混合或道教内容[①]。这种佛道混杂的像碑，是北朝时期长安地区造像的一大特点，并从长安向外辐射，影响到其他地区，向东影响到山西地区，如山西芮城出土的北周建德元年(572)李元海兄弟天尊像碑[②]。陕西地区佛道混杂像的出现是对本地区自北魏早期以来宗教信仰与造像传统的继承，同时与北周陕西道教的发展背景密切相关[③]。

(1)佛教像碑

整体看像碑有组合关系，其不仅分层开龛，各面也开龛造像，这样上下、四面均能形成组合。从目前掌握的像碑资料看，整体组合主要为三世佛内容，由坐佛、倚坐佛、交脚菩萨、倚坐菩萨、立佛、七佛、二佛并坐等组合而成，部分像碑附以维摩文殊像。单铺组合主要是一主尊二胁侍的一铺三身及一主尊二弟子二菩萨(力士)的一铺五身组合形式，偶见一佛二弟子二菩萨二力士的一铺七身像。一铺三身或为一佛二弟子或为一佛二菩萨。主尊像有佛像、菩萨像。同时部分造像中出现群像组合形式，如保定五年一菩萨四弟子像。山西地区的造像碑，不仅形式上与西北区不同，在造像组合上与西北区也有一定的差别，最明显的是出现有顶饰螺髻的形象作为胁侍的三尊、五尊、七尊的形式。如万荣出土保定二年(562)杜延和像碑，为一佛二菩萨二弟子二螺髻胁侍的七身组合、安邑保定二年

①陕西省考古研究所等《北朝佛道造像碑精选》，天津古籍出版社，1996年。

②胡文和《中国道教石刻艺术史》(上)，高等教育出版社，2004年，图37。

③胡文和《中国道教石刻艺术史》(上)，高等教育出版社，2004年。

(562)像碑背面上部龛内一佛二螺髻胁侍二弟子、丁丑铭像碑一佛二弟子二螺髻胁侍、新绛出土西魏末北周初年像碑上部龛内一交脚菩萨二弟子二螺髻胁侍五尊组合、保利博物馆藏释迦造像碑碑正面主体内容为一佛二菩萨二弟子二螺髻胁侍的七身组合[①]。这类造像在北方东部地区的北齐造像及南朝造像中也常见，但在西部地区较少见，山西的此类造像当与其地近北齐相关。另外，在甘肃、宁夏一带还常见维摩文殊对坐辩论等内容。婆薮仙及鹿头梵志也成为新出现的内容。

北周佛教造像碑的内容大都较为明晰，但对于顶饰螺髻的胁侍像的认识，有一定的分歧，现做一讨论。

顶饰螺髻的胁侍，多着袈裟，形象与弟子像相近。对它的认识，始自水野清一，他认为这种形象表现了辟支佛[②]。近些年有学者通过造像实例及其铭文，提出这种顶饰螺髻，身着袈裟的形象也可能为梵王像，并分析认为它的出现与《维摩诘经》有关[③]。

在我国石窟寺中，饰有这种螺髻的形象最早出现在龙门宾阳中洞甬道两侧供养人中[④]，供养人梳螺髻，着菩萨装，手中持贡物。随后北魏晚期的龙门路洞窟口也出现着袈裟、梳螺髻的供养人例子[⑤]（图三十六：1）。以上两例虽然分别着菩萨装和佛装，但均为供养人形象，与作为主尊胁侍的形象从性质上是不同的。作为主尊胁侍的螺髻形象最早出现在孝

①李静杰《石佛选粹》，中国世界语出版社，1995 年，图 30、27；《中国仏教彫刻史论》（二），图 320、323、32；李裕群《释迦造像碑》，保利博物馆《保利藏珍——石刻佛教造像精品选》，第 214—221 页。

②[日]水野清一、长广敏雄《响堂山石窟》，京都，东方文化学院京都研究所，1973 年。

③[韩]金理那著、洪起龙译《关于 6 世纪中国七尊像中的螺髻像之研究》，《敦煌研究》1998 年第 2 期；项一峰《六世纪中国僧装像之研究——兼说麦积山石窟造像》，《敦煌学辑刊》2008 年第 3 期。

④《中国石窟·龙门石窟》（一），图 28、29。

⑤《中国石窟·龙门石窟》（一），图 225。

昌三年(527)皇甫公窟北壁释迦多宝龛右侧,其左侧为菩萨[①]。另外,据李裕群调查在洛阳周围地区也有较多的实例[②]。可见在洛阳地区此类造像较常见,且均为主尊的胁侍。受洛阳影响,北魏的麦积山石窟中也出现此类像,如麦积山101窟正壁左侧、121窟正壁与左壁交角处所塑的着袈裟的螺髻胁侍、154窟右壁坐佛右侧胁侍、122窟正壁左侧胁侍、64窟[③](图三十六:2)。西部地区除了北魏晚期麦积山的例子外,西魏大统九年(543)王待庆造阿弥陀佛像碑、大统十七年(551)铭造像碑上部出现了螺髻胁侍的形象[④](图三十六:3)。与此同时,东魏武定元年(543)骆子宽造像侧面刻一身螺髻胁侍像[⑤],这是最早有明确纪年的螺髻像。北齐时期中原东部地区的河南、山西、河北、山东、安徽等地都出现了大量的含二螺髻胁侍造像组合,且常以七身像形式出现,形成了固定的样式[⑥]。除此之外,在南朝梁太清三年(549)丁文乱造像上,也见到一身螺髻胁侍像,它立于二主尊间(图三十六:4)[⑦]。而目前所见北周时期像例较少。

从螺髻造像的位置看,最初多位于窟口或甬道两侧,宾阳中洞螺髻供养者与帝释天、梵天等均位于窟门两侧,其供养或护法的性质较为明显。而之后洛阳及麦积山北魏窟中,螺髻像已与菩萨像并立于窟内,如121窟中,右壁的胁侍菩萨、弟子组合与左壁的菩萨、螺髻像组合处于相

---

①《中国石窟·龙门石窟》(一),图193、194。

②李裕群《麦积山北魏晚期洞窟分期研究》,麦积山石窟艺术研究所编《麦积山石窟研究》,文物出版社,2010年,第145页。

③《中国石窟·天水麦积山石窟》,图82、80、67、75。

④《石佛选粹》,图81—83;《中国仏教彫刻史论》,图317、318。

⑤《中国历代纪年佛像图典》,图169。

⑥孙迪《响堂山石窟大螺髻造像考略》,《响堂山石窟——流失海外石刻造像研究》,外文出版社,2004年,第45—74页。

⑦霍巍《四川大学博物馆收藏的两尊南朝石刻造像》,《文物》2001年第10期。

1　2　3　4

图三十六　螺髻图

1. 龙门路洞螺髻供养人　2. 麦积山 121 窟螺髻胁侍　3. 大统九年王待庆像　4. 太清三年像(1 采自《中国石窟·龙门石窟》(一)图 29,2 采自《中国石窟·天水麦积山石窟》图 80,3 采自《石佛选粹》图 81,4 采自《文物》2001 年第 10 期第 41 页图二)

对应的位置,说明螺髻像应与菩萨、弟子等一样具有胁侍的身份。到了东西魏造像中,除了骆子宽像,螺髻像位于碑的侧面外,螺髻像大都位于主尊旁胁侍的位置。北齐造像中螺髻像胁侍的位置更是明显。而作为护法的天王等,自始至终都位于窟门两侧或窟外,或造像碑的下部。我们在出现螺髻像的像碑中,基本不见螺髻像位于像碑下部护法神常处位置的像例。故笔者认为,螺髻胁侍的身份分为两个阶段,北魏中期多为供养性质,晚期开始至北周、齐已转变为主尊的胁侍。

从造像组合上看,西魏大统九年像、东魏像等都是一铺七身组合,胁侍有弟子、菩萨、螺髻。太清三年像虽为双身主尊,但其胁侍也是弟子、菩萨、螺髻,只是其位于两主尊中间。顶饰螺髻类胁侍的造像中,主尊有释迦坐佛、释迦双身像、二佛并坐、阿弥陀佛、倚坐弥勒佛、交脚菩萨、立菩萨、菩萨双身像等。虽然主尊并不固定,但主要与法华相关,说明其与《法华经》关系密切,同时弟子、菩萨、螺髻三胁侍共同出现,又应与佛教三乘思想相关。

《法华经·譬喻品》:“若有众生,从佛世尊闻法信受,殷懃精进,求自然慧。乐独善寂，深知诸法因缘，是名辟支佛乘。”[①]最早的汉译佛经《四十二章经》有记载：“佛言，饭凡人百，不如饭一善人；饭善人千，不如饭持五戒者一人；饭持五戒者万人，不如饭一须陀洹；饭须陀洹百万，不如饭一斯陀含；饭斯陀含千万；不如饭一阿那含；饭阿那含一亿，不如饭一阿罗汉；饭阿罗汉十亿，不如饭辟支佛一人；饭辟支佛百亿，不如以三尊之教，度其一世二亲。”[②]而辟支佛，又名辟支、辟支迦佛陀、钵罗翳迦佛陀。旧译缘觉，新译独觉，因能自然独悟，故名独觉。又观待内外之缘（内为飞花落叶，外为十二因缘）而悟圣果，故名缘觉。是三乘的缘觉乘。

《法华经》还记一切众生，无论“求声闻者，求辟支佛者，求佛道者，如是等类，咸于佛前，闻妙〈法华经〉一偈一句，乃至一念随喜者，我皆与授记，当得阿耨多罗三藐三菩提……诸人等于未来世必得成佛”。[③]因《法华经》提倡一切众生只要闻法华一偈一句，皆可授记成佛的思想，所以不光是修菩萨行者，修声闻、辟支佛者皆能成佛，使佛教扩大了授记面，普通百姓只要通过闻法华一偈一句这样简单易行的修行方式便可成佛，使得法华经大为流行。同时《法华经》宣扬“三乘归一”，不分菩萨、声闻、缘觉皆能成佛，为声闻、缘觉像的制作提供了理论基础，故自北朝中晚期开始一铺五身、一铺七身等多身胁侍像大量出现，一改早期一佛二菩萨的组合形式，反映了《法华经》宣扬“三乘归一”的思想内涵。

辟支佛在中国文献中有零星的记载。《北史》《周书》《魏书》西域传或异域传中均提到，（于阗国）“城南五十里有赞摩寺，即昔罗汉比丘卢旃为其王造覆盆浮图之所。石上有辟支佛跣处，双迹犹存”。[④]文献中还记载，

---

①《大正藏》第 9 册。

②《大正藏》第 17 册。

③《大正藏》第 9 册。

④《北史》卷九十七《列传》第八十五《西域传》，中华书局，1983 年，第 3209 页。

北魏世宗景明四年(504),南天竺国献辟支佛牙[①]。南朝陈时有天竺僧人持辟支佛舍利来杭州建塔供奉[②]。可以看出，与辟支佛相关的信息有来自天竺、于阗等地,中原内地的此类形象应与此有关。

梵王是梵天王或大梵天的简称,是主宰色界的初禅天之王,它是护法的神祇。北朝早中期护法的形象较少见,到晚期才逐渐出现,且以力士为主,多位于洞窟门内外,或像碑下部。北朝时期的大量造像碑中,不仅铭刻供养人姓名,往往还刊刻上其在社邑组织内的职位等。郝春文先生在《东晋南北朝佛社首领考略》一文中,总结归纳出东晋南北朝时期佛社内部职位的情况[③]。据他统计常见的有邑主类、维那类、化主类、邑师类、香火类、典坐(录)类、斋主类、像主类、光明主类、塔龛主类、邑中正类等。其中像主类、塔龛主类与所雕刻造像关系密切,而且其名称又常以他们出资雕刻的造像或所开龛的方向等来命名,如有释迦像主、多宝像主、卢舍那像主、弥勒主、思惟主、定光佛主、观世音主、迦叶主、阿难主、梵王主等等。在早期社邑组织中较少见到梵王主的题名,郝先生的统计中只见一身"梵王主"。而北朝晚期以后的齐周造像铭文中此类内容有所增加。如西魏大统十七年(556)碑正面及背面均刊刻了大量的供养人,其题名有供养主、斋主、副斋主、开明主、当阳像主、都堪主、菩萨主、阿难主、迦叶主、思惟主、梵王主、邑师、比丘、都邑主、都维那等[④]。其中菩萨主、阿难主、迦叶主、思惟主、梵王主属像主类,造像中应有相对应的形象,从造像内容看,也与此相符。现藏山西博物馆的北周保定二年(562)陈海龙造释迦像,两面均上中下三层开龛,正面三龛主尊分别雕刻立佛、倚坐菩萨、结跏趺坐佛,背面三龛主尊分别雕结跏趺坐佛、交脚佛、倚坐佛像等。

---

①《北史》卷四《魏本纪四》,第 134 页。

②《咸淳临安志》。

③郝春文《东晋南北朝佛社首领考略》,《北京师范学院学报》(社会科学版),1991 年第 3 期。

④[日]松原三郎《中国仏教彫刻史论》(二),吉川弘文馆,图 317。

在背面上层龛主尊两侧，站立有螺髻的胁侍。其旁碑面刻“梵□佛主清信荆要□”。对于有明确题记的造像，应依题记定为梵王。

《维摩诘经》中记：“又舍利弗，住不可思议解脱菩萨，能以神通现作佛身、或现辟支佛身、或现声闻身、或现帝释身、或现梵王身、或现世主身、或现转轮王身。又十方世界所有众声、上中下音皆能变之令作佛声、演出无常苦空无我之音、及十方诸佛所说种种之法，皆于其中。”[①]

《维摩诘经·佛国品》中记：“复有万梵天王尸弃等，从余四天下，来诣佛所，而为听法。”“尔时，螺髻梵王语舍利弗：‘勿作是念，谓此佛土以为不净，所以者何？我见释迦牟尼佛土清净，譬如自在天宫。’舍利弗言：‘我见此土丘陵坑坎，荆棘沙砾，土石诸山，秽恶充满。’螺髻梵王言：‘仁者心有高下，不依佛慧，故见此土为不净耳！舍利弗！菩萨于一切众生，悉皆平等，深心清净，依佛智慧，则能见此佛土清净。’”[②]经中明确记载了梵王为螺髻，这样看来对于与维摩诘经相关的造像中的螺髻僧像应判断为梵王像。

其实在含有螺髻造像的像碑中，无论主体为一佛，还是二佛并坐、交脚菩萨或是出现维摩诘经内容，主体图像都是在法华思想指导下构成的，维摩、文殊多处于像碑背面或顶部等次要位置。隋代慧远在其所撰的《维摩义记》中言：“然此经中三会差别，初会佛说，第二会是维摩说，第三会是佛及维摩共说。”[③]故即使在《维摩诘经》中释迦仍是主要的说法者。正如李静杰认为的，《维摩诘经》因其教义较为单一，不大能够担当起组织图像的大任，故其多从属或包含在法华经图像内[④]。故螺髻像更多地是与《法华经》相关联。《法华经》宣扬“三乘归一”的思想，《维摩诘经》中

---

①《维摩诘经·不思议品》，《大正藏》第 14 册，第 546 页。

②《维摩诘所说经》卷一，《大正藏》第 14 册，第 548 页。

③《维摩义记》卷一，《大正藏》第 38 册，第 421 页。

④李静杰《佛教美术研究讲义》，未刊稿。

也有类似的内容。《维摩诘经·观众生品》中天女与舍利弗的对答中，明确显示了此内容，“舍利弗问天，汝于三乘为何志求？天曰：以声闻法化众生，故我为声闻。以因缘法化众生，故我为辟支佛。以大悲法化众生，故我为大乘”。[①]众多造像铭记中菩萨主、阿难主、迦叶主、思惟主、梵王主的名称及碑中一铺七身造像也证明了三乘归一思想的流行。

经上述分析，笔者认为北朝晚期顶饰螺髻像身份的确定，要依具体情况来定。若造像中有明确题记，应按题记确定。若无题记，但出现维摩诘经内容，应定为梵王较为合理。对于既无题记，亦无维摩诘经内容的造像，笔者认为定为辟支佛较为合理，它与北朝中晚期《法华经》的流行紧密相关，反映出法华经提倡的三乘归一思想在此时的盛行，同时《维摩诘经》中相同的思想也得到极大的体现。法华为主，维摩为辅，两经互通，彰显了大乘义理。

（2）佛道混杂碑

长安地区自北魏以来就出现了较多的佛道混杂的造像碑，北周承魏的特点，佛道混杂像碑依然十分流行，释迦与天尊并行于像碑中，不仅体现了长安宗教信仰的多元性，也使得其佛教文化的面貌与其他地区不同，形成了一定的地域特色。

道教在中国的产生源自巫术，先秦的神仙方术、黄老道是其前身。道教本无尊像，随着佛教在中土的发展，佛道合流趋势等影响，道教天尊形象开始出现，所以说北朝道教造像的起源当是受到佛教造像的冲击而形成的。这点在文献中也可得到验证，“捡汉官仪云：景帝已来于国学内，始立道馆，以教学徒，不许人间别立馆舍。考梁陈齐魏之前，唯以瓠卢成经本，无天尊形像。案任子道论及杜氏幽求，并云：道无形质，盖阴阳之精也。陶隐居内传云：在茅山中立佛道二堂，隔日朝礼。佛堂有像，道堂无

---

①《维摩诘所说经》卷二，《大正藏》第 14 册，第 548 页。

像。王淳三教论云:近世道士取活无方,欲人归信,乃学佛家制立形像,假号天尊。及左右二真人置之道堂,以凭衣食"。[①]

造像实物也证明了佛道的上述关联性。现知最早的道教造像出现在佛教造像碑中,北魏始光元年(424)魏文朗造像开中国道教造像之先河。碑正面上部龛中,刻二身造像,一为天尊、一为释迦,均结跏趺坐,释迦着偏袒右肩袈裟,天尊身着双领下垂束腰宽带道袍[②]。从此像的整体看,它是以佛教为主要内容,除了正面龛中的释迦外,还有维摩诘、文殊、思惟菩萨等典型的佛教造像。所以早期的道教造像是受到佛教造像的强烈影响而产生的,并且其初期形态也是仿自佛教造像的,虽然学者对魏文朗造像的年代等问题的认识还存在一定的分歧[③],但其中出现最早的道教尊像确是被公认的。直到七八十年后的北魏太和二十年(496)姚伯多造皇老君文像,道教造像才以独立的形式出现,但像碑的形式等仍旧是佛教像碑的样子。同时期的道教造像碑发愿文中反映佛教信仰的内容也比比皆是,其中有与"弥勒净土""地狱"等相关的思想,表现出早期道教信仰与造像皆混同于佛教,道教借助佛教信仰的强大力量来发展的状况。之后道教造像在关中地区大为流行,现陕西耀县药王山博物馆集中保存了大量的北朝道教造像(碑),同时佛道混杂的造像也仍然盛行。除了道教造像碑外,在关中地区还发现了佛道混杂的石窟寺——陕西宜君县福

①《辩证论》卷六,《大正藏》第52册。

②石璋如《陕西省耀县的碑林与石窟》,《国立中央研究院历史语言研究所集刊》24集,1953年;耀生《耀县石窟文字略志》,《考古》1965年第3期;韩伟、殷志毅《耀县药王山的佛道混合造像碑》,《考古与文物》1984年第5期;陕西省考古研究所等《北朝佛道造像碑精选》,天津古籍出版社,1996年。

③李凇《北魏魏文朗造像碑考补》,《长安艺术与宗教文明》,中华书局,2002年;[日]石松日奈子著、刘永增译《关于陕西省耀县药王山博物馆藏魏文朗造像碑的年代》,《敦煌研究》1999年第4期。

地水库石窟[1]，窟中有西魏大统元年（535）纪年铭，该石窟平面方形，三壁开龛造像，正壁龛内一佛二菩萨，右壁龛内老君像，左壁主尊残，主龛外存佛像。供养人题名中见“道士”“道民”的字样。北周承袭北魏、西魏特点，道教及佛道混杂造像也较多。强独乐造像碑[2]，碑额题作“此周文王之碑大周使持节车骑大将军仪同三司大都督散骑常侍军都县开国伯强独乐为文王建立佛道二尊像树其碑元年岁次丁丑造”，碑建于北周开国元年，即557年，碑文记述了宇文泰一生的功迹。碑文下方各线刻一尊像，两像均有肉髻，头光，着双领下垂袈裟。右侧像施禅定印，左侧像施无畏与愿印。右侧像旁题名为“为法界众生敬造”，左侧像题名“弟子何周敬造释迦像，愿一切法界众生早得作佛”。两像均以佛像的样式出现，与碑额“佛道二像”不符，因左侧像明确题名为“释迦”，故推测其为佛像，右侧之像亦非道教像。故有学者从此碑的刊刻时间、碑额铭记、碑文内容、造像特点等分析，认为它非佛道混杂像碑，而是佛教像碑[3]。虽然二像的特点上无佛道的差别，但其碑额的题刻还是反映此时佛道混同的状况。除了上述像碑外，北周年间，佛、道造像混同的像例较多，如武成元年（559）绛阿鲁像碑，保定元年（561）辅兰德像碑、马洛子造玉先君像，保定二年（562）李昙信像碑，保定四年（564）许多谨造像，保定年间（561—565）刘男俗像碑，天和二年（567）杜崇□造老君像，建德元年（572）刘欢庆像、李元海兄弟像碑等，另还有部分无纪年像碑，如雷小豹造像碑等[4]。

---

①靳之林《陕北发现一批北朝石窟和摩崖造像》，《文物》1989年第4期。

②丁明夷《从强独乐建周文王佛道造像碑看北朝道教造像》，《文物》1986年第3期。

③胡文和《关于〈强独乐为文王建立佛道二尊像，树其碑，元年岁次丁丑造〉碑的辩证》，《中国道教石刻艺术史》（上），高等教育出版社，2004年。

④陕西省考古研究所等《北朝佛道造像碑精选》，天津古籍出版社，1996年；胡文和《中国道教石刻艺术史》（上），高等教育出版社，2004年。

二、浮雕嵌板

西安文物保护研究所藏的北周造像中，有一批汉白玉方形浮雕嵌板（图三十五:5）[①]。这种材质及形式的造像在北周其他地区不见。此类材质，是定州系白石造像特有的。定州系白石造像以其细腻光洁的材质，固定的造像内容及特点而闻名于世。造像主要分布在以定州为中心的河北中南部与山东西北部的华北平原北部地区，涉及河北、山东、山西等省，其他地区发现较少。从定州系造像的发展及各时段的数量来看，东魏至隋是其主要发展阶段，造像数量占整个造像的 88.27%，而东魏后期至北齐又是鼎盛期[②]。北周长安出土的这批白石造像从材质上看与定州造像相同，应来自定州区域。北周曾于 577—580 年间短暂地控制定州，在其造像上采用定州系白石材质应是可能的。同时在曲阳出土北齐天保二年（551）的白石造像铭记中发现了雍州供养人题名[③]，这说明两地间有一定的交往。虽然北周白石造像与定州系材质相同，但北周白石嵌板与定州系造像的形式及题材内容上存在较大的差异，定州系造像以背屏式为主，题材有弥勒菩萨、弥勒佛、释迦多宝、释迦、无量寿佛（阿弥陀佛）、观音菩萨、思惟菩萨等。而北周白石嵌板基本都是单面开龛造像，造像组合为一佛二菩萨或二弟子、二佛并坐、一佛二菩萨二力士等，继承了西部地区传统造像内容，题材远不如北齐造像丰富。所以北周白石浮雕嵌板只是采用了定州系白石造像的材质，造像形式及内容仍保持北周特点，并不属于定州造像系统。

---

①以前学界对于此类遗物的命名较为模糊，有像碑说、龛像说，似乎均不能准确形容此类遗物。近年李静杰提出浮雕嵌板的概念，从遗物特征看较为符合，故本文采用此定名。西安市文物保护考古所《西安北郊出土北朝佛教造像》，《文博》1998 年第 2 期；保全《西安文管处所藏北朝白石造像和隋鎏金铜像》，《文物》1979 年第 3 期。

②李静杰《论定州系白石佛像》，《艺术史研究》第六辑，中山大学出版社，2004 年。

③同②。

三、背屏式造像

1. 概述

背屏式造像是北魏、西魏单体造像中的大宗，它源于印度次大陆，造像高浮雕，像后背附舟形板状物，与早期金铜佛像较为相近。因背屏式造像不如圆雕造像能够更加立体地表现造像的曲线、量感、躯体分离程度等[①]，在经历了北魏、西魏的兴盛后，北周时期随着圆雕造像的大量出现，背屏式造像逐渐减少。笔者共收集到北周背屏式造像 21 件，其中 8 件有纪年，1 件为道教造像。

2. 内容及形式

背屏造像内容多为承袭北魏、西魏一主尊二胁侍的三尊样式。此时的三尊像，主尊有佛、菩萨。以佛为主尊的又分立佛、坐佛、倚坐佛等三种形式；菩萨为主尊的见立式。另外，还有个别单尊佛像、菩萨像。造像背屏上保定年间阴线刻火焰等装饰纹样或浅浮雕出圆形莲花头光，天和末、建德年间像则多素面无饰。

从 21 件造像看，均为舟形背屏，台座有长方形、方形、四足方座等几种。据背屏与台座的组合形式不同，可分为身座连通式和身座上下组合式两种类型。

(1)身座连通式造像

背屏从顶部一直通到台座的底缘。一般台座为长方形，此类形制从北魏中期开始出现[②]。北周时期还延续早期的样式，有一定的变化。如天和元年(566)铭像(图三十七:1)、天和五年(570)铭像(图三十七:2)、建德元年(572)铭像(图三十七:3)。天和元年铭像背屏高大，上饰火焰纹。佛高大，立于圆台上，两侧菩萨较矮小，供养人位于菩萨下方。天和五年、

---

①李静杰《论定州系白石佛像》，《艺术史研究》第六辑，中山大学出版社，2004 年。

②见北魏太和二十三年(499 年)比丘僧欣造弥勒三尊立像，《中国历代纪年佛像图典》，图 66。

1　　2　　3　　4　　5

图三十七　背屏式造像碑(一)

1. 天和元年像　2. 天和五年像　3. 建德元年像　4. 保定四年像　5. 西魏末北周初像（1 采自《甘肃佛教石刻造像》图 212,2、3、4、5 采自《中国仏教彫刻史论》图 365a、365b、365c、331b、330a）

建德元年铭像,背屏并不高大,造像占主体,佛座均为束腰须弥座,且佛座变高,护法狮蹲于座前。与背屏连为一体的台座方形,厚实,上刻发愿文。造像本身已呈现出典型的北周壮硕形。

(2)身座上下组合式

背屏部分位于台座上,台座独立于背屏之外。依台座的不同又可分为二型。

A 型　台座为四足方座样式。背屏立于方形四足台座上,背屏下部略收,四足方座的足宽大。如保定四年(564)铭像背光高大,上饰火焰纹,圆形莲花头光,佛坐于方形叠涩座上,通肩袈裟,下摆垂悬(图三十七:4)。佛肉髻略显高大,面相长圆,菩萨半悬于两侧莲台上,披帛交叉穿环。四足宽大,上刻发愿文。四足方座样式来源于早期的金铜佛像,菩萨半悬于两侧莲台上的样式也是早期金铜佛像的做法。西魏末北周初年像,背屏变小,台座变矮,佛坐于方座上,下为莲台(图三十七:5)。菩萨立于蹲狮上。佛、菩萨面相圆短,佛着褒衣博带式袈裟,菩萨披帛交叉。两件造像的造像形式及特征都显示出一种早期样态。

B 型　长方形台座,方台低矮,背屏略宽,尖部略圆。如丁丑(557)

铭像(图三十八:1)、保定二年(562)铭像(图三十八:2)、建德三年(574)铭像(图三十八:3)等。丁丑铭像具有早期特点,造像形式简单,方座上无蹲狮及博山炉等,座正面雕刻发愿文。保定二年铭菩萨像造型独特,圆形头光,身光部分为方形背屏,背屏背面侧面线刻供养人及题名。佛座两侧为二蹲狮。方台四周刻发愿文。建德三年铭像方座上刻蹲狮,方座正面线刻博山炉。背屏下部收分,佛坐于高须弥座上,座下莲台,菩萨立于从方座上伸出的莲梗上。这种样式有北齐青州地区造像的特点。

另还有大量无纪年的背屏式造像[①],如美国弗利尔美术馆藏北周三尊像,背屏残,主尊菩萨圆形莲花头光,立于圆台上。两胁侍弟子立于蹲狮上。台座较高,素面。菩萨披帛交叉于腹前,还是早期的特征,应早于天和五年像。京都国立博物馆藏三尊像的突出特征是背屏下部出现了镂空的样式,方形台座上雕出博山炉及蹲狮。镂空式背屏为北齐背屏造像的特点,北周像较少见,说明此像受到北齐像的影响,或此像的出土地区与北齐接近。

北魏时期大量的金铜四足方座像对北周背屏式石造像产生了很大

1　　2　　3　　4　　5

图三十八　背屏式造像碑(二)

1. 丁丑铭像　2. 保定二年铭像　3. 建德三年铭像　4. 大统六年铭像　5. 延昌四年铭像(采自《中国仏教彫刻史论》图 324b、333-334、366b、304a、135a)

①[日]松原三郎《中国仏教彫刻史论》(二),图 354a、355a、355b、366a 等。

影响。北魏、西魏时背屏式四足方座像，如延昌四年(515)铭(图三十八:5)、神龟二年(519)铭菩萨三尊像、西魏大统六年(540)铭像不仅出现了四足方座，还在背屏下部出现了镂空的样式(图三十八:4)。无纪年的西魏造像中也存在背屏式四足方座，如现藏于日本畠山纪念馆的佛三尊像，四足方座高大，上浅浮雕宝珠及二供养比丘。佛肉髻高大，着褒衣博带式袈裟，菩萨披帛交叉穿环[①]。这些均显示出西魏早期特点，而到上述大统六年铭造像上四足方座变低矮，北周继承了西魏背屏像的这些特点。西魏末北周初期像底座也较为低矮，蹲狮、博山炉等没有普遍出现。胁侍菩萨有悬雕于莲台上的样式。保定至天和年间始，佛座逐渐增高，佛座与台座间形成一定的空间，上雕刻蹲狮、博山炉、供养人或比丘等。背屏下部出现镂空状，菩萨立于带莲梗的莲台上。镂空背屏及莲梗的出现都应是受到北齐造像的影响而产生的因素。北周背屏造像与北齐造像相比，背屏雕饰简朴，不似北魏、东魏、北齐造像复杂，背屏顶部无青龙、飞天、伎乐天、宝塔等装饰，仅见火焰纹。背屏顶部也已变得圆短，似半圆状，不像早期顶部尖窄细长。

四、造像塔

北周造像塔从其形式看，有覆钵塔、方形多级组合塔等类型。其中方形多级组合塔，数量较少，是对北魏、西魏多层塔的继承，并无新特色。而单层四面开龛的覆钵塔是北周时期较为特殊的一类。

方形多级组合塔是自北魏、西魏以来较为常见的形式[②]。有分体及连体之区别，分体式的由多层方形塔组成，一般下层塔略大，往上逐渐变

---

①《中国仏教彫刻史论》(一)，图 295。

②关于北魏造像塔参见王元林《北魏中小型造像石塔的形制与内容——以甘肃庄浪出土的卜氏石塔为中心》,《2005 年云冈国际学术研讨会论文集·研究卷》，文物出版社，2006 年。

小,每层塔四面开龛造像,如甘肃庄浪卜氏塔等[①]。连体式是对中国传统的木质塔的仿制,有密檐式、楼阁式等,塔的层数不等,北魏中期楼阁式塔常见,如曹天护塔等[②],到北朝晚期多见单层塔。无论分体式还是连体式,造像塔的内容都较为丰富,有北朝常见的释迦像、二佛并坐像、弥勒等尊像及佛教故事等。北周方形多级塔数量较少,山西是主要的出土地。

覆钵塔由塔顶、塔身、基座组成。塔顶为覆钵式,周围装饰山花蕉叶,覆钵上装饰相轮、塔刹等。塔身多单层方形,个别上下两层,每面开龛造像。塔基方形。覆钵塔源自印度次大陆,最为著名的如桑奇大塔等。在中国石窟寺中,克孜尔石窟 97 窟券顶壁画中,绘有菱格塔,塔顶为覆钵状,上有相轮及塔刹,塔身方形,开圆拱尖楣龛,内坐佛一身[③](图三十九:1),这是我们所见较早的覆钵塔[④]。云冈二期 2、6 窟也出现了覆钵式塔,塔身较短,覆钵略显高大,山花蕉叶,相轮、塔刹俱全[⑤](图三十九:2、3),塔身部分开龛造像,是较为典型的印度式塔。有趣的是,云冈二期中也存在大量楼阁式塔,塔身为传统的中国楼阁式,上安覆钵顶及塔刹等,形成了东西结合的样式。云冈三期的诸多洞窟中,楼阁式塔沿袭二期样式,变化不大, 如 11 窟西壁,9、10 窟前室佛塔等。单层方形覆钵塔出现了一些变化,塔的覆钵部分变小,方形塔身部分比二期变大,成为塔的主体,顶部相轮部分也有一定的变化, 如 14 窟西壁单层方形覆钵塔, 相轮呈三叉

---

①董玉祥《精美的北魏石造像塔》,《中国艺术》第五期;张宝玺《甘肃佛教石刻造像》,甘肃人民美术出版社,2001 年,图 133—155。

②陈炳应《北魏曹天护造方塔》,《文物》1988 年第 3 期。

③马世长《克孜尔中心柱窟主室券顶与后室的壁画》,《中国石窟·克孜尔石窟》(二),图 136。

④克孜尔石窟 97 窟年代阎文儒认为是南北朝至隋代,宿白认为 6 世纪前,见《克孜尔石窟内容总录》。

⑤严辉、杨超杰《云冈龙门北魏佛塔的比较研究》,《2005 年云冈国际学术研讨会论文集·研究卷》,文物出版社,2006 年。

形,13窟东壁、11窟东壁塔相轮成单支(图三十九:4)。龙门石窟中楼阁塔与覆钵塔均有。龙门楼阁式覆钵塔与云冈相比,中国传统内涵更浓厚,顶部的覆钵变小,仅起一定的装饰作用。方形塔身部分出现了多层叠涩结构,这点在云冈不见,中国传统建筑形式以一种新样式表现出来。如龙门普泰洞南壁小龛中的覆钵塔[①](图三十九:5)。云冈、龙门的北魏覆钵

1　2　3　4

5　6　7　8

图三十九　覆钵塔(一)

1. 克孜尔石窟97窟塔　2.云冈2窟西壁塔　3. 云冈6窟中心柱上塔　4. 云冈11窟东壁塔　5. 龙门普泰洞南壁塔　6. 南响堂北洞(7窟)　7. 北响堂北洞(7窟)塔龛　8. 北响堂南洞(2窟)(1采自《中国石窟·克孜尔石窟》(二)图136,2、3、4采自《云冈龙门北魏佛塔的比较研究》图二,5据《中国石窟·龙门石窟》(一)图77绘制,6、7、8采自《北朝晚期石窟寺研究》图六、图一二:1,图七:3)

①《中国石窟·龙门石窟》(一),图77。

塔对其他地区产生了一定的影响。敦煌北魏257窟南壁塔，中西结合式，塔身方形，两边塔柱部分装饰成阙形，并饰垂帐。塔顶圆形覆钵式，上安置塔刹、宝珠、长幡等。北齐时期在主要的石窟寺中也存在很多浮雕塔。南响堂山1号浮雕石塔、南响堂山7号窟外廊柱上一斗三升拱，反映了中国传统建筑样式，其上覆钵，山花、宝珠装饰（图三十九：6）。北响堂山2号窟（南窟）、7号窟（北窟）南壁塔形龛，龛为圆拱，下饰垂帐，龛间方柱相隔，龛顶覆钵，前饰火焰宝珠，上饰山花、相轮、火焰宝珠等（图三十九：7、8）。

除了石窟寺外，在早期单体造像塔上也见覆钵塔，最著名的是北凉石塔。之后单体的覆钵塔不见，只在一些造像碑中发现过浮雕覆钵塔，如北魏太和二十一年（497）侯□颡造释迦坐像，背屏式，正面一佛二菩萨，背屏上刻化佛等。背屏背面浅浮雕塔龛，龛上雕覆钵山花，龛内二佛并坐，龛外二菩萨，下部发愿文及供养人[①]。北魏荥阳大海寺孝昌元年（525）比丘道哈185人造像碑，碑右侧面右边刻树下诞生内容，左边开覆钵形塔龛，龛上覆钵、相轮、山花[②]（图四十：1）。金铜佛像上也出现覆钵塔形，如正光三年（522）金铜佛像背屏顶部塔、正光年铜立佛等[③]。金铜佛像背屏顶部塔，塔身部分两面开龛，上部叠涩出檐，顶部半圆形覆钵，上再置相轮等，具有自身的特点。上述北魏时期的覆钵塔形制被东魏、北齐时期的造像碑、金铜佛像所继承，尤以山东北齐背屏式造像为最。覆钵塔常位于背屏顶部，两面开龛或四面开龛，内雕二佛并坐、一佛等内容[④]。虽然在北齐时期的造像塔中背屏顶部塔的形制上也存在着一定的差别，如有楼

---

①金申《中国历代纪年佛像图典》，文物出版社，1995年，图61。

②李静杰《石佛选粹》，中国世界语出版社，1995年，图九一十五。

③金申《中国历代纪年佛像图典》，文物出版社，1995年，图114、121。

④关于东魏北齐覆钵塔可参看苏铉淑《东魏北齐庄严纹样研究》，文物出版社，2008年。

阁式与覆钵式，且覆钵有高大、低矮之别等，但此时背屏顶部饰覆钵塔的做法十分流行。不仅如此，北齐时期的一些舍利塔也表现为覆钵样。如安阳宝山北齐道凭法师塔[①]（图四十：2）、河南安阳修定寺塔[②]。而同时段的北周，我们较难见到在造像背屏上饰覆钵塔的例子，只出现了一批单体的覆钵造像塔。笔者收集到 7 件北周时期的单体覆钵形造像塔，其中 2 件有明确纪年，分别为保定五年、天和六年塔[③]。保定五年塔覆钵、塔身、方台三者比例为 1∶1∶1，覆钵圆形，四角饰山花，塔身开龛，龛顶叠涩结构，方台上刻发愿文。四龛内均雕一佛二菩萨及一博山炉二蹲狮（图四十：3）。天和六年塔，方台变低，龛内造像分别为一佛、二佛并坐、倚坐菩萨。另外，还存有 4 件无纪年的塔，其特征与上述两塔形同。从上述塔可以看出，北周时期单体覆钵塔有自身的特点，顶部除覆钵外，一般不饰相轮、塔刹等，仅一件塔上见相轮、塔刹，且相轮、塔刹均低矮，西域特点明显，与北魏、东魏、北齐覆钵塔不同。北齐独立的单层造像塔的顶部多为屋形，如天宝三年（图四十：4）、七年的造像塔，具有中国传统样式，与北周较为典型的西域样式不同。北周样式的覆钵塔在之后的隋代还见，如现藏于东京艺术大学的隋开皇十四年铭像塔[④]，塔身变长，顶部覆钵简化为馒头状，不见山花蕉叶（图四十：5）。长安出土隋代单体造像上也见此类型塔[⑤]。

北周覆钵塔多受到魏塔及北齐塔的影响，魏塔中较多地吸收了西域的特色。而北齐的此类塔像，受到魏塔的一定影响，但又与传入南朝的印度笈多艺术紧密相连。《南史·夷貊传》："盘盘国，元嘉、孝建、大明中，并

①《中国美术全集·雕塑篇》13，文物出版社，1989 年，图 156、126、174。

②李裕群《安阳修定寺塔丛考》，《宿白先生八秩华诞纪念文集》（下），文物出版社，2002 年。

③《中国仏教彫刻史论》（二），图 343、378。

④《中国仏教彫刻史论》（二），图 546。

⑤翟春玲《西安市出土的一批隋代佛道造像》，《文物》2002 年第 12 期。

遣使贡献。梁中大通元年、四年，其王使使奉表累送佛牙及画塔，并献沉檀香等香数十种。六年八月，复遣使送菩提国舍利及画塔图，并菩提树叶，詹糖等香。”“丹丹国，中大通三年，其王遣使奉表送牙像及画塔二躯……”[①]可见在梁中大通年间，从东南亚等国传入佛塔样式较为集中，这些佛塔图样应对南朝境内的佛塔样式产生了一定的影响，南朝流行的阿育王塔，或就是依此类塔样所制。虽然现在我们无法确知当时阿育王塔的样式，但从五代阿育王塔的实物中，可以窥见一些特点，如钱弘俶塔[②]，为单层方形塔，由塔基、塔身、塔顶等部分组成，塔基、塔身均方形，塔平顶，方形平顶四周饰山花、蕉叶，覆莲形刹座，上为多重刹身。同样的实例还见苏州瑞光寺塔及杭州雷峰塔内出土的阿育王塔[③]。上述几例阿育王塔，顶部已不见覆钵形，刹座已简化为覆莲形，与南北朝时期的塔形不同，但两者比较，还是可以发现彼此间有一定的渊源关系。推测五代、北宋的阿育王塔应继承了南朝覆钵塔的部分特征。

1　2　3　4　5

图四十　覆钵塔（二）

1. 孝昌元年造像碑　2. 灵泉寺道凭塔　3. 保定五年塔　4. 天宝三年造像塔　5. 开皇十四年铭像塔（1 采自《石佛选粹》图 15，2 采自《中国美术全集雕塑篇 13》174 页，3、4、5 采自《中国仏教彫刻史论》（二）图 343、378、546）

①《南史》卷七十八《列传六十八》，中华书局，1983 年，第 1958—1959 页。

②浙江省文物管理委员会《金华市万佛塔塔基清理简报》，《文物参考资料》1957 年第 5 期。

③苏州市文管会、苏州市博物馆《苏州瑞光寺发现一批五代、北宋文物》，《文物》1970 年第 11 期；浙江省文物考古研究所《雷峰塔遗址》，文物出版社，2005 年。

五、龛像

龛像是北朝早期较为常见的造像形式，它是介于背屏式像与造像碑的一种形式。常见四面开龛或正面开龛的形式。龛有深浅之分，龛内一般造像。北周时期数量较少，有大、小型之分。小型龛像高约40—50厘米，大型的高约1—2米。受造像面积限制，龛内造像一般较为简单，多是三身像，有时只将主尊刻在龛内，胁侍置于龛外。龛楣上常装饰坐佛、飞天等。造像内容主要为一佛二菩萨等。这种龛像主要为民间制造，多供奉于寺庙中。此类龛像多出土于宁夏南部、甘肃陇东地区，年代从北魏延续到北周。其中部分龛像内主尊占据龛中间部分，旁边胁侍较多，呈上下相叠式排布，独具特色，具有一定的区域性特征。

六、佛座

北周单体造像多是像座共存，也有一部分造像佛座遗失，或像遗失，仅存佛座。佛座虽然不如造像本身能够直接反映造像的特点，但许多佛座上刊刻有铭文，对了解造像年代、供养者身份等提供了直接的证据，故而显得十分重要。北周时期的佛座有素面及刊刻内容两种。刊刻内容的佛座多在正面刻博山炉并二比丘及二蹲狮等，其他三面雕刻神王或发愿文等。其中神王内容丰富，形象多样，对了解北周时期神王像的特征具有极为重要的意义。

我们目前除了在须弥山石窟46窟中心柱基座上见到神王像外，其他的北周石窟中均不见神王像。单体造像中神王像较为多见，如西安东郊出土的编号为BL04—005立佛佛座上的神王内容，该佛座正面刻博山炉并一比丘一道士，其他三面均为兽首人身状神王像。左侧三身分别为象、风、火神王；右侧刻珠、树、山三身神王；背面刻雷、电、牛神王[①]（图四十一：1）。《北朝石刻艺术》中收录的两件佛座中也出现神王形象，其中一件出土于陕西兴平，神王雕刻在方形龛中，共三身，均附圆形头光，上袒，戴项圈、手镯，下着裙，披帛绕肩臂外扬，盘坐于地。一神王双手抱风囊，为风神王；一神王手中持花叶，应为花神王；另一身神王手托盘状物，盘中盛物。另一件佛座一面雕二比丘及博山炉，一面刻狮头人身狮神王和象首人身的象神王，一面刻口吐火焰的火神王及怀抱风囊的风神王。火神王、风神王均高鼻卷发。神王上袒，戴项圈、手镯，下着裙，披帛绕肩臂外扬，盘坐于地[②]（图四十一：2）。以上是陕西所见的北周神王像。甘肃省崇信县博物馆藏一方形佛座，中间一面雕刻博山炉并二供养弟子二力士二蹲狮，另外三面均雕刻神王像，有牛、象、龙、风、火、树、河、珠神王等（图四十一：3）。部分神王梳髻戴冠，袒上身，下着裙，肩披披帛。其中的牛、象神王为牛首人身、象首人身。另还有一些形象，因无能够明确其身份的附属物，其身份不好判定。从造像特征看，以上四像座中神王，有菩萨样与兽首人身两种。菩萨装的神王形式与须弥山石窟46窟中心柱基座上的雕刻相近，继承了洛阳北魏晚期以来的神王像特征。而兽首人身的样式在以前神王像中不见，是一种新形式。兽首人身样式神王除以上造像外，在北齐太宁二年（562）袁景珍敬造弥勒像座上也见，有河神王、象神王等[③]。

北周佛座的另一突出内容就是表现伎乐图像。北周时期的麦积山石窟26窟、须弥山45、46窟基座上出现过伎乐像，造像基座上的伎乐与石窟寺中的内容性质相近。部分伎乐形象还反映了东西文化交流的状况，如出现胡人舞伎跳胡旋舞的像例[④]。

---

①赵力光、裴建平《西安市东郊出土北周佛立像》，《文物》2005年第9期。

②张鸿修编著《北朝石窟艺术》，陕西人民美术出版社，1993年。

③金申《海外及港台藏历代佛像珍品纪年图鉴》，山西人民出版社，2007年，第105页。

④李凇《陕西古代佛教美术》，陕西人民出版社，2000年，图59。

1

2

3

图四十一　神王像

1. 西安东郊 BL04-005 造像佛座神王　2. 兴平北周佛座神王　3. 崇信造像座神王（1 采自《文物》2005 年第 9 期第 58 页图一八，2 采自《北朝石窟艺术》图 64，3 自绘）

七、圆雕造像

圆雕造像在北周以前较为少见，只在南朝造像中出现过。北周、北齐时期，圆雕造像大增，它更为立体地表现了造像的形体及肌肉感。纵观北周单体圆雕佛教造像，均由像、方形基座、莲台等构成。方形基座多为素面，上刊刻铭文，有的方形基座上还雕出护法的蹲狮。莲台有仰、覆莲之分。造像以佛、菩萨为主，其中佛立像较多，坐像较少，且以释迦立像为最。菩萨像也多见立像，坐像中有结跏趺坐像、倚坐像、交脚像等。

1. 佛像

自犍陀罗艺术打破了早期佛教仅用象征手法表现佛陀的惯例后，佛陀形象变得越来越受重视，其造型姿态对后世各国造像影响深远。

释迦立像在十六国、北朝早期的石窟寺中就已大量存在,而单体石雕立佛在北周以前常见背屏式,圆雕形式出现得不多。现存碑林博物馆的西魏大统十年(544)“定光佛立像”及山西省博物院藏西魏大统十四年(548)铭昙灵等造释迦立像[①](图四十二:1)是西魏时期为数不多的圆雕佛像之一,它们是了解早期单体圆雕立佛的珍贵资料。至北齐、北周时期单体圆雕立像大量流行,从发愿文看,主要是释迦佛像(图四十二:2),另有个别人中像。南朝与北朝不同,存有一定数量的单体佛像,如现存于四川省博物馆、出土于成都万佛寺南朝单体立佛数量较多,共 12 件,其中万佛寺梁中大通元年(529)铭释迦立像、大同三年(537)铭佛像是其代表[②]。南朝单体圆雕佛像具有自身的特点,并对北朝像产生了很大的影响。

2. 菩萨像

菩萨从主尊的胁侍身份中脱离出来,具有了独立的尊格。北周时单体菩萨像分立像、坐像两类(图四十二:3、4),其中立像居多。菩萨坐像现存的有结跏趺坐、倚坐、交脚坐三种形式。其中结跏趺坐式较为少见,据发愿文及其手印可判断其尊格有观音。北周时期少量的交脚菩萨像应与北凉、北魏时期的交脚菩萨具有同样的尊格,代表弥勒菩萨在兜率天宫的形象,是弥勒上生经的表现。而此时的单体倚坐菩萨数量超过交脚菩萨,对其尊格的判断需要从发愿文、手印等方面着手,同时还需参考石窟寺中的造像内容,大多数倚坐菩萨为弥勒菩萨,表现了弥勒下生经的内容。需要说明的是思惟坐菩萨在北周造像中较为少见,数量比起北齐造像是少之又少。

---

①山西博物院《山西博物院珍粹》,山西人民出版社,2005 年。

②冯汉骥《成都万佛寺石刻造像》,《文物参考资料》1954 年第 9 期;刘志远、刘廷壁编《成都万佛寺石刻艺术》,中国古典艺术出版社,1958 年;袁曙光《四川省博物馆藏万佛寺石刻造像整理简报》,《文物》2001 年第 10 期。

1　2　3　4　5

图四十二　圆雕造像

1. 大统十四年(548)铭昙灵等造释迦立像　2. 天和四年释迦立像　3. 保定三年菩萨立像　4. 天和二年倚坐菩萨像　5. 甘谷博物馆藏佛立像(1、2、3 采自《中国仏教彫刻史论》图 308、352、350a、b,4 采自《四川出土南朝佛教造像》图版 29-1,5 自拍)

3. 其他

除了佛像、菩萨像外,阿育王像是此时期单体造像的另一内容。受南朝造像的影响,北周阿育王像出现了附圆形头光、方形背屏的造像样式。如成都万佛寺 WSZ25 号像。这种附圆形头光、身下依短背屏的造像式样,源自犍陀罗、笈多造像,现藏新德里国立博物馆 2 世纪佛立像、白沙瓦博物馆藏 2 或 3 世纪佛立像、新德里总统府藏 5 世纪马图拉佛立像中均能见到此类形式①。这种造像形式应是随着海、陆丝绸之路传入南朝,并由建康、成都影响到周边地区。目前这类形式除了在成都出土的南朝单体造像及北周阿育王像上出现外,北齐造像中大量出现,而在北周造像上少见。甘肃有零星出现,如甘谷出土佛像(图四十二:5),天水博物馆藏菩萨像等。

现将北周单体造像碑有关内容整理列表如下(表十三—表十九)。

①王镛《印度美术》,中国人民大学出版社,2004 年,第 92、93、166 页。

表十三　北周造像碑一览表

编号	碑名	年代	形制	内容	发愿文	备注
1		丁丑(557)宇文泰之子宇文觉受‘禅’称天王元年	长方形	正背两面上部开龛造像,下部刻发愿文。正面龛内为一坐佛二弟子二菩萨，座下二蹲狮。背面龛内一立佛二弟子二辟支佛。碑侧面刊刻供养者名及发愿文	大魏元年岁次丁丑六月戊辰朔廿九日丙申……佛弟子王庆□既知善可□□……敬造石像一区妙□精华宝塔山□……	日本福冈美术馆藏。松原三郎《中国仏教彫刻史论》,图 323
2	四面龛像碑	武成元年(559)	长方形,顶部原应有物,现无存	一面中部开一龛,内雕一坐佛二菩萨,龛下二力士。另三面均上下两层开龛。一面上层龛内雕树下思惟,下层龛内雕一坐佛二弟子像。一面上层龛内一立菩萨二胁侍菩萨,下层龛内雕一坐佛二菩萨。一面上层龛内雕九龙灌顶,下层龛内一坐佛二弟子二菩萨	周武成元年岁□已卯九月乙卯朔五日乙未仪同三司大都督宇文仲为亡父大尉及亡兄亡弟过去眷属七世父母造玉像一区愿亡者……	《中国仏教彫刻史论》,图 329
3	绛阿鲁佛道造像碑	武成元年(559)	长方形平顶	正面中部开两龛,一龛内造天尊像,戴冠,长须。一龛内雕佛像,高肉髻，施无畏与愿印。背面龛内一佛二菩萨。两侧面各一龛,内雕一佛像,一道像	武成元年岁次已卯十月乙酉八月八日壬辰合诸邑(下泐)	藏药王山博物馆。《陕西古代佛教美术》,图 50;《北朝佛道造像碑精选》,图 109、110;《中国道教石刻艺术史》,图版 31

续表十三

编号	碑名	年代	形制	内容	发愿文	备注
4	武成元年造像碑	武成元年（559）	长方形平顶	四面开龛，内分别雕一佛二菩萨二弟子。龛上线刻背光，龛下线刻狮子一对	正面下部刊刻发愿文。	泾阳出土。《中国文物地图集·陕西分册》下，第440页
5		武成二年（560）	长方形平顶	分上下两层开龛。上层龛内一坐佛，一倚坐佛。下层龛半跏趺坐佛二菩萨	武成二年（下泐）一□比丘（下泐）父（下泐）姊妹造玉像一区愿（下泐）	《中国仏教彫刻史论》，331a，疑赝品
6		武成二年（560）	长方形平顶	四面开龛造像。正面龛内一坐佛二菩萨。背面龛内一倚坐佛二菩萨。两侧面龛内各一立佛。龛外碑面线刻坐佛等。一侧立佛龛下刊刻发愿文	能人是以……一区上为皇……为七世所生……属普同此愿……武成二年	西安碑林藏。《长安佛韵——西安碑林佛教造像艺术》，第29页
7	木樟造像碑	武成二年（560）	扁平四面体，碑身梯形	四面开龛造像。正面龛内一佛二弟子二供养胁侍。背面龛内一弥勒二菩萨。侧面龛内各一小立佛		《中国文物地图集·陕西分册》下，第189页

续表十三

编号	碑名	年代	形制	内容	发愿文	备注
8		武成二年（560）	圆拱顶，长方形碑	正面三层开龛：上层方形垂帐龛，内释迦、多宝二佛并坐，二佛身后各二弟子。龛外两侧各一菩萨一弟子。佛身后附舟形背光。佛均低肉髻，面相方圆，着双领下垂式袈裟，结跏趺坐，衣摆覆座。座下卧狗。中层雕维摩文殊论经场面，维摩坐于帐内，手执麈尾，后二弟子相互私语，文殊头顶华盖，半跏趺坐。身后借座灯王，头前香积佛品。下层中部尖拱龛内仅存一佛首，龛外两侧各存一菩萨上身及一弟子头部。背面上部开一盝顶龛，内雕交脚弥勒菩萨及二胁侍，龛右侧二比丘，左侧为树下僧人，下层刻发愿文	夫妙觉中寂……过所究然从因……彼日蒙俗要现形……张氏李前发弘……真容于玉石……祥应籍此……福兴殃消……登初首行齐……大周武成二年……	甘肃泾川出土，现藏平凉市博物馆

续表十三

编号	碑名	年代	形制	内容	发愿文	备注
9		庚辰年款(武成二年)(560)	长方形扁平体,残	仅存碑身中间部分。从残迹看,上层并列开两龛,现仅见袈裟下摆。中层中间开一圆拱尖楣龛,内雕一佛二菩萨,龛外两侧上部各雕树下思惟菩萨一身,下部右侧雕一身立佛,左侧雕一身立菩萨。背面刊刻铭文	……一或铸金式像或镂玉表真……/……景行之本皆所以阐杨冲极……/……恩天地无以均其意鞠育……/……我孤诚證彼妙果於是採……/……宝共塔无量寿弥勒观世音……/……各一躯丹青金碧之饬莹丽……/……因仰愿亡者迈影兜率……/……轮之法主现存亲眷尊卑……/……积智成明从凡至圣……/……经始庶感鸿庆眷彼安养……/……表迹仿佛尊仪图容镌石……/……庚辰四月壬午朔十五日	泾川县博物馆藏

续表十三

编号	碑名	年代	形制	内容	发愿文	备注
10	邑子一百一十五人像碑	保定元年(561)		此碑四面开龛造像,碑正、背、左、右龛内造像组合分别为:一佛二弟子二供养人、一佛二弟子二菩萨、一佛二弟子、一倚坐佛。主尊身着褒衣博带式袈裟。胁待身体平直,腹部稍鼓、腿微曲。龛下各刻双狮、香炉。碑正面下部线刻法华经变。碑背面下部刻释迦多宝说法及坐佛。碑右侧下部本生图,有城墙,内有众人听法。碑左侧下部为降魔变	碑左侧下部为降魔变,其下又刻发愿文:夫宣照幽宗,光乎远着,敬诸圣法运因至感,是以邑子一百一十许人等,自悼垢彰,未流真容,述即相率、减削微资,仰为皇帝陛下、留国公造石像一躯、工盖班(?)□书之奇像,契金刚之妙,虽多宝彰现于双林,释迦曜刑于净饭,未以遇也。仰愿国祚永隆(上残)息使诸邑子等罪结云除,业(上残)生(?)生遇佛终登常乐,一切(上残)同福庆(上残)辛巳(为北周保定元年)九月甲辰朔九日造讫	陕西省文物普查队《耀县新发现的一批造像碑》,图六,《考古与文物》1994年第2期

续表十三

编号	碑名	年代	形制	内容	发愿文	备注
11	辅兰德造像碑	保定元年（561）	长方形平顶	正背面上部均开龛造像，分别雕佛道人物各一尊	……是以清信士辅兰德咸割家□造石像一躯……□定元年岁己（下残）	《北朝佛道造像碑精选》，图111—118；《中国道教石刻艺术史》，图版32
12	雷文伯造像碑	保定元年（561）	长方形平顶。仅存碑座		保定元年岁次辛巳七月……雷文伯减割家珍，为亡父造石像一躯。	耀县药王山博物馆藏
13	陈文生家族造像碑	保定三年（562）	梯形	正面开一龛，内一佛二菩萨。背面发愿文	像主前郡功曹陈文生息女金香妻张伯□……保定二年五月十八日造	美国波士顿美术馆藏。《海外港台藏历代佛》——珍品纪年图典》，第107页
14	同蹄延标（邑子百人）造像碑	保定二年（562）	长方形	四面上部均开龛造像		耀县药王山博物馆藏
15	吕村造像碑		长方形蟠龙碑	碑额开龛，内雕一佛二菩萨	佛座四面刻发愿文及邑子101人题名	耀县药王山博物馆藏。《中国文物地图集·陕西分册》下，第189页。同一地点发现有保定二年造像座，疑为同一件造像

续表十三

编号	碑名	年代	形制	内容	发愿文	备注
16	程宁远等邑子造像碑	保定二年（562）	四面体柱状	四面开龛造像。正背面龛内造一倚坐佛二菩萨，两侧面龛内各雕立佛一尊。四面龛下供养人题名	保定二年程宁远等人名	现藏咸阳博物馆。《中国文物地图集·陕西分册》下，第372页，押技堡造像碑
17	陈海龙造像碑	保定二年（562）	长方形圆拱顶	正背面中部均分三层开龛造像，龛外二十四小龛，内雕坐佛。正面上部一尖拱龛，内雕一立佛二弟子二菩萨。中部一尖拱龛，内倚坐菩萨及二弟子二菩萨。下部帐形龛，内雕一坐佛二弟子二菩萨。背面上龛内雕一坐佛二弟子二菩萨。中龛交脚佛二弟子二菩萨。下龛内雕一倚坐佛二弟子二菩萨。碑下部刻发愿文	正面下部刻发愿文：起像主陈海龙一心侍佛保定二年岁次壬午正月壬寅朔廿四日乙丑敬造……敬造文石像一躯……	出土于山西安邑县运城，现藏山西博物院。《中国仏教彫刻史论》，图320

续表十三

编号	碑名	年代	形制	内容	发愿文	备注
18	杜延和等700人造像碑	保定二年（562）	长方形圆拱顶	碑身高窄。正面四层开龛造像，自上而下一层龛内雕思惟菩萨及二弟子二菩萨二辟支佛，二层龛内雕倚坐弥勒佛及二弟子二菩萨二辟支佛，三层龛内立佛及二弟子二菩萨二辟支佛，四层龛内坐佛及二弟子二菩萨二辟支佛。背面亦四层开龛，上三层同正面，四层龛内坐佛及二弟子四菩萨，左右上角刻维摩、文殊。碑两侧各开5龛		山西万荣出土，现藏山西省博物院。《石佛选粹》,图30
19	张须达造像碑	保定二年（562）				山西省博物院藏
20	李昙信造像碑	保定二年（562）	长方形	碑身四面开龛造像，正面上部开龛，内雕一佛二菩萨。背面龛内雕一天尊。两侧龛内立佛、菩萨各一身。两侧龛下刻发愿文	……佛弟子李昙信兄弟等，减割家珍，敬造释迦、太上老君、诸菩萨石像一躯……保定二年岁次壬午十二月丙申十五日功讫	藏耀县药王山博物馆。《北朝佛道造像碑精选》，第119—123页；《中国道教石刻艺术史》，图版34

续表十三

编号	碑名	年代	形制	内容	发愿文	备注
21		保定二年（562）		龛内刻一佛二菩萨二弟子。背面刻发愿文		西安碑林藏。《西安碑林博物馆藏碑刻总目提要造像题记》，第155页
22		保定三年（563）	长方形平顶	正背面均开龛，正面龛内雕一坐佛二菩萨，龛楣上阴刻弟子头像三身，龛下阴刻供养人。背面龛内坐菩萨及二胁侍弟子。龛楣上阴刻弟子头像四身，龛下阴刻供养人。一侧面阴刻佛像及供养人像。一侧面刊刻发愿文	保定三年六月甲午□夫先觉玄妙讫生永借诸邑子减割家珎造像愿邑子讫生西奉心□六趣一时成佛	松原三郎《中国仏教彫刻史论》，图332
23	田元族造像碑	保定三年（563）	四面造像	碑正面龛内一佛二弟子二菩萨，龛下线刻阿弥陀经变。碑背面同碑正面。左侧面龛内一立菩萨，龛下发愿文。右侧面龛内一立弟子。左侧龛下刻发愿文	□□□□□光乎远春敬诸日，皇法实因矣，咸是有佛弟子田元族，为亡息甑生造石像一躯，雕饰以讫，藉此功德，愿帝祚长延，明垒日月，蝬国公永隆，四方□穆，解蝭（甲）息兵，人修礼让三有，历劫师徒、七世父母咸司庆。保定三年岁次癸未六月甲午朔造讫	韩伟阴志毅《耀县药王山佛教造像碑》，图二，《考古与文物》1996年第2期；《中国文物地图集·陕西分册》下，第183页

续表十三

编号	碑名	年代	形制	内容	发愿文	备注
24	权道奴造像碑	保定三年（563）	长方形蟠螭纹碑额	正面刻发愿文，背面蟠螭纹碑额间开一小龛，内雕倚坐佛一身，龛下刻马、牛车、供养人并题名等	周保定三年岁在癸未六月甲午朔廿日癸丑佛弟子权道奴割施财产……建立弥勒石像一躯……	秦安征集，现藏甘肃省博物馆。《甘肃佛教石刻造像》，图205、206
25	王文超造像碑	保定四年（564）	长方形蟠螭纹碑额	正面蟠螭纹碑额间开一小龛，内雕一坐佛二弟子，龛外两小龛，内雕坐佛各一身。之下碑身刻发愿文。背面碑额下开三龛，中间龛内一坐佛二弟子，外侧龛内为维摩、文殊。下部铭记	保定四年二月庚寅朔十四日……辅国将军中散仪同司马王文超……造浮图三劫并铭一……	秦安征集，现藏甘肃省博物馆。《甘肃佛教石刻造像》，图209、210、211
26		保定四年（564）	长方形圆拱顶	正面碑额部分饰宝珠山花。碑正面分三层开龛。上层垂帐龛，内雕二坐佛及胁侍像。中层开圆拱尖楣龛，内雕一佛二弟子，龛外二立菩萨。下层并列开两龛，帐形龛内雕交脚菩萨二弟子，圆拱龛内雕一坐佛二弟子。碑背面碑额部分饰宝珠山花。下阴线刻一圆拱尖楣龛，内刻一佛二弟子。龛下刊刻铭文	保定四年十一月巳卯朔岁次佛弟张丑奴为身为息墉仁为长息□子父子三人为造石像一躯……	甘肃华亭县出土。《甘肃文物菁华》，图278

续表十三

编号	碑名	年代	形制	内容	发愿文	备注
27	圣母寺造像碑	保定四年（564）	长方形蟠螭纹碑额	四面龛像，四面龛内分别雕释迦、弥勒、阿弥陀、观音等		蒲城县博物馆藏。《金石萃编》第36卷
28	兄弟三人造像碑	保定五年（565）	长方形平顶，上附屋形顶	正面上部开龛，内雕一佛二弟子二菩萨二着袈裟的胁侍。龛下二力士二蹲狮。下部发愿文。背面及两侧面刻千佛	保定五年三月二十日夫真至玄远无已……兄弟三人等……敬造问（文）石像一躯	河南博物院藏，《中原文物》2004年第1期
29	王永建造像碑	保定五年（565）	长方形圆拱顶	正面开垂帐形龛。内雕一立菩萨四弟子，弟子像上下相叠。下部博山炉及四身比丘。背面刊刻铭文	保定五年岁次乙酉九月辛亥朔七日丁巳佛弟子王永建□□景达子高兄弟弟子侄等敬造观世音像一躯……	现藏大阪市立美术馆，《中国仏教彫刻史论》，图327a。从风格看应出土于固原地区
30	路家堡造像碑	保定五年（565）	方首、方座	碑正面开一龛，内雕佛像三尊，碑背面线刻佛像数尊	发愿文见“保定五年”题记	《中国文物地图集·陕西分册》下，第611页
31	王忻造像碑	保定五年（565）	长方形扁平形	四面造像，正面三层，上层一大龛，内一佛二菩萨，中层并列三龛，下层线刻供养人及题名。两侧面各一龛	保定五年岁次已酉四月癸丑朔八日造讫	藏于耀县药王山碑林

续表十三

编号	碑名	年代	形制	内容	发愿文	备注
32	千佛寺造像碑	保定五年（565）	长方形扁平体	正面龛内一佛二弟子二菩萨，其余三面线刻千佛		1963年洛宁县出土。见《河南文物精华》，第206页
33		天和元年（566）	长方形蟠螭纹碑额，残	蟠螭纹碑额下开一龛，内雕一坐佛。下部刻铭记	天和元年……	现藏麦积山石库艺术研究所。《甘肃佛教石刻造像》，图213
34		天和二年（567）	长方形圆拱顶	碑额部分雕忍冬纹。正面开一龛，内雕一佛二菩萨。佛内着圆领衣，外披双领下垂袈裟，施无畏与愿印。菩萨戴冠，面残，着通肩袈裟		西安梆子市街出土，碑林藏。《长安佛韵——西安碑林佛教造像艺术》，第61页
35	马众庶造像碑	天和二年（567）	长方形扁平形	四面造像，每面一龛，正背面龛内各雕一佛二菩萨，两侧面龛内各一佛像。一面龛下发愿文及供养人题名	天和二年正月廿二日，为父身故，造石像一躯……	药王山博物馆藏。《中国文物地图集·陕西分册》下，第189页
36	鲁恭姬造像碑	天和二年（567）	圆拱顶长方形碑	碑首拱形，碑正面开浅龛，内雕释迦立像一尊，龛外胁侍菩萨二身。背面刻发愿文	天和二年六月十□□……清水句法袭为亡妻鲁恭姬造释迦定光并等身像二躯……	《甘肃佛教石刻造像》，图216、217
37	昭仁寺北周碑（残）	天和三年（568）	长方形扁平体	正面及两侧面造像。正面上下开龛，上层龛内雕一佛二菩萨，下层龛维摩、文殊像。两侧面各开数个小龛，内坐佛。背面刊刻发愿文	……大周天和三年岁（次）□□□月乙丑……	长武县博物馆藏。《文物》1987年第3期

续表十三

编号	碑名	年代	形制	内容	发愿文	备注
38	夏侯纯陀造像碑	天和四年（569）	长方形扁平体	四面开龛造像。正面龛内一倚坐菩萨二菩萨。背面龛内一坐佛二弟子二菩萨。两侧面龛内各一立佛、菩萨。四面龛外及龛下阴线刻。侧面菩萨龛下刊刻发愿文	……天和四年六月十五日……	西安碑林藏。《长安佛韵——西安碑林佛教造像艺术》，第30页
39		天和四年（569）	长方形平顶	正面开龛造像，内雕一坐佛二菩萨，佛肉髻略高，褒衣博带，手施无畏与愿印。二菩萨头大，身短小。龛下线刻托宝珠的药叉，二供养人、二蹲狮	碑左右两侧面刊刻发愿文。左边天和四年八月十六日。右边女官唊□女造像躯	现藏陕西三原县博物馆。《考古与文物》2005年第1期，第17页
40		天和四年（569）	长方形，顶部榫头	四面开龛造像。正面上下两层龛，上层圆拱龛内二佛并坐，下层龛内一佛二弟子二菩萨。背面上层龛一佛二菩萨，下层龛一佛二弟子。龛下线刻供养人两排。碑两侧面各开二龛，内均雕坐佛一身。龛下刊刻铭文	天和四年岁次已丑二月新（辛）酉十日	2009年陕西富县广寨寺出土。《留住文明》，第172页

续表十三

编号	碑名	年代	形制	内容	发愿文	备注
41	王迎男造像碑	天和四年（569）	碑额已失	四面造像，每面各开一龛。正背面龛内一倚坐佛二菩萨，两侧面龛内一坐佛、一老君像	正面下部刻发愿文：天和四年邑人王迎男造像	咸阳出土。《中国文物地图集·陕西分册》下，第365页
42	夏侯纯陀造像碑	天和四年（569）	长方形，残	仅存碑背面发愿文	……故佛弟子夏侯纯陀割舍双珍为亡父造像一躯……天和四年六月十五日同造佛像一躯	《甘肃佛教石刻造像》，图218。怀疑与上述夏侯纯陀相关
43	释迦弥勒造像碑	天和年间(556—572）	长方体，顶有榫。白石像	四面造像碑。正面开两龛，上龛交脚菩萨并二弟子。弟子上下各二交脚菩萨、二菩萨。下龛结跏趺坐佛二菩萨，菩萨上二思惟菩萨。龛外两侧各有8个坐佛小龛。最下部摩尼宝珠、供养弟子、2个三佛龛、2个坐佛龛、2力士及蹲狮等。左侧面上下开五龛，自上而下，一佛、一佛二菩萨、一佛二弟子、一佛四弟子、一佛二弟子		碑林博物馆藏。《长安佛韵——西安碑林佛教造像艺术》，第31页
44	吕思颜造像碑	天和五年（570）	四面体柱状	四面造像。正面龛内一佛二菩萨，背面龛倚坐弥勒，两侧面龛内一坐佛	……天和五年岁次庚寅二月八日造讫	药王山博物馆藏。《中国文物地图集·陕西分册》下，第189页

续表十三

编号	碑名	年代	形制	内容	发愿文	备注
45	毛明胜造像碑	天和五年(570)	青石四面造像碑	四面各开一龛。龛内分造一佛二弟子、一弥勒二胁侍、一坐佛、一游戏坐思惟菩萨。龛楣刻十弟子像,龛下刻双狮并香炉。碑正面下部刻发愿文	天和五年三月廿五日……仰为国主及亡□父母,法界众生为造石像□躯	耀县药王山博物馆藏。《中国文物地图集·陕西分册》下,第189页
46	赵洪俊造像碑	天和五年(576)	圆拱顶长方形碑	正面龛内一佛二弟子,背面龛内一弥勒二弟子		宫大中《洛阳北朝与隋唐造像碑》《龙门石窟艺术》
47	雷明香造像碑	天和六年(571)	四面造像碑	正背两面龛内均造一佛二弟子,左右侧面龛坐佛。碑四面下部线刻骑马、牛车、供养人等	夫冲之虚□(无),妙趣理幽,应难寻□云□□□□金,镂木以表真容。与今佛弟子雷明香知世非常,减割家珍,为亡夫同帝乾炽敬造石像一躯。愿亡夫托生西天无量寿□,罪恶崩销,万吉庆集,复愿家内大小,老者追康,少者蠕(益)蜴,门风度厚,礼义布足,常□法蜡,恒与善俱,蒙此微因,愿皇帝延祚无穷,下及七世师僧、父母、因缘眷属,法界众生,咸同斯庆,等成正觉。大周天和六年七月十五日造讫	韩伟、阴志毅《耀县药王山佛教造像碑》,图3,《考古与文物》1996年第2期;《中国文物地图集·陕西分册》下,第183页

续表十三

编号	碑名	年代	形制	内容	发愿文	备注
48		天和七年（572）	长方形蟠螭纹碑额，残	额中一龛，雕一佛二弟子	周天和七年岁□□辰三月癸酉朔□□乙卯佛弟子王□□为亡□敬造佛□□……	庄浪出土，现存庄浪县博物馆。《甘肃佛教石刻造像》，图 219
49	大觉寺造像碑	建德元年（572）	长方形双龙纹顶	四面造像，雕佛、菩萨、力士等	发愿文 25 行	《中国文物地图集·陕西分册》下，第 542 页
50	王令猥碑	建德二年（573）	长方形圆拱顶，碑额蟠螭纹	两面均开龛造像。正面碑额上一坐佛。碑身中间开垂帐龛，内一坐佛二菩萨。龛下二力士二蹲狮。背面碑额上一坐佛，中间龛内一倚坐菩萨二胁侍菩萨。龛下牛车出行。两侧刻发愿文及供养人题名	建德二年岁次癸巳五月丙寅朔正信佛弟子堡主王令猥……等敬造石铭一躯高四尺弥勒壹堪释迦门壹堪前有二狮子……	现藏甘肃省博物馆。《甘肃佛教石刻造像》，图 221—223
51	郭乱颐造像碑（景昙等八十人造像碑）	建德二年（573）	长方形平顶	三面造像。正面由上至下分为四层。第一层并列二尖拱浅龛，左龛内雕交脚弥勒，右龛内思惟菩萨。第二层龛内一佛二菩萨二弟子。佛座下有半蹲式药叉双手托座，左右半跪供养比丘。龛下刊刻发愿文。两侧面各开上下两层龛，雕坐佛、菩萨等	建德二年岁次癸巳七月巳丑朔十日甲戌日信佛弟子景昙和杨恭八十人等……敬造石像一躯	《延安地区发现一批佛教造像碑》，图 3；《考古与文物》1984 年第 5 期

续表十三

编号	碑名	年代	形制	内容	发愿文	备注
52	下塬造像碑	建德二年（573）	长方形碑	四面造像，每面分上下两层造像，正背面为一佛二菩萨二弟子。两侧一佛二弟子。正面下部刻发愿文	建德二年岁次癸巳七月十五日造讫	眉县常兴镇石莲寺村出土。《中国文物地图集·陕西分册》下,第331页;《中国文物报》1988年10月7日
53	夫蒙荣炽四人造像碑	建德二年（573）	青石质，方座	正面线刻女供养人四身,其旁有夫蒙氏、荔非氏题名。碑左侧刻发愿文	建德二年	《中国文物地图集·陕西分册》下,第189页
54	杨广娼（智）造像碑	建德三年（574）	长方形圆拱顶	正面上部一方龛,无龛楣，龛内一佛二菩萨。佛座前左为护法蹲狮,右为药叉。正面下部刻发愿文。背面龛像同正面	大周建德甲午四月恭行□□□像主杨广娼（智）兄弟……	《延安地区发现一批佛教造像碑》，图4;《考古与文物》1984年第5期;《中国文物地图集·陕西分册》下,第888页
55	宇文（吕）建崇造像碑	建德三年（574）	长方形蟠螭纹碑额	碑正面额部刊刻“建崇寺”寺名,碑身开一圆拱尖楣龛，内一佛四弟子二菩萨，佛座旁雕二蹲狮。龛楣上雕四供养弟子头像及二身飞天。龛下刊刻发愿文。碑背面额部刻一小龛，内雕一坐佛。碑背面开帐形龛,龛上开七小龛，内七佛。帐形龛内一倚坐佛二弟子二菩萨。龛下刻发愿文。一侧面阴线刻树下比丘像,下刻供养人名	两面碑身下部刊刻发愿文,背面刻有:惟建德三年岁次甲午二月壬辰朔廿八日已未佛弟子本性吕蒙大祖赐姓宇文建崇……	甘肃秦安出土,现藏碑林博物馆。《长安佛韵——西安碑林佛教造像艺术》,第32页

续表十三

编号	碑名	年代	形制	内容	发愿文	备注
56	荔非氏造像碑	北周	长方形	四面造像，每面开一龛，正面龛内一佛二菩萨二弟子。背面龛内一倚坐菩萨二菩萨二弟子五尊像。一侧面龛内一佛二弟子像。一侧龛内一倚坐佛二弟子像。龛外线刻坐佛等		碑林博物馆藏。《长安佛韵——西安碑林佛教造像艺术》,第34页
57	造像碑	西魏末北周初	长方形圆拱顶	正背面均分三层开龛造像。一面碑额上一坐佛二弟子。上层中间一半跏趺坐佛及二弟子，两侧各一身思惟菩萨。中层一半跏趺坐佛及二弟子二菩萨。下层七坐佛。另一面上层龛内一交脚菩萨二弟子二辟支佛。中层一坐佛二弟子二菩萨。下层博山炉二供养弟子二蹲狮	残毁	山西新绛南天王庙出土，现藏山西博物院。《中国仏教彫刻史论》,图322
58	张僧妙造像碑	建德二年(573)前	长方形蟠螭纹碑额	背面刊刻铭文	法师姓张字僧妙雍州咸阳人也……德□□万……	耀县博物馆藏。韩伟《陕西耀县药王山北周张僧妙碑》,《考古与文物》1988年第4期

续表十三

编号	碑名	年代	形制	内容	发愿文	备注
59		此像风格特点符合北周，甲申年（563）雕凿，丁亥年（566）重修	长方形圆拱顶像碑，残存上半部	碑额部分残毁，正面开龛，现存两层龛。上层圆拱形龛，龛内一坐佛二胁侍像。佛座两旁各伸展出一莲梗，上站立二胁侍。右侧弟子像，上身绘制而成，下身雕刻出。左侧菩萨。龛外两侧各立弟子像。右侧现存一身弟子。左侧存两身弟子像，上下排列。下层龛仅见上部，中央摩尼宝珠及花叶，两侧各一身弟子像，现仅存头部。造像左侧面及背面刻发愿文	背面发愿文七行：夫至圣能人敢化……/有寻童子戏指介……/不动国是以清信女……/波等於甲申之稔仲冬……/十九日发心为子造释……/区庶因兹福愿使恒过……/难消灭普及法界众生 侧面　愿成等正觉　丁亥岁[八] [月]十一日	2013年泾川佛教造像坑出土，编号2013JCG H1:175号
60		庚辰款	长方形造像碑	现存两层雕刻。上层残，并列开三龛。中间龛内雕一交脚菩萨及二胁侍弟子，右侧龛内一倚坐佛像及二胁侍，左侧龛内骑象菩萨一身。三龛内造像均无头。下层开两龛。右侧龛垂帐形，内雕维摩诘及胁侍弟子。左侧方形龛中雕文殊菩萨及二弟子。其前飞天捧香饭。背面刻发愿文，现存9行	……次庚辰□月辛□/……戊寅比丘法起/……区为七世父母/……善知识愿生生/……法若悟洛非处/……萨来助振出世/……安养法界所愿/……形之类同登正/……女供养佛时	2013年泾川佛教造像坑出土，编号2013JCG H1:96号

续表十三

编号	碑名	年代	形制	内容	发愿文	备注
61		北周	方形圆拱顶,残现存碑上部	碑额部分浮雕伎乐天，正面龛内一倚坐菩萨二弟子二菩萨二蹲狮。背面龛内雕佛，龛外五弟子。龛额部浮雕宝塔、飞天，龛外侧下部浮雕鹿三只	佛在鹿野苑为五比丘说法	藏于美国波士顿美术馆。《中国仏教彫刻史论》,图 326;《海外及港台藏历代佛像》,第 107 页
62		北周	梯形平顶	碑四面开龛，龛下阴刻图像。碑正面龛内雕一佛二弟子二菩萨。下阴线刻博山炉及二护法狮，再下二佛并坐。碑背面龛内坐佛一身。龛下阴刻寺院		现藏耀县博物馆。《石佛选粹》,图 40
63		北周	长方形盝形顶	两面开龛造像，两面布局内容相同。分上下两层开龛，上层龛内一坐佛二弟子二菩萨二辟支佛，座下二蹲狮。下层并列二龛，内一佛二弟子二菩萨。碑两侧面开龛		出土于山西永济永乐石佛寺，现藏山西博物院。《石佛选粹》,图 39
64		北周	方形平顶	帐形龛，内雕一立菩萨二胁侍菩萨二蹲狮		东京国立博物馆藏。《中国仏教彫刻史论》,图 325b

续表十三

编号	碑名	年代	形制	内容	发愿文	备注
65		北周	方形平顶	两面开龛造像。正面帐形龛内一立佛二菩萨。龛外两侧上部刻6身佛,现存4身。背面盝形龛内倚坐菩萨二胁侍菩萨。力士托举弥勒双足。侧面千佛像		《中国仏教彫刻史论》,图328
66	县西造像碑	北周	青石质,方首	碑正面龛内一坐佛四胁侍，碑背面龛内一坐佛二胁侍，两侧线刻一佛二胁侍		临潼出土。《中国文物地图集·陕西分册》下，第87页
67	盖南花佛造像碑	北周	长方形平顶	该碑四面开龛造像,碑正面、背面、左、右四面龛内造像组合分别为:一佛二弟子二菩萨、一菩萨二弟子二菩萨、一立佛一立菩萨。背面下半漫漶。碑右侧下半可辨一层供养人像,左侧为男供养人,右侧为女供养人	残存题名为:第一层：亡毋□□男、亡毋盖男花,亡毋杨春花。第二层：亡弟妻雷娥蓓、亡兄妻雷玉蒸、亡娣明堂	陕西省文物普查队《耀县新发现的一批造像碑》,图14,《考古与文物》1994年第2期
68		北周	青石造像碑	龙首碑额。正面开龛,内一佛二弟子二菩萨,龛外二力士。龛下力士托宝珠，二供养人二蹲狮		《西安北郊出土北朝佛教造像》,图5,《文博》1998年第2期

续表十三

编号	碑名	年代	形制	内容	发愿文	备注
69		北周	长方形造像碑	碑身中部开一龛，内雕坐佛一身，佛肉髻低平，面相圆短。着双领下垂袈裟，半跏坐于佛座上，双手施禅定印。龛下、背面、左侧刊刻发愿文	清信女张令先敬为亡夫胡景仲亡息胡朋□亡息祯保□敬造释迦像一躯	西安郝家村出土。《西安文物精华——佛教造像》，图48
70		北周	四面造像碑	上部覆钵式顶，周围雕饰山花。中部四面开帐形龛内造像。正背两面分雕一坐佛二菩萨、一佛二弟子。两侧面分别为坐佛、倚坐菩萨像。龛下刊刻发愿文	同此愿尽得咸佛、敬造四面像一区愿	碑林区围墙巷第一中学出土。《西安文物精华——佛教造像》，图78
71		北周	盝形四面造像碑	正背两面开帐形龛，内分雕一坐佛二菩萨、一交脚菩萨二胁侍菩萨。两侧面均为坐佛		西安尚勤路出土。《西安文物精华——佛教造像》，图82
72		北周	长方形平顶，上有榫	四面造像。每面上部开一龛，正面龛内刻一佛二弟子四菩萨七身像。背面龛内雕一交脚菩萨二弟子四菩萨七身像。侧面为倚坐菩萨像、思惟菩萨三尊像。其他部位雕千佛		上海博物馆藏。《中国仏教彫刻史论》，图339

续表十三

编号	碑名	年代	形制	内容	发愿文	备注
73	观世音菩萨造像碑	北周	青石质，残	碑正面中开尖拱龛，内雕三尊观音菩萨立像，龛柱头饰衔垂铃龙头，龛外满布观音立像。碑背面、左、右侧分层刻观音立像		耀县出土。《中国文物地图集·陕西分册》下，第183页
74	王子崇（荣）造像碑	北周	长方形，残存上半部，顶有榫头	一面造像。有上下二龛，上龛为方形，内一佛二弟子；下龛为拱形，内一佛二胁侍	龛右上侧为：大檀越主师都督。右下为：中堪开明王都督王子荣典坐秦子达	《延安地区发现一批佛教造像碑》，图八；《考古与文物》1984年第5期
75	苻茂造像碑	北周	长方形碑	四面造像。正面有上中下三龛，内均为一佛二弟子。碑左右侧面也有上中下三龛，均为一佛。碑背面上中下三龛，内均为一佛二弟子	四面下部均有铭文，仅左右侧面碑文可辨数字	《延安地区发现一批佛教造像碑》；《考古与文物》1984年第5期

续表十三

编号	碑名	年代	形制	内容	发愿文	备注
76	任要好造像碑	北周	长方形碑	正面及两侧面均分五层开龛。正面每层造像龛均为尖拱龛。由下向上第一层为骑象菩萨。最上二禅僧坐于束腰莲座之上。第二、三层龛均为一佛二菩萨,第四、五层龛为一佛二弟子，头部均毁。左侧面第一层龛为一立佛；第二、三、四、五层龛为坐佛。右侧面第一层龛为手持莲蕾菩萨立像;第二、四层龛为菩萨立像;第三、五层龛为一坐佛	正面下部,左侧下面,右侧下部刊刻发愿文。	《延安地区发现一批佛教造像碑》，图十四；《考古与文物》1984年第5期
77	周家堡造像碑	北周	方形	四面开龛造像。正背面龛内造三尊像。两侧面龛内各一身坐佛	发愿文漫漶不清	《中国文物地图集·陕西分册》下,第611页
78	任闰造像碑	北周	长方形,青石质	四面开龛造像。正面龛内造一坐佛二菩萨。背面龛内道教造像三尊。两侧面龛内一立菩萨像、一道教像。龛外碑面阴线刻出龛楣、蹲狮、供养人等		碑林博物馆旧藏。《长安佛韵——西安碑林佛教造像艺术》,第35页

续表十三

编号	碑名	年代	形制	内容	发愿文	备注
79	七佛造像碑	北周	长方形圆拱顶，下方座	碑正面分四层开龛造像。最上层一龛,下三层各二龛。龛内各一结跏趺坐佛，形成七佛。佛肉髻低平，面相丰圆。内着僧祇支,外着双领下垂袈裟。袈裟下摆垂于佛座上，下摆呈两瓣式。施禅定印		1974年西安西关王家巷出土，碑林博物馆藏。《长安佛韵——西安碑林佛教造像艺术》,第63页
80		北周	长方形圆拱顶。现存碑上半部	正背两面开龛造像，正面内一倚坐菩萨二弟子二菩萨。侧面不详		《长安佛韵——西安碑林佛教造像艺术》,第36页
81		北周	长方形蟠螭纹顶	正背两面开龛造像。正面碑额上开一小龛，内雕一树下思惟菩萨像。碑身雕释迦说法图。中部释迦及胁侍二弟子二螺髻弟子二菩萨七身像,上部听法众菩萨及弟子。下部供养人及婆薮仙、鹿头梵志。背面碑额开一帐形龛,内雕释迦多宝二佛并坐像。碑身上部线刻十方佛,下部刊刻《佛顶尊胜陀罗尼经》。此碑造像粗壮，佛像肉髻低平,面相方圆	佛顶尊胜陀罗尼经	《保利藏珍——石刻佛教造像精品选》，第214—221页

续表十三

编号	碑名	年代	形制	内容	发愿文	备注
82	千佛造像碑	北周	长方形造像碑残	正背两面均雕像，每面两行圆拱形龛，现残存上下三排。龛内各雕一坐佛。佛肉髻低平，面相方圆，面短。着双领下垂袈裟，袈裟下摆较长，覆于座前。袈裟略厚重		2013年泾川佛教遗址出土，编号 2013JCGH1:83
83		北周	圆拱顶造像碑残件	垂帐形龛，龛楣中央雕摩尼宝珠、山花、蕉叶。龛内雕一佛二弟子。佛附圆形头光，肉髻略高，面相圆短，五官风化严重，大耳垂肩。内着僧祇支，外着双领下垂式袈裟。右手上举施无畏印。左手残毁。弟子面相同佛，着双领下垂袈裟		2013年泾川佛教遗址出土，编号 2013JCGH1:105
84		北周	长方形造像碑	上层残，下层较完整。上层仅存佛袈裟下摆及胁侍小腿、足部。下层中央开一圆拱尖楣龛。龛内一倚坐佛二弟子。龛外右侧现存一菩萨二弟子。龛外左侧仅存弟子像		2013年泾川佛教遗址出土，编号 2013JCGH1:176

续表十三

编号	碑名	年代	形制	内容	发愿文	备注
85		北周	圆拱顶扁长方体造像碑	像碑正面原分三层雕刻，现存上、中两层，拱顶残，像碑下部残毁。上层龛为圆拱形垂帐龛，左侧残，现仅见右侧造像，为释迦多宝二佛并坐像，两像均雕有舟形背光。佛右侧龛边两身弟子像，上下相叠站立。中层开圆拱尖楣龛，龛楣饰火焰纹。龛内一坐佛二弟子像，龛外两侧各立一胁侍菩萨，其上尖拱两侧各三身供养弟子。下层仅存龛内垂帐及其上的山花等。像碑背面上部开一浅龛，龛内垂帐，原雕一菩萨八胁侍弟子像，现存菩萨及左侧四身弟子像。左侧四身弟子均面佛而立，头前倾		2013 年泾川佛教遗址出土，编号 2013JCGH1:195

续表十三

编号	碑名	年代	形制	内容	发愿文	备注
86		北周	圆拱顶长方形像碑,残	现存上部。碑额上装饰摩尼宝珠及山花。并列开二垂帐龛,内雕刻二佛并坐像。佛像附舟形背光。佛面相圆润,肉髻低平。外着双领下垂褒衣博带式袈裟,半跏坐于方座上。左手前伸,残,右手抚于腿上。袈裟下摆略长,呈两瓣式覆座。左侧佛像同右侧。右手前伸,左手垂于腿上。背光原施绿彩,袈裟施红彩,现部分脱落		2013 年泾川佛教遗址出土,编号 2013JCGH1:149

表十四　北周浮雕嵌板一览表

编号	时代	形制	内容	出处
1	北周	方形平顶,白石	正面开帐形龛,内一佛二弟子。佛内着僧祇支,外着双领下垂式袈裟,下摆悬裳。半跏趺坐,施无畏与愿印。两侧弟子立于莲台上,莲台装饰有莲叶	西安出土,西安文物保护研究所藏。《西安文物精华——佛教造像》,图 62
2	北周	方形平顶,白石	正面开帐形龛,内一佛二菩萨。佛内着僧祇支,外着双领下垂式袈裟,下摆悬裳。双手施无畏与愿印。佛圆形头光。菩萨戴冠,披帛横于膝前一道。手持莲花。佛座两侧各一供养比丘	西安出土,西安文物保护研究所藏。《西安文物精华——佛教造像》,图 63①

续表十四

编号	时代	形制	内容	出处
3	北周	方形平顶,白石	正面开帐形龛,内一佛二菩萨,像均附圆形头光。佛内着僧祇支,外着双领下垂式袈裟,下摆悬裳略短。右手施无畏印,左手抓握衣角。菩萨戴冠,披帛横于膝前一道。一手持莲花,一手抚于胸前。佛座两侧各一供养比丘	西安出土,西安文物保护研究所藏。《西安文物精华——佛教造像》,图 63②
4	北周	方形平顶,白石	正面开帐形龛,内一佛二菩萨。佛着双领下垂式袈裟,下摆悬裳。施无畏与愿印。菩萨披帛横于膝前一道。龛下博山炉并比丘	西安出土,西安文物保护研究所藏。《西安文物精华——佛教造像》,图 63③
5	北周	方形平顶,白石	正面开圆拱尖楣龛,龛楣饰火焰纹。龛内一佛二弟子。佛着通肩袈裟,下摆悬裳。双手叠于腹前。右侧弟子双手合十立于莲台上。左侧弟子双手遮于袈裟下。弟子着通肩袈裟	西安出土,西安文物保护研究所藏。《西安文物精华——佛教造像》,图 64
6	北周	方形平顶,白石	正面开帐形龛。龛内一佛二弟子。佛内着僧祇支,束带,外双领下垂袈裟,下摆悬裳。双手施无畏与愿印。右侧弟子右手扶于胸前,左手置于腹前。左侧弟子双手遮于袈裟下。台座下雕博山炉及二蹲狮	西安出土,西安文物保护研究所藏。《西安文物精华——佛教造像》,图 65
7	北周	方形平顶,白石	正面开帐形龛,内一佛二菩萨二力士。龛上伎乐天五身。佛内着僧祇支,外双领下垂式袈裟,下摆悬裳。施无畏与愿印。菩萨戴冠,手持莲蕾。力士着菩萨装,动感十足。每身雕像均附圆形头光。龛下摩尼宝珠及二蹲狮	西安未央区草滩出土,西安文物保护研究所藏。《中国仏教彫刻史论》,图 358;《西安文物精华——佛教造像》,图 66

续表十四

编号	时代	形制	内容	出处
8	北周	方形平顶,白石	正面开圆拱尖楣龛,内一佛二菩萨。佛内着僧祇支,束带,外着双领下垂式袈裟,下摆悬裳。双手施无畏与愿印。菩萨披帛横于膝前二道,双手持物于腹前。台座下博山炉及二供养比丘等	西安出土,西安文物保护研究所藏。《西安文物精华——佛教造像》,图 67
9	北周	方形平顶,白石	正面开帐形龛,内一佛二菩萨。佛内着僧祇支,束带,外着双领下垂式袈裟,下摆悬裳。倚坐于佛座上。双手施无畏与愿印。菩萨披帛横于膝前一道,一手持莲,一手提物	西安出土,西安文物保护研究所藏。《西安文物精华——佛教造像》,图 68
10	北周	方形平顶,白石	正面开圆拱尖楣龛,内一佛二菩萨。佛着双领下垂式袈裟,下摆悬裳。双手交叉叠于胸前。菩萨披帛横于膝前一道,双手持物于腹前	西安出土,西安文物保护研究所藏。《西安文物精华——佛教造像》,图 69
11	北周	方形平顶,白石	正面开圆拱尖楣龛,内一佛二菩萨。佛着通肩袈裟,下摆悬裳。双手叠于胸前。菩萨披帛横于膝前一道,一手持莲,一手抚于腹前	西安出土,西安文物保护研究所藏。《西安文物精华——佛教造像》,图 70
12	北周	方形平顶,白石	正面开帐形龛,内二佛并坐。佛内着僧祇支,外着双领下垂袈裟,下摆悬裳。座下仰莲	西安出土,西安文物保护研究所藏。《西安文物精华——佛教造像》,图 71
13	北周	方形平顶,白石	正面开帐形龛,龛上装饰山花蕉叶,龛内雕一佛二菩萨。佛着通肩袈裟,下摆悬裳。双手叠于腹前。菩萨戴冠、项圈,披帛横于膝前一道,双手持莲于腹前,立于莲台上。台下装饰莲瓣	西安出土未央区草滩出土,西安文物保护研究所藏。《中国仏教彫刻史论》,图 357;《西安文物精华——佛教造像》,图 72

续表十四

编号	时代	形制	内容	出处
14	北周	方形平顶,白石	方形碑，中部上层龛内刻一佛二弟子二菩萨,顶上二飞天。龛下宝瓶、莲花、四供养人、四蹲狮。龛外二立菩萨。佛肉髻低平,着通肩袈裟。龛内菩萨披帛横于腹膝前，龛外菩萨披帛腹前交叉穿环	西安碑林藏。《中国仏教彫刻史论》,图 338

表十五　单体圆雕造像一览表

编号	造像名	年代	质地	造像内容	发愿文	备注
1	佛立像	武成二年(560)	石	面相方圆,波纹低平肉髻,短颈,腹部凸出。着通肩袈裟，衣纹于腹部及双腿呈三组U形,右手残,左手握衣角。覆莲台,方座	仅存“武成二年”	西安碑林藏。《长安佛韵——西安碑林佛教造像艺术》,第98、99页
2	罗川佛立像	保定元年(561)	石	面相方圆,低平螺髻,腹部凸出。通肩袈裟,衣纹于腹部及双腿呈三组U形,双手残。覆莲台,蹲狮(残),方座。座上刊刻发愿文及供养人姓名	……保定元年……造人中释迦石像一躯……	甘肃正宁县博物馆藏。《甘肃佛教石刻造像》,图 203
3	比丘辩智造丈八玉石像	保定二年(562)	石	螺髻,面相方圆,短颈。内着僧祇支,束带,外着通肩袈裟。双手施无畏与愿印。跣足立于覆莲台上		台湾南台县中台山博物馆藏。见讯法师《北周时代的石雕造像》,采自网络

续表十五

编号	造像名	年代	质地	造像内容	发愿文	备注
4	佛立像	保定三年（563）	石	无头，腹部凸出，着通肩袈裟，衣纹于腹部及双腿呈三组U形，右臂前伸，右手残。左手手心托宝珠，指尖握衣角。覆莲台，蹲狮，方座上刻发愿文	保定三年岁次癸未七月癸亥十五日丁丑佛弟子苻道洛为亡父母造石像一躯	西安北郊尤家庄出土。《考古与文物》2005年第3期，第27页，图三
5	佛立像	保定五年（565）	石	低平螺髻，腹部凸出。着通肩袈裟，双手残	保定五年二月二十九日，清信女范令为一切法解众生，为亡夫景略造释迦石像一躯，令得成就	西安北郊雷寨村出土，西安碑林藏。《文博》1999年第1期
6	佛立像	天和四年（569）	石	造像整体粗壮敦厚，头大，颈短，面相方圆，低平螺髻，腹凸。着圆领通肩袈裟，衣纹于胸前、双腿呈U形下垂，右手残，左手提握衣角，跣足立于仰莲台上。台下方座，上刊刻发愿文	方座正面刻发愿文，题铭：周天和四季岁次已丑六月已未朔八日丙寅……	山西稷县出土，山西省博物馆藏。《中国仏教彫刻史论》，图352

续表十五

编号	造像名	年代	质地	造像内容	发愿文	备注
7	马法先佛立像	天和五年（570）	金铜	佛火焰纹头光，立于仰莲台上，其下覆钵形台，再下六边形台座，最下面壶门形方座及四方台座。覆钵上刻博山炉，壶门背面刻发愿文。佛螺髻，面相圆短，着通肩袈裟，衣纹通体U形，右手施无畏印，左手抓握袈裟角	天和五年三月八日比丘尼马法先为七世父母法界众生敬造释迦牟尼像一躯供养	《西安文物精华——佛教造像》，图47
8	佛立像	天和六年（571）	青石	无头，佛着圆领通肩袈裟，腹部突出，跣足立于覆莲台上。台下方座。座角两蹲狮。佛右手略残，施无畏印，左手中握宝珠。袈裟上绘红色田相纹。衣纹于胸前、双腿呈U形。方座两侧面及后面刻发愿文	右侧 天和六年/岁次辛卯/四月戊寅/朔十七日/申午佛弟/子毕僧庆/ 背面 自付民□从/难居翘思/惠曰启割/衣食之须/敬造释迦/牟尼像一/躯伏愿寿/命延长后（残一行） 左侧（残两行）法界/众生成无/上道	2013年甘肃泾川县出土，编号2013JCGHI:75现存泾川县博物馆。《2013年中国重要发现》，第146页

续表十五

编号	造像名	年代	质地	造像内容	发愿文	备注
9	张子闻造佛立像	大象二年(580)	石	低平螺髻,面相方圆,腹部凸出。着通肩袈裟,衣纹于胸前、双腿呈U形。右手残,左手握衣角。立于仰覆莲台上,台下方座,座角蹲狮。方座上刊刻发愿文	正信佛弟子张子闻为七世父母敬造释迦玉像一躯……大象二年七月廿一日建	西安东郊灞桥区湾子村出土。《西安市东郊出土北周佛立像》,图4,《文物》2005年第9期;《长安佛韵——西安碑林佛教造像艺术》,第86、87页
10	周纪仁造立佛像	大象二年(580)	石	低平螺髻,面相丰圆,颈短粗,腹部凸出,身材短粗。着通肩袈裟,衣纹于胸前、双腿呈U形。右手施无畏印,左手握宝珠。跣足立于覆莲台上,其下方座,座角蹲狮。座上刊刻纪年及供养人	大象二年岁次庚子三月佛弟子周纪仁为父母敬造释伽佛像一躯	上海博物馆藏。《中国仏教彫刻史论》,图369a
11	佛立像	北周	石	低平肉髻,面相方圆,短颈,上饰三道蚕纹。腹部凸出,身体短粗壮硕。内着僧祇支,腰部结带,通肩袈裟,领口较低。袈裟略厚重,不见身体轮廓。右手上举施无畏印,左手握衣角。立于圆台上		山西博物院藏。《山西博物院珍粹》,第134页

续表十五

编号	造像名	年代	质地	造像内容	发愿文	备注
12	佛立像	北周	石	低平螺髻，面相方圆，颈短上饰三道纹。腹部凸出，着通肩袈裟。袈裟略厚重，身体轮廓不清。右手残，左手握衣角。立于圆台上		山西博物院藏。《中国仏教彫刻史论》，图 367；《山西博物院珍粹》，135 页
13	佛立像	北周	石	头无存，着通肩袈裟，衣纹于胸前、双腿呈 U 形。袈裟略贴体，腿部轮廓清楚。右手残，左手握袈裟一角		美国纳尔逊美术馆藏。《中国仏教彫刻史论》，图 369b
14	佛立像	北周	石	低平螺髻，面像方圆，内着交领衣，并于胸前结带，外着通肩袈裟，袈裟右角搭于左臂上，袈裟虽略厚重，但腿部轮廓已显露		甘肃泾川县宝宁寺出土，县博物馆藏
15	佛立像	北周	石	圆形头光，肉髻低平，面相方圆，内着僧祇支，外着通肩袈裟，衣纹于胸前、双腿呈 U 形。双手施无畏与愿印。跣足立于仰莲台上		甘肃甘谷县博物馆藏
16	佛立像	北周	金铜	附心形头光，上饰化佛。肉髻方平，面短，无颈部。着通肩袈裟，通体饰 U 形衣纹。右手上举施无畏印，左手握衣角。立于圆形莲台上，莲台上附宝珠		《中国仏教彫刻史论》，图 353a、b
17	佛立像	北周	金铜	附心形镂空火焰纹头光，面圆短。内着僧祇支，束带，外着通肩袈裟，通体饰 U 形衣纹。左手上举，右手握衣角。立于圆形莲台上		《中国仏教彫刻史论》，图 353c

续表十五

编号	造像名	年代	质地	造像内容	发愿文	备注
18	佛立像	北周	石	低平螺髻，面相方圆，腹部凸出。内着僧祇支，外着通肩袈裟，衣纹于胸前、双腿呈U形。袈裟略贴体，腿部凸出。右手上举施无畏印，略残，左手握衣角。跣足立于仰覆莲台上，下方座，座上蹲狮		西安东郊灞桥区湾子村出土。《西安市东郊出土北周佛立像》，图1BL04—001；《文物》2005年第9期；《长安佛韵——西安碑林佛教造像艺术》，第88、89页
19	佛立像	北周	石	低平螺髻，面部圆鼓，肩部圆阔。外着宽大通肩袈裟，袈裟衣纹于右侧呈半U形，左侧直线下垂。右手残，左手握衣角。跣足立于圆台、覆莲台上，台下方座。佛座四面雕刻比丘、伎乐、博山炉、宝瓶等		西安东郊灞桥区湾子村出土。《西安市东郊出土北周佛立像》，图3BL04—002；《文物》2005年第9期；《长安佛韵——西安碑林佛教造像艺术》，第90、91页
20	佛立像	北周	石	低平螺髻，面部方圆，腹部凸出，内着僧祇支，中衣结带，外着通肩袈裟。右手施无畏印，左手握衣角。跣足立于圆台、覆莲台上，台下方座。佛像高大，气度非凡		西安东郊灞桥区湾子村出土。《西安市东郊出土北周佛立像》，图2BL04—003；《文物》2005年第9期；《长安佛韵——西安碑林佛教造像艺术》，第93、94页

续表十五

编号	造像名	年代	质地	造像内容	发愿文	备注
21	佛立像	北周	石	低平螺髻，面部略长，腹部凸出，着通肩袈裟，衣纹于胸前、双腿呈U形，较贴体。右手施无畏印，左手握衣角。立于圆台上，下仰覆莲台，再下方台座，上蹲狮。佛座四面雕刻神王等。佛像高大，身体比例适中。佛座正面刻博山炉一比丘并一道士。左侧3身神王，分别为兽首人身状象、风、火神王。右侧珠、树、山神王。背面雷、电、牛神王		西安东郊灞桥区湾子村出土。《西安市东郊出土北周佛立像》，封三BL04—005；《文物》2005年第9期；《长安佛韵——西安碑林佛教造像艺术》，第95—97页
22	佛立像	北周	石	低平螺髻，面部方圆，腹部凸出，外着通肩袈裟，衣纹右侧半U形，左侧下垂。下摆略外侈。右手残，左手握衣角。跣足立于圆台上。台下榫		《西安窦寨村北周佛教石刻造像窖藏》001，《2007年中国重要考古发现》；《文物》2009年第5期，封二：1；《西安文物精华——佛教造像》，图59
23	佛立像	北周	石	低平螺髻，面部方圆，耳垂外侈，腹部凸出，外着通肩袈裟，衣纹于胸前、双腿呈U形，较贴体。双手残，立于圆台上，台下榫		《西安窦寨村北周佛教石刻造像窖藏》002，《2007年中国重要考古发现》；《文物》2009年第5期，封二：2；《西安文物精华——佛教造像》，图60

续表十五

编号	造像名	年代	质地	造像内容	发愿文	备注
24	佛立像	北周	石	头失。腹部凸出,内着僧祇支,外着通肩袈裟,衣纹右侧半U形,左侧下垂,下摆略外侈。双手残。袈裟绘红彩		《西安窦寨村北周佛教石刻造像窖藏》003,《2007年中国重要考古发现》;《文物》2009年第5期,第89页;《西安文物精华——佛教造像》,图55
25	佛立像	北周	石	头失。腹部凸出,内着僧祇支,外着通肩袈裟,衣纹右侧半U形,左侧下垂。下摆略外侈。双手残。跣足立于圆台上,台下榫		《西安窦寨村北周佛教石刻造像窖藏》004,《2007年中国重要考古发现》;《文物》2009年第5期,第89页;《西安文物精华——佛教造像》,图57
26	佛立像	北周	青石	低平螺髻,面圆短,着通肩袈裟,上饰田相纹,衣纹于胸前、双腿呈U形。右手上举施无畏印,左手握衣角。跣足立于圆台上。下部为覆莲台及方座,上蹲狮		西安北郊六村堡中官亭村出土,西安文物保护研究所藏。《西安文物精华——佛教造像》,图50
27	佛立像	北周	青石	低平螺髻,面圆短,内着僧祇支,结带,外着通肩袈裟,袈裟开口较低。衣纹自腹部下垂。双手残。跣足立于圆形覆莲台上。莲台下为高大方台,上蹲狮。造像身短,腹部凸出		西安六村堡中官亭村出土,西安文物保护研究所藏。《西安文物精华——佛教造像》,图53

续表十五

编号	造像名	年代	质地	造像内容	发愿文	备注
28	佛立像	北周	青石	低平螺髻，面圆短，腹部略凸出。佛着通肩袈裟，腹部及腿部衣纹呈U形。右手上举施无畏印，左手抓握袈裟一角。跣足立于仰覆莲台上，台下方座		西安六村堡中官亭村出土，西安文物保护研究所藏。《西安文物精华——佛教造像》，图54
29	佛立像	北周	青石	无头，腹部略凸出。佛内着僧祇支，外着通肩袈裟，腹部及腿部衣纹呈U形。右手上举施无畏印，手心中夹莲枝，左手抓握袈裟一角		西安礼泉寺出土，西安文物保护研究所藏。《西安文物精华——佛教造像》，图99
30	佛立像	北周	青石	低平螺髻，面相丰圆，短粗颈。内着僧祇支，外着通肩袈裟，腹部及双腿呈U形衣褶。右手下垂持宝珠，左手残。跣足立于仰莲台上。整体短粗状		礼泉寺出土。《西安文物精华——佛教造像》，图183。书中定为隋
31	佛立像	北周	青石	低平螺髻，面相丰圆，短粗颈。内着僧祇支，外着通肩袈裟，腹部及双腿呈U形衣褶。右手下垂持宝珠，左手上举，抓握袈裟角。跣足立于仰莲台上		礼泉寺出土。《西安文物精华——佛教造像》，图188。书中定为唐。莲台下，覆莲台及方座与像材质不符
32	佛立像	北周	青石	低平螺髻，面相方圆。佛内着僧祇支，中衣结带，外着双领下垂袈裟。右手残，左手抓握袈裟一角		《陕西古代石刻艺术》，图60

续表十五

编号	造像名	年代	质地	造像内容	发愿文	备注
33	佛立像	北周	青石	无头，腹部略凸出。佛内着僧衹支，结带，外着通肩袈裟。袈裟自左胸向右散射。双手残。立于台座上		陕西省博物馆藏，参见肖丁文图 2-1-22
34	佛立像	北周	青石	低平螺髻，面相方圆。佛内着僧衹支，中衣结带，外着双领下垂袈裟。右手上举施无畏印，左手抓握袈裟一角		山西猗县出土，山西博物馆藏。《山西石雕艺术》，图 24
35	佛立像	北周	石	螺髻较低平，面丰圆，腹部略凸出。佛内着僧衹支，外着通肩袈裟。袈裟腹部及腿部衣纹呈 U 形。跣足立于仰覆莲台及方台座上。双手残		碑林博物馆旧藏。《长安佛韵——西安碑林佛教造像艺术》，第 104 页
36	佛立像	北周	石	螺髻较低平，面丰圆，腹部略凸出。佛内着僧衹支，外着通肩袈裟。袈裟腹部及腿部衣纹呈 U 形。右手残，左手抓握袈裟。跣足立于仰覆莲台及方台座上		碑林博物馆旧藏。《长安佛韵——西安碑林佛教造像艺术》，第 105 页
37	佛立像	北周	石	螺髻较低平，面方圆，腹部略凸出。佛内着僧衹支，外着通肩袈裟。袈裟腹部及腿部衣纹呈 U 形。右手上举，左手中刻摩尼宝珠。跣足立于仰覆莲台上		碑林博物馆旧藏。《长安佛韵——西安碑林佛教造像艺术》，第 106—107 页

续表十五

编号	造像名	年代	质地	造像内容	发愿文	备注
38	佛立像	北周	石	低平螺髻，面圆短，短颈，腹部略凸出。佛内着僧祇支，结带，外着通肩袈裟。袈裟右腿部衣纹呈半U形，左侧直线。右手残，左手握宝珠。跣足立于圆台、覆莲台、多边形台上		碑林博物馆旧藏。《长安佛韵——西安碑林佛教造像艺术》，第108—109页。书中定为隋
39	佛立像	北周	石	螺髻较低平，面方圆，腹部略凸出。佛着通肩袈裟。袈裟腹部及腿部衣纹呈U形。双手残。立于仰莲台上		碑林博物馆旧藏。《长安佛韵——西安碑林佛教造像艺术》，第184页。书中定为唐
40	佛立像	北周	石	身躯矮小丰圆。螺髻，面圆润。着通肩袈裟，袈裟开口较低。双手残，从残迹看右手上举，左手抓握袈裟		1987年西安市西郊空军通讯学校出土。碑林博物馆展厅
41	佛立像	北周	石	身躯高大丰壮。身躯与四肢分离程度差。螺髻，面圆润。着通肩袈裟。右手上举施无畏印，左手抓握袈裟		西安市二府庄东出土
42	佛立像	北周	石	短粗。身躯与四肢分离程度差。内着僧祇支，外着通肩袈裟，袈裟开口较低。内衣下摆长。袈裟衣纹从左胸前辐射而下。右手上举，左手抓握袈裟。立于圆形仰莲台上		西安雁塔区沙滹沱村出土。《长安佛韵——西安碑林佛教造像艺术》，第70页

续表十五

编号	造像名	年代	质地	造像内容	发愿文	备注
43	佛立像	北周	石	无头、双手。着通肩袈裟，背部平直，袈裟腿部贴体，腹部以上呈 U 形衣纹，双腿轮廓较清晰，U 形衣纹。袈裟贴金彩绘。跣足立于仰莲台上		西安中查村长安城遗址出土。《古都遗珍——长安城出土的北周佛教造像》编号 1 号，图版四—七
44	佛立像	北周	石	无头、足，双手残。内着僧祇支，外着通肩袈裟，背部平直。袈裟腿部贴体。腹部、双腿呈 U 形衣纹，双腿轮廓较清晰。袈裟贴金彩绘。从双手残迹看，右手上举施无畏印。左手抓握袈裟		西安中查村长安城遗址出土。《古都遗珍——长安城出土的北周佛教造像》编号 2 号，图版八—十二
45	佛立像	北周	石	佛低平肉髻，面圆润。着通肩袈裟。腹部、双腿呈 U 形衣纹，双腿轮廓较清晰。袈裟彩绘。右手残，左手抓握袈裟。跣足立于圆形台上，台下圆柱形榫		西安中查村长安城遗址出土。《古都遗珍——长安城出土的北周佛教造像》编号 3 号，图版十三—十五
46	佛立像	北周	石	双手残。佛低平螺髻，面圆润，粗颈。内着僧祇支，外着通肩袈裟。腹部、双腿呈 U 形衣纹，双腿轮廓较清晰。跣足立于圆形仰莲台上，台下方形榫		西安中查村长安城遗址出土。《古都遗珍——长安城出土的北周佛教造像》编号 4 号，图版十六—十九

续表十五

编号	造像名	年代	质地	造像内容	发愿文	备注
47	佛立像	北周	石	无头，右手残，身躯直立，佛内着僧祇支，外着通肩袈裟。右手残迹看施无畏印，左手抓握袈裟。腹部、双腿衣纹呈U形，双腿轮廓较清晰。袈裟彩绘。跣足立于圆形仰莲台上，台下圆柱形榫		西安中查村长安城遗址出土。《古都遗珍——长安城出土的北周佛教造像》编号5号，图版二十、二二
48	佛立像	北周	石	无头，双手残，身躯直立。佛着通肩袈裟，披于左肩的衣角边缘呈波浪形，上贴金边。右手残迹看施无畏印，左手抓握袈裟。腹部以上呈U形衣纹，双腿轮廓较清晰，衣纹半U形。袈裟彩绘		西安中查村长安城遗址出土。《古都遗珍——长安城出土的北周佛教造像》编号6号，图版二三—二五
49	佛立像	北周	石	无头，胸及双手残，身躯直立。佛着通肩袈裟。腹部、双腿呈U形衣纹，双腿轮廓较清晰		西安中查村长安城遗址出土。《古都遗珍——长安城出土的北周佛教造像》编号7号，图版二六、二七
50	佛立像	北周	石	无头，身躯直立。佛内着僧祇支，结带，外着低领通肩袈裟。衣纹自左胸直线下垂，右侧呈半U形。右手残，左手中握宝珠		西安中查村长安城遗址出土。《古都遗珍——长安城出土的北周佛教造像》编号8号，图版二八—三〇
51	佛立像	北周	石	无头，身躯直立。佛内着僧祇支，外着低领通肩袈裟。衣纹自左胸向下或右侧散射呈半U形。右手残，左手抓握衣角。跣足立于圆形莲台上，下柱形榫		西安中查村长安城遗址出土。《古都遗珍——长安城出土的北周佛教造像》编号9号，图版三一—三三

续表十五

编号	造像名	年代	质地	造像内容	发愿文	备注
52	佛立像	北周	石	无头，双手残，身躯直立。身躯与四肢分离程度差。佛内着僧祇支，束带，外着双领下垂袈裟。右手与右胸间有支撑物。袈裟似受道教服饰影响		西安中查村长安城遗址出土。《古都遗珍——长安城出土的北周佛教造像》编号11号，图版三五、三六
53	佛立像	北周	石	无头，仅存胸、腹部，双手残。外着通肩袈裟。右手与右胸间有支撑物		西安中查村长安城遗址出土。《古都遗珍——长安城出土的北周佛教造像》编号12号，图版三四
54	佛立像	北周	砂石	佛磨光低平肉髻，面相长圆，颈粗短。佛着圆领通肩袈裟，袈裟右角搭于左肩后。袈裟略显厚重，通体施红彩。佛腹部凸出。右手上举，略残。左手握摩尼宝珠。跣足立于圆台上，圆台下方榫		2013年泾川县出土。编号2013 JCGH1:48+106，《2013中国重要考古发现》
55	佛立像	北周	砂石质	无头及右手。佛内着僧祇支，外着圆领通肩袈裟，袈裟领口略低。衣纹自左胸散射状下垂，并呈阶梯形。袈裟略短，露出内层裙，裙下摆微外侈。左手提握袈裟。跣足立于圆台上。佛右肩下附一莲瓣		2013年泾川县出土。编号2013 JCGH3:1，《2013中国重要考古发现》

续表十五

编号	造像名	年代	质地	造像内容	发愿文	备注
56	释迦坐像	天和四年(569)	石	释迦结跏趺坐于须弥座上,肉髻低平,着双领下垂袈裟。须弥座壸门上刻二狮,其他三面刻发愿文	……周天和四年岁次乙丑六月己未车元达造释迦像一躯……	《北周天和释迦造像与题记》,《四川文物》1999年第1期。此像面部臃肿,袈裟样式也与北周造像存在较大的差异,存疑
57	佛坐像	北周	彩绘石	无头。佛半跏坐于方形须弥座上。着通肩袈裟,袈裟于胸前呈U字形,裙摆略短,四瓣形。袈裟上施红彩。右手上举,从残迹看施无畏印。左手置于膝上		2003年西安北郊六村堡出土,碑林博物馆藏。《长安佛韵——西安碑林佛教造像艺术》,第65页
58	佛坐像	北周	彩绘石	无头。佛半跏坐于方形须弥座上。着通肩袈裟,袈裟于胸前呈U字形,裙摆略短,四瓣形。右手上举施无畏印。左手置于膝上抓握裙摆		2003年西安北郊六村堡出土,碑林博物馆藏。《长安佛韵——西安碑林佛教造像艺术》,第66页
59	佛坐像	北周	彩绘石	无头。佛半跏坐于佛座上。着通肩袈裟,袈裟于胸前呈U字形,裙摆略短,四瓣形。右手上举,残。左手置于膝上抓握裙摆		2009年陕西富县广寨寺出土。《留住文明》,第171页。书中定为隋
60	佛坐像	北周	彩绘石	无头。腿部残。内着僧祇支,束带,外着双领下垂袈裟,右手残,左手置于膝上		西安中查村长安城遗址出土。《古都遗珍——长安城出土的北周佛教造像》编号10号,图版四五

续表十五

编号	造像名	年代	质地	造像内容	发愿文	备注
61	佛倚坐像	北周	石	无头。内着僧祇支,中衣束带,外着双领下垂袈裟。右手残，左手持宝珠置于膝上。倚坐于方形须弥座上。跣足踏于仰莲台上		礼泉寺出土。《西安文物精华——佛教造像》,图35。书中定为北魏
62	阿育王像	保定二年—五年（562—565）	石	无头、手、足。着通肩袈裟,腰际线略显,衣纹通体呈U形展开,袈裟较轻薄贴体	益州总管柱国赵国公招敬造阿育王像一躯	《四川省博物馆藏万佛寺石刻造像整理简报》,编号WSZ24;《文物》2001年第10期;《成都万佛寺石刻艺术》,图9
63	阿育王像	北周（造像风格同WSZ24）	石	头失,手残。着通肩袈裟,跣足立于圆台上，腿后附短屏。袈裟衣纹通体呈U形展开。造像风格同WSZ24		《四川省博物馆藏万佛寺石刻造像整理简报》,图七,编号WSZ25;《文物》2001年第10期
64	阿育王像	北周（造像风格同WSZ24）	石	头失,手残。着通肩袈裟,躯体与双臂的分离程度较大,腰际线明显。袈裟衣纹通体呈U形展开		《四川省博物馆藏万佛寺石刻造像整理简报》,编号WSZ26;《文物》2001年第10期;《四川出土南朝佛教造像》,图版14
65	阿育王像	北周（造像风格同WSZ24）	石	头失,手残。着通肩袈裟,跣足立于圆台上，腿后附短屏。袈裟衣纹通体呈U形展开。腰、腿部轮廓明显。胸腹部U形衣纹较为舒朗、双腿U形较为细密		《四川省博物馆藏万佛寺石刻造像整理简报》，编号WSZ27;《文物》2001年第10期;《四川出土南朝佛教造像》,图版15

续表十五

编号	造像名	年代	质地	造像内容	发愿文	备注
66	阿育王像	北周(造像风格同WSZ 24)	石	头失,手残。着通肩袈裟,袈裟衣纹通体呈U形展开		《四川省博物馆藏万佛寺石刻造像整理简报》,编号WSZ8;《文物》2001年第10期;《四川出土南朝佛教造像》,图版16
67	菩萨像	保定元年(561)	青铜	头戴冠,宝缯垂肩。面相丰圆,上袒,戴项圈,下着裙。披帛横于胸前一道。右手持杨柳枝,左手提净瓶。跣足立于圆台上,台下方座,方座上宝珠蹲狮	维周保定元年岁次辛巳四月八日佛弟子□□为父母所生父母合门大小因缘眷属造观世音一躯一心供养常与善居愿六道四生普同斯福	首都博物馆藏。《中国历代纪年佛像图典》,图205
68	菩萨立像	保定三年(563)	石	头戴花蔓冠,装饰繁杂,饰W形花绳等,宝缯垂肩。面相圆短,上袒,戴双重项圈,一重项圈上垂铃。下着裙。宽大披帛绕肩后于腹前交叉穿环,再反搭于两臂垂于体外。长璎珞垂于腹前交叉。右手施无畏印,左手提净瓶。跣足立于圆台上。造像头大,身材短粗	圆台上刻发愿文:保定三年□□宏道□为骠骑大将军开府仪同□司寇儁重□永兴寺上为父母延□下为□□□福(残)像一躯比丘宏□等香花供养	《中国仏教彫刻史论》,图350a、b

续表十五

编号	造像名	年代	质地	造像内容	发愿文	备注
69	赵颠造观世音像	保定五年（565）	石	菩萨戴三叶宝珠冠，宝缯垂肩。面相丰圆，上着僧祇支，下着长裙。戴项圈，披帛自肩下垂于腹前交叉穿环，双重U形长璎珞垂于腹膝前。跣足立于圆台上，覆莲台、圆台、方台，台上二蹲狮。右手残，左手握宝珠	保定五年九月二十七日佛弟子赵颠造观世音像一躯	《文博》1998年第2期，第18页，图1、2；《西安文物精华——佛教造像》，图45
70	比丘智造观音立像	天和元年（566）	石	头戴花蔓冠，宝缯垂肩。面相丰圆，上袒，戴项圈，下着裙，裙边外翻。长璎珞垂于下腹。左手施无畏印，右手提净瓶。跣足立于仰莲台上，台下方座。造像头大身材短粗	唯周天和元年岁次丙戌四月八日比丘智□造比丘智□□比丘道云比丘智宝比丘智海比丘昙门……妻鱼妙晖持花供养	《中国历代纪年佛像图典》，图213；《中国仏教彫刻史论》，图349
71	李最造观音菩萨立像	天和二年（567）	石	头失。上袒，戴项圈，下着裙。披帛、长璎珞交叉于腹前。跣足立于方台座上。座上刊刻发愿文及邑子名	□和二年□月八日佛弟子李最等敬造观世音像一躯愿一切众生七世父母普同斯福	《考古与文物》1987年第6期，第57—58页，图一：1；《西安文物精华——佛教造像》，图46

续表十五

编号	造像名	年代	质地	造像内容	发愿文	备注
72	菩萨立像	天和六年(571)	石	头失。上袒,戴项圈,下着裙,裙边外翻。披帛横于膝前。右手持杨柳,左手提物,立于方台座上。座四面刊刻铭文		2009年陕西富县广寨寺出土。《留住文明》,第170页
73	观世音立像	天和七年(572)	金铜	菩萨戴冠,面相丰圆,上袒,戴项圈,下着裙,璎珞于腹前交叉穿环。右手持柳枝,左手提净瓶。圆形莲台,八边形座	天和七年正月十五日仏弟子□妻□□敬造观世音像为切在难	流失国外,《中国历代纪年佛像图典》,221图标为建德元年;《中国仏教彫刻史论》,图351
74	刘苌寿观音立像	建德二年(573年)	石像	菩萨面相长圆,戴冠,上袒,戴项圈,下着裙,披帛、璎珞于腹前交叉穿环。右手提净瓶,左手残。跣足立于方形高台座上	观世音菩萨弟子刘苌寿为合家大小法界众生普得佛道建德二年四月廿日敬造	甘肃天水北道区博物馆藏。《丝绸之路》2010年第2期
75	菩萨立像	北周	石	头戴花蔓冠,宝缯垂肩。面相丰圆,戴项圈,上着僧祇支,下着裙。宽大披帛绕肩,于腹前交叉穿环。长璎珞垂于腹前交叉。右手持杨柳枝,左手提净瓶。跣足立于圆台上。造像头大身材短粗		《中国仏教彫刻史论》,图350c

续表十五

编号	造像名	年代	质地	造像内容	发愿文	备注
76	菩萨立像	北周—隋	汉白玉石质贴金彩绘	菩萨高髻，戴化佛宝箍，宝缯垂肩。面相长圆，戴耳珰。上着僧衹支，束带，下着长裙。戴项圈，下垂铃。披帛绕肩下垂横于膝腹前，之后上折搭于肘上。双重璎珞，一重U形垂于腹前，之后下垂分两支，分别绕向身后。一重U形长璎珞垂于腹膝前。右手持杨柳枝，左手提净瓶，跣足立于仰莲台上		西安西查村出土，西安文物保护研究所藏。《文物》1997年第11期，封面；《文博》1998年第2期，第19页；《西安文物精华——佛教造像》，图52①
77	菩萨立像	北周—隋	汉白玉石质贴金彩绘	菩萨梳高髻，戴宝箍，宝缯垂肩。面相长圆，戴耳珰。上着僧衹支，束带，下着长裙。戴项圈，下垂铃。披帛绕肩下垂于膝前绕搭，之后上折搭于肘上。双重璎珞，一重U形垂于腹前，之后下垂分两支，分别绕向身后。一重U形长璎珞垂于腹膝前。右手持杨柳枝，左手提净瓶，跣足立于仰莲台上		西安出土，西安文物保护研究所藏。《文物》1997年第11期，第78页，彩版贰:2；《文博》1998年第2期，第19页；《西安文物精华——佛教造像》，图52②

续表十五

编号	造像名	年代	质地	造像内容	发愿文	备注
78	菩萨立像	北周—隋	汉白玉石质贴金彩绘	菩萨梳高髻，戴宝箍，宝缯垂肩。面相长圆，戴耳珰。上着僧祇支，束带，下着长裙。戴项圈，下垂铃。披帛绕肩下垂于体前二道。双重瓔珞，一重U形垂于腹前，之后下垂分两支，分别绕向身后。一重U形长瓔珞垂于腹膝前。右手持杨柳枝，左手提净瓶，跣足立于仰莲台上		西安出土，西安文物保护研究所藏。《文物》1997年第11期，第78页，彩版二：1；《文博》1998年第2期，19页；《西安文物精华——佛教造像》，图52③
79	菩萨立像	北周	汉白玉石质贴金彩绘	无头，宝缯垂肩。戴项圈。上着僧祇支，束带，下着长裙。披帛绕臂垂于体侧。双重瓔珞，一重长瓔珞垂于体侧。一重于腹前分两支下垂，并绕向身后。跣足立于圆台上。右手残，左手下垂		西安出土，西安文物保护研究所藏。《西安文物精华——佛教造像》，图51
80	菩萨立像	北周	石	菩萨面相方圆，戴冠，宝缯垂肩，上袒，戴项圈，下着裙，披帛于腹、膝前横过。长瓔珞U形挂于体前。右手持莲，左手提心形物。跣足立于仰莲台上。原附圆形头光，现残		《中国仏教彫刻史论》，图370

续表十五

编号	造像名	年代	质地	造像内容	发愿文	备注
81	菩萨立像	北周—隋	石	头失。戴圆形项圈。上着僧祇支,下着裙,裙边外翻。披帛横于腿前。U形长璎珞挂于体前。右手持杨柳,左手提物，跣足立于覆莲台上,台下方座,座上蹲狮		1985年正觉寺出土。《西安文物精华——佛教造像》,图61
82	菩萨立像	北周	石	戴冠,面方圆,短颈。戴项圈。上着僧祇支,下着裙。披帛交叉于腹前。U形长璎珞挂于体前。右手上举持物,左手提净瓶。跣足立于仰莲台上,下榫		1973年未央区六村堡东席村出土。《西安文物精华——佛教造像》,图76
83	菩萨立像	北周—隋	石	无头。上着僧祇支,下着裙。双重璎珞,一重璎珞交叉于腹前,一重U形长璎珞挂于体前。右手上举持杨柳,左手抓握披帛。跣足立于仰莲台上,腿部衣纹呈U形,似受佛像影响		1984年未央区雷寨村出土。《西安文物精华——佛教造像》,图113。书中定为隋
84	菩萨立像	北周	石	戴花冠,面方圆,短颈。戴项圈，下垂铃。上着僧祇支,束带,下着裙。披帛交叉于腹前。U形长璎珞挂于体前。右手残,左手上举。跣足立于圆台上,下榫		1987年礼泉寺出土。《西安文物精华——佛教造像》，图116。书中定为隋
85	菩萨立像	北周	青石	无头、颈。项圈下垂铃。上着僧祇支,下着裙。披帛交叉于腹前，璎珞与披帛走势相同。右手残,左手提握净瓶。立于莲台上，下方座,座上蹲狮		《2007年中国重要考古发现》;《西安窦寨村北周佛教石刻造像窖藏》XDH07-008,图一三;《文物》2009年第5期

续表十五

编号	造像名	年代	质地	造像内容	发愿文	备注
86	菩萨立像	北周	青石	头失。上袒,戴项圈,下垂铃。上着僧祇支,束带,下着裙。披帛宽大,交叉于腹前,后反折搭于肘上。璎珞同披帛走向。双手残。立于仰莲台上,台下方座,座上蹲狮		《2007年中国重要考古发现》;《西安窦寨村北周佛教石刻造像窖藏》XDH07-009,图十六、十七;《文物》2009年第5期
87	菩萨立像	北周	青石	无头、足。上袒,戴项圈,下垂铃。下着裙。披帛宽大,交叉于腹前。璎珞同披帛走向。双手残		《2007年中国重要考古发现》;《西安窦寨村北周佛教石刻造像窖藏》XDH07-010,图十八、十九;《文物》2009年第5期
88	菩萨立像	北周	石	舟形头光,菩萨面相丰圆,戴冠,宝缯垂肩,上着僧祇支,戴项圈,下着裙,披帛于腹膝前横过,璎珞于腹前交叉。右手残,左手握衣角。立于圆台上。下方台及蹲狮		甘肃秦安县博物馆藏。《甘肃文物菁华》,图279
89	菩萨立像	北周	石(残)	头束髻,戴化佛冠。面相方圆,戴项圈。披帛、璎珞腹前交叉。跣足立于方台上		甘肃宁县博物馆藏。《文物》2006年第1期,第78页,图4

续表十五

编号	造像名	年代	质地	造像内容	发愿文	备注
90	菩萨立像	北周	石	头戴冠。面相方圆,短颈。上着僧袛支,下着裙。披帛横于腹、膝前二道,U形璎珞挂于身前。右手持杨柳,左手提握净瓶。跣足立于圆台上,下方台,上蹲狮		甘肃宁县博物馆藏
91	菩萨立像	北周	金铜	菩萨面相丰圆,戴冠,宝缯垂肩,上着僧袛支,披帛横于膝前,繁复的璎珞于腹前交叉。右手捻花,左手施与愿印。裙及披帛外侈		日本东京艺术大学藏。《中国仏教彫刻史论》,图375
92	菩萨立像	北周	石质	无头。整体短粗,腹部凸出。戴项圈,上着僧袛支,下着裙,裙边外翻,并结带。披帛及繁复的璎珞于腹前交叉。手残。跣足立于方台座上		2003年西安北郊六村堡出土,碑林博物馆藏。《长安佛韵——西安碑林佛教造像艺术》,第67页
93	菩萨立像	北周	石质	菩萨梳高髻,戴化佛冠(残),宝缯垂肩。面相圆短,戴项圈,下垂花饰。上着僧袛支,下着长裙。披帛腹前交叉穿环。长璎珞挂于体前,腰带上下垂玉佩饰。右手提璎珞,左臂无。跣足立于圆台上		1959年碑林区和平门外出土,碑林博物馆藏。《长安佛韵——西安碑林佛教造像艺术》,第81页

续表十五

编号	造像名	年代	质地	造像内容	发愿文	备注
94	菩萨立像	北周—隋	石质	戴化佛冠,宝缯垂肩。面相长圆,戴项圈,下垂铃。上袒,下着长裙。披帛、长璎珞交叉于腹前。右手残,左手提净瓶, 跣足立于圆台上。下仰覆莲台,再下六边形方台		碑林博物馆旧藏。《长安佛韵——西安碑林佛教造像艺术》,第100—101页
95	菩萨立像	北周—隋	石质	戴化佛冠,宝缯垂肩。面相方圆,戴项圈,下垂铃。上着僧祇支,下着长裙,裙带高束。披帛、长璎珞交叉于腹前。双手残,跣足立于仰莲台上。再下覆莲台及圆台		2004年西安未央区岗家村出土,碑林博物馆藏。《长安佛韵——西安碑林佛教造像艺术》,第102—103页
96	菩萨立像	北周	石质	菩萨梳高髻,戴冠,宝缯下垂。面相圆短,上袒,戴项圈,下垂铃,下着长裙。披帛、长璎珞交叉于腹前。右手残,左手提握净瓶,跣足立于圆台上。其下圆柱形榫。背面腰间垂挂玉佩等		西安中查村出土。《古都遗珍——长安城出土的北周佛教造像》编号16号,图版四七—五一
97	菩萨立像	北周	石质	菩萨头残,宝缯下垂。戴项圈,下垂铃。上袒,下着长裙,系长裙带。披帛于胸腹前横过二道。双重璎珞或交叉于腹前后绕向身后,或U形垂挂于体前。腰间系带,其上装饰纹样。两臂均戴臂钏。右手残,左手提握净瓶。背面冠后垂披巾		西安中查村出土。《古都遗珍——长安城出土的北周佛教造像》编号17号,图版五二—五五

续表十五

编号	造像名	年代	质地	造像内容	发愿文	备注
98	菩萨立像	北周	石质	无头，戴项圈，下垂铃。上着僧祇支，下着长裙，系带。披帛、长璎珞交叉于腹前。右手残，左手下垂，手心向前。足穿芒鞋立于圆台上。其下圆柱形榫。背面腰间垂挂组玉佩，腰后部饰兽头		西安中查村出土。《古都遗珍——长安城出土的北周佛教造像》编号18号，图版五六—六一
99	菩萨立像	北周	石质	无头，戴项圈，下垂铃。上着僧祇支，下着长裙。披帛于腿前绕搭后上折。双重璎珞，短重与项圈相连于腹前兽头上，之后分两支下垂，绕向身后。U形长璎珞垂挂于体前。双手残。跣足立于仰莲台上。其下圆柱形榫		西安中查村出土。《古都遗珍——长安城出土的北周佛教造像》编号19号，图版六一—六四
100	菩萨立像	北周	石质	无头及上身。下着长裙。披帛、璎珞交叉于腹前。左手握净瓶。跣足立于仰莲台上。彩绘贴金		西安中查村出土。《古都遗珍——长安城出土的北周佛教造像》编号20号，图版六五—六六
101	菩萨立像	北周	石质	无头、足。戴项圈，下垂铃。上着僧祇支，系带，下着长裙。披帛、璎珞交叉于腹前。腰间垂挂组玉佩。双手残		西安中查村出土。《古都遗珍——长安城出土的北周佛教造像》编号21号，图版六七—六九

续表十五

编号	造像名	年代	质地	造像内容	发愿文	备注
102	菩萨立像	北周	石质	无头、足。戴项圈，下垂铃。上着僧祇支，下着长裙。披帛交叉于腹前。璎珞双重，一重与项圈上下垂铃相连于腹前花饰上，之后分两支绕向身后。一重U形挂于体前。项圈与璎珞连为一体。双手残		西安中查村出土。《古都遗珍——长安城出土的北周佛教造像》编号22号，图版七〇—七二
103	菩萨立像	北周	石质	无头、足。戴项圈，下垂饰物。上着僧祇支，下着长裙。披帛、璎珞交叉于腹前。身体两侧垂挂玉佩饰物。双手残		西安中查村出土。《古都遗珍——长安城出土的北周佛教造像》编号23号，图版七二—七五
104	菩萨立像	北周	石质	上身残毁。腿前垂挂披帛、璎珞。跣足立于仰莲台上。彩绘		西安中查村出土。《古都遗珍——长安城出土的北周佛教造像》编号24号，图版七六、七七
105	菩萨立像	北周	石质	仅存腰部。腿前垂挂披帛、璎珞		西安中查村出土。《古都遗珍——长安城出土的北周佛教造像》编号25号，图版七八、七九
106	菩萨立像	北周	石质	无头，仅存上半身。戴项圈，下垂饰物。上着僧祇支。璎珞挂于胸前。右手持杨柳		西安中查村出土。《古都遗珍——长安城出土的北周佛教造像》编号26号，图版八〇

续表十五

编号	造像名	年代	质地	造像内容	发愿文	备注
107	菩萨立像	北周	砂石质	梳高髻,戴化佛冠。宝缯垂肩。面相丰圆,细眉长眼,颈细。菩萨戴圆形项圈,上饰花坠。上着僧祇支,下着裙,裙边外翻,裙带垂于中央。披帛绕肩背后于腹、膝前横过。联珠纹长璎珞呈U形于小腿前横过,U形底部装饰圆形饰物,上饰联珠纹。右手残,上举,现肩部存杨柳枝。左臂戴臂钏,手提净瓶。菩萨右腿直立,左腿弯曲,做游足状。跣足立于圆台上,台下方形榫		2013年泾川出土,编号2013JCGH1:76+129。《2013中国重要考古发现》,第146页
108	菩萨立像	北周	砂石质	无头、足。菩萨上着僧祇支,束带,下着裙,裙边外翻。披帛绕肩背后于腹、膝前横过二道。戴项圈、臂钏。长发垂于两肩及背部。戴联珠纹项圈,下垂铃。长璎珞挂于身前。右手上举,持杨柳,左手下垂提净瓶		2013年泾川出土,编号2013JCGH1:65。《2013中国重要考古发现》,第146页
109	菩萨立像	北周—隋	金铜	菩萨戴冠,面相丰圆,宝缯垂肩,上袒,戴项圈,下垂铃。披帛横二道,璎珞挂于腹前。右手残,左手提握净瓶。立于仰覆莲台上,台下多边形壶门座		美国大都会博物馆藏。《海外及港台藏历代佛像》,第172页

续表十五

编号	造像名	年代	质地	造像内容	发愿文	备注
110	范慈造观世音坐像	保定二年(562)	石	菩萨坐像	周保定二年岁壬午二月八日范慈敬造观世音像一躯	北京图书馆石刻拓本 8:105。采自李玉珉《南北朝观音造像考》
111	菩萨坐像	北周	金铜	菩萨面相丰圆,戴冠,宝缯垂肩,上袒,戴项圈,下垂铃。披帛横二道,璎珞于腹前交叉。结跏趺坐		《中国仏教彫刻史论》,图 336
112	交脚菩萨像	北周	石	菩萨面相长圆,戴冠,宝缯垂肩,上袒,戴项圈,下着裙,披帛、长璎珞于腹前交叉。交脚坐。右手施无畏印,左手残		《中国仏教彫刻史论》,图 327b
113	倚坐菩萨像	天和二年(567)	石	现存下半身。腰身较长,下着裙,裙边外翻,双重璎珞,一重交叉于腹前,并绕向身后。一重 U 形挂于体前。足登草履,倚坐于方形须弥座上	仅见“天和二年”	《四川省博物馆藏万佛寺石刻造像整理简报》,第 24 页,编号 WSZ32;《文物》2001 年第 10 期;《四川出土南朝佛教造像》,图版 29—1

续表十五

编号	造像名	年代	质地	造像内容	发愿文	备注
114	倚坐菩萨像	建德元年(572)	石	附头光,菩萨倚坐,足下方形台座。戴冠,宝缯垂肩,上袒,戴项圈,下着裙。双重璎珞,一重与项圈相连,之后分两支绕于身后。一重垂挂于体前。右手残,左手施与愿印		《隋代佛教窟龛研究》,图 107
115	倚坐菩萨像	北周	石	舟形头光,菩萨面相丰圆,梳双髻,宝缯垂肩,上着僧祇支,戴项圈,下着裙,披帛于腹前横过,长璎珞于腹前交叉。右手施无畏印,左手握衣角。倚坐于狮子座上		甘肃秦安县博物馆藏。《甘肃文物菁华》,图 280
116	倚坐菩萨像	北周	石	头无存。上袒,戴项圈,下着裙。披帛绕臂外垂、长璎珞于腹、膝前交叉。双手残。双足踩莲台上,方形台座上雕蹲狮,正面刻发愿文		现存甘肃西峰市博物馆。《甘肃佛教石刻造像》,图 229
117	倚坐菩萨像	北周	石	头无存。上袒,戴项圈,下着裙。披帛横二道。双重璎珞,U 形长璎珞挂于体前,短重璎珞交叉于腹前。倚坐。右手上举,左手提净瓶。座下方台		1979 年出土于西安第三十中学。《西安文物精华——佛教造像》,图 74
118	倚坐菩萨像	北周	石	头无存。戴项圈,上着僧祇支,下着裙。倚坐。双手残		《临潼县博物馆藏北周造像座、唐代造像与经幢》,图 17;《文博》1992 年第 2 期

续表十五

编号	造像名	年代	质地	造像内容	发愿文	备注
119	倚坐菩萨	北周	石	璎珞垂于两腿间，倚坐于方形台座上。台上蹲狮		2013年泾川出土。编号2013JCGH1:61
120	倚坐菩萨像	北周	金铜	菩萨面相丰圆，戴冠，宝缯垂肩，上着僧祇支，披帛于腹前交叉，倚坐于束帛台座上。双手施无畏与愿印		《中国仏教彫刻史论》，图374
121	倚坐菩萨像	北周	金铜	菩萨面相丰圆，戴冠，宝缯垂肩。上着僧祇支，璎珞于腹前交叉，倚坐于方形台座上。右手上举，左手平放于膝上		《中国仏教彫刻史论》，图335
122	思惟菩萨	北周	石	菩萨面相丰圆，戴冠，宝缯垂肩。上着僧祇支，下着裙。披帛于腹前交叉，半跏坐于台座上，左腿踏于莲花上		山西省南部采集。《中国仏教彫刻史论》，图371、372

表十六　北周石质背屏式造像一览表

编号	名称	纪年	造像内容	发愿文	备注
1		丁丑（557）	一坐佛二菩萨。佛褒衣博带，悬裳	元年岁次丁丑九月廿七日佛弟子赵景辄仰为亡父生存母敬造玉石像一躯……	《中国仏教彫刻史论》，图324b

续表十六

编号	名称	纪年	造像内容	发愿文	备注
2	董道生造观音坐像	保定二年(562)	菩萨坐像。头部附圆形头光,菩萨戴冠,宝缯垂肩,面圆短。上袒,戴项圈,下着裙。披帛绕肩后于胸前交叉穿环，手施无畏与愿印。坐于台座上,台前二蹲狮。台上刻发愿文。背屏背面刻供养人董道生及席妙容线刻像题名。背屏两侧亦刻供养人像	保定二年四月辛未朔八日戊寅夫大道□鹰睢教乃一是以超空等……佛弟子前将军左银清光禄都督中城县开国男董道生先□洪愿敬造官世音像一躯……	《中国历代纪年佛像图典》,图206;《中国仏教彫刻史论》,图333、334
3	僧贤造像	保定二年(562)	一倚坐佛二立弟子二立菩萨。佛、菩萨附头光。像下博山炉及二蹲狮。佛着通肩袈裟，施无畏与愿印,脚踏覆莲台。菩萨戴项圈,内着僧衹支,下着裙，跣足立于覆莲台上。长璎珞交叉于腹前,披帛绕臂外垂。一手持莲蕾，一手提握心形物。弟子着交领袈裟,双手握于胸前。背屏背面刊刻发愿文	保定二年岁次壬午八月戊戌朔十二月巳酉合诸邑义一百人等……铸玉石佛像一躯……佛弟子僧贤香花供养	碑林博物馆藏。《长安佛韵——西安碑林佛教造像艺术》,第59页

续表十六

编号	名称	纪年	造像内容	发愿文	备注
4	郭贤敬造释迦牟尼像	保定四年(564)	舟形背屏，四足方形台座。上雕一坐佛二菩萨。佛着通肩袈裟，右手施无畏印,左手抓握袈裟,下悬裳座。菩萨戴冠、项圈,披帛交叉穿环。双手持莲蕾及心形物	维周保定四年岁次甲申五月八日……郭贤敬造释迦牟尼像一躯	《中国仏教彫刻史论》,图331b
5		天和元年(566)	舟形背屏,方形台座。一倚坐佛二菩萨。佛着通肩袈裟。佛足踩莲花台。菩萨立于卧狮上。台座正面刊刻发愿文	维周天和元年岁次丙戌七月丙子朔十五日庚寅显荫寺比丘尼普净……敬造弥勒石像一躯……	《中国仏教彫刻史论》,图364a
6	神峪造像碑	天和元年(566)	舟形背屏上火焰纹。前立一佛二胁侍,胁侍下供养人各一身。佛肉髻高大，留西魏遗风,着通肩袈裟，右手上举,左手握衣角	方形台基正面刻发愿文：天和元年十月十日为忘□父□敬造石像一躯……	甘肃华亭出土,现藏华亭博物馆。《甘肃佛教石刻造像》,图212
7		天和五年(570)	一坐佛二菩萨。佛着通肩袈裟。菩萨披帛膝前横过一道。菩萨立于卧狮上。台座正面刊刻发愿文	天和五年岁在庚寅郭顆建敬造玉石像一躯……	《中国仏教彫刻史论》,图365a、b

续表十六

编号	名称	纪年	造像内容	发愿文	备注
8		建德元年（572）	舟形背屏，方形台座。一坐佛二菩萨。佛面相圆短，内着僧祇支，外双领下垂袈裟。菩萨上袒，下着裙，腹部凸出。台座正面刊刻发愿文	建德元年八月卅日比丘惠余赵仲宾仲升仲良兄弟等为亡父造玉石像一躯母常光容	《中国仏教彫刻史论》，图365c
9		建德三年（574）	一坐佛二菩萨立于台座上。佛褒衣博带式袈裟，悬裳座。菩萨上袒，下着裙，披帛膝前横过。方形台座上阴刻博山炉	建德三年岁次甲午二□壬辰元日丁巳佛弟子任延韬……敬□世加像一躯……	《中国仏教彫刻史论》，图366b
10	大司马杨坚造铜佛像	宣政元年（578）	正面一佛二菩萨立像。佛肉髻略高，面相方圆，着通肩袈裟。菩萨戴花蔓冠，上身袒露，下着长裙。双肩披披帛。跣足站立于仰覆莲台座上。背面浮雕佛教故事。菩萨像背面刻发愿文	宣政元年□月□九日大司马弟子杨坚及大小属眷等为皇祚隆胜愿民居善地永类脱离苦渊□□生佛国敬造佛法像一堪永供记	现藏宝鸡市博物馆。《考古与文物》1983年第6期；《陕西古代佛教美术》，图61、62
11		北周	舟形背屏，四足方形台座。一立菩萨二胁侍菩萨。主菩萨戴冠，上袒，披帛于腹前交叉穿环，胁侍菩萨披帛横于膝前		《中国仏教彫刻史论》，图325a
12		西魏末—北周	舟形背屏，方形台座。一坐佛二菩萨。佛着双领下垂褒衣博带式袈裟，悬裳座。菩萨戴冠，上袒，下着裙，披帛腹前交叉或穿环		《中国仏教彫刻史论》，图330a

续表十六

编号	名称	纪年	造像内容	发愿文	备注
13		北周	舟形背屏,方形台座。一倚坐佛二菩萨。右侧菩萨无存。佛面相长圆。着双领下垂褒衣博带式袈裟,肉髻略高大。菩萨戴冠,披帛交叉穿环		《中国仏教彫刻史论》,图 330b
14		北周	一立菩萨二弟子。菩萨戴冠,上袒,戴项圈,下着裙,立于圆台上。弟子立于圆台上,台下蹲狮		《中国仏教彫刻史论》,图 354a
15		北周	一坐佛二菩萨。佛内着僧祇支,外覆肩袒右式袈裟,悬裳座。佛坐于须弥座上,下仰莲台。菩萨戴冠,上袒,下着裙,披帛交叉于腹前。菩萨立于从方座中伸出莲梗的莲台上		《中国仏教彫刻史论》,图 354b
16		北周	一坐佛二菩萨。佛内着僧祇支,外着双领下垂袈裟。手施无畏与愿印。菩萨戴冠,上袒,下着裙,披帛膝前横过,双手合十,立于圆台上。方台下博山炉及二蹲狮		《中国仏教彫刻史论》,图 355a

续表十六

编号	名称	纪年	造像内容	发愿文	备注
17		北周	一倚坐佛二菩萨。佛内着僧祇支，外着双领下垂袈裟。手施无畏与愿印。足踩莲台。菩萨戴冠，上袒，下着裙，披帛膝前横过，立于圆台上，台下蹲狮	为亡儿秦显胜供养	山西博物院藏。《中国仏教彫刻史论》，图 355b
18		北周	一坐佛二菩萨。像下部雕博山炉及二供养人二蹲狮。佛内着僧祇支，外着右肩半披式袈裟。手施无畏与愿印。菩萨戴冠，上袒，下着裙，披帛膝前横过，立于蹲狮上		《中国仏教彫刻史论》，图 364b
19		北周	一坐佛二菩萨。佛内着僧祇支，外着双领下垂褒衣博带式袈裟，悬裳座。菩萨上袒，下着裙，披帛膝前横过		《中国仏教彫刻史论》，图 366a
20		北周	一半跏坐佛。舟形背光，圆形头光。肉髻低平。内着僧祇支(右向)，外着褒衣博带式袈裟。双手施无畏与愿印。袈裟下摆垂于佛座上，下摆呈两瓣式	佛座正面有发愿文：周？年八月十二日仪同	1974 年西安西关王家巷出土，碑林博物馆藏。《长安佛韵——西安碑林佛教造像艺术》，第 58 页

续表十六

编号	名称	纪年	造像内容	发愿文	备注
21		北周	舟形背屏，下方台座，座两侧各一蹲狮。一坐佛二弟子。佛肉髻略高大，内着僧祇支，外着双领下垂褒衣博带式袈裟，袈裟下摆略短，呈两瓣式。施无畏与愿印。弟子着袈裟		碑林博物馆旧藏。《长安佛韵——西安碑林佛教造像艺术》，第62页
22		北周	一坐佛二菩萨二蹲狮。佛着褒衣博带式袈裟，悬裳座。菩萨戴冠，上袒，下着裙，披帛腹前横过一道		天水市北道区博物馆藏
23		北周	立菩萨一身，后附舟形背屏。菩萨戴宝冠，宝缯垂肩。面相丰圆，长璎珞垂于腹膝前。右手持杨柳，左手提净瓶。跣足立于覆莲台上。台上二蹲狮		甘肃省博物馆藏
24		北周	一佛二弟子。佛肉髻低平，面相方圆，着通肩袈裟，弟子面相同佛		1982年西安未央区大刘寨村出土。张连喜《西安出土一尊北朝石雕造像》，《考古》1995年第4期

表十七　北周造像塔龛及佛座一览表

编号	名称	纪年	形制	内容	发愿文	出处
1	路为夫造像塔	明帝二年（558）	方形多级塔	三级造像塔。每级四面均开龛造像。除最下级一面雕二佛并坐外，其余龛内均雕一坐佛二弟子	二年岁次戊寅六月癸寅朔十七日己丑清信佛弟子路为夫长功曹南从□□□中敬造石像一躯……	平凉市博物馆藏。《甘肃佛教石刻造像》，图201、202
2		保定五年（565）	四面塔龛像	造像形式独特，上部覆钵式顶，周围饰山花。塔身中部四面开龛造像。四面龛内均雕一坐佛二菩萨，一博山炉二蹲狮。下部方形塔座，座上刊刻发愿文	方形座刻发愿文……保定五年二月八日造讫……	浜松市美术馆藏。《中国仏教彫刻史论》，图343
3	令狐美造像	天和六年（571）	四面塔龛像	上部覆钵式顶，周围饰山花、宝珠。塔身中部四面开圆拱尖楣龛。龛内分别雕坐佛、倚坐菩萨、坐佛、二佛并坐像。叠涩方形塔座，上刊刻发愿文	大周天和六年岁次辛卯□月廿八佛弟子令孤美□为七世父母现存居眷□□四面佛像一躯愿皇帝□岁臣佐□□因缘眷属成登正觉一□□□□生共同福利	大阪市立美术馆藏。《中国仏教彫刻史论》，图347、348
4		天和年间（571）	四面塔龛像	上部覆钵式顶，周围饰山花。塔身中部四面开龛造像。龛内分别雕一佛二弟子二菩萨、一佛二菩萨。方形塔座，上刊刻发愿文	天和□□□□□十五□□□□□家大小□□□□面四堪佛□□□上为国主中为□佛□□一切□□世世父母前生□□□□眷属□□留□囚徒厄难□□□□善弘菩萨心范解愁念□□小一心供养□佛时	陕西凤翔博物馆藏。白文《北周天和年间四面造像塔》，《文物世界》2006年第2期

续表十七

编号	名称	纪年	形制	内容	发愿文	出处
5	权天景造像塔	北周	方形多级塔	三级造像塔。每级四面均开龛造像。一佛二菩萨二弟子等。底层塔龛下刊刻发愿文及供养人	辅国将军中□开大夫都督权天景□……	《中国仏教彫刻史论》,图360
6		北周	三级方形四面造像塔	每面开龛造像。第一层每面开圆拱尖楣龛。三面龛内雕一佛二胁侍,另一面龛内雕一人物躺于榻上,其前两身弟子像。第二层一面龛内雕一倚坐佛二弟子二菩萨。一面龛内一佛二菩萨。一面龛内树下思惟像。一面龛内一坐佛,旁五体投地佛教故事。龛下大象、二蹲狮。第三层一面龛内一佛二菩萨二弟子。一面龛内维摩、文殊。一面龛内一佛二弟子二菩萨。一面龛内一佛四弟子。一面龛内一佛二弟子二菩萨。佛像面相圆短		甘肃省甘谷县西坪红芃沟出土,甘谷县博物馆藏
7		北周	方形台座八面塔龛造像	上部八角形,每面开一龛,内雕菩萨立像、思惟像等。龛下蹲狮等。下部方形台座。台座上刊刻发愿文	发愿文不清,见“雍州、秦州、蒲州”等地名,推测为西北造像	《中国仏教彫刻史论》,图340、341

续表十七

编号	名称	纪年	形制	内容	发愿文	出处
8		北周	四面龛像	上部覆钵式顶，饰宝珠、山花。中部分两层四面开龛造像。上层龛雕一坐佛二弟子，一半跏坐佛二弟子，一倚坐菩萨二弟子，一坐佛二弟子。下层均并列两龛，内各一禅定坐佛。下部方台座		高野山宝灵馆藏。《中国仏教彫刻史论》，图 342
9		北周	四面塔龛像	上部覆钵式顶，周围饰山花。中部四面开龛造像。分别雕坐佛、交脚菩萨、坐佛、半跏坐佛像。下部方台座		《中国仏教彫刻史论》，图 344、345
10		北周	四面龛像	上部覆钵式顶，其上宝刹相轮，周围雕饰山花。中部四面开龛造像。均雕坐佛。下部方台座，上刊刻发愿文	□□□岁次在丑三月十日造石□□像一躯为□祖父……	东京艺术大学藏。《中国仏教彫刻史论》，图 346
11		北周	方形四面塔龛像	每面开龛造像。一面一坐佛二弟子二菩萨，菩萨莲台下伸出莲梗。一面倚坐菩萨二弟子二菩萨		天水市博物馆藏。《中国仏教彫刻史论》，图 356a，疑为方形造像塔的一层
12	傅延周造像塔	北周	单层楼阁式四面造像塔	上部覆钵式顶，周围雕饰山花。中部四面开龛造像。正、背面龛内一佛二菩萨、一弥勒一弟子一菩萨。左右侧龛雕立菩萨	塔座上刊刻供养人题名	《中国文物地图集·陕西分册》下，第 183 页

续表十七

编号	名称	纪年	形制	内容	发愿文	出处
13	杨有胜造塔	北周	四面龛像	造像形式独特，上部覆钵式顶，其上宝刹相轮，周围雕饰山花蕉叶。中部四面开龛造像。龛内分造倚坐弥勒菩萨、结跏趺坐菩萨像、结跏趺坐佛像、佛立像。龛下为力士、护法狮、博山炉等		陕西耀县药王山博物馆藏。《石佛选粹》，图169
14		北周	白石质四面塔龛像	上部覆钵式顶，周围饰山花。四面开龛造像。一面龛雕一坐佛二弟子，佛手中捧钵，下博山炉及二蹲狮。一面龛内雕一坐佛二菩萨，下博山炉及二蹲狮。一面倚坐佛一身。一面结跏趺坐佛一身		1974年王家巷出土，碑林博物馆藏。《长安佛韵——西安碑林佛教造像艺术》，第64页
15	龛像	宇文毓二年（558）	四面龛像	平顶。盝形龛内雕一交脚菩萨二弟子、尖拱龛内雕一立菩萨二弟子	其余不详	《中国历代纪年佛像图典》，图199
16	杨连熙造像龛	天和三年（568）		尖拱尖楣形浅龛造像。内雕一佛二菩萨，佛仰莲座下二供养人，菩萨莲台下二蹲狮。造像侧面刊刻发愿文	天和三年岁次□子二月廿七日建威将军杨连熙为亡公祖父母及现世父母一区……	西安碑林藏。《长安佛韵——西安碑林佛教造像艺术》，第60页。书中记为天和二年。造像特征为唐

续表十七

编号	名称	纪年	形制	内容	发愿文	出处
17		北周	四面龛像	平顶帐形龛。一龛内雕一坐佛二菩萨		东京国立博物馆藏。《中国仏教彫刻史论》,图356b
18		北周	二面龛像	方形，正面一佛二菩萨，像丰圆。菩萨披帛横于膝前。背面思惟菩萨，戴冠，上袒，下着裙。两侧面菩萨立像及比丘		《中国仏教彫刻史论》,图373
19		北周	方形四面造像	每面开龛造像。或圆拱尖楣龛或方龛。龛上雕飞天或供养弟子或莲花。龛内分别为坐佛、交脚菩萨、立佛、坐佛		天水市博物馆藏
20		北周	方形四面造像	每面开龛造像。圆拱尖楣龛。龛内均雕一佛二弟子二菩萨。佛像面相圆短		天水市博物馆藏
21		北周	小型圆拱尖楣龛	龛内一坐佛二菩萨，佛着通肩袈裟。菩萨戴高冠。龛楣上雕一坐佛		甘肃宁县博物馆藏。《甘肃佛教石刻造像》,图207
22		北周	小型圆拱龛	龛内一坐佛二菩萨，佛着双领下垂袈裟。菩萨戴冠，披帛绕肩。造像均面圆短		甘肃宁县博物馆藏。《甘肃佛教石刻造像》,图208

续表十七

编号	名称	纪年	形制	内容	发愿文	出处
23	荔非兴度观世音造像座	保定二年（562）		碑座上雕刻莲花及双狮。碑座四面刻有荔非氏家族供养人姓名及发愿文，碑座正面刻有一牛车、骑马人物	出行图题名为“荔非”胡仁、委雷玉姜（？）发愿文：……荔非兴度于□□二年岁次壬午□□石，为忘息胡仁造观世音像一躯……	《耀县新发现的一批造像碑》，图7；《考古与文物》1994年第2期
24	钳耳世标（邑子一百零一人）造像座	保定二年（562）		碑座正面刻发愿文	……周保定二年壬午二月八日讫	耀县药王山博物馆藏。《耀县新发现的一批造像碑》，图9；《考古与文物》1994年第2期
25	吕村造像座	保定二年（562）		佛座四面刻发愿文	佛座四面刻发愿文及邑子101人题名	耀县药王山博物馆藏。《中国文物地图集·陕西分册》下，第189页
26		保定二年（562）	方形	覆莲座，座下方台，方台四面刊刻发愿文。正面中间刊刻纪年，两侧线刻供养人。其余三面上部刊刻题名，下部线刻供养人	周保定二年岁次壬午四月庚子朔八日丁未杨仵女杨景祥等伯仲兄弟卅余人乃能与心减割家珍造释迦石像一区……	《临潼县博物馆藏北周造像座、唐代造像与经幢》，图1—4；《文博》1992年第2期

续表十七

编号	名称	纪年	形制	内容	发愿文	出处
27	张永贵塔座	保定四年(564)	方形四面造像	线刻供养人	佛弟子张永贵合门大小……保定四年岁次甲申八月丁亥朔八日甲午	《中国文物地图集·陕西分册》下,第183页
28		天和元年(566)	方形佛座	覆莲座,下方台座。正面刊刻发愿文。两侧线刻供养人。背面、左侧线刻供养人	天和元年十一月甲戌□廿□□□□□冯翊郡……帝晋目公郡官师僧□诸邑子纪干等为七世父母下及法界众生造无量寿像一躯十一月廿五日造讫刊石记功千载不朽	《临潼县博物馆藏北周造像座、唐代造像与经幢》,图5—8;《文博》1992年第2期
29		天和二年(567)	方形佛座,四周各刊刻一卧狮	覆莲座,下方台座。方座四周各一卧狮,台座四面刊刻发愿文	……天和二年岁次丁亥六月廿七日为国及法界众生敬造卢舍那石像一躯□……	《临潼县博物馆藏北周造像座、唐代造像与经幢》,图9;《文博》1992年第2期
30		天和二年(567)	方形佛座	正面刻博山炉二比丘及二蹲狮。背面刊刻发愿文	……唯大周天和二年岁次丁亥八月庚子朔廿三日壬戌敬造	甘肃泾川宝宁寺出土,现藏平凉市博物馆。《甘肃佛教石刻造像》,图214、215

续表十七

编号	名称	纪年	形制	内容	发愿文	出处
31		天和六年(571)	方形基座	覆莲六边形佛座，下方台座,座上刊刻发愿文	……大周天和六年岁次辛卯一□五日刊□	《文博》1998年第2期；《西安文物精华——佛教造像》,图49
32		大象二年(580)	方形基座	碑座正面刻发愿文,其余三面刊刻供养人及其题名	大象二年十月八日造讫	《考古与文物》2002年增刊
33		北周	方形基座	三身神王像,一风神王、树神王、另一身神王手托盘状物。盘坐于地		《北朝石刻艺术》,图64
34		北周	方形基座	一面二比丘及博山炉，一面狮神王、象神王,一面火神王、风神王。神王均上袒，戴项圈，下着裙,披帛绕肩臂外扬		《北朝石刻艺术》,图66
35	宋和造像座	北周	方形基座	中央香炉,两侧歌舞伎,下部两蹲狮。一汉人舞伎,一胡人胡旋舞伎		兴平县出土。《陕西古代佛教美术》,图59
36	荔非郎虎造像碑座	北周		碑座刻有众邑子题名	碑座正面中间用小字刻有:(上泐)州令舟州府主薄淮州显□县令荔非郎虎	耀县药王山博物馆藏。《考古与文物》1994年第2期

续表十七

编号	名称	纪年	形制	内容	发愿文	出处
37		北周		莲花座，下方台座。方座四角各一卧狮		《临潼县博物馆藏北周造像座、唐代造像与经幢》；《文博》1992年第2期
38		北周		莲花座，下方台座。方座前二角各一卧狮。方座正面中间刊刻摩尼宝珠，并刻供养人题名。其余三面刊刻供养人题名		《临潼县博物馆藏北周造像座、唐代造像与经幢》；《文博》1992年2期

表十八　北周佛头一览表

编号	纪年	质地	内容	发愿文	出处
1	闵帝元年（557）	石	低平螺髻，面相长圆，弯眉大眼，高鼻	闵帝元年	永昌县博物馆藏。《甘肃佛教石刻造像》，图200
2	北周	青石	低平螺髻，面相长圆，细眉长眼，高鼻小嘴。双眼微闭，下视，面带微笑		西安北郊永兴村出土。《西安文物精华——佛教造像》，图77①
3	北周	青石	螺髻漫圆，面相长圆，细眉长眼，高鼻小嘴。大耳。双眼微闭，下视，面带微笑		西安红旗机械厂出土。《西安文物精华——佛教造像》，图77②
4	北周	青石	低平螺髻，面相丰圆，细眉长眼，高鼻小嘴。下颌丰颐，大耳。双眼微闭，下视，面带微笑		西安未央宫砖厂出土。《西安文物精华——佛教造像》，图77③

续表十八

编号	纪年	质地	内容	发愿文	出处
5	北周	青石	低平波纹肉髻，面相丰圆，细眉长眼，高鼻小嘴。双眼微闭，下视，面带微笑		礼泉寺出土。《西安文物精华——佛教造像》，图79
6	北周	青石	低平螺髻，面相丰圆，细眉长眼，高鼻小嘴。双眼微闭，下视，面带微笑		礼泉寺出土。《西安文物精华——佛教造像》，图160
7	北周	青石	低平螺髻，面相丰圆，细眉长眼，高鼻小嘴。双眼微闭，下视，面带微笑		礼泉寺出土。《西安文物精华——佛教造像》，图161
8	北周	青石	低平螺髻，面相圆短，细眉长眼，高鼻小嘴。大耳		西安西关机场出土。《长安佛韵——西安碑林佛教造像艺术》，第120页
9	北周	青石	低平螺髻，面相丰圆，细眉长眼，高鼻小嘴。大耳		西安西关机场出土。《长安佛韵——西安碑林佛教造像艺术》，第120页
10	北周	青石	低平螺髻，面相丰圆，略长，细眉长眼，高鼻小嘴。大耳		西安空军通讯学校出土。《长安佛韵——西安碑林佛教造像艺术》，第121页
11	北周	青石	低平波纹肉髻，面相丰圆，细眉长眼，高鼻小嘴。大耳		西安空军通讯学校出土。《长安佛韵——西安碑林佛教造像艺术》，第122页
12	北周	青石	低平螺髻，面相丰圆，细眉长眼，高鼻小嘴。大耳		西安西关机场出土。《长安佛韵——西安碑林佛教造像艺术》，第132页下。书中定为唐
13	北周	青石	低平螺髻，面相丰圆，细眉长眼，高鼻小嘴。大耳		西安西关机场出土。《长安佛韵——西安碑林佛教造像艺术》，第133页。书中定为唐

续表十八

编号	纪年	质地	内容	发愿文	出处
14	北周	青石	低平螺髻，面相丰圆，细眉长眼，高鼻小嘴。大耳		西安西关机场出土。《长安佛韵——西安碑林佛教造像艺术》，第134页上。书中定为唐
15	北周	青石	低平螺髻，漫圆。面相丰圆，细眉长眼，高鼻小嘴。大耳		西安空军通讯学校出土。《长安佛韵——西安碑林佛教造像艺术》，第134页下。书中定为唐
16	北周	青石	低平波纹肉髻，漫圆隆起。面相丰圆，细眉长眼，高鼻小嘴。大耳。下颌丰颐		长安城中查村出土。《古都遗珍——长安城出土的北周佛教造像》13号，图版三七、三八
17	北周	青石	螺髻低平。面相丰圆，细眉长眼，高鼻小嘴。大耳。下颌丰颐		长安城中查村出土。《古都遗珍——长安城出土的北周佛教造像》14号，图版三九—四一
18	北周	青石	低平螺髻。面相丰圆，细眉长眼，高鼻小嘴。下颌丰颐		长安城中查村出土。《古都遗珍——长安城出土的北周佛教造像》15号，图版四二、四三
19	北周	白石	低平波纹肉髻。面相方圆，弯眉长眼，宽鼻小嘴。大耳		碑林旧藏。《长安佛韵——西安碑林佛教造像艺术》，第119页
20	北周	砂石	低平磨光肉髻。面相方圆，弯眉长眼，宽鼻小嘴。大耳		2013年泾川出土。编号2013JCGH1:147
21	北周	砂石	低平磨光肉髻。面相长圆，弯眉长眼，宽鼻大嘴。大耳		2013年泾川出土。编号2013JCGH1:159
22	北周	砂石	低平波纹肉髻。面相方圆，弯眉长眼，宽鼻小嘴。大耳		2013年泾川出土。编号2013JCGH1:174
23	北周	砂石	低平波纹肉髻。面相丰圆，弯眉长眼，宽鼻小嘴。大耳。下颌丰颐		2013年泾川出土。编号2013JCGH1:123

续表十八

编号	纪年	质地	内容	发愿文	出处
24	北周	砂石	低平波纹肉髻。面相方圆，弯眉细长眼，宽鼻大嘴。大耳。下颌丰颐		2013年泾川出土。编号2013JCGH1:88
25	北周	砂石	低平波纹肉髻。面相方圆，弯眉细长眼，宽鼻大嘴。大耳		2013年泾川出土。编号2013JCGH1:145
26	北周	砂石	低平波纹肉髻。面相方圆，弯眉小眼，宽鼻小嘴。大耳。下颌丰颐		2013年泾川出土。编号2013JCGH1:93
27	北周	砂石	螺髻低平，面相丰圆，弯眉小眼，宽鼻小嘴，大耳，下颌丰颐		2013年泾川出土。编号2013JCGH1:150
28	北周	砂石	螺髻低平，面相丰圆，弯眉小眼，宽鼻小嘴，大耳，下颌丰颐		2013年泾川出土。编号2013JCGH1:188
29	北周	砂石	螺髻低平，面相丰圆，弯眉细眼，宽鼻小嘴，大耳，下颌丰颐		平凉市博物馆藏

表十九　北周菩萨头像一览表

编号	年代	质地	内容	出处
1	北周	青石	顶部残。戴冠，中央花叶上饰宝珠，下为莲瓣。周围饰联珠纹。面相丰圆，双眼微闭下视	西安岗家寨出土。《西安文物精华——佛教造像》，图107
2	北周	青石	顶部残。戴冠，中央饰宝珠。两侧扎宝缯。面相圆短，双眼微闭下视，面带笑意	西安北池头村出土。《西安文物精华——佛教造像》，图108

续表十九

编号	年代	质地	内容	出处
3	北周—隋	青石	梳髻，戴高冠，冠上饰五朵莲花，花朵由花蕊中下垂的 W 形联珠花串相连。冠下缘饰联珠纹、棱形纹等。两侧扎宝缯。面相方圆，弯眉细长眼，双眼微闭下视，高鼻，唇线分明，两腮下颌丰颐，面带笑意。戴耳珰	西安空军通讯学校出土。《长安佛韵——西安碑林佛教造像艺术》，第 123 页
4	北周—隋	青石	戴平顶高冠，冠上饰五朵莲花，花朵由花蕊中下垂的 W 形联珠花串相连。冠下缘饰联珠纹、棱形纹等。两侧扎宝缯。面相圆短，弯眉长鼓眼，宽鼻小嘴，两腮丰颐，双眼微闭下视，面带笑意。戴耳珰	西安空军通讯学校出土。《长安佛韵——西安碑林佛教造像艺术》，第 124 页
5	北周	青石	戴平顶高冠，冠上饰五朵莲花，莲花的花蕊中下垂联珠花串。冠下缘上饰联珠纹、棱形纹等。面相圆短，细眉长眼，小嘴，嘴角下陷，两腮丰颐，双眼微闭下视，大耳，面带笑意	西安空军通讯学院出土。《长安佛韵——西安碑林佛教造像艺术》，第 126 页
6	北周—隋	青石	戴高冠，冠上饰莲花。戴耳珰，面相长圆，两腮丰颐，双眼微闭下视，面带笑意	西安西关机场出土。《长安佛韵——西安碑林佛教造像艺术》，第 127 页上
7	北周—隋	青石	戴高冠，冠上饰五朵莲花，花朵由花蕊中下垂的联珠花串相连，形成 W 形。花蕊中下垂联珠花串。冠下缘上饰联珠纹、棱形纹等。面相丰圆，弯眉鼓眼，宽鼻大嘴，两腮丰颐，双眼微闭下视，面带笑意	碑林旧藏。《长安佛韵——西安碑林佛教造像艺术》，第 127 页下
8	北周—隋	青石	戴平顶高冠，冠上饰五朵莲花，花朵由花蕊中下垂的联珠花串相连，形成 W 形。花蕊中下垂联珠花串。莲花上饰仰月、日等。冠下缘上饰联珠纹、棱形纹等。戴耳珰，面相丰圆，弯眉鼓眼，宽鼻大嘴，两腮丰颐，双眼微闭下视，面带笑意。戴耳珰	西安空军通讯学校出土。《长安佛韵——西安碑林佛教造像艺术》，第 128 页上

续表十九

编号	年代	质地	内容	出处
9	北周—隋	石	束髻,戴冠。冠上饰 W 形花绳,两侧扎宝缯。面相丰圆,双眼微闭下视	甘肃宁县博物馆藏。《文物》2006 年第 1 期,第 79 页,图 5
10	北周	石	高髻后绾,戴三叶化佛高冠,两侧扎宝缯。化佛周围饰忍冬等。面相圆短,两腮丰颐,戴耳珰	2013 年泾川新出土。2013JCGH1:124
11	北周	石	梳冲天高髻,戴三叶化佛高冠,两侧扎宝缯。化佛周围饰忍冬等。面相圆短,两腮丰颐,戴耳珰	2013 年泾川新出土。2013JCGH1:193
12	北周	石	高髻后绾,戴化佛高冠。化佛周围饰忍冬纹等。面相长圆,细颈	2013 年泾川新出土。2013JCGH1:186
13	北周—隋	石	梳冲天高髻,戴化佛高冠。化佛周围饰忍冬纹等。面相方圆,长眉细眼,高鼻小嘴,细颈	2013 年泾川新出土。2013JCGH1:152
14	北周—隋	石	梳冲天高髻,戴化佛高冠。化佛周围饰忍冬纹等。冠两侧扎宝缯,面相圆短,长眉细眼,高鼻小嘴,细颈	2013 年泾川新出土。2013JCGH1:166
15	北周—隋	石	高髻后绾,戴三叶化佛冠。化佛附圆形头光及身光。面相略长圆,长眉细眼,微鼓,大耳	2013 年泾川新出土。2013JCGH1:184
16	北周	石	发髻向后高绾,戴三叶宝珠冠。圆形宝珠,周围饰忍冬纹。冠两侧扎宝缯	2013 年泾川新出土。2013JCGH1: 16
17	北周	石	高髻冲天,戴三叶宝珠冠。圆形宝珠,周围饰忍冬纹。冠两侧扎宝缯。面相长圆,弯眉鼓眼,小嘴	2013 年泾川新出土。2013JCGH 1:26
18	北周	石	发髻向后高绾,戴三叶宝珠冠。圆形宝珠,周围饰忍冬纹。冠两侧扎宝缯。面相圆短,弯眉细长眼,宽鼻小嘴	2013 年泾川新出土。2013JCGH 1:28

续表十九

编号	年代	质地	内容	出处
19	北周	石	发髻向后高绾,戴三叶宝珠冠。圆形宝珠,周围饰忍冬纹。冠两侧扎宝缯。面相圆短,弯眉鼓眼,宽鼻小嘴	2013 年泾川新出土。2013JCGH 1:151
20	北周	石	发髻向后高绾,戴三叶宝珠冠。半圆形宝珠,周围饰忍冬纹。冠两侧扎宝缯。面相圆短,弯眉小眼,鼻梁高挺,小嘴。细颈	2013 年泾川新出土。2013JCGH 1:171
21	北周	石	发髻向后高绾,戴三叶宝珠冠。半圆形宝珠,周围饰忍冬纹、联珠纹。冠两侧扎宝缯。面相圆短,弯眉小眼,鼻、嘴残。细颈	2013 年泾川新出土。2013JCGH 1:131
22	北周	石	发髻向后高绾，戴三叶宝冠。面相圆短,五官残。细颈	2013 年泾川新出土。2013JCGH 1:101
23	北周	石	发髻向后高绾，戴三叶宝冠。面相方圆,细眉长鼓眼,高鼻小嘴	2013 年泾川新出土。2013JCGH 1:185
24	北周	石	冲天高髻,宝冠残。面相丰圆,细眉长鼓眼,高鼻小嘴。宝缯垂肩。大耳,戴耳珰	2013 年泾川新出土。2013JCGH 1:146
25	北周	石	冲天高髻,宝冠残。面相丰圆,细眉长鼓眼,高鼻小嘴。宝缯垂肩。大耳	2013 年泾川新出土。2013JCGH 1:130
26	北周	石	高髻后绾。面相方圆,细眉长鼓眼,高鼻小嘴。大耳	2013 年泾川新出土。2013JCGH 1:136
27	北周	石	高髻后绾。三叶冠残。面相丰圆,细眉长鼓眼,高鼻小嘴。大耳	2013 年泾川新出土。2013JCGH 1:118

第二节 北周单体造像的特点及分期

北周单体造像表现出较为一致的特点，将造像的重点转移到对肌体的塑造上，形成丰圆、壮实的风格，一改北魏以来秀骨清像的样式。服饰刻画上虽还保留一定的北魏、西魏遗风，但受南朝、北齐造像及世俗生活的影响，服饰变化较为明显。圆雕像是北周造像的大宗，且特点显著，以孩童面相为主，头大身短，被日本学者松原三郎命名为“陕西派”①，像碑、背屏式造像中形象与圆雕造像保持同样的风格，这些样式的产生与画史上所称的“张家样”关系密切。

下面对北周造像特点做一分析。

一、圆雕类

圆雕造像主要以立佛像、菩萨立像为主，另有少量坐像。

1. 立佛像

立佛像是北周圆雕造像的主要内容，数量较多，其中有一批刊刻有明

---

①[日]松原三郎《改订东洋美术全史》，东京美术，1981年。

确纪年,笔者收集到的已在上节表十五中列出,现依年代早晚简介如下。

碑林藏武成二年(560)立佛、甘肃正宁县博物馆藏保定元年(561)铭罗川释迦立像、台南台中山博物馆藏保定二年(562)比丘辨智造像、西安北郊尤家庄出土的保定三年(563)佛立像、西安雷寨村出土保定五年(565)立佛造像、山西省博物馆藏北周天和四年(569)佛造像、甘肃泾川出土天和六(571)年佛造像、上海博物馆藏北周大象二年(580)铭佛立像、西安东郊出土大象二年(580)立佛等。

从纪年看,立佛像除了在武帝灭佛时期没有外,其他时段都存在,复法后的大象年间就立即恢复了造像。

以纪年像为标准,参考大量无纪年像,对北周圆雕立佛像特点进行分析。北周立佛像身躯粗壮与修长两种并存。以粗壮型为主,造像头大,颈粗,身短。螺髻低平,面相丰圆。以通肩袈裟为主,领口有高低之分,僧祇支或露或不见。依袈裟样式及衣纹变化大体可分为四型。

A 型　数量较多,从早期到晚期一直存在。造像整体较为粗壮,袈裟保持厚重感。袈裟无论领口高低,均以腹部为界,分为上下两部分,腹部以上呈现重层"U"形样式,腹部以下部分以两腿间的竖长衣褶为中心,两腿左右对称的形成垂悬波谷样的 U 字纹或半 U 纹,代表像例有保定元年像、保定三年像(图四十三:1)、天和四年像(图四十三:2)、上海博物馆藏大象二年像、西安东郊湾子村大象二年立佛(图四十三:3)。无纪年像有窦寨村出土的 XHD07—002 号像、中关亭村出土佛像(图四十三:4)、中查村 1(图四十三:5)、2、3、4、5、6 号像,碑林旧藏佛像、泾川 2013JCGH3:2 号像等。

B 型　胸腹部衣褶从左肩斜向右侧,并于右侧形成左右不对称的 U 形,两腿部 U 形不完整,呈半 U 形。以武成二年像为代表(图四十三:6),另外,泾川 2013JCGH1:7 天和六年像、西安东郊湾子村出土的 BL04—001 号佛(图四十三:7)也属此类。

C 型　袈裟衣纹自左胸前向右胸及下部辐射散开，在袈裟右侧形成一定的弧线,左侧衣褶直线下垂。依袈裟、僧祇支等不同,分为三式。

Ⅰ式　袈裟领口较高,不见僧祇支,或仅露出僧祇支一角。如西安东郊湾子村出土的 BL04—002 号佛(图四十三:8)、窦寨村出土的 XHD07—001 号像(图四十三:9)、XHD07—003 号像、XHD07—004 号像、泾川 2013 JCGH3:1 号像、西安空军通讯学校出土佛像、中查村 9 号像等(图四十三:10)。

Ⅱ式　袈裟较为宽博,领口较低,露出僧祇支,且结带垂于腹前,带端饰小花装饰物。搭于左肩的袈裟边缘下垂。如西安东郊湾子村出土的 BL04—003 号佛(图四十三:11)。

Ⅲ式　袈裟较为宽博,领口较低,僧祇支结带。中查村 8 号(图四十三:12)、中关亭村出土、碑林旧藏(图四十三:13)。

D 型　袈裟衣褶自胸向下呈直线,腰际衣褶依腰部呈曲线,造像身材或短粗或修长,修长者腰际线明显,如泾川 2013 JCGH1:48+106(图四十三:14)等。

北周立佛像大多为右手上举施无畏印,左手提握袈裟一角。比较特殊的是一类右手施无畏印，左手握摩尼宝珠的样式，如长安保定三年(563)佛立像、泾川天和六年(571)佛像、上海博物馆藏大象二年(580)佛

1　2　3　4　5

图四十三　单体佛像袈裟

1. 西安尤家村保定三年像　2. 山西博物院藏天和四年像　3. 西安东郊大象二年像　4. 中关亭村佛像　5. 中查村 1 号佛像　6. 武成二年像　7. 西安东郊湾子村 BL04-001 号佛像　8. 西安东郊湾子村 BL04-002 号佛像　9. 窦寨村出土的 XHD07-001 号佛像　10. 中查村 9 号佛像　11. 西安东郊湾子村 BL04-003 号佛像　12. 中查村 8 号佛像　13. 碑林旧藏佛像　14. 2013JCGH1:48+106 像(1 采自《考古与文物》2005 年第 3 期第 27 页图三,2 采自《中国仏教彫刻史论》图 352,3、7、8、11 采自《文物》2005 年第 9 期第 78 页图四、第 77 页图一,4、9 采自《西安文物精华——佛教造像》图 54、59,5、10、12 采自《古都遗珍——长安城出土的北周佛教造像》图版四、图版三一、图版二八;1,6、13 采自《长安佛韵——西安碑林佛教造像艺术》第 98 页、108 页,14 自拍)

立像等[①]。另外,无纪年的此类佛像也较多,如碑林藏佛立像、长安城中查村出土 8 号佛像、西安市博物院藏佛立像等[②]。

圆雕佛坐像数量较少,四川出土天和四年释迦坐像(图四十四:1),螺髻较高,面相略微臃肿,袈裟搭肘样式都与北周像有一定差异。碑林藏 2003 年西安北郊六村堡出土 2 件,造像均无头,坐于须弥座上,手施无畏与愿印,着通肩袈裟,于胸前形成 U 形衣纹,下摆略长,四瓣式覆座,右足露出覆压左衣边(图四十四:2)。相似的还有广寨寺出土坐佛(图四十四:3),发掘者定为隋代,从造像特征看,与碑林藏六村堡坐佛相近。

北周单体倚坐佛像较少,西安礼泉寺出土过一尊,无头。内着僧祇支,中衣束带,结小花,外着覆肩右袒式袈裟,袈裟角搭于左臂上。右手残,左手持宝珠置于膝上。倚坐于方形须弥座上。跣足踏于仰莲台上(图

1　　2　　3　　4

图四十四　坐佛像

1. 天和四年坐佛像　2. 六村堡出土坐佛　3. 广寨寺出土坐佛　4. 礼泉寺出土倚坐佛（1 采自《四川文物》1999 年第 1 期第 49 页图一,2 采自《长安佛韵——西安碑林佛教造像艺术》第 65 页,3 采自《留住文明》第 171 页,4 采自《西安文物精华——佛教造像》图 35）

---

①岳连建《西安北郊出土的佛教造像及其反映的历史问题》,图三,《考古与文物》2005 年第 3 期;吴荭《甘肃泾川佛教遗址》,《2013 年中国重要考古发现》,第 146 页;《中国仏教彫刻史论》(二),图 369a。

②《长安佛韵——西安碑林佛教造像艺术》,第 106、108 页;《古都遗珍——长安城出土的北周佛教造像》,图版二八、图一六;《西安博物院》,图 136、139。

四十四:4)。从佛像的服饰等特点看,属于北朝晚期,且明显受到南朝造像的影响。

佛头像　分螺髻、磨光肉髻、波纹肉髻三种,螺髻占大多数,是主要样式。

磨光肉髻　肉髻低平,面部方圆,肉髻漫圆隆起。如泾川 2013JCGH1:147(图四十五:1)、2013JCGH1:159,面部长圆,五官清秀,肉髻略凸起。

波纹肉髻　肉髻低平,略隆起于头顶,面相长圆,头前中央漩涡状,肉髻上饰涡纹。如中查村 13 号佛头(图四十五:2)、西安空军通讯学校出土 1 件、礼泉寺出土、碑林旧藏、泾川 2013JCGH 1:174(图四十五:3)等。

螺髻　肉髻低平,上饰右旋的螺纹。螺纹呈乳突状。佛面相长圆或丰圆,弯眉细眼,大耳,下颌刻画一道。双耳紧贴头侧。如甘肃永昌出土闵帝元年像(557)(图四十五:4)、西安西关机场 5 件、空军通讯学校 2 件、礼泉寺 2 件、泾川 2013JCGH1:188、2013JCGH1:150 、中查村 14、15 号佛头等(图四十五:5)、西安博物院藏 3 件。

现存的大量北周佛头,无论何种发髻,均面相浑圆,双眼微睁,目视下方,做冥想状,呈现出一种安详、静谧、优美的风格,蕴含着笈多美术的风采。

1　2　3　4　5

图四十五　佛头像

1. 泾川 H1:147 佛头　2. 中查村 13 号佛头　3. 泾川 H1:174 佛头　4. 闵帝元年佛头　5. 中查村 15 号佛头(1、3 自拍,2、5 采自《古都遗珍——长安城出土的北周佛教造像》图版三七、图版四二,4 采自《甘肃佛教石刻造像》图 200)

北周佛像整体呈现出壮硕之态。佛像体态分短粗状和高大修长两种。短粗型造像头大身略短，多为螺髻，面部方圆丰满，颈部短粗，肩部圆润，身体直立如柱，腹部凸出。四肢与躯体的分离程度较差，圆润丰壮之风日趋明显。高大修长型，身材高大，比例适中，部分造像腿部较长，整个造像体态优美。以通肩袈裟为主，衣纹变化较为复杂。右手多上举施无畏印，左手抓握衣角或手心刻画出摩尼宝珠。整体造像特点明显，但具体像还是有一定的差异，大致可以分为早晚两期。

北周早期的造像虽然面部已表现出丰圆的特点，但身体还带有一定的扁平感，躯体的轮廓线基本不见。通肩袈裟厚重，宽大，贴体程度较弱，还保持有北魏晚期到西魏褒衣博带的遗风，如泾川 2013JCGH1：48+106 号造像。典型北周造像注重身体轮廓线的刻画，身体曲线开始冲破袈裟的包裹，显现出肌肉感，相应的袈裟较前期变薄，显得较为贴体，但造像的重心还在于袈裟服饰的刻画上。与北齐像相比，具有一定的保守性。整个服饰是吸收了笈多样式、汉式褒衣博带样式的特点后的一种改造类型。

2. 菩萨像

菩萨像也有立像、坐像之分。

立像　笔者收集到的纪年像有首都博物馆藏保定元年（561）青铜菩萨像、西安保定三年（563）菩萨立像、保定五年（565）赵颠造观世音像、天和元年（566）比丘智□造观音立像、天和二年（567）李蕺造观音菩萨立像、广寨寺出土天和六年（571）菩萨立像、天和七年（572）青铜观世音立像、建德二年（573）刘苌寿观音立像。另有大量无纪年像。

菩萨像与佛像同，身短粗壮，面相丰圆，甚面短而艳。冠饰繁杂，但现存的部分造像无头，据披帛、璎珞等的不同分为二型。

A 型　披帛交叉于腹前莲花上，或于腹前交叉穿环。戴项圈，下垂铃或花饰，内着僧祇支，下着裙，裙边外翻，或高腰束带或腰间饰装饰带。璎珞联珠形或联珠、玉米棒形，依璎珞的不同变化分为二式。

1　2　3　4　5　6　7

图四十六　菩萨像A型

1. 保定三年菩萨像　2. 天和二年菩萨像　3. 建德二年菩萨像　4. 中查村16号菩萨像　5. 中查村18号菩萨像　6. 保定五年菩萨像　7. 西安六村堡出土菩萨像(1采自《中国佛教雕刻史论》图350a,2、6、7采自《西安文物精华——佛教造像》图46、45、76,3自拍,4、5采自《古都遗珍——长安城出土的北周佛教造像》图版四九、五六)

Ⅰ式　这类菩萨数量较多。瓔珞与披帛形式相同,走向相同,于腹前交叉或穿环,之后绕向身后。个别菩萨瓔珞上下垂短小的联珠串,部分菩萨身侧或身后垂挂玉佩饰。如保定三年像、西安博物院藏天和二年像、天水北道博物馆藏建德二年像(图四十六:1、2、3)、西安中查村出土16、18(图四十六:4、5)、20、21、23号菩萨像、碑林藏六村堡出土、碑林藏岗家村出土、碑林旧藏、窦寨村出土XHD07-008、009、010号像、《中国仏教彫刻史论》(二)收录的图350c等。

Ⅱ式　单重、双重联珠纹U形瓔珞,U形底端常饰莲花。如西安博物院藏保定五年菩萨像、西安博物院藏六村堡出土菩萨像(图四十六:6、7)、碑林博物馆藏和平门外出土菩萨像。

B型　披帛于膝、腹前横过一道或二道。依瓔珞的不同分为四式。

Ⅰ式　无瓔珞。如天和六年像(图四十七:1)。

Ⅱ式　瓔珞呈X形,交叉于腹前。如天和七年金铜像、秦安博物馆藏郑川出土菩萨像(图四十七:2)

Ⅲ式　单重U形瓔珞。如西安正觉寺出土菩萨像、泾川新出土

1　2　3　4　5

图四十七　菩萨像 B 型

1. 天和六年菩萨像　2. 秦安郑川出土菩萨像　3. 西安正觉寺出土菩萨像　4.2013JCGH1：76+129　5. 2013JCGH 1:45（1 采自《留住文明》第 170 页，2、4、5 自拍，3 采自《西安文物精华——佛教造像》图 61 ）

2013JCGH1:76+129（图四十七:3、4）、宁县出土菩萨像、《中国仏教彫刻史论》（二）图 370。

IV 式　双重璎珞，一重璎珞 X 形交叉于腹前的花饰上，之后分两支下垂并绕向身后。一重璎珞 U 形挂于体前。如泾川新出 2013JCGH1:45（图四十七:5）

两种类型的菩萨多表现为右手上扬施无畏印或持杨柳枝，左手提净瓶。个别造像左手中握宝珠，如保定五年菩萨像。

坐菩萨　结跏趺坐、倚坐、交脚三种，数量较少。

坐菩萨　如保定二年（562）范慈造观音像、金铜像（图四十八:1）。

交脚菩萨像　菩萨面相长圆，戴冠，宝缯垂肩，上袒，戴项圈，下着裙，披帛、长璎珞于腹前交叉。交脚坐。右手施无畏印，左手残。如大阪市立美术馆藏菩萨像（图四十八:2）。

倚坐菩萨像　菩萨披帛交叉于腹前或横于膝前。双重璎珞华丽，交叉于腹前或 U 形垂挂体前。如成都万佛寺出土天和二年（567）菩萨像（图四十八:3）、建德元年（572）菩萨像。另还有部分无纪年菩萨像（图四

1　　2　　3　　4

图四十八　菩萨坐像

1.金铜坐菩萨像　2.交脚菩萨像　3.天和二年(567)倚坐菩萨像　4.西安三十中学出土倚坐菩萨像（1、2 采自《中国仏教彫刻史论》图 336、327b，3 采自《四川出土南朝佛教造像》图版 29–1，4 采自《西安文物精华——佛教造像》图 74）

十八：4)及两件金铜菩萨像。

菩萨头　出土的菩萨头像较多。菩萨束高发髻，戴冠。冠有高低之别，分 W 花绳冠、化佛冠、宝珠冠、半圆宝珠冠等，忍冬纹、联珠纹等为基础纹饰。

化佛冠　梳高髻，戴三叶冠，中间花叶上饰化佛，化佛周围饰忍冬、联珠纹等。依面相、发髻等分为二型。

A 型　面相圆短，弯眉细眼，高髻后绾或束冲天高髻，髻上饰莲瓣等。冠下边缘饰联珠纹。两侧扎宝缯。如泾川 2013JCGH1:124、2013JCGH1:193(图四十九：1、2)。

B 型　面相长圆，高髻后绾，戴化佛冠，细颈。泾川 2013JCGH1:186(图四十九：3)。

宝珠冠　发髻向后高绾或束冲天髻，戴三叶宝珠冠。圆形宝珠，周围饰忍冬纹。冠两侧扎宝缯。如泾川 2013JCGH1:151、2013JCGH1:28、2013JCGH1:26、2013JCGH1:16、西安岗家寨出土、北池头村出土菩萨头。

1　　2　　3

图四十九　菩萨头像化佛冠

1. 泾川 2013JCGH1:124　2. 泾川 2013JCGH1:193　3. 泾川 2013JCGH1:186(均自拍)

依面相分三型。

A 型　面相丰圆，下颌丰颐，如泾川 2013JCGH1:16（图五十:1）、2013JCGH1:151。

B 型　面相圆短，如泾川 2013JCGH1:28、西安北池头村出土菩萨头像(图五十:2、3)。

C 型　面相长圆，下颌丰颐，细颈，如泾川 2013JCGH1:26(图五十:4)。

1　　2　　3　　4

图五十　菩萨头像宝珠冠

1. 泾川 2013JCGH1:16　2. 泾川 2013JCGH1:28　3. 西安北池头村出土菩萨头像

4. 泾川 2013JCGH1:26(1、2、4 自拍，3 采自《西安文物精华——佛教造像》图 108)

半圆形宝珠冠 三叶冠中间花叶上饰半圆形宝珠。依冠样式、发髻、面相不同分三型。

A型 冠顶宽平,中间叶上饰半圆形宝珠,周围饰忍冬纹。两侧扎宝缯。三叶花瓣中间下垂相连的联珠纹花绳。面相长圆。如泾川2013JCGH1:41(图五十一:1)。

B型 高髻束立于头顶,高出冠。中间叶上饰半圆形宝珠,周围饰联珠纹。两侧扎宝缯。面相长圆,眼角略上挑。如泾川2013JCGH1:119(图五十一:2)。

C型 高髻后绾,半圆形宝珠周围饰联珠纹。两侧扎宝缯。面相丰圆。如泾川2013JCGH1:171(图五十一:3)、2013JCGH1:131。

1 2 3

图五十一 菩萨半圆形宝珠冠

1.2013JCGH1:41 2. 2013JCGH1:119 3. 2013JCGH1:171(均自拍)

W花绳冠 此类冠是北周至隋时期新出现的样式。冠上装饰分两部分,底纹有联珠、宝瓶、垂铃、花枝等。主体纹饰为莲花,花蕊中下垂联珠纹组成的穗状饰物,莲花由花蕊中下垂的W形联珠花串相连。冠下缘饰联珠纹、棱形纹等。冠两侧扎宝缯。面相丰圆,双眼微闭下视,面带笑意,两腮、下颌丰颐,或戴耳珰。据髻及冠的不同,分二型。

A 型　梳高圆髻，冠无顶。如西安空军通讯学校出土菩萨头像（图五十二：1）。

B 型　不见髻，戴高平冠。个别冠上还见仰月等。如西安空军通讯学校出土菩萨头（图五十二：2、3）、碑林旧藏等。

1　　2　　3

图五十二　北周菩萨 W 花绳冠

1、2、3 西安空军通讯学校出土（采自《长安佛韵——西安碑林佛教造像艺术》第 123 页、126 页、128 页）

总体看，部分菩萨像身躯直立，与佛像同。部分腿部呈游足样，身躯已显现出动感。菩萨装饰繁复，冠饰、项圈、璎珞、腰带都已显示出与北魏以来的不同特征。保定三年、保定五年立菩萨像均戴宝珠冠，保定三年像平顶高冠，冠上部饰莲花，花蕊中下垂联珠花绳，相互连接，冠下缘中央饰宝珠。大量的无纪年菩萨像或菩萨头像均表现出相似的特点。披帛既有继承北魏、西魏腹前交叉穿环的特点，也有横于腹、膝前一或二道的新样式。W 形花绳饰是新出现的样式。项圈下垂铃也是新式样，且一直持续到隋。璎珞繁复，单重、双重并行。出现金属质腰带，中国传统文化中组玉佩垂饰于腰带上，引人注目。

施无畏印、持杨柳枝或提净瓶是此时菩萨的主要形象。从发愿文看，单体立菩萨像多数是观音菩萨，尤其是持杨柳枝与提净瓶的观音菩萨，它不同于北魏以来流行的莲花手观音像，是新出现的样式，这种新样式与流行于南北朝的《法华经·铺门品》《请观音经》密切相关。而右手施无畏印，左手提握衣角的样式是北周时期佛像的重要特点，观音菩萨借用佛像的手印，来表达观音成佛的观念。施无畏印类的观音菩萨进一步表明了观音独立的尊格及其普渡众生的责任。观音菩萨手施无畏与愿印、或一手施无畏印一手提净瓶、握衣角等样式在北魏晚期的造像中就已出现，北周同类形态的观音像一定程度上继承了北魏晚期的特点，但同时也受到笈多造像的影响。笈多时期造像中单尊的观音菩萨立像数量剧增，手印也以无畏与愿印为多[①]，结合北周北齐时期造像受笈多艺术影响的大背景，观音菩萨立像中的特点也应与笈多造像有关。

立菩萨像中新出现的游足状，使得整个造像的身躯具有明显的动感。这种造型在笈多菩萨造像中常见，国内最早见于成都地区南朝单身或双身菩萨像上。受南朝影响，北周菩萨像中此类游足样逐渐流行，并延续到隋代。

3. 阿育王像

数量较少，目前所见有明确纪年的为成都万佛寺WSZ24号保定二年至保定五年阿育王

1　　2　　3

图五十三　阿育王像

1. 万佛寺24号保定二年至保定五年阿育王像　2. 万佛寺29号阿育王头像　3. 太清三年阿育王像（采自《四川出土南朝佛教造像》图版12-1、图版26-1、图版52-1）

①王镛《印度美术》，中国人民大学出版社，2004年。

像。此像无头，着通肩袈裟，衣纹通体呈U形，双腿轮廓较明显，附方形背屏(图五十三:1)。万佛寺出土相同特征的阿育王像共有5件[①]，均无头。另外，万佛寺还出土2件阿育王头像，如编号WSZ29号阿育王头像(图五十三:2)，束高髻，面相长圆，八字胡，附圆形头光。从上述残件中，我们不知阿育王像的整体样式，而成都西安路出土的太清三年(551)阿育王像较完整，使我们对阿育王像有了较为完整的认识(图五十三:3)。

二、其他类

其他类指除圆雕像外的像(碑)等中造像。这些像以坐像为主，特点相近，一并论述。

佛像　早期保定、武成年间坐佛造像整体造型略长，肉髻略高大，面长圆，细颈，削肩，还保持秀骨清像的遗风。袈裟以双领下垂为主，内着僧祇支，中衣结带。下摆较长覆座，边缘较宽平，多层较繁复，呈两瓣，如保定二年(562)碑像、明帝二年(558)路为夫造像塔。而保定四年(564)王文超像碑，下摆为圆弧样，出现了一定的变化[②]。另外，还有部分像整体已粗壮，面部浑圆，但双领下垂袈裟下摆还保持西魏较长繁复的特点，且覆座，如丁丑铭像[③](图五十四:1)。通肩袈裟此时已流行，佛像面相有保持长圆形的，也有面圆短样，袈裟裹肩，胸腹部袈裟呈U形，下摆长而覆座，较双领下垂式简略，如武成二年(560)像碑、保定四年(564)背屏式像[④]。

天和、建德年间，造型发生了较大的变化，呈现出典型的北周丰壮

---

①李裕群《四川南朝造像的题材及其与北方石窟的关系》，《四川出土南朝佛教造像》，中华书局，2013年。

②《中国仏教彫刻史论》(二)，图320;《甘肃佛教石刻造像》，图201、202、209。

③《中国仏教彫刻史论》(二)，图324b。

④《中国仏教彫刻史论》(二)，图331。

圆润的风格。肉髻低平，面圆颈短，肩部丰圆。通肩、双领下垂袈裟下摆均短，单层，仅覆座边，如建德二年像碑、天和五年背屏像、建德元年背屏像等①。甘肃地区变化慢，建德二年王令猥像，仍保持保定年间下摆圆弧样式②（图五十四：2）。

另外，长安地区出土的大量白石浮雕嵌板中，佛着双领下垂袈裟，其右肩外附搭偏衫，偏衫右角绕过右腋下及腹部，搭于左臂上，双领下垂袈裟一角翻于偏衫外③（图五十四：3）。

菩萨　胁侍菩萨像总体特征与单体菩萨像相同。保定初年宝缯还留有出翘后下折的早期样式，发髻于前额分两瓣。披帛于腹前交叉穿环占多数，如保定二年像、保定四年像④（图五十四：4）。天和、建德年间宝缯扎带的样式减少，发髻也不分瓣。宝冠常以摩尼宝珠装饰。宽大的披帛绕肩背后，一端自右肩下垂于膝前横过，再反折搭于左肘外下垂于体侧，一端从左肩下垂并于腹前横过，搭于右肘后下垂于体侧，形成横于腹膝前一二道的典型北周样式。同时菩萨身躯出现扭曲样，如建德元年像⑤（图五十四：5）。

弟子　弟子像较少见，保定初年多身躯修长，保留魏风，如保定二年造像碑中弟子像，之后表现出与佛像同步的特点，身体壮硕如柱，面相丰圆，着双领下垂式袈裟，双手合十于胸前，或抚于胸腹前，典型代表如西安出土的浮雕嵌板造像。

天王　数量较少，白石浮雕嵌板中见，着装与菩萨同，身体的动感极强，表现了护法的威力。

---

①《中国佛教雕刻史论》（二），图362、365。

②《中国佛教雕刻史论》（二），图362。

③《西安文物精华——佛教造像》，图62、63、65、66、67、68、71。

④《中国佛教雕刻史论》（二），图321、331。

⑤《中国佛教雕刻史论》（二），图365c。

1 2 3

4 5

图五十四 其他类造像

1. 丁丑铭造像 2. 建德二年像碑 3. 西安未央草滩出土浮雕嵌板 4. 保定二年铭像碑 5. 建德元年背屏造像（1、2、4、5 采自《中国仏教彫刻史论》图 324b、362、321a、365c，3 采自《西安文物精华——佛教造像》图 62）

第三节　北周单体造像的内容及思想内涵等相关问题

北周单体像碑的造像内容有释迦佛、二佛并坐像、卢舍那佛、观音菩萨、交脚弥勒菩萨、倚坐弥勒佛、思惟菩萨、维摩文殊、法华经变、降魔变（邑子一百五十人造像）、阿弥陀经变（田元族像）、婆薮仙、鹿头梵志等。其中释迦佛、二佛并坐像、维摩文殊等为北朝时期常见的内容。卢舍那佛、阿弥陀经变、婆薮仙、鹿头梵志是北周时期新出现的内容，是佛教发展到北朝晚期逐渐中国化，形成自身特点的反映。另外，单体覆钵塔龛像的大量出现，也表现出此时佛教思想的变化。

一、法华信仰

从目前掌握的单体造像看，圆雕佛像多为释迦佛。大量的像碑整体组合主要为三世佛内容，由三身坐佛、倚坐佛 + 交脚菩萨、二佛并坐 +坐佛 + 弥勒菩萨、交脚菩萨 + 倚坐佛 + 三佛、二佛并坐 + 佛等组成，同时维摩文殊图像较为常见。这点在陇东地区尤为突出。

释迦为法华经教主，二佛并坐像又是法华经图像象征，内容均反映了法华信仰的流行[1]。

据十六国后秦鸠摩罗什译《妙法莲华经·见宝塔品》:“尔时佛前有七宝塔,高五百由旬,纵广二百五十由旬,从地踊出,住在空中……尔时宝塔中出大音声叹言,善哉善哉,释迦牟尼世尊能以平等大慧,教菩萨法佛所护念妙法华经,为大众说。如是如是,释迦牟尼世尊, 如所说者皆是真实……过去东方无量千万亿阿僧世界,国名宝净,彼中有佛,号曰多宝。其佛行菩萨道时作大誓愿,若我成佛,灭度之后,于十方国土有说法华经处,我之塔庙为听是经故,踊现其前为作证明,赞言善哉……于是释迦牟尼佛以右指开七宝塔户……即时一切众会, 皆见多宝如来于宝塔中坐师子座……尔时多宝佛于宝塔中分半座与释迦牟尼佛……即时释迦牟尼佛入其塔中,坐其半座,结跏趺坐。尔时大众,见二如来在七宝塔中师子座上结跏趺坐。”[2]随着《法华经》的流布,法华图像也应运而生,整个北朝时期,法华图像都是佛教石窟寺及单体造像的主要内容。而二佛并坐像是法华经最为典型的图像形式。在北周造像碑中出现了二佛并坐+释迦、二佛并坐+弥勒、二佛并坐+释迦+弥勒菩萨、二佛并坐+维摩、文殊+弥勒菩萨等几种组合形式。其中二佛并坐+释迦多表达了佛法相承的思想;二佛并坐+释迦+弥勒菩萨像则既表明了佛法相继的含义,又阐明了信奉法华经者可往生兜率天净土;二佛并坐+维摩、文殊+弥勒菩萨组合反映了法华经与维摩诘经、弥勒净土的相互关联。

维摩、文殊图像,自西秦炳灵寺169窟中出现后,在北方地区极为流行。到北朝晚期及隋仍盛行。在北周造像碑中其构图出现了不同的组合形式,有释迦+维摩、文殊,二佛并坐+维摩、文殊+弥勒,维摩、文殊+交脚菩萨+倚坐佛等形式。

---

①李静杰《北朝隋代佛教图像反映的经典思想》,《民族艺术》2008年第2期。

②《妙法莲华经》卷4《见宝塔品》,《大正藏》第9册。

法华经内容丰富，又具有极强的包容性，与其他经典在某些教义上有相似的部分。经学者研究，北朝时期维摩、文殊像多是法华图像主导下的图像[①]。释迦＋维摩、文殊像就是以释迦说法为造像重点，两侧附以维摩文殊像，表现了佛说维摩诘经的内容，同时也寓意佛灭度后的末世中要护持维摩诘经，使得修行此经的人得到福报。泾川出土平凉市博物馆藏武成二年像碑，正面上部二佛并坐，中间龛维摩、文殊像对坐辩法，文殊身前、身后还表现出《香积佛品》中飞天捧香饭及《不思议品》中的借座灯王的内容，下残。背面交脚菩萨像。此像中维摩、文殊并非处于从属的位置，而与二佛并坐等内容同样位于像碑的主要位置，这是否说明，北朝晚期维摩诘经受到重视？维摩诘＋二佛并坐＋弥勒的图像组合，似又表明了法华、维摩、净土三者并重的意图，改变了北魏晚期以来维摩诘内容是从属于法华的情况。维摩、文殊＋交脚菩萨＋倚坐佛的组合更进一步强调了维摩诘经与净土的联系。《维摩诘经》中与净土思想相关的内容在许多品中都存在，如《佛国品》《香积佛品》《见阿閦佛品》《不思议品》《法供养品》等。

二、净土信仰

上述造像内容的变化反映了佛教信仰的演变，北朝晚期净土信仰已由早期流行的弥勒净土发展为弥勒、阿弥陀净土共存，同时药师净土也已呈现萌芽状。北周时期像碑上常见弥勒菩萨、弥勒佛为主尊的情况，说明弥勒净土信仰如早期一样仍很盛行。如宿白先生所阐述的弥勒下生经形成时间比上生经早，但在中国北方地区佛教图像上，表现上生信仰的图像出现时间却远远早于下生图像，只是在自中亚经新疆东传内地的过程中其图像构成发生了一定的变化。在巴米扬石窟中，典型的表现弥勒

---

①李静杰《北朝后期法华经图像的演变》，《艺术学》第 21 期，台北，2004 年。

上生经的图像位于穹隆顶上，以弥勒菩萨为中心，千佛围绕，并附以涅槃图。这种以弥勒菩萨与涅槃图组合构成的图像，到了新疆的克孜尔石窟仍存在，只是表现形式发生了变化，弥勒菩萨多出现在洞窟窟门上方，涅槃图绘制在后室后壁上，以中轴线为主构成图像[①]。莫高窟早期洞窟与中亚新疆表现弥勒的形式相比又有不同，交脚菩萨作为主尊出现，涅槃图不见。之后云冈、龙门都出现了大量的以交脚菩萨为主尊的造像组合，单体的交脚菩萨或佛像也渐多，形成了中国特色的弥勒上生经表现形式。同时受三世思想的影响，出现交脚菩萨与二佛并坐、七佛、坐佛等组合的构图。云冈二、三期中又出现了交脚菩萨与倚坐佛并存表现弥勒上下生信仰的实例，在云冈以外的石窟中此类造像组合较少见，而部分造像碑上表现了此类内容。甘肃省博物馆藏北魏晚期的禄文造像碑，分三层开龛造像，上层为维摩诘变，中层中间并列两龛，内雕倚坐佛、交脚菩萨，下层龛内雕释迦[②]，这是西部地区少见的倚坐佛、交脚菩萨并存表现上下生内容的例子。东、西魏承袭北魏的特点，交脚菩萨仍存在[③]。同时也存在倚坐菩萨、倚坐佛以及它们相互组合的现象，如秦安出土的西魏多级四面造像塔，中层有倚坐佛、倚坐菩萨并存的实例，同时底层还出现交脚菩萨像。西魏大统十四年（548）铭石造四面像，其中有两身立菩萨、一身坐佛、一身倚坐菩萨，依造像组合情况看，此像中的倚坐菩萨代表了弥勒上生信仰。可见东、西魏晚期，交脚菩萨与倚坐菩萨像均存在，并都可能代表了弥勒上生信仰，但同时某些组合中倚坐菩萨也可能代表弥勒下生内容。与北朝不同，南朝弥勒下生信仰较为流行，如新昌弥勒大佛，同时成都出土的单体造像及造像碑上也有单尊的倚坐佛和

---

①［日］宫治昭著、李静杰译《弥勒信仰与美术》，《艺术史研究》第八辑，中山大学出版社，2006年，第230页。

②《甘肃佛教石刻造像》，图168。

③《中国仏教彫刻史论》（一），图280。

菩萨像,更为重要的是出现了弥勒经变的例子。如万佛寺出土的49号造像碑,背面浮雕交脚菩萨及龙华三会等内容[①],明显表现了弥勒经变。北周、隋时倚坐菩萨更多见,其中一部分渐渐取代交脚菩萨来表现弥勒上生信仰,如同东、西魏晚期一样,出现交脚菩萨、倚坐菩萨两者并存表现弥勒上生的现象,如须弥山石窟45、46窟西壁南龛中分别雕倚坐菩萨、交脚菩萨像,均是弥勒上生的表现。而以倚坐佛表现弥勒下生信仰的造像也开始流行起来,同样在须弥山45、46窟中,出现了倚坐佛代表下生信仰,并分别与交脚菩萨、倚坐菩萨构成上下生的形式,这种倚坐佛代表下生的样式之后逐渐成为主流,并在隋唐时期成为弥勒佛像的固定样式。

与弥勒净土相比较,北周时期反映无量寿佛(阿弥陀佛)内容的造像数量还较少,似说明此内容在北周还不十分流行。除了上述田元族像碑中阴刻的阿弥陀像外,在圣母寺保定四年(564)像中出现了阿弥陀佛像,与释迦、弥勒、观音等形成组合[②]。天和六年(571)雷明香造像发愿文中"……愿亡夫托生西天无量寿□,罪恶崩销,万吉庆集……"的字句更加明确说明人们祈望往生西方无量世界既阿弥陀世界的愿望。天和元年(566)造像座上更是明确记"为七世父母下及法界众生造无量寿像一区"。虽然目前只发现了个别的阿弥陀经变内容,但也说明北周时期弥陀净土信仰已存在。

汉末安世高、曹魏康僧铠在洛阳译出《无量寿经》,西晋竺法护自敦煌、长安、洛阳等地传译《无量寿经》,鸠摩罗什于抵达长安的次年(402)重新翻译《无量寿经》,这都反映了早期中国佛教界对《无量寿经》的翻译及重视情况。炳灵寺169窟中现存最早的无量寿三尊像的出现或许和此

①《甘肃佛教石刻造像》,图168、175;《中国仏教彫刻史论》(二),图310、312、313;《四川省博物馆藏万佛寺石刻造像整理简报》;《四川出土南朝佛教造像》,图版38—2。

②见表十三北周造像碑一览表27。

风相关。之后随着晋室南渡，僧人南迁，无量寿佛信仰流行于南朝，南朝刘宋畺良耶舍译《观无量寿经》。建康地区5世纪末的南京栖霞山千佛岩龛，内造无量寿佛及二胁侍菩萨[①]。长江上游的益州地区造像中无量寿佛像及其相关内容也有几例，如茂县出土的南齐永明元年(483)无量寿佛造像、成都出土梁天监三年(504)法海造无量寿佛像[②]、绵阳平杨府君阙上明确的无量寿佛、观世音菩萨造像题记等，其中有梁大通三年(527)章景造无量寿佛等[③]，它们都进一步说明南朝无量寿佛流行状况。中原北方地区在距炳灵寺169窟西秦无量寿佛出现的半个世纪后，在云冈17窟南壁东侧出现了一佛二菩萨的三尊像，其一菩萨头戴冠，上饰化佛，此身菩萨或为观音菩萨，其主尊或为无量寿佛[④]。而在北方地区无量寿佛的真正流行是在北魏晚期的龙门诸小龛中，这些小龛中出现了大量无量寿佛题记，如神龟二年(519)杜永安造无量寿佛龛、正光四年(523)优婆夷李氏为亡女造无量寿佛龛、孝昌二年(526)周天盖造无量寿佛龛、孝昌三年(527)清信女黄法僧为亡妣造无量寿佛龛、丁辟邪造无量寿佛龛、永熙二年(533)陵江将军殷桃树造无量寿佛龛等[⑤]。西魏承袭北魏晚期特点，无量寿佛在石窟寺及单体造像上常见，且表现形式也多样化，如麦积山西魏127窟出现了较为完整的西方净土变壁画，这是国内现存较早的西方净土变[⑥]。莫高窟285窟也出现了大型无量寿佛说

---

①宿白《南朝龛像遗迹研究》,《中国石窟寺研究》,文物出版社,1996年。

②袁曙光《四川茂县南齐永明造像碑及有关问题》,《文物》1992年第2期;成都市文物考古研究所《成都市西安路南朝石刻造像清理简报》,《文物》1998年第11期。

③孙华《四川绵阳平杨府君阙阙身造像》,巫鸿主编《汉唐之间的宗教艺术与考古》,文物出版社,2000年。

④《中国石窟·云冈石窟》(二),图152。

⑤温玉成《龙门北朝小龛的类型、分期与洞窟排年》,《中国石窟·龙门石窟》(一),文物出版社,1991年。

⑥《中国石窟·天水麦积山》,图161。

法图[①]。西魏大统九年(543)王待庆造阿弥陀佛像[②],足见西魏时期无量寿佛信仰的流行状况。直到北齐,西方净土内容在石窟中大量流行,如小南海石窟中窟西壁、东窟西壁、南响堂山一、二窟前壁门上均浮雕西方净土变。南响堂山4、6窟三壁三佛窟,4窟正壁佛侧刻“阿弥陀像主”,右侧菩萨为“观世音像”[③],据此可推知左侧菩萨应为大势至菩萨,这样此窟正壁是表现西方三圣。以上实例说明到北朝晚期西方净土经的流行情况。只是从目前出土壁画造像看北周西方净土信仰不如北齐盛行。

三、卢舍那佛与华严信仰

从大量的造像铭文看,圆雕佛立像主要是释迦像,个别为人中释迦像,如甘肃正宁县博物馆藏正宁罗川保定元年(561)佛立像,其台基正面发愿文中记“保定元年正月十五日合邑生一百三十人等共同为法界众生广发洪愿造人中释迦石像一躯……”临潼出土的天和二年(567)造像座铭文中明确记载“敬造芦舍那石像一区”。

释迦像是佛教世界中最重要最流行的尊像,自始至终都出现在佛教石窟及造像中,是佛教艺术中永恒的主题。而作为释迦牟尼“法身”代表的卢舍那佛,在北朝晚期的北周、北齐石窟及单体造像中却较为流行。同时,卢舍那大佛又是华严经教主,它的出现流行与华严思想、地论学的传播发展关系紧密。《华严经》十分推崇卢舍那佛,虽然卢舍那佛并非《华严经》首先提出,但用它代替释迦牟尼,并作为“法身”佛的形象出现,却是在《华严经》中。大乘佛教认为,佛的法身是一种永恒而普遍的抽象存在,

---

①《中国石窟·敦煌莫高窟》(一),图126。

②《石佛选粹》,图81—83。

③《中国美术全集·雕塑篇》13,《巩县天龙山响堂山安阳石窟雕刻》,文物出版社,1989年。

无形无象，不可名状，不可思议。但《华严经》却将这样的法身凝结为卢舍那佛这样的一个具体的形象，使其成为唯一的如来、真正的世尊。它能将一切功德、智慧等通过神力赋予各大菩萨、善知识，体现了其"法身"的含义，它以一切智慧和最高觉悟，受到信仰者的崇拜，并给信仰者以智慧、觉悟，将深奥难懂的"法身"概念通俗化，便于民众理解信奉①。

北魏晚期随着洛阳地论学派的兴起，华严经的研习开始流行。东魏、北齐承袭了北魏的传统，地论学中心也随之迁到邺城，邺城华严经的研习也形成气候。故在北齐统治范围内首先出现华严经图像，并影响到山东北部及关中地区②。华严经图像最具代表性的就是卢舍那大佛。

作为释迦牟尼佛"法身"的卢舍那大佛的形象也具有特殊性。据李静杰先生研究卢舍那佛的形象有二种：一是与普通的佛陀相同，只能通过造像题记或文献记载才能分辨；二是依华严经法界观、菩萨行思想，在佛袈裟上绘制出须弥山、佛、菩萨、六道众生等图像，也就是人们常见的法界人中像③。后一种像多见于北朝晚期的北周、北齐及隋代造像中。代表性的作品有藏于美国弗利尔美术馆的北周、隋佛像及河南高寒寺北齐佛像等。这些造像袈裟上绘制出须弥山、佛、菩萨、六道众生等图像，一望而知为法界人中像，辨别较为容易。另外，还有一些造像属于第一种类型，袈裟上并没绘制图像（或已失，不得见），但发愿文中记"造人中释迦石像一躯"，如甘肃正宁罗川佛像。关于"人中像"的文献记载，较早的是《洛阳伽蓝记》卷四永明寺条："时有奉朝请孟仲晖者，武城人也。父宾，金城太守。晖志性聪明，学兼释氏，四谛之义穷其旨归。恒来造第与沙门论议。时号为玄宗先生。晖遂造人中夹贮像一躯，相好端严，希世所有，置皓前厅

①任继愈《中国佛教史》第三卷，中国社会科学出版社，1988 年 4 月，第 200—201 页。

②李静杰《北朝隋代佛教图像反映的经典思想》，《民族艺术》2008 年第 2 期。

③李静杰《北齐至隋代三尊卢舍那法界佛像的图像解释》，《艺术学》第 22 期。

须弥宝座。"[①]另外,刘宋永初元年(420)至元嘉十二年(435)苏州僧诠造"人中金像"[②]、6世纪前半洛阳道弘造"人中(金)像"[③]。究竟孟仲晖造这一躯人中夹贮像、僧诠、道弘造"人中(金)像"是不是卢舍那佛呢?陈维峰认为它们是卢舍那佛的最初阶段,即象形阶段[④]。东魏天平二年(535)卢舍那像是较早的实例,造像为一佛二弟子二菩萨二力士组合,题记中记造卢舍那像[⑤]。北朝晚期对于卢舍那像的记载多集中在北齐,《金石萃编》卷三十三记的道朏造像铭记:"大齐天保十季七月十五日,比丘道朏敬造卢舍那法界人中像一躯。愿尽虚空边法界一切众生成等正觉。"《陶斋藏石记》卷十三□市生造像记"大齐武平六年岁次乙未年,五月甲寅朔十五日,佛弟子□市生造人中卢舍那像一躯……"虽然现已不见上述北齐像,但河南安阳高寒寺像为我们提供了北齐卢舍那像造像样式,使我们对北齐卢舍那像有了直观的认识,学界对此也有较多的论述[⑥]。至于正宁罗川造像,郑炳林、魏文斌两先生做过深入的研究[⑦]。北周时期有明确纪年的卢舍那佛造像实物,笔者没搜集到,仅在莫高窟428窟见有北周时期的卢舍那佛壁画、美国弗利尔美术馆藏的背屏式交脚七尊像背面的立佛(图五十五:1、2)[⑧]。似乎北周时期卢舍那佛并不流行,但《辩证论》卷三中记:"周

---

①《大正藏》第51册。

②《高僧传》卷七,《大正藏》第50册。

③《洛阳伽蓝记》卷二,《大正藏》第50册,第1005页。

④陈维峰《五、六世纪卢舍那佛造像称名意向的诠释》,《艺术学》第22期。

⑤陈平《河南中小型石窟调查的主要收获》中记:"香谷寺沙门慧敬造卢舍那一龛,上与皇帝皇后师僧父母……"《汉唐之间的宗教艺术与考古》,文物出版社,2000年。

⑥[日]水野清一《いわゅる华严教主卢舍那仏の立像について》,《东方学报》18册,昭和二十五年;A.F.Howard,The Imagery of the Cosmological BUddha,Leiden,1986; 李静杰《北齐至隋代三尊卢舍那法界佛像的图像解释》,《艺术学》第22期;林保尧《弗利尔美术馆藏隋石佛立像衲衣线刻画略考——衲衣图像画面构成试析》,《艺术学》第22期。

⑦郑炳林、魏文斌《甘肃正宁北周立佛像研究》,(台湾)《历史文物月刊》2005年第9期。

⑧《中国石窟·敦煌莫高窟》(一),文物出版社,1982年。

1　　　　　　　　　　2

图五十五　北周卢舍那佛像

1. 莫高窟428窟卢舍那佛像　2. 弗利尔美术馆藏交脚七尊像及背面立佛（1采自《中国石窟·敦煌莫高窟》（一）图162，2采自《艺术学》第22期第120页图五、六）

孝明皇帝君临万国，平章百姓，内亲九族，外穆四门。封介丘之琼珍，观涂山之玉帛。乃至本枝维翰列辟诸官，五向十行。俱识归依之道，外观内觉。同登解脱之门，世界有边弘誓无尽。二年奉为先皇敬造卢舍那织成像一躯并二菩萨，高二丈六尺。等身檀像一十二躯，各二菩萨及金刚师子等，丽极天成，妙同神制。”①明确地记载了北周孝明皇帝曾亲自为先皇敬造卢舍那像，说明北周皇室对卢舍那佛像的重视。南朝也有绘制卢舍那像的记载，如“江陵天皇寺有柏堂，明帝之所建。张僧繇画卢舍那像及仲尼十哲”②。中原东部地区的东魏北齐时期造像中卢舍那像十分常见，说明

①《辨证论》卷三《十代奉佛篇上》，《大正藏》第52册，第508页。

②《佛祖统纪》卷三十七，《大正藏》第49册，第352页。

东魏北齐时期佛教文化的面貌已呈现出一种多元的性质，已非北魏时期法华占统治地位的状态。而北周时期仍较多地保留有北魏西魏的佛教特性，还是以法华为主要信仰，这从大量的释迦佛像、二佛并坐像、弥勒菩萨、弥勒佛像上就可窥见一斑。即便在出现卢舍那佛像的弗利尔美术馆藏北周造像上，正面主尊依然是交脚菩萨、背屏上多宝塔内二佛并坐、九龙灌顶等内容，都进一步说明北周时期法华经还是对图像构成起主要指导作用。当然华严经在北周也已开始受到重视，逐渐与法华信仰融合，同时加上净土信仰等共同影响北周石窟造像。

四、观音菩萨像

北周菩萨坐像现存的有结跏趺坐、倚坐、交脚坐三种形式。

北周时期少量的交脚菩萨像应与北凉、北魏时期的交脚菩萨具有同样的尊格，代表弥勒菩萨在兜率天宫的形象，是弥勒上生经的表现。其中结跏趺坐式题名中有明确记为观音像的，如保定二年(562)董道生观音像为背屏式，菩萨结跏趺坐于台座上，双手施无畏与愿印，发愿文中记“董道生发洪愿敬造观世音像一区”，此像的坐姿、手印都与佛像相同，更加说明了观音成佛普渡众生的职责。

而此时的单体倚坐菩萨数量超过交脚菩萨，虽然个别造像有纪年，但发愿文内容不详，使我们不能够确定其身份。但好在同时期的石窟寺、造像碑上也出现了许多倚坐菩萨像，如须弥山 45、46 窟，北周建德二年造像等，可做参考。须弥山 45、46 窟西壁南龛内分别雕刻倚坐菩萨、交脚坐菩萨，与其对应的两窟东壁南龛内均雕倚坐佛像，可以确定两窟中的倚坐佛像代表了下生的弥勒佛，而两窟中的倚坐菩萨、交脚菩萨仍为上生的弥勒菩萨。又建德二年造像碑，正面龛内一佛二菩萨，背面龛内一倚坐菩萨二胁侍菩萨，造像发愿文中明确记：“……弥勒壹堪(龛)释迦门壹堪(龛)……”另外，从弥勒菩萨装及倚坐姿看，它表现的还应是弥勒上生的内容。说明在北周时期交脚菩萨与倚坐菩萨有共同表现弥勒上生内容的形式，且倚坐菩萨有逐步代替交脚菩萨的趋势。这构成了北周弥勒图像的一大特点。

单体菩萨立像从公元3世纪起就已出现在中国，与金铜佛像的出现同步[①]。现存最早的单尊菩萨像为日本京都藤井有邻馆藏3世纪持净瓶金铜菩萨像，此像传出自陕西三原，与这一时期的佛教造像相同，其带有明显的外来特点，八字胡须，披帛自左肩斜垂于身体右侧，并搭于右臂上，左手持净瓶，右手施无畏印，显然是仿自犍陀罗王子及菩萨像[②]。东晋十六国时期的佛教造像，无论佛或菩萨像都具有浓厚的犍陀罗风格，且分布地域以长安、洛阳等佛教中心及其附近为主。《佛祖统纪》卷三十六载："泰始二年，侍中荀勖于洛阳造金像佛菩萨十二身，放大光明，都人竞集瞻礼。"[③]所以上述的早期金铜造像多出于两京等地就是很自然的事。《高僧传·慧远传》："秦主姚兴钦（慧远）德风名，叹其才思，致书殷懃，信饷连接。赠以龟兹国细缕杂变像，以申欵心，又令姚嵩献其珠像。"[④]虽然我们不知姚兴赠以慧远的龟兹佛像具体是什么内容，但确知此时龟兹系佛像已进入中土。日本京都藤井有邻馆藏菩萨像虽然无法判断其尊格，但其手提净瓶或施无畏印的样式却是以后观音菩萨的主要特征。南北朝时期，具有中国特色的佛说法像、二佛并坐像、莲花手观音像成为了金铜佛像的三大主要造像题材[⑤]。其中莲花手观音像存有较多的实例，菩萨立于带覆莲的四足方座上，舟形背光，像与背光合铸成一体，右手执长颈莲蕾，左手提握披帛。这种形象对之后的金铜及单体石雕菩萨像产

①李静杰《金铜佛的文献考察》，《中国金铜佛》，宗教文化出版社，1996年。

②《印度美术》，第98、99页。

③《大正藏》第49册，第338页。

④《高僧传》卷六《慧远传》，《大正藏》第50册。

⑤李静杰《金铜佛的文献考察》，《中国金铜佛》，宗教文化出版社，1996年。

生了极大的影响。北魏西魏时莲花手观音菩萨造像大量出现。北周、北齐时期观音像出现了一些变化,从有纪年的观音像看,体态壮硕,身体呈柱状,头大身短,身体的量感较强,躯体与四肢分离程度不明显。装饰繁复,项圈、璎珞华丽,且璎珞均交叉于胸、腹或膝前。右手上扬施无畏印或持杨柳枝,左手提净瓶或握衣角,与莲花手观音不同。根据这些特征来看,大量的无纪年,但具有上述特征的单体圆雕立菩萨很可能都是观音菩萨。

观世音信仰于公元1至2世纪就已在印度产生,随着佛教的东渐传入中国。《成具光明定意经》《维摩诘经》《放光般若经》等经典中,皆列有此菩萨之名号,但未列本缘等事迹。从现存资料看,汉地观世音信仰的经典分为六个系统。第一个系统为无量寿经体系,汉末安世高初译《无量寿经》,曹魏嘉平四年(252)康僧铠再译《无量寿经》,白延三译为《无量清净平等觉经》[①],刘宋畺良耶舍译《观无量寿经》,这些经典虽是宣扬无量寿佛主宰的西方极乐世界之美好,但经中对无量寿佛的二身胁侍菩萨观世音、大势至也进行了描述。如《无量寿经》卷下云:“有二菩萨最尊第一,威神光明,普照三千大千世界。一名观世音,二名大势至。是二菩萨,于此国土修菩萨行,命终转化生彼佛国。”[②]《观无量寿经》中“此二菩萨助阿弥陀佛普化一切”,并对“上品上生”者“授手迎接”[③]。鉴于此,随着无量寿佛信仰的进一步传布,观世音信仰及其尊像便在中土传播与流行开来。第二个体系为法华类,观世音信仰之大规模流行是与法华类经典的翻译紧密相关。三国吴五凤二年(255)支疆梁接译《法华三昧经》六卷(已佚),西晋竺法护亦于太康七年(286)译《正法华经·光世音普门品》,鸠摩罗什

①宿白《南朝龛像遗迹研究》,《中国石窟寺研究》,文物出版社,1996年。

②《大正藏》第12册。

③《大正藏》第12册。

于姚秦弘始八年(406)译出《妙法莲华经·观世音菩萨普门品》等。之后《观世音菩萨普门品》从上述诸经中单独出来,成为便于受持读诵的单行本,于是观世音信仰大为流行。第三系统为应验类作品,南朝宋傅亮(374—426)依据东晋谢敷所著之《光世音应验传》,撰《光世音应验记》、南朝宋张演(5世纪前半)撰《续光世音应验记》、萧子良《冥验记》、南朝齐/梁之陆杲(459—532)撰《系观世音应验记》、王琰《冥祥记》、北魏昙永《搜神论》中都记载了不少的关于信仰观世音而得保佑的应验故事,其中傅亮、张演、陆杲三人所撰观音应验记最为著名[①]。第四系独立的观音经,东晋竺难提译《请观世音菩萨消伏毒害陀罗尼咒经》(简称《请观世音经》),刘宋昙无竭对竺法护的《光世音大势至受决经》重译后的《观世音授记经》,北周耶舍崛多译《十一面观世音神咒经》,阐说唱念观世音菩萨名号之福德与灵验。第五为华严系统,如佛驮跋陀罗译《华严经·入法界品》,阐说观世音之利益。第六系疑伪经,如东魏天平年间的《高王观世音经》《观世音十大愿经》《观世音三昧经》等。从上述经典知,西晋末期至南北朝,观世音信仰在我国社会盛行之状况。

《观无量寿经》中对于观世音的形象有详细的记载:"此菩萨身长八十万亿那由他恒河沙由旬,身紫金色,顶有肉髻,项有圆光。面各百千由旬,其圆光中有五百化佛,如释迦牟尼。一一化佛,有五百菩萨无量诸天,以为侍者。举身光中,五道众生,一切色相皆于中现。顶上毗愣伽摩尼妙宝,以为天冠。其天冠中,有一立化佛,高二十五由旬。"[②]从经文记载可知,顶上肉髻、圆光、天冠及其中的化佛是无量寿系统观世音菩萨的重要标志。从造像实物看,炳灵寺169窟无量寿三尊像中的菩萨是目前所知

---

①[日]牧田谛亮《六朝古逸观世音应验记の研究》;《观世音应验记三种》,中华书局,1994年。

②《观无量寿经》,《大正藏》第12册,第343页。

最早有明确纪年的观音菩萨像，但它与早期的其他菩萨形象并无二致。菩萨顶束发，发辫垂肩，袒右肩，斜披络腋，下着裙，披帛绕肩臂外扬。左手上举于胸前，持宝珠，右手下垂执披帛[①]。此形象并非依经中所记而造，若无榜题我们很难看出它与其他菩萨的区别。另外，开凿于5世纪末的南京栖霞山千佛岩龛，龛内也造无量寿佛及观音、大势至二胁侍菩萨[②]。上述早期造像都证明了观世音菩萨的出现是与无量寿净土信仰的流行紧密相连的，且这种信仰以建康地区为中心。益州南朝时期也存在崇奉无量寿佛的时尚，绵阳平杨府君阙北阙15号龛题记"……发心奉为梁主至尊敬造无量寿佛像依碑石像一躯……"就是明证[③]。

在南方，独立雕绘供奉观世音像在东晋时期已出现[④]，它们与流行于南方的观音应验类传说相关，如《法苑珠林》记载的郭宣之造观音故事，这些观音应验类传说易被老百姓接受，所以民间信仰观音之风较盛。除此之外，南朝成都出土的观音像，有些与观音授记成佛互为关联，如齐建武二年(495)道人释法明造观世音成佛像[⑤]、绵阳平杨府君阙北阙17龛，龛内为一佛二弟子像，龛外线刻维摩、文殊，并题记"观音大士 佛像 大通三年闰月廿三日，弟子许善"，19龛"……年七月……真(？)念敬造观世音……一躯……"[⑥]从17龛造像内容与题记看，是将观音当作佛来供养，表明是受观音授记成佛系统思想影响。同样在北方也出现了北魏正

①《中国石窟·永靖炳灵寺》，图21。

②宿白《南朝龛像遗迹研究》，《中国石窟寺研究》，文物出版社，1996年。

③孙华《四川绵阳平杨府君阙阙身造像》，巫鸿主编《汉唐之间的宗教艺术与考古》，文物出版社，2000年。

④罗世平《四川南朝佛教造像的初步探索》，巫鸿主编《汉唐之间的宗教艺术与考古》，文物出版社，2000年。

⑤张肖马、雷玉华《成都市商业街南朝石刻造像》，《文物》2001年第10期。

⑥孙华《四川绵阳平杨府君阙阙身造像》，巫鸿主编《汉唐之间的宗教艺术与考古》，文物出版社，2000年。

光五年(524)胡绊妻造"官世音佛"、永安二年(529)张欢□造"观世音佛"的例子①。说明独立的观世音像不仅是受应验类传说故事的影响,同时观音授记成佛思想也起到了较大的作用。

观世音造像发展到北周时期早已从最初的释迦、无量寿佛的胁侍菩萨独立出来,成为具独立尊格的尊像。它们施无畏印或持杨柳枝,或提净瓶,前者表现出观音成佛思想,后两者与净土思想相关联。

此时及其后的隋代大量流行单体观世音像,与北朝晚期观音、阿弥陀信仰的流行及佛教世俗化不无关系。观世音应验故事的盛传,就是其世俗化的一种表现,诵念观世音名号就能往生西方净土,对普通民众具有无比的诱惑,故观音这一形象能在民间广泛流传。

南朝双身观音像的流行也是此时观音信仰盛行的一种证明。这种双身题材对北齐、隋代产生了较大影响②。

五、末法思想

随着北朝晚期北方地区定慧并举及末法思想的流行,刻经、造像、建塔、造寺成为当时佛教徒修行做功德的几种途径。北齐石窟中大量刊刻佛经,洞窟中出现舍利塔、中心塔柱等形式,既是为了修禅方便,也是与此时的佛教思想相符。北周石窟中虽不见刻经,但出现了大量的单体覆钵塔,同样表现了末法时期人们期望佛法永驻的心理。

《华严经》以塔寺为修禅的处所。《华严经·净行品》记:"谛观如来,当愿众生,悉睹十方,端正如佛。见佛塔庙,当愿众生,尊重如塔,受天人敬。

---

①《中国历代纪年佛像图典》,图 119;温玉成《龙门北朝小龛的类型、分期与洞窟排年》,《中国石窟·龙门石窟》(一),文物出版社。

②李裕群《试论成都地区出土的南朝佛教石造像》,《文物》2000 年第 2 期。另外,碑林博物馆藏有一件双身菩萨立像,之前对其年代的判定多为唐,目前依据南朝出土的双身菩萨像,将其年代定为北周一隋。

敬心观塔，当愿众生，尊重如佛，天人宗仰。顶礼佛塔，当愿众生，得道如佛，无能见顶，左绕塔庙，当愿众生，履行正路，究畅道意。绕塔三匝，当愿众生，得一向意，勤求佛道。赞佛相好，当愿众生，度功德岸，叹无穷尽。”[①]《大方等大集经·月藏分》也明确记：“于我灭后五百年中，诸比丘等由犹于我法解脱坚固。次五百年，我之王法禅定三昧得住坚固。次五百年，读诵多闻得住坚固。次五百年，于我法中多造塔寺得住坚固。次五百年，于我法中斗诤言颂白法隐没，损减坚固。”[②]说明在正法消失前，信徒相信多造塔寺才能使佛法住世坚固[③]。《华严经·离世间品》又记：“彼诸如来灭度之后，我当取舍利而起塔庙。其塔高广，与不可说诸世界等。造如来像，巍巍高大，如不可思议世界，于不可思议劫，以众妙宝幢幡尽华香而供养之。”[④]北周时期出现的覆钵塔是受了北齐末法及华严思想的影响，祈求佛法永驻的表现。另外，平川彰先生研究认为，《华严经》系以塔寺为菩萨修行之处[⑤]，这种认识也使得我们明白为何覆钵式塔大量出现在北齐，进而影响到北周的现象。

六、小结

通过上述分析，知北周时期，净土信仰已不是单一的弥勒净土，随着无量寿（阿弥陀佛）的再次出现，西方净土信仰开始流行。净土信仰中的弥勒、弥陀二者并存，且弥陀像有逐渐增加的趋势。弥陀像不仅以单体的形象出现，阿弥陀经变图也成为重要的表现形式。于此同时，表现东方净

---

①《华严经》卷六《净行品》，《大正藏》第 9 册，第 430 页。

②《大方等大集经·月藏分·布阎浮提品》第五十五卷，《大正藏》第 13 册，第 363 页。

③颜娟英《北齐禅观窟的图像考——从小南海石窟到响堂山石窟》，《美术与考古》下，中国大百科全书出版社，2005 年。

④《华严经·离世间品》，《大正藏》第 9 册。

⑤颜娟英《河北南响堂山石窟寺初探》，注 79，《考古与历史文化——庆祝高去寻先生八十大寿论文集》（下），台北，1991 年。

土世界的药师佛及代表净土的香积佛也在北朝晚期北齐、隋代石窟造像中出现，如河南浚县北齐武平三年(572)造像碑、河南滑县隋开皇二年(582)造像碑等[①]。这反映了北朝晚期净土信仰的盛行及变化。

卢舍那佛的出现，不仅使我们看到华严信仰的流行状况，同时，使得北朝早中期主要依据法华经组织图像的情况发生了一定的变化，多种信仰融合的现象使得佛教造像内容也变得丰富了。另外，随着末法等思想的盛行，北齐石窟中出现了大量刻经，北周出现较多的覆钵塔，都表明末法时期人们期望佛法永固的心理。净土、华严图像出现并流行，观音菩萨像大量涌现，佛教世俗化进一步加剧。

---

①周到、吕品《河南浚县造像碑调查记》,《文物》1965 年第 3 期。

第四节　北周单体造像的渊源及其成因

一、历史背景

以政治、文化中心长安为代表的北周地区出现了具有新风的造像，与北周佛教思想、长安的特殊地位及其佛教的源远流长紧密相连。以长安为中心的关中地区是中国佛教发展的重要之地，自西晋十六国以来，其地便是佛教译经中心，大量的僧人来此译经讲学，弘扬佛法。竺法护、释道安、竺佛念、鸠摩罗什是其代表。前秦苻坚尊奉道安，鼓励其译经、制定仪轨等，为中国佛教奠定了基础。随后“鸠摩罗什为姚兴所敬，于长安草堂寺集义学八百人，重译经本”。[①]随着鸠摩罗什在长安活动的深入，及姚兴的大力提倡，长安佛教极度兴盛，成为中国早期佛教发展的重要地域，这些高僧大德所译经典成为日后中国佛教宗派的重要典籍，对南北朝中国佛教各流派的形成影响深远。在译经授道的同时，创建寺塔之风也十分盛行。《佛祖统记》卷三七记西晋太康七年(286)在长安青门外，

①《魏书》卷一百一十四《释老志》，第3031页。

为竺法护建敦煌寺。这是见于记载的长安第一个佛寺。《长安志》卷五载，姚兴“起浮图于永贵里，立波若台……”等，由此可见长安佛寺在当时的兴盛，佛寺的繁盛也带来佛教造像的供奉热潮。418 年赫连勃勃攻陷长安，对佛教进行了严重的摧残，《魏书·释老志》记载：“道俗少长咸见坑戮。”之后魏太武帝毁佛使得长安佛教更进一步地衰落。与此同时，北魏都城平城的佛教渐兴，云冈石窟的大规模开凿，使得中国北方佛教造像中心从长安移至平城。魏孝文帝改制迁洛，龙门又取代了云冈成为中国的造像中心，褒衣博带、秀骨清像式造像得到了极大的发展。北魏分裂后，洛阳佛教分别被西魏长安、东魏邺城继承[①]。西魏、北周建都长安，立国虽然不长，但在中国佛教发展史上却留下重要的印记，长安佛教此时又逐渐恢复了之前的兴盛状况。北周前期，因统治者的大力提倡，佛教兴盛，长安城内佛寺林立，僧侣众多，造像成风。《辩证论》卷三曾记西魏文皇帝：“常行信舍，每运慈悲。大统元年，造般若寺。拯济孤老，供给病僧。口诵法花，身持净戒。起七觉殿，为四禅室。供养无辍，檀忍不穷。”[②] “时西魏文帝大统中，丞相宇文黑泰，兴隆释教，崇重大乘。虽摄总万机而恒扬三宝。第内常供百法师，寻讨经论讲摩诃衍。又令沙门昙显等依大乘经，撰菩萨藏众经要及百二十法门，始从佛性终尽融门，每日开讲，即恒宣述以代先旧。至周文帝二年，有波头摩国律师攘那跋陀罗(周言智贤)，共耶舍崛多等，译五明论，谓声医工术及符印等，并沙门智僊笔受。建武帝天和年，有摩勒国沙门达摩流支(周言法希)，奉勅为大冢宰晋阳公宇文护，译婆罗门天文二十卷。又令摩伽陀国禅师阇那耶舍(周言藏称)，共弟子阇那崛多等，于长安故域四天王寺，译定意天子问经六部，沙门圆明道辩，及城阳公萧吉等笔受。”[③]“周朝诸帝，并常立寺。有大陟岵、大陟屺

①任继愈主编《中国佛教史》第一、二、三卷，中国社会科学出版社。

②《辨证论》卷三《十代奉佛篇》上，《大正藏》第 52 册，第 507 页。

③《续高僧传》卷一，《大正藏》第 50 册，第 428 页。

二寺为明帝下诏所营造。国家年别,大度僧尼。其时沙门昙延、道安,世号二杰。译经僧人则多得宇文护之赞助。”[①]虽然北周武帝于建德三年至六年推行了灭佛的法难,“毁破前代官山西东数百年来,官私所造一切佛塔,扫地悉尽。融刮圣容,焚烧经典”[②]。但北周佛教曾经的辉煌还是不容抹煞的。武帝灭佛,除了政治上的考虑外,与其重视道教不无干系。北周明帝时佛道二教的争执就已剧烈,至武帝时,佛道之争愈演愈烈,加之,武帝后期对道教的崇信,道教的地位得到了极大的提升,曾主张佛道二教并重。这或许是北周佛道混杂像碑大量涌现的原因吧。

东、西魏晚期军事冲突停止,东西两地的交流加强,互派使者,僧人往来较前增多,东魏、北齐较为先进的文化及佛教艺术对西魏、北周产生了一定的影响。553 年西魏平巴蜀兼江陵,扫平了南北间交通障碍,558 年北周控制益州后,长安、益州两地的僧侣往来频繁,也促进了与以益州为中心的南朝文化的交流,《续高僧传》记载了两地间僧侣往来的情况[③]。通过僧侣的交往,北方禅观与南方义学逐渐融合。益州地区的南朝佛教造像艺术风格也影响了长安。在这样的历史背景下,长安北周佛教造像不仅出现了繁盛的局面,而且产生了新风格,影响了周围地区的造像[④]。

北周造像新风的出现,除与长安佛教发展及其与北齐、南朝联系有关外,北周的“复古改制”也起到了重要的作用。北周奠基人物宇文泰“性好朴素,不尚虚饰,恒以反风俗,复古始为心”。曾提倡“初行周礼,建六官……初,太祖以汉魏官繁,思革前弊”[⑤]。大统七年(541)十一月“太

---

①汤用彤《汉魏两晋南北朝佛教史》(下),中华书局,1983 年,第 382 页。

②《历代三宝纪》卷十一,《大正藏》第 49 册,第 94 页。

③《续高僧传》卷十六《僧实传》记:“益州大德各怀经部送像至京”、卷十八《僧渊传》、卷八《惠善传》,以上均见于《大正藏》第 50 册。

④常青《汉魏两晋南北朝时期长安佛教与丝绸之路上的石窟遗迹》,《文博》1992 年第 2 期。

⑤《周书》卷二《文帝下》,中华书局,1983 年,第 36 页。

祖(宇文泰)奏行十二条制,恐百官不勉于职事,又下令申明之”①。大统十年(544)七月“魏帝以太祖前后所上二十四条及十二条新制,方为中兴永式,乃命尚书苏绰更损益之,总为五卷,班于天下。于是搜简贤才,以为牧守令长,皆依新制而遣焉。数年之间,百姓便之”②。《周书》卷二记载,在东西魏相持时期,宇文泰痛定思痛,颁布六条诏书,进行全面改制。“其一,先治心,次治身。其二,敦教化。其三,尽地利。其四,擢贤良。其五,恤狱讼。其六,均赋役。”③其中文化上实行“敦教化”,去除浮华,崇尚朴实。特别是将“尚质”的文艺思想,强行在其控制区内推广。从而以国家行政干预的手段,将这一思想渗透到文化艺术领域,并饬令各级官员严格遵守。周明帝、武帝皆崇尚文儒,提倡简朴。《周书》卷六又记武帝“身衣布袍,寝布被,无金宝之饰,诸宫殿华绮者,皆撤毁之,改为土阶数尺,不施栌栱。其雕文刻镂,锦绣纂组,一皆禁断”④。于是古朴之风渗透到北周社会的方方面面,当然对北周佛像艺术也会产生不小的影响。北周造像一改北魏到西魏华丽、繁缛的风格,出现较为简约、古朴的新风就是其表现⑤。

北朝晚期自海路而来的南亚、东南亚佛教文化因素,不断输入南朝并间接影响北朝,为中国佛教文化注入新鲜活力,其中最重要的就是印度笈多美术因素,它改变了北魏改制以来的秀骨清像、褒衣博带之风,使得造像面貌为之一变。北周造像丰壮的风格就是这一变革的产物,西魏晚期以来出现的丰壮特点在北周得到极大的延续与发展。当然北朝

①《周书》卷二《文帝下》,第 27 页。

②《周书》卷二《文帝下》,第 28 页。

③《周书》卷二十三《苏绰传》,第 381—391 页。

④《周书》卷六《武帝下》,第 107 页。

⑤夏阳《北周佛像“复古”因素小考》,甘肃省历史学会、庆阳地区志编委会、西北师范大学历史系编《史学论丛》第八集,兰州大学出版社,1998 年。

晚期佛教美术中的笈多因素并不是全盘模仿的拿来主义。南朝建康、北齐青州地区因文化中心区及地理位置的原因接受笈多美术的时间较早,成分更多。而地处西部的北周接受笈多因素的时间晚于南朝、北齐,又由于自身的保守性,造像特点上笈多因素的表现不同于南朝、北齐。所以北朝晚期形成一种含有笈多因素的中国造像样式。在这一吸收改造的过程中本土人士所起的作用极大，其中最主要的是张僧繇、曹仲达[①]。

北周时期,随着丝绸之路的不断繁荣,大量中亚胡族来往于中原内地,其中粟特胡人是较为活跃的一支。近年来,宁夏、甘肃、陕西、山西等地发现了大量的北周至隋唐粟特人墓葬[②]，不仅使我们对粟特人及其文化有了深入的了解,同时他们在东迁过程中对中国文化的影响也逐渐显露。须弥山石窟处于粟特人定居的原州,其北周造像中的西域风格或许是受这些粟特人带来的西域文化的影响而产生的。粟特文化对中国文化影响中最为我们熟悉的例证是北齐粟特画工曹仲达,他精通梵画,官至朝散大夫[③]。《历代名画记》卷三《记两京外州寺观画壁》条记:"兴善寺西南舍利塔内,曹画……开业寺。裴录云,有曹仲达、李雅、杨契丹、郑法士

---

①宿白《青州龙兴寺窖藏所出佛像的几个问题——青州城与龙兴寺之三》,《文物》1999 年第 10 期;李裕群《试论成都地区出土的南朝佛教石造像》,《文物》2000 年第 2 期;李静杰《南北朝隋代佛教造像系谱与样式的整体观察》(下),《艺术与科学》(十),清华大学出版社,2010 年。

②罗丰《固原南郊隋唐墓地》,文物出版社,1996 年;陕西省考古研究所《西安北郊北周安伽墓发掘简报》,《考古与文物》2000 年第 6 期;陕西省考古研究所《西安发现的北周安伽墓》,《文物》2001 年第 1 期;陕西省考古研究所《西安北周安伽墓》,文物出版社,2003 年;杨军凯《西安又发现北周贵族史君墓》,《中国文物报》2003 年 9 月 26 日;杨军凯《关于祆教的第三次重大发现——西安北周萨宝史君墓》,《文物天地》2003 年第 11 期;西安市文物保护研究所《西安市北周史君石椁墓》,《考古》2004 年第 7 期;西安市文物保护研究所《西安市北周凉州萨保史君墓发掘简报》,《文物》2005 年第 3 期;荣新江、张志清主编《从撒马尔干到长安——粟特人在中国的文化遗迹》,北京图书馆出版社,2004 年 4 月;荣新江《中古中国与外来文明》,北京三联书店,2001 年。

③张彦远《历代名画记》卷八,人民美术出版社,1985 年。

画。”[①]从中可知，曹仲达于北周或隋时在长安寺院中作画。另外，我们来看看曹仲达的师从关系，他师从南朝袁昂，而袁昂的老师又是张僧繇，虽然不能说曹仲达能够完全继承“张家样”的衣钵，但“张得其肉”的特征应会对其画风产生影响。综合上述两点，其继承的“张家样”式、创造的“曹家样”式，很可能对北周佛教造像产生一定的影响，为周、齐的佛教造像艺术带来了新风。而北周造像新风又为隋唐佛教艺术的鼎盛打下了坚实的基础。

二、造像渊源

犍陀罗、罽宾地区是立佛造像的发源地，立佛造像是释迦成道后游于各地弘传佛法的形象[②]。犍陀罗艺术的这种形象经中亚巴米扬石窟，于4—5世纪影响了新疆克孜尔及其以东地区的天梯山、炳灵寺、云冈等地早期石窟。而从文献中我们也可看到这种影响在长安地区的表现，后秦弘始十五年(413)佛陀耶舍共竺佛念于长安翻译了《长阿含经》，《长阿含经》第一分《游行经》中记载了佛陀游行各地为众比丘说法乃至涅槃等事迹[③]。《长阿含经》的翻译应对立佛造像的产生有一定的影响。这一点我们从早期金铜佛像中大量的立像上也可见一斑，如京都国立博物馆藏4世纪的金铜佛立像、太平真君四年(443)铭铜立佛及延兴、皇兴年铜立像等[④]。虽然这些早期立像不一定直接影响北周单体造像，但两者间应有一定的渊源。

另外，《华严经》提倡“遍游十方，求善知识”，故行脚参学，蔚然成风。以游方形象的立佛大量出现于北朝晚期，与此时《华严经》的流行不

①张彦远《历代名画记》卷八，人民美术出版社，1985年。

②宿白《武威天梯山早期石窟参观记》，《新燕京学报》第八期。

③《大正藏》第1册。

④《中国仏教彫刻史论》(一)，图8a、8b、23、24、34—37。

无关系。

北周造像一改北魏、西魏秀骨清像、褒衣博带的特点，形成身短粗壮、袈裟略厚重的特征，这种特征并非突然出现。

在河北、河南北魏中晚期背屏式单尊像、三尊造像、西魏金铜佛像、东魏石造像上均已出现这种身短粗壮现象。如河北出土的太和十三年（489）赵氏一族造像、恒氏造像、神龟元年（519）青州孙宝憘造像、正光元年（520）杨文憘合邑造像、正光三年（522）尚氏一族造像、永熙三年（534）造像、无纪年的司徒永孙造像、王氏等邑子□人造像等均表现出粗壮、比例失调的特征[①]。其中河南地区是北魏晚期此类造像的集中区，之后随着政权的转移，长安成为此类造像中心地区。邻近的山西也存有一定数量的此类释迦像，它们在造像风格及特征上，具有一致性，是同种风格在不同地域的反映。现存此类的西魏造像数量较少，但现藏上海博物馆西魏大统十六年（550）岐法起造像、京都大学文学部的西魏大统十七年（551）铭四面龛像[②]，主尊面圆短，身材丰壮。与此同时，南朝造像中也出现部分面相丰圆、身材短粗的例子，如成都西安路出土天监三年（504）像、商业街 7、9 号像、万佛寺中大通五年（533）释迦像、中大同三年（548）观世音像、四川大学藏中大通四年（532）释迦像等。这些造像与北魏晚期造像时代相当，说明此阶段南北均存在面相丰圆、身材短粗风格。但南北间差别也很大，南朝造像比例较为合理，圆润感突出，造像较为优美。北魏像身材比例失调，头大，身短，腿部尤其短。可以看出南朝造像的先进性。西魏晚期出现的上述两像例，对北周造像影响较大。西魏占领益州后，其造像应该吸收到南朝梁的造像特点，并对北周造像产生作用。只是目前此阶段造像出土的较少，还不能够从实物上做出有力的证明。

---

①《中国仏教彫刻史论》(一)，图 93；《中国历代纪年佛像图典》，图 67；《支那佛教史迹》(1)，图版 99；《中国仏教彫刻史论》(一)，图 200。

②《中国仏教彫刻史论》(二)，图 312a、321b、313。

从造像特征看,北周佛像有磨光肉髻、波纹肉髻、螺髻等。前两者源自北魏以来的传统样式,发生了时代的变化,肉髻由高变得较为低平。而此时大量出现的低平螺髻则源自笈多样式,并形成面相浑圆、双眼微睁、目视下方等特点,体现出安详、静谧、优美、冥想的风格。

螺髻是印度笈多佛教艺术中佛像的固定发式,中国螺髻的出现、流行与天竺样式佛像的传入密切相关①。在南方地区,目前我们所能够见到较早的螺髻造像是浙江绍兴博物馆藏齐永明六年(488)的维卫尊佛。另外,齐梁间的浙江新昌弥勒大佛主尊、南京栖霞山大佛下第1龛主尊也为螺髻。而梁代及北周螺髻造像更是在长江上游的成都地区流行,如成都商业街90CST5:8号梁天监十年(511)佛弟子王州子造像、商业街90CST5:9号造像、万佛寺9件单体佛头像、WSZ29阿育王头像、WSZ14号佛造像、西安路H1:2造像主尊、西安路太清五年(551)H1:4阿育王像、西安路H1:8立佛、梁大同十年(544)陈宝齐造无量寿三尊像等,同时上海博物馆藏梁中大同元年(546)慧影造像中主尊也为螺髻②。这样看来,在南朝造像中螺髻普遍存在,且延续时间长。益州地区螺髻造像出现的时代早,持续时间长,到梁代大量流行,成为益州南朝造像的一突出特点,甚至在西魏、北周占领益州后,其阿育王像、佛像还以螺髻为主。

北方地区北魏时期就出现一些螺髻造像,如北魏太安元年(455)张永造像、太安三年(457)宋德兴造释迦像、延兴二年(472)造像,高螺髻,服饰与云冈20窟同,年代略早或与云冈一期同,是北朝系螺髻造像中较

---

①宿白《青州龙兴寺窖藏所出佛像的几个问题——青州城与龙兴寺之三》,《文物》1999年第10期;李裕群《试论成都地区出土的南朝佛教石造像》,《文物》2000年第2期。

②成都市文物考古工作队等《成都市西安路南朝石刻造像清理简报》,《文物》1998年第11期;张肖马、雷玉华《成都商业街南朝石刻造像》,《文物》2001年第10期;丁文光《梁中大同元年造释迦石像》,《文物》1961年第12期;袁曙光《四川省博物馆藏万佛寺石刻造像整理简报》,《文物》2001年第10期;《石佛选粹》,1995年,图84。

早的实例。北魏太和十七年(493)金铜造像及其后景明、正始年间造像服饰已为褒衣博带式[①]，但发式仍为螺髻。北魏时期这些螺髻并没成为主流样式，西魏也未承袭此特点。直到东魏、北齐、北周时期螺髻像才大量出现，它们与南朝造像关系密切。东魏、北齐地近南朝文化中心建康，极易受到南朝建康的影响，其造像较多地吸收了印度笈多造像的特点，略微稀松的低螺髻便是其中之一，具有一定的装饰意味。而北周螺髻造像更多地与益州南朝造像相关，螺髻低平，呈右旋状。但北周螺髻像只在长安及周边单体造像中大量出现，在西部石窟寺造像中却很少见，敦煌、炳灵寺、麦积山、须弥山等地北周造像中均不见螺髻，说明北周中心文化区长安较西部其他地区较早、较多地受到南朝影响。

北周佛像服饰特点明显，以通肩袈裟为主，少量褒衣博带式。袈裟贴体程度早晚有一定变化，衣褶样式也较为复杂，明显感受到有笈多造像的影响，但又不是照搬笈多样式，而具有自身的特点。笈多造像两种风格对中国北朝晚期造像产生了很大影响。其中秣陀罗风格在南朝益州造像中表现极为明显，而这种风格通过益州传播到北周境内，适应北周政治文化，产生了相应的变化，袈裟贴体程度较南朝弱，衣褶不似南朝细密，显得较为舒朗。

北周通肩袈裟还略显宽大厚重，仍承袭了北魏以来注重袈裟刻画的特点。但贴体特性已略显，腿部轮廓较明显。

A 型通肩袈裟胸腹部及双腿 U 形衣纹，袈裟较为贴体。明显受到笈多秣陀罗造像的影响。通肩袈裟衣褶呈 U 形样式，最早见于十六国金铜

---

①北魏太安元年(455)张永造像、太安三年(457)宋德兴造释迦像、延兴二年(472)造像、太和十七年(493)金铜造像、景明二年(501)四面龛像、正始二年(505)尚齐八十人造像、正光三年(522)魏氏造佛三尊像、西魏大统八年(542)杨囗爱造三尊像等，分别见《中国历代纪年佛教图典》，图 13;《中国仏教彫刻史论》(一)，图 27、44、83b、83c、103、121;《中国历代纪年佛教图典》，图 114、166。

像及石窟造像上，之后在北魏太平真君等个别造像上出现[①]。南朝太清五年阿育王等像再现，它们都是对秣陀罗造像的模仿。但十六国像由胸部形成的U形衣褶一直垂至两腿间，且逐渐变弱，两腿上已呈现出半U形纹。而南朝梁佛像及太清五年阿育王像等基本继承了笈多样式，U形衣褶自胸至双腿贯通全身，较笈多样式而言袈裟较厚重，衣褶舒朗（图五十六：1）。虽然我们在北周天和五年马法先造金铜佛像上也见到此类样式[②]（图五十六：2），但并不普遍。北周A型袈裟胸腹及两腿分别形成三个U形衣褶的样式，更接近于十六国及北魏时期样，但与十六国及北魏像比，北周佛像双腿各自形成一列U形衣褶，与胸腹形成三列U形衣褶，装饰意味强烈。同时，衣褶稠密度降低，疏朗简略，形成了自身的特点，这或许与北周复古，崇尚质朴的历史背景有关。另外，北周造像袈裟左肩下垂衣角，也与十六国造像更近似[③]。

B型袈裟胸腹U形不对称，腿部半U形样式，比A型的简化，衣纹的刻画比较随意。从目前的资料比较看，这种形式与山东地区部分北齐造像有一定的相似性[④]。青州龙兴寺造像通肩袈裟，仅胸部右侧表现出一道U形衣纹。形成右侧自胸至腿部凸棱状半U形，左侧胸部呈直线而下垂，腹部至腿部为半U形[⑤]（图五十六：3）。临朐出土北齐像与青州相近[⑥]（图五十六：4）。与北齐造像相比，北周像衣纹表现不强烈，贴体程度也较弱。说明北周在吸收北齐风格的同时，产生了适应自身文化的一些变化。

C型袈裟衣纹自左胸前向右胸及下部辐射散开，在袈裟右侧形成一

---

①《中国佛教雕刻史论》（一），图23、34a。

②《西安文物精华——佛教造像》，图47。

③菀申造金铜像、恒氏造像，见《中国历代纪年佛教图典》，图10、67。

④李静杰《南北朝隋代佛教造像系谱与样式的整体观察》（下），《艺术与科学》（十），清华大学出版社，2010年。

⑤《青州北朝佛教造像》，图110—111、150—151。

⑥《临朐佛教造像艺术》，图34。

定的弧线，左侧衣褶直线下垂。其中 C 型Ⅰ式如泾川 2013JCGH3:1（图五十六:5）、窦寨 1、3、4（图五十六:6）与梁中大通元年像（图五十六:7）相似，梁代造像袈裟贴体程度明显，腰、腿部轮廓凸出，袈裟显轻薄。北周此类像衣褶仿自梁造像，但比梁朝造像简化，衣褶较为疏朗。同时袈裟仍保持褒衣博带的宽大厚重感，吸收南朝因素的同时表现出北周的保守性。

C 型Ⅱ式的西安东郊灞桥湾子村出土 BL04—003 号佛着通肩袈裟（图五十六:8），僧祇支束带，并垂于袈裟外，带端装饰花朵。与梁大同三年侯朗像（图五十六:9）相似，前者基本模仿自后者，只是前者袈裟通肩，袈裟下摆也不似后者外撇，身体壮硕的感觉明显强于后者。表明受到南朝梁强烈影响的同时，也保留了北周时代特征。

北周造像中 C 型Ⅲ式僧祇支结带不下垂样式，如中查村 8 号像、碑林藏像、中官亭村造像①（图五十六：10、11、12），其结带部分装饰为花瓣样，与成都万佛寺 WZS10 号南朝佛像相近②（图五十六:13），但又有所

1　2　3　4

①《古都遗珍——长安城出土的北周佛教造像》，图版二十八、图十六；《长安佛韵——西安碑林佛教造像艺术》，108、109 页；《西安文物精华——佛教造像》，图 53。

②《四川出土南朝佛教造像》，图版 9。

5 6 7 8

9 10 11 12 13

图五十六 佛像比较

1. 太清五年阿育王像 2. 天和五年马法先造像 3. 青州北齐佛像 4. 临朐出土北齐像 5. 泾川 2013JCGH3:1 号像 6. 窦寨村 3 号佛像 7. 梁中大通元年像 8. 西安东郊灞桥湾子村出土的 BL04-003 号佛像 9. 梁大同三年侯朗像 10. 中查村 8 号像 11. 碑林藏佛像 12. 中官亭村出土佛造像 13. 万佛寺 WZS10 佛像（1 采自《文物》1998 年第 11 期彩色插页贰:1,2、12 采自《西安文物精华——佛教造像》图 47、53,3 采自《青州北朝佛教造像》图 111,4 采自《临朐佛教造像艺术》第 72 页,5 自拍,6 采自《文物》2009 年第 5 期第 89 页图一〇,8、11 采自《长安佛韵——西安碑林佛教造像艺术》第 93 页、108 页,7、9、13 采自《四川出土南朝佛教造像》图版 1-1、图版 7、图版9,10 采自《古都遗珍——长安城出土的北周佛教造像》图版二八:1）

不同,南朝结带为梯形或两瓣式,而北周造像多为三瓣式。此类北周佛像衣纹不同于南朝造像袈裟通身 U 形,有自身特色。

D 型衣褶直立样式,目前还不清楚其源头。

北周佛像所施手印大多为右手上举施无畏印，左手提握袈裟一角，众所周知其来自于笈多造型。而左手刻画摩尼宝珠是一类比较特殊的样式，从保定、天和到大象年间均存在，直到隋大业五年（609）姚长华造佛立像还出现[①]。而此类持宝珠的造像目前所见最早的为四川大学所藏的南朝梁中大通四年（532）释迦立像[②]。广元皇泽寺北周造像中也出现，这类造像或许也是从成都向外传播。

北周部分圆雕造像头后附圆形或桃形头光，继承南朝特点，镂空样又吸收了北齐的因素，形成了较为先进的特征。

圆雕佛坐像目前仅见通肩类袈裟，袈裟下摆较长覆座，且呈四瓣式，如碑林藏2003年西安北郊六村堡出土2件坐佛（图五十七：1），须弥山北周51窟正壁右侧佛像（图五十七：2）。这类下摆呈四瓣式佛装西部地区最早见于麦积山北魏中晚期的163、142窟中（图五十七：3），但麦积山163、142窟佛着双领下垂式袈裟，与北周造像不同。成都出土南朝梁坐佛与麦积山163、142窟佛装相似（图五十七：4），双领下垂式袈裟，下摆

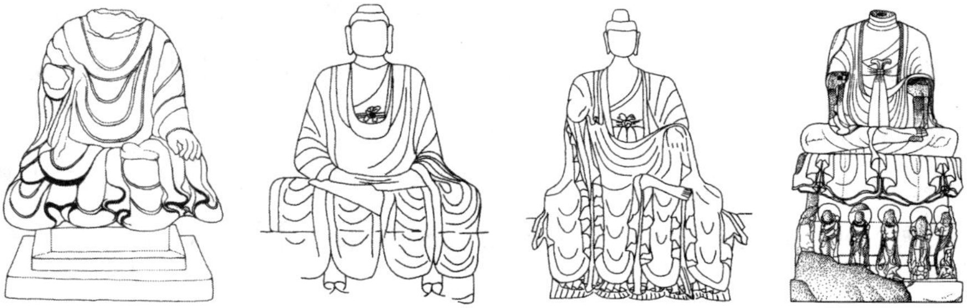

1　　2　　3　　4

图五十七　坐佛像

1. 西安六村堡出土　2. 须弥山51窟正壁右侧佛像　3. 麦积山142窟正壁佛像　4. 南朝梁佛坐像（1依《长安佛韵——西安碑林佛教造像艺术》第65页绘，2、3采自《5—8世纪汉地佛像着衣法式》5-4-2:6、5-1-3:4，4采自《四川出土南朝佛教造像》图17）

①《西安文物精华——佛教造像》，图96。

②霍巍《四川大学博物馆收藏的两尊南朝石刻造像》，《文物》2001年第10期。

覆座呈四瓣式。但在麦积山北周洞窟中却不见较长下摆四瓣式袈裟。北周此类袈裟样式应来自于成都南朝造像。

像碑、背屏、龛像、浮雕嵌板、塔龛等其他类造像中佛像以坐式为主，袈裟主要为双领下垂、通肩式、偏覆右肩式。

双领下垂类袈裟早晚有别。早期袈裟仍保持北魏、西魏以来的宽博样，下摆长而覆座，如甘肃华亭南川出土明帝二年（558）路为夫像塔等[①]（图五十八:1），保定年间仍保持一定的褒衣博带样，袈裟下摆出现了变化，覆座，呈圆弧样，且分两瓣，如保定四年（564）王文超造像[②]（图五十八:2），此类造像集中出现在甘肃地区[③]。到建德年间此种下摆变短，圆弧变弱，略呈方形，如日本永清文库藏建德元（572）年背屏三尊像主尊、京都大学藏建德三年背屏三尊像主尊[④]（图五十八:3）。

通肩袈裟圆领通肩，领口较高，基本不见内衣样。下摆与双领下垂样同，呈圆弧形，如建德二年（573）王令猥像碑[⑤]（图五十八:4）。西安地区白石浮雕嵌板中佛像，袈裟右角搭于左肩上，袈裟下摆分上下两层，覆座一半。上层中间为自胸腹下垂的U形衣褶，两腿呈弧形。下层略为平齐，重层衣褶[⑥]（图五十八:5）。天和五年（570）铭背屏像通肩袈裟较短，仅覆佛座边沿，且单层[⑦]（图五十八:6）。

偏覆右肩式 长安地区白石浮雕嵌板中部分主尊，内着僧祇支，外着双领下垂袈裟，并系带，其外右肩附搭偏衫，右衣角绕过右腋下，搭于左

---

①《甘肃佛教石刻造像》，图201、202。

②《甘肃佛教石刻造像》，图209、210。

③在天水地区出土的多级造像塔上也常见此类下摆。

④《中国仏教彫刻史论》（二），图365c、366b。

⑤《甘肃佛教石刻造像》，图221。

⑥《西安文物精华——佛教造像》，图64、70、72。

⑦《中国仏教彫刻史论》（二），图365a、b。

臂上，下摆重层，分为两瓣，较为独特[①]（图五十八：7）。

1974年出土于西安梆子市街的北周天和二年（567）造像龛（图五十八：8），一佛二弟子，弟子头毁。佛内着通肩袈裟，外面袈裟覆双肩后下垂，袈裟右角裹覆右臂横过腹前搭于左臂上，下摆较长覆座，呈两瓣，右足外露压左衣[②]。

1　2　3　4

5　6　7　8

图五十八　坐佛

1. 明帝二年路为夫像塔局部　2. 保定四年王文超造像碑　3. 建德元年像　4. 建德二年王令猥像碑　5. 西安白石浮雕嵌板　6. 天和五年铭像　7. 西安白石浮雕嵌板　8. 天和二年像（1、2、4采自《甘肃佛教石刻造像》图202、210、221，5、7采自《西安文物精华——佛教造像》图72、65，3、6采自《中国仏教彫刻史论》图365c、365a，8采自《长安佛韵——西安碑林佛教造像艺术》第61页）

①《西安文物精华——佛教造像》，图62、63、65、66、67、71。

②《长安佛韵——西安碑林佛教造像艺术》，第61页。

北周坐佛双领下垂类袈裟宽博，下摆长而覆座是北魏晚期至西魏风行的样式，北周初年承袭此特点。另外这一特点较早出现在南朝造像中，如齐建武二年像着双领下垂类宽博袈裟，袈裟下摆双层，上层呈三瓣式，两侧两瓣弧状下垂（图五十九：1）。到了中大通三年（531）像，袈裟下摆分两瓣，圆弧状更加明显[①]（图五十九：2），广元出土梁代佛像下摆圆弧形更加明显[②]。甘肃地区北周像下摆圆弧样在南朝基础上有了进一步的发展，显得更加规整，甚至有些程式化。

梁大同十一年（545）张元造释迦多宝像为通肩袈裟，袈裟下摆中间为自胸腹下垂的U形衣褶，两腿呈弧形，整个袈裟下摆略短，不见覆座（图五十九：3）。无纪年的西安路H1:6号三佛像中两侧佛像也着此类袈裟。这种样式在北周长安地区白石浮雕嵌板上得到了反映，尤其是中间自胸下垂的U形衣褶如出一辙，只是北周造像袈裟下摆较南朝长。不仅单体造像中存在此类样式，北周石窟中此类佛衣也存在，如炳灵寺172窟南北壁佛像[③]（图五十九：4）。其实此类佛衣的来源或是西秦壁画或是北凉石塔（图五十九：5、6），南朝及北周各自发生了一定的变化。

北周偏覆右肩式袈裟，同南朝成都万佛寺47号背屏式弥勒七身像（图五十九：7）、万佛寺13号无头佛像、广元梁佛像[④]相近。洛阳地区北魏时期此类像也较为流行，如龙门宾阳中洞正壁佛、巩县1窟中心柱正壁佛。北齐响堂山也见个别同样的像。南朝及洛阳造像双领下垂袈裟右端搭于左臂的特征较为明显，而长安北周造像更侧重表现外披的附搭右肩袈裟绕过右腋后搭于左臂的特点。

---

①《四川出土南朝佛教造像》，第183—185页。

②广元皇泽寺博物馆《广元出土佛教石刻造像》，《四川文物》2C04年第1期，图七。

③《中国石窟·永靖炳灵寺》，图版113、114。

④《四川省博物馆藏万佛寺石刻造像整理简报》，图十六；《中国仏教彫刻史论》（一），图228；广元皇泽寺博物馆《广元出土佛教石刻造像》，《四川文物》2004年第1期，图七。

1　2　3　4

5　6　7　8　9

图五十九　佛像着衣比较

1. 齐建武二年像　2. 中大通三年像　3. 梁大同十一年张元造释迦多宝像　4. 炳灵寺 172 窟佛帐内南壁佛像　5. 炳灵寺 169 窟壁画　6. 高善穆石塔　7. 万佛寺 47 号背屏像　8. 上海博物馆藏中大同元年像　9. 炳灵寺 169 窟无量寿佛像（1-3、7 采自《四川出土南朝佛教造像》图版 47-1、图版 65-1、图版 58-1、图版 35-1，4、5、9 采自《中国石窟永靖炳灵寺》图 113、36、21，6 自拍，8 采自《中国佛教彫刻史论》图 229）

西安梆子市街出土北周天和二年（567）像，佛所着袈裟与栖霞山24号正壁佛[1]着袈裟、上海博物馆藏中大同元年（546）像着衣相似[2]（图五十九:8）。宿白先生考证认为栖霞山开凿于 5 世纪末期[3]。中大同元年像或是受到栖霞山的影响。这种样式西进影响到长安北周造像，但北周造像中外覆右肩的袈裟与南朝有所不同，更多地继承了西部地区西秦、北

①《5—8 世纪汉地佛像着衣法式》，图 2—1—3。

②《中国佛教彫刻史论》（二），图 229。

③宿白《南朝龛像遗迹初探》，《中国石窟寺研究》，文物出版社，1996 年。

凉造像佛衣的特点[①]（图五十九:9）。

出土或传世的北周圆雕菩萨像虽然数量不如佛像多，但也表现出了明显的特点。菩萨像大部分身躯直立，但同时逐渐出现腰部扭曲，腿部游足样。右手上举持杨柳或施无畏印，左手提握净瓶形象较为普遍。菩萨像最主要的特点是装饰物的繁杂、华丽，与前代比，出现了明显的变化。上述变化吸收了较多的中国传统文化因素，同时印度等外来佛教艺术的影响也十分显著。

北周菩萨冠、项圈、璎珞等装饰相比前代显得较为繁复，其中菩萨冠上的W形花绳引人注目。W形花绳在北魏云冈石窟二期洞窟中就已普遍出现，主要装饰在龛楣上。另外龙门石窟、偃师水泉石窟北魏窟门及龛楣上也常见[②]。而出现在造像中，较早的是东魏佛三尊像中的胁侍菩萨像，如青州出土的一佛二菩萨三尊像[③]（图六十:1），一身胁侍菩萨戴三叶冠，上装饰W形花绳。之后在北周、北齐单体菩萨像中大为流行，如长安北周保定三年菩萨像[④]（图六十:2）、青州出土北齐单体菩萨像等[⑤]（图六十:3）。另外，长安北周隋无纪年菩萨像中此类冠饰更是多见（图六十:4、5），且影响到甘肃地区[⑥]（图六十:6）。而这类垂环呈W形花绳装饰与印度笈多毗湿奴像有关[⑦]（图六十:7），是受到印度佛教艺术的影响而出现的。

---

①如炳灵寺169窟6号塑像，见《中国石窟·永靖炳灵寺》，图版21；北凉索阿后石塔，见《甘肃佛教石刻造像》，图52。

②刘景龙、赵会军《偃师水泉石窟》，文物出版社，2006年。

③《青州北朝佛教造像》，第82、85页。

④《中国仏教彫刻史论》（二），图350。

⑤《青州北朝佛教造像》，图156—158。

⑥《甘肃佛教石刻造像》，图234；甘肃省宁县博物馆《甘肃宁县出土北朝石造像》，《文物》2005年第1期。

⑦《印度美术》，第232页；李静杰《南北朝隋代佛教造像系谱与样式的整体观察》（下），图8。

1

2

3

4

5

6
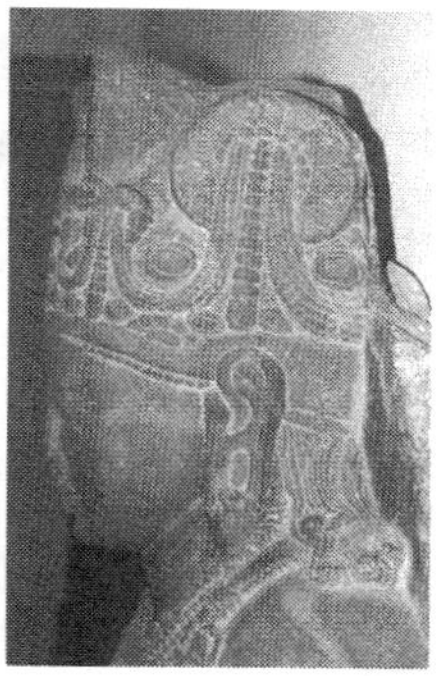
7

图六十　菩萨冠饰

1. 青州龙兴寺出土三尊像菩萨胁侍像　2. 保定三年菩萨像　3. 青州龙兴寺出土菩萨　4. 碑林藏空军通信学校出土菩萨像　5. 西安礼泉寺出土菩萨像　6. 甘肃宁县出土菩萨头像　7. 印度笈多毗湿奴像(1、3 采自《青州北朝佛教造像》图 85、157,2 采自《中国仏教彫刻史论》图 350,4 采自《长安佛韵——西安碑林佛教造像艺术》124 页,5 采自《西安文物精华——佛教造像》图 117,6 采自《甘肃佛教石刻造像》图 234,7 采自《南北朝隋代佛教造像谱系与样式的整体观察》(下)图 8)

北周菩萨像中出现的类似圆筒状的高冠,顶部平齐,不见发髻,装饰繁复。北魏、东魏部分菩萨像就出现此类高冠,如菩萨三尊像[①]及上述东魏青州一佛三尊像,菩萨所戴冠不同,但均高大、平顶。只是,目前所见北魏、东魏此类冠饰不多。而成都万佛寺出土的梁普通四年造像、中大同三

①《中国仏教彫刻史论》(一),图 148。

年造像、中大通五年像主尊及胁侍菩萨像①中却大量出现平顶高冠，这些南朝菩萨像冠饰与北魏、东魏像比有了一定的变化发展，冠以化佛为主，其上装饰仰月、日。北周菩萨的平顶高冠与成都南朝像联系更紧密。

北周以圆形宽项圈为主，装饰有联珠纹、串穗、花饰、垂铃等。长安地区部分项圈以联珠纹划分为若干格，内饰菱形纹、方格纹、忍冬纹、宝珠纹等，如碑林旧藏菩萨像（图六十一：1）、西安窦寨村出土菩萨像②（图六十一：2）。北周菩萨项圈中大量垂铃装饰，在万佛寺出土南朝菩萨立像及东魏菩萨项圈中都能找寻到其踪影③（图六十一：3）。

菩萨双重璎珞、项圈与璎珞相连、璎珞以玉环及玉珩形饰物相互连接、X 形璎珞交叉处的兽面纹、菩萨腰间垂挂组玉佩等都是北周新出现的样式，这些新样式的出现，有较为复杂的原因。

1　　　　2　　　　3

图六十一　菩萨像项圈

1. 碑林旧藏菩萨像　2. 西安窦寨村出土菩萨像　3. 万佛寺出土菩萨像（1 采自《长安佛韵——西安碑林佛教造像艺术》第 100 页，2 采自《西安文物精华——佛教造像》图 56，3 采自《四川出土南朝佛教造像》图版 28）

①袁曙光《四川省博物馆藏万佛寺石刻造像整理简报》，《文物》2001 年第 10 期。

②《长安佛韵——西安碑林佛教造像艺术》，100 页；《西安文物精华——佛教造像》，图 56。

③《四川出土南朝佛教造像》，图版 28；《青州北朝佛教造像》，图 85。

中国传统组玉佩中部分构件出现在菩萨身上，说明北朝晚期佛教造像中加入了许多汉文化的内容，组玉佩等是中国传统文化中礼仪制度的重要代表物。在已发现的周、楚、汉至魏晋南北朝墓葬中就出现过大量的玉佩，河南、湖北楚墓中出土的木俑身上绘制成组的玉佩饰代表了楚汉之际的样式。[①] “汉末丧乱，绝无玉佩。魏侍中王粲识旧佩，始复做之。今之玉佩，受法于粲也。”[②]王粲所恢复的组玉佩样式，成为魏晋至南北朝流行的式样。目前考古资料中所见魏晋南北朝组玉佩分别出土于曹魏、东西晋墓葬、南朝墓葬、北朝的东魏、北齐、北周墓及隋墓[③]。从上述资料可知，首先是皇室贵族佩戴组玉佩，其次此时组玉佩较为简洁，不像汉以前的复杂，以珩、环、璜等为主，其间以玛瑙、水晶、料珠、绿松石等串联。虽然出土的组玉佩大多散失，结构不明，但部分墓葬中玉佩较完整或可复原，为我们认识此时组玉佩的构成等提供了珍贵的实物资料[④]。从实物资料及学者复原图中我们可以看出，魏晋南北朝的组玉佩形式有其各自的特点，它们之间既有相似性也有不同。东晋南朝墓葬中组玉佩基本结构一致，其由三珩两璜二环组成，珩为云头形、磬形，并起上下连接作用(图六十二:1、2、3)。北齐、北周墓葬中组玉佩形式在继承东晋南朝特征的同时又出现一些变化，组玉佩由两珩、两璜、一环壁或兽面组成。最明显的变化是中间起连接作用的珩北周变为环，北齐还出现了兽形。上下珩的形态也不同于东晋南朝的云头型、磬型，而是形式多样，有云头形、半圆形、磬形、梯形等(图六十二:4、5、6)。另外，北齐娄睿墓、北周隋

---

①孙机《中国古舆服论丛·周代的组玉佩》，文物出版社，2001 年。

②《三国志·魏书·王粲传》注引挚虞《决疑要注》。

③古方《曹魏王粲所创玉佩样式及佩法》，《中国历史文物》2005 年第 3 期；左骏《魏晋南北朝玉佩研究》，《故宫博物院院刊》2007 年第 6 期。

④南京市博物馆《江苏南京仙鹤观东晋墓》，《文物》2001 年第 3 期；左骏《魏晋南北朝玉佩研究》，《故宫博物院院刊》2007 年第 6 期。

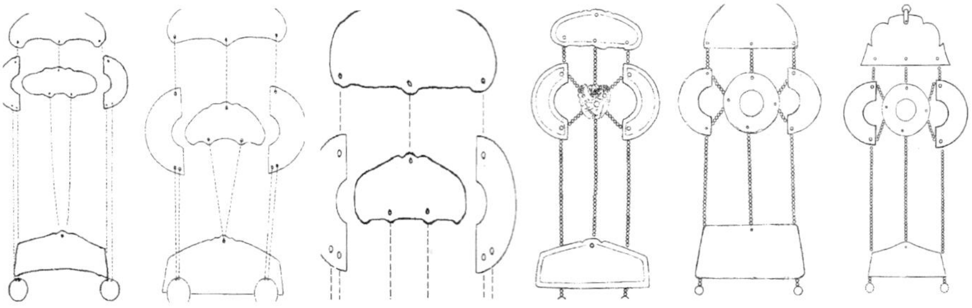

1　　2　　3　　4　　5　　6

图六十二　魏晋南北朝组玉佩复原图

1. 刘弘墓　2. 高崧墓　3. 南昌南朝墓　4. 北齐娄睿墓　5. 北周田弘墓　6. 王世良墓（均采自《魏晋南北朝玉佩研究》图五）

初大将军王士良等墓组玉佩中加入了金属包边等工艺装饰手法[①]，体现了北方草原民族对金属饰品的崇尚与喜爱。南北朝晚期菩萨像璎珞及裙带上玉佩，其形式与墓葬中略有不同，组成元素有玉璧形环、磬形珩、云头形珩、璜等。南北朝晚期各地菩萨像中组玉佩略有差别，数量不是很多。到隋代此类装饰大为流行，样式也出现新变化。成都万佛寺 49 号造像碑是目前所见较早出现组玉佩装饰的佛教造像，碑残存上部，中央刻一华盖，华盖两侧的龙口中各衔一组玉佩的装饰物，上边磬形珩、中间下垂圆形玉环及铃，两侧玉璜、玉璧等[②]（图六十三：1）。此碑为南朝遗物，但其组玉佩装饰物与南昌南朝墓所出不同，珩已为磬形，中间连接物由珩变为环及铃。同为成都万佛寺出土的北周天和二年的倚坐菩萨像是菩萨像装身具上出现组玉佩较早例子，其裙边腰带上垂挂长璎珞，上挂磬形玉珩[③]（图六十三：2）。这件菩萨像虽年号为北周，但仍保留有南朝造像特色。受南朝文化强烈影响的北齐菩萨造像中玉佩饰较为常见，如青

①山西省考古研究所、太原市文物考古研究所编著《北齐东安王娄睿墓》，文物出版社，2006 年；负安志《中国北周珍贵文物》，陕西人民美术出版社，1993 年。

②《四川省博物馆藏万佛寺石刻造像整理简报》，图 19；《四川出土南朝佛教造像》，第 110—114页。

③《成都万佛寺石刻艺术》，图 17；《四川出土南朝佛教造像》，第 74—76 页。

州出土北齐菩萨身上璎珞交叉穿环后下垂的部分中就出现了珩[①]。济南县西巷出土菩萨裙两侧珩[②]，但这些还不是完全意义上的组玉佩，只是在璎珞上出现了珩这个组玉佩的构件。西安中查村出土的18号菩萨像身体两侧及背后裙上才出现了完整的组玉佩[③]（图六十三：3、4），其样式与北周田弘墓、隋初王世良墓中组玉佩相似，中间连接的串珠等较多，总体长度上略长，末端并未直接连接到珩上，而是分三串分别连接到中央珩及两侧的珠子上。碑林所藏无纪年菩萨身体两侧下垂组玉佩[④]（图六十三：5），其形制与北周墓葬所出组玉佩也十分接近，上部磬形玉珩，中间玉环及两侧玉璜，分别与下部三个玉珩相连。同样碑林博物馆藏张家巷出土菩萨像身后垂挂的组玉佩也类似，只是环、璜不并列，而是上下连接。另现藏美国波士顿美术馆菩萨像、明尼法尼亚艺术中心藏隋开皇元年（581）成国乡邑子卅人等造观音立像[⑤]（图六十三：6），其身体两侧下垂的组玉佩与中查村18号菩萨身上组玉佩相似，但两侧的璜消失，直接由串珠等连接下部的珠子。西安出土的无纪年的隋代菩萨像中组玉佩，中间环、璜均消失，上下珩直接由串珠连接[⑥]，呈现出简略的趋势。由此可以看出，组玉佩在菩萨像上的出现分两部分，一是珩等作为璎珞构件出现，二是菩萨身体上直接垂挂组玉佩，但菩萨像上组玉佩与现实生活中人物身上组玉佩相比趋向简化。

在印度佛教遗物中，兽头多出现在建筑物上部，年代最早的为犍陀罗时期，之后6—10世纪也出现，多为建筑装饰。有学者对此做了研究，

---

①《青州北朝佛教造像》，图161、163。

②山东博物馆展厅。

③《古都遗珍——长安城出土的北周佛像造像》，图版五八：2、图三八、三九。

④《长安佛韵——西安碑林佛教造像艺术》，第110页，碑林佛教艺术展厅。

⑤《中国仏教彫刻史论》（二），图523；金申《海外及港台藏历代佛像——珍品纪年图鉴》，图160。铭文中记像造于北周天和五年，隋重修。

⑥《西安文物精华——佛教造像》，图110。

1

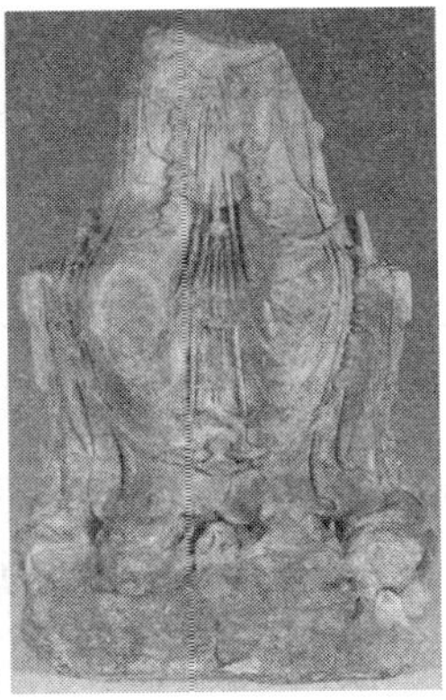

2

3

4

5

6

图六十三 像碑及菩萨像中玉佩装饰

1. 万佛寺49号碑 2. 万佛寺北周天和二年菩萨像 3、4. 西安中查村18号菩萨像 5. 碑林藏菩萨像 6. 隋开皇元年(581)成国乡邑子卅人等造观音立像(1、2采自《四川出土南朝佛教造像》图版38-1,图版29-1,3、4采自《古都遗珍——长安城出土的北周佛教造像》图版五八、五九,5采自《长安佛韵——西安碑林佛教造像艺术》第110页,6采自《海外及港台藏历代佛像——珍品纪年图鉴》图160)

并认为兽面来自印度神兽Kirttimuhka①。中国从三代青铜器上就已普遍出现饕餮形兽面形象,之后汉、魏晋、十六国、南朝、北朝墓葬及建筑构件

①王敏庆《北周佛教美术研究——以长安造像为中心》第八章，社会科学文献出版社，2013年。

瓦当、兽面砖中更是常见。至于佛教艺术中，北魏、东、西魏石窟及造像中兽面形象就已出现，多位于窟门上方、龛楣及造像碑碑额等处，且多与花绳类相连出现。直到北朝晚期才出现在部分菩萨项圈及璎珞上，而且东西部均见。如青州龙兴寺出土北齐菩萨像、中查村北周18号菩萨背面①（图六十四：1、2）。隋代菩萨璎珞中兽面纹饰渐渐多了起来，东部山东诸城、西部长安都有出土，比较特殊的是山西地区此类造像尤多②（图六十四：3、4、5、6）。窟门等处的兽面灭灾降魔的功能更加明显，而项圈、璎珞中兽面装饰意义更强。我们在北齐娄睿墓、河清元年（562）库狄迴洛墓组玉佩中看到，起上下连接作用的都是兽面雕像③（图六十四：7）。虽然菩萨像中兽面都出现于璎珞交叉处或项圈下端，而不是出现在身体两侧下垂的组玉佩上，但作为菩萨像的装饰物，其性质是相同的。

北周菩萨披帛横于腹膝前两道，是北朝晚期菩萨像的普遍特征。比

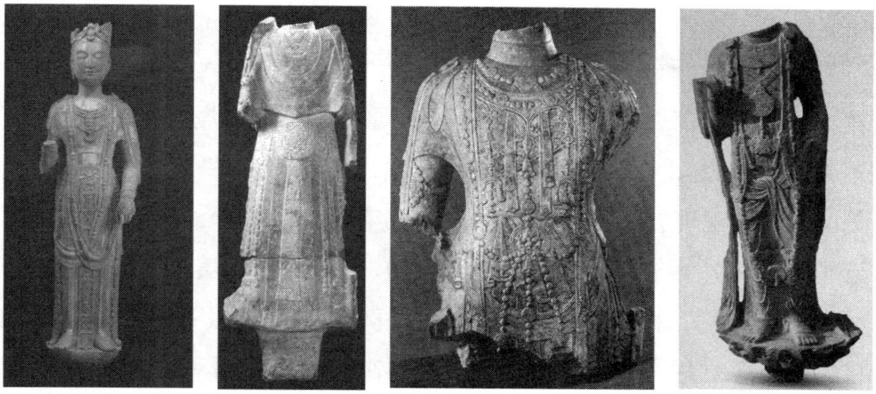

1　2　3　4

①《青州北朝佛教造像》，156图；《古都遗珍——长安城出土的北周佛像造像》，图版五九。

②《中国佛教彫刻史论》（二），图558；《西安文物精华——佛教造像》，图112；《长安佛韵——西安碑林佛教造像艺术》，第80页；《中国佛教彫刻史论》（二），图523；《中国佛教彫刻史论》（二），图552、554a、559、561。

③王克林《北齐库狄迴洛墓》，《考古学报》1979年第3期，图版：4、5；古方主编《中国出土玉器全集》卷三山西，科学出版社，2005年，图239。

5

6

7

图六十四 兽面图像

1. 青州菩萨像 2. 中查村 18 号菩萨像 3. 诸城菩萨像 4. 西安雷寨村出土菩萨像 5. 碑林旧藏双身菩萨像 6. 山西出土菩萨像 7. 库狄迥洛墓组玉佩中兽面雕像(1 采自《青州北朝佛教造像》图 156,2 采自《古都遗珍——长安城出土的北周佛教造像》图版五九,3、6 采自《中国仏教彫刻史论》图 558、559,4 采自《西安文物精华——佛教造像》图 112,5 采自《长安佛韵——西安碑林佛教造像艺术》第 80 页,7 采自《中国出土玉器全集》卷三山西,图 239)

较特殊的是在部分菩萨裙边上系链状金属质腰带。此类造像有保定三年铭菩萨立像①(图六十五:1)、西安中查村 17、22 号菩萨②(图六十五:2)、美国明尼法尼亚艺术中心藏北周天和五年造,隋开皇元年重修的成国乡邑子卅人等造观音立像③(图六十五:3)、美国波士顿美术馆藏菩萨像④(图六十五:4)、碑林区政治干校出土菩萨像⑤、碑林藏西安南郊沙滹沱村出土菩萨立像⑥等。另外,莫高窟隋 427 窟北壁前部菩萨塑像、420 窟

①《中国仏教彫刻史论》(二),图 350a。

②《古都遗珍——长安城出土的北周佛像造像》,图版五三、七二,图四九。

③《海外及港台藏历代佛像——珍品纪年图鉴》,图 160。

④《中国仏教彫刻史论》(二),图 523。

⑤《西安文物精华——佛教造像》,图 115。

⑥《长安佛韵——西安碑林佛教造像艺术》,第 77 页。

西壁南侧菩萨[1]均出现腰带，上装饰菱形、圆形、方形饰物。北周菩萨像腰带与印度1、2世纪药叉女腰间装饰带也极其相似[2]（图六十五：5）。

北周菩萨像中的装饰物繁华富丽，其中有笈多佛像的影响，但与现实生活的联系也很密切。《历代名画记》对南朝画家郑法士有记载："在周为大都督左员外侍郎、建中将军。封长社县子。入隋，授中散大夫。"其画"取法张公……伏道张门……气韵标举，风格遒俊，丽组长缨，得威仪之樽节，柔姿绰态，尽悠闲之雅容"[3]。可知郑法士师从张僧繇，善画人物，尤其重视对人物的冠、缨、佩带等的描摹。有学者将其作品从文献中辑录出，从中我们可见其作品多为佛教绘画[4]。这样我们可以判断，郑法士的

1　2　3　4　5

图六十五　菩萨金属质腰带图

1. 保定三年菩萨像　2. 中查村17号菩萨像　3. 美国明尼法尼亚艺术中心藏北周天和五年造，隋开皇元年重修的成国乡邑子卅人等造观音立像　4. 美国波士顿美术馆藏菩萨像　5. 印度药叉女像（1、4采自《中国仏教彫刻史论》图350a、523，2采自《古都遗珍——长安城出土的北周佛教造像》图版五二:3，3采自《海外及港台藏历代佛像——珍品纪年图鉴》第160页，5采自《印度美术》第121页）

---

①《中国石窟·敦煌莫高窟》（二），图51、70。

②《印度美术》，第120、121页。

③张彦远《历代名画记》卷八，人民美术出版社，1983年，第159—160页。

④王敏庆《北周佛教美术研究——以长安造像为中心》，社会科学文献出版社，2013年。

画作不仅仅限于世俗画，佛教绘画也是其创作的主要内容。其人物画重视对冠、缨、佩带等的描摹，不难想象其释教人物画也会受到世俗人物画的影响。至于菩萨裙上金属制腰带，也与现实生活相关。《周书》卷二五《李贤传》记："高祖……降玺书劳贤，赐衣一袭及被褥，并御所服十三环金带一要、中厩马一匹、金装鞍勒、杂彩五百段、银钱一万。"《周书·李迁哲传》："太祖以所服紫袍玉带及所乘马赐之。"在《周书·王思政传》《周书·李贤传》等中多次提到受赐"九环金带"或"金带"之事[①]。韦正研究认为，六朝墓葬中的组玉佩是朝服葬[②]，与现实生活中的服饰相关。菩萨像中中国传统组玉佩等的出现，反映了佛教中国化的历程。同时此类装饰对唐的影响十分深远，唐代壁画墓中人物冠饰、佩饰都继承了此风格[③]。

目前南朝少见圆雕菩萨立像。而东魏元象、兴和、武定年间单体金铜菩萨、背屏式石质菩萨立像流行[④]，其菩萨身短直立，面相圆润，腹部凸出。头戴冠，宝缯垂肩，披帛于腹前交叉穿环，联珠式璎珞已出现。菩萨右手多持莲蕾上举，左手提桃形物。东魏单体菩萨与南朝组合造像中菩萨相似。西魏单体金铜菩萨像较少，大统五年像，披帛外侧成飞梭状[⑤]，保持了早期样式。北周圆雕菩萨像戴高冠、璎珞华丽繁复、手持杨柳、净瓶，身躯不见扭曲样，保持直立状，与南朝造像有一定联系，但也存在差异。南朝流行的双身菩萨在北周造像中基本不见，但却极大地影响了东魏、北齐，甚至隋代造像。

北周单体造像碑中维摩、文殊内容较为常见，维摩诘坐于帐形龛中，一手握尘尾，一手抚于凭几上，文殊菩萨头后附圆形头光，上饰华

---

①孙机《南北朝时期我国服制的变化》，《中国古舆服论丛》，文物出版社，2001 年。

②韦正《东汉六朝的朝服葬》，《文物》2002 年第 3 期。

③陕西省博物馆等《唐章怀太子墓发掘简报》，《文物》1972 年第 7 期。

④《中国仏教彫刻史论》(一)，图 252、图 255—257、图 261。

⑤《中国仏教彫刻史论》(一)，图 296。

盖等[①]。南朝造像中维摩、文殊造像也出现几例，且维摩也坐于垂帐下，一手握尘尾，一手抚于凭几上，文殊菩萨附头光。在北魏前期的北方造像中此类形式的维摩、文殊形象不见，只有北魏晚期佛教造像受到南朝影响后才出现相似的图像，北周此类形象应是来自南朝。

北周佛教造像是在继承北魏、西魏造像特点，吸收南朝造像因素的基础上又进行了复古改制，出现了一些变化，如造型上的秀骨清像样式几乎全部消失，代之以丰壮短粗形。螺髻流行，袈裟汉式、西式、中西结合式均存在，体现多元性的同时，也显现出一定的保守性，如褒衣博带袈裟的某些特点仍旧存在，旧有的汉式悬裳类袈裟样式仍保留，笈多样通肩袈裟中掺入了汉式风格，笈多袈裟贴体的特色在北周造像中被弱化，同时衣纹的韵律感不如印度笈多像以及南朝造像明显。菩萨像中装饰繁复华丽，现实生活中传统礼仪文化的代表组玉佩出现在外来的佛教造像中，表明了佛教本土化、汉化的进程。

①甘肃泾川县出土过武成二年造像碑，碑正面下部维摩、文殊像，现藏平凉市博物馆，见上文表十三。

第五章

北周石窟造像与南朝造像的关系

北周石窟寺及造像除了在各自的背景下发展外，相互间也出现了一定的影响，主要的影响当然是中心文化区对周围地区产生的，但次文化中心也会对周边地区产生影响，甚至还会有反向的影响，这在上述的讨论中已涉及。

南北朝时期，南北不仅存在地域上的距离，政治上相互敌对、分裂，经济、文化上也均有一定的差异，但同时也出现了一些互动。以传统文化自居的南朝，文化较为发达，对北朝的影响较为明显。反映在佛教造像上，南朝造像较为细腻精致，对北朝晚期石窟及单体造像产生了较大的影响，尤其成都地区的南朝造像对长安、麦积山、须弥山、敦煌等西北地区西魏、北周石窟及单体造像的影响十分显著。

从目前的考古发现来看，我国最早的佛教遗物出现在汉晋时期，且多发现于南方地区，如四川乐山麻浩崖墓、柿子湾崖墓、彭山崖墓中的浮雕坐佛及冥器，长江下游地区大量存在的堆塑瓶、铜镜、摇钱树。近年南昌火车站出土东晋带有坐佛像的戒指等①。反映出外来佛教很早就在南方地区出现,且与现实生活紧密联系。这种情况与南方佛教发展的状况相关联。阎文儒先生认为:“佛教徒自摄摩腾、竺法兰,于后汉明帝时入中国后,继有安息国王太子安世高于恒帝之初入中夏……佛教传入中国后,其盛行似不在中原而在东南一带。”② “时吴地初染大法。风化未全。僧会欲使道振江左,兴立图寺。乃杖锡东游,以吴赤乌十年,初达建邺,营立茅茨,设像行道。时吴国以初见沙门。”③康僧会“初入吴,设像行道,时曹不兴见西国佛画仪范写之,故天下盛传曹也”④。西晋时屡有外国佛像送达,“天竺沙门一十二人,送像至郡。像乃水上不没不行,以状奏闻。下敕听留吴郡”⑤。到南朝时期,南方佛教注重义理,并与魏晋玄学融为一体,倡佛之风大盛,南朝各代均大肆建造寺塔⑥,为满足寺庙的供奉需求,佛教偶像的制作也趋于成熟、兴盛,只是此类遗物以木质为主,较难保存,今日所见为数不多。

目前发现的南朝石窟及造像的数量不多,分布地域主要为长江流域的南京、成都两地。以南京为中心的长江下游地区存在南朝龛像,即南京

---

①俞伟超《东汉佛教图像考》,《文物》1980年第5期;唐长寿《四川早期佛教遗物辨识》,《东南文化》1991年第5期;阮荣春、木田知生《早期佛教造像南传系统调查资料》,《东南文化》1990年第1、2、3期,1991年第5期;阮荣春、木田知生《佛教初传南方之路文物图录》,文物出版社,1993年;吴焯《四川早期佛教遗物及其年代与传播路径的考察》,《文物》1992年第1期;林树中《早期佛像输入中国的线路与民族化民俗化》,《东南文化》1994年第1期;宿白《四川钱树和长江中下游部分器物上的佛像——中国南方发现的早期佛像札记》,《文物》2004年第10期;李正晓《中国早期佛教造像研究》,文物出版社,2005年;江西省文物考古研究所、南昌市博物馆《南昌火车站东晋墓葬群发掘简报》,《文物》2001年第2期。

②阎文儒《孔望山佛教造像的题材》,《文物》1981年第7期。另见,吴焯《孔望山摩崖造像杂考》,《文物》1989年第12期;阮荣春《孔望山佛教造像时代考辨》,《考古》1985年第1期。

③《高僧传·康僧会传》,《大正藏》第50册。

④《图画见闻志》卷一《论曹吴体法》引蜀僧仁显《广画新集》。

⑤《法苑珠林》卷十三,《大正藏》第53册。

⑥《南史》卷七十《郭祖深传》曾记“佛寺五百余所,穷极宏丽”。

栖霞山千佛岩龛像、浙江新昌宝相寺龛像等[①]。另，还有零星的佛教造像及遗物，如南朝宋元嘉十四年（437）韩谦造铜像、南朝宋元嘉二十八年（451）刘国之铜像、南朝齐永明六年（488）维卫佛、南朝梁普通六年（525）公孙伯城造弥勒像、南朝梁大同四年（538）陶迁造弥勒像、南朝梁大同七年（541）张兴尊造像、南朝梁中大同元年（546）慧影造释迦像等[②]。长江上游的四川地区，不仅出土了大量的东汉时期的佛教遗迹，从19世纪末期至20世纪30年代，成都万佛寺又陆续出土了一批精美的南朝造像[③]。近年成都及其附近更是出土了大量的佛教造像[④]。另外，绵阳汉阙上也发现了部分南朝龛像[⑤]。这些造像再次引起学界对南朝佛教及其造像的兴趣及关注。因南朝文化中心建康地区至今为止发现的南朝龛像数量极少，又少见单体的碑像，所以目前四川地区出土的南朝造像，对于我们认识南朝造像内容、特点、源流等显得极为重要。虽然南朝石窟

①宿白《南朝龛像遗迹研究》，《中国石窟寺研究》，文物出版社，1996年。

②《中国历代纪年佛像图典》，图7、图12、图178；蒋明明《齐永明六年石佛造像》，《东南文化》1992年第3、4期合刊；丁文光《梁中大同元年造释迦石像》，《文物》1961年第12期。

③冯汉骥《成都万佛寺石刻造像》，《文物参考资料》1954年第9期；刘志远、刘廷壁编《成都万佛寺石刻艺术》，中国古典艺术出版社，1958年；袁曙光《成都万佛寺出土的梁代石刻造像》，《四川文物》1991年第3期；袁曙光《四川省博物馆藏万佛寺石刻造像整理简报》，《文物》2001年第10期；四川博物院、成都文物考古研究所、四川大学博物馆《四川出土南朝佛教造像》，中华书局，2013年。

④袁曙光《四川茂县南齐永明造像碑及有关问题》，《文物》1992年第2期；成都市文物考古工作队《成都市西安路南朝石刻造像清理简报》，《文物》1998年第11期；张肖马、雷玉华《成都商业街南朝石刻造像》，《文物》2001年第10期；沈洪民《彭州出土佛教石刻造像》，《成都文物》1995年第1期；沈洪民《彭州龙兴塔始建溯源》，《成都文物》1999年第3期；彭州市博物馆、成都市文物考古研究所《四川彭州龙兴寺出土石造像》，《文物》2003年第9期；袁曙光《北周天和释迦造像与题记》，《四川文物》1999年第1期；雷玉华等《四川汶川出土的南朝佛教石造像》，《文物》2007年第6期；霍巍《四川大学博物馆收藏的两尊南朝石刻造像》，《文物》2001年第10期。

⑤孙华《四川绵阳平杨府君阙阙身造像》，巫鸿主编《汉唐之间的宗教艺术与考古》，文物出版社，2000年。

及单体造像的数量无法与北朝石窟造像相比，但上述资料的出土刊布，对认识南朝造像特点、南北造像的关系等是十分重要的。近年学者们从不同的角度对南朝造像进行了分析研究，成果斐然，使得南朝造像研究进入了一个新阶段①。

南朝造像与北朝晚期造像之间存在一定的相关性，目前学界对此的关注不多，研究成果也较少，且多是就南朝建康地区造像与中原东部东魏、北齐造像间关系进行讨论②，较少涉及南朝造像对西部地区西魏、北周造像的影响③。而实际上我们在分析北朝晚期西部地区石窟造像时，发现了许多与四川地区南朝造像相近的特点，四川南朝造像与北朝晚期西北地区石窟寺及单体造像间有着千丝万缕的联系。本章笔者就对四川南朝造像与西魏、北周石窟造像的关系做一探讨。

---

①宿白《南朝龛像遗迹初探》，《中国石窟寺研究》，文物出版社，1996 年；罗世平《四川南朝佛教造像的初步研究》，巫鸿主编《汉唐之间的宗教艺术与考古》，文物出版社，2000 年；李裕群《试论成都地区出土的南朝佛教石造像》，《文物》2000 年第 2 期；姚崇新《成都地区出土南朝造像中的外来艺术风格源流再探》，《华林》第一卷，中华书局，2001 年；雷玉华《成都地区南朝造像研究》，《少林文化研究论文集》，宗教文化出版社，2001 年；〔日〕八木春生著、顾虹译、赵声良审校《关于中国成都地区的佛教造像——以 520—540 年间造像为中心》，《敦煌研究》2003 年第 3 期。

②宿白《洛阳地区北朝石窟的初步考察》，《中国石窟寺研究》，文物出版社，1996 年；宿白《青州龙兴寺窖藏的几个问题——青州城与龙兴寺之三》，《文物》1999 年第 10 期；李裕群《试论成都地区出土的南朝佛教石造像》，《文物》2000 年第 2 期；李裕群《北朝晚期佛教石窟寺研究》，文物出版社，2003 年。

③费泳《四川南朝造像对麦积山的影响及传播》，《麦积山石窟艺术文化论文集》（上），兰州大学出版社，2004 年；李裕群《四川南朝造像的题材及其与北方石窟的关系》，《四川出土南朝佛教造像》，中华书局，2013 年。

第一节　南朝造像的背景及其特点

一、背景

公元413年东晋大将刘裕夺取成都，420年刘裕废东晋恭帝，自立为皇帝，建立宋，定都建康。之后齐、梁、陈相继统治南方地区，四朝共172年，史称“南朝”。自刘裕夺取成都后，此地区就一直归属南朝。548年“侯景之乱”后，南朝动荡，统治益州地区的萧纪于551年在成都称帝，独立于南朝中央政府之外。553年西魏夺蜀，之后西魏、北周绥靖巴蜀地区，使巴蜀成为它们的版图，“侯景之乱，州郡太半入魏”[①]。以成都为核心的益州地区是长江上游的政治、文化、经济的中心，它与荆襄地区、三吴地区共同构成了南朝版图的三个主要政治区域，对南朝具有不可忽视的重要作用[②]。某种程度上说，南朝的发展史就是这三个区域的争斗史。同时益州地区又是南北竞相争夺的目标，正如周一良先生所言：“论东晋

①《资治通鉴》卷一百六十四，中华书局，1982年。

②李文才《南北朝时期益梁政区研究》，商务印书馆，2002年，《绪论》第3页。

南朝之地理形势，不能置益州不顾，保有益州乃立国江南之根本保障。北方政权若据有巴蜀，顺流而下，则江南受极大威胁。”[①]鉴于此，不仅南北中央政府重视益州，各割据政权对益州的争夺也十分激烈，使得益州在三国到西魏、北周这一历史时期内，时而受控于南朝，时而归属少数民族政权，时而独立于南北政权之外。它与南朝建康、北朝长安等地的关系极其复杂。

益州不仅政治、军事地位重要，还是连接东西的重要驿站及中外交通的中转站[②]。西晋末年中原战乱，河西走廊被前凉、后凉、前秦、后秦、西凉、北凉等政权割据，丝绸之路河西段被阻，东西交往受到影响。南北朝时，北朝阻止西域商贾经其境内的丝绸之路去往南朝建康，使得南朝通往西域的道路阻断，南朝同西域的政治、经贸、文化交流受到极大的削弱。其时居住在河湟地区，并逐渐强盛的吐谷浑人为了加强同东晋南朝的政治、经贸联系，也积极寻找通往南朝的道路。在这样的历史背景下，原本早已存在的由湟水流域东来西往的早期“河南道”受到了重视，经过吐谷浑几十年的经营，“河南道”终于迎来了其繁荣兴盛的时期[③]。这条以益州为中转站连接建康与西域的交通干线，对南朝时期中外经济文化交流发挥了重要的作用。当时江左通西北的陆路交通主要有东西两道，其中西道为益州—岷山—河南道[④]。《南齐书》卷十五《州郡志下》记：益

①周一良《东晋南朝地理形势与政治》，《周一良全集》第二卷《魏晋南北朝史札记》，辽宁教育出版社，1998 年。

②唐长孺《南北朝期间西域与南朝的陆道交通》，《魏晋南北朝史论拾遗》，中华书局，1983 年；周伟洲《古青海路考》，《西北大学学报》1982 年第 1 期；严耕望《唐代河湟青海地区交通军镇图考》，台湾，中央研究院历史研究所，1986 年。

③陈良伟《丝绸之路河南道》，中国社会科学出版社，2002 年。

④唐长孺《南北朝期间西域与南朝的陆道交通》，《魏晋南北朝史论拾遗》，中华书局，1983 年；黎虎《东晋南朝与西北诸国的交往》，《魏晋南北朝史论》，学苑出版社，1999 年。

州“西通芮芮、河南，亦如汉武威、张掖、为西域之通道也”。通过此道，南朝加强了与西域诸国的联系，中亚西域胡人往往通过此路，经巴蜀到达建康。梁代时，与西域通使的记载就屡见不鲜，尤其是梁武帝天监、普通、中大通、大同年间于阗、龟兹、滑国、波斯等国多次经此道献方物于梁代。其所献方物中就有佛牙、玉佛①。萧纪镇蜀时也充分利用这一便利条件，发展对外贸易。《资治通鉴》卷一六四梁元帝承圣元年四月条记："(纪)在蜀十七年，南开宁州、越嶲，西通资陵、吐谷浑，内修耕桑盐铁之政，外通商贾远方之利……”“河南道”为西域与南朝的经贸、文化交流发挥了极大的促进作用，直到577年西魏占领益州后，此路被切断，从此“河南道”这条国际大通道便衰落下去。

由于益州军事及交通的重要性，南朝日益加强对其控制。自刘宋以来，建康就加强对益州的军事统治，益州的地方长官也任用非益州的人士，皇亲国戚、开国元勋之后、皇室宗室近属等是控制益州地方势力的主干力量②。萧齐也加强对益州的控制，南兰陵萧氏不仅夺取了刘宋的政权，且以梁益地区为其重要的政治活动场所。南兰陵萧氏家族中的许多人物均在梁、益地区活动，萧承之、萧思话、萧惠开是代表人物。萧承之参与义熙伐蜀，并为官益州，开启了萧氏对益州、梁州的政治统治③。萧思话元嘉九年、十年(332、333)平定仇池杨难当叛乱，萧摹之于永初三年(422)至景平二年(424)任益州刺史④。梁武帝天监三年(504)梁州被魏军占领，次年北魏据有汉中。接下来的三十年间，梁魏为争夺汉中进行了长期的争战。梁武帝极其重视益州，历任益州刺史均为精选的宗室诸王，他们有邓元起、萧渊藻、萧憺、萧恢、萧纲、萧渊猷、萧范、萧纪等，这些人不

①《梁书》卷五十四《诸夷传》，中华书局，1983年。

②李文才《南北朝时期梁益政区研究》第二章，商务印书馆，2002年。

③《南齐书》卷一《高帝上》，中华书局，1983年。

④《宋书》卷七十八《萧思话传附萧摹之传》，中华书局，1983年。

仅地位高，且有一定的才干，他们在当地施善政，并努力普及佛教。他们就任益州时，曾带去大量的高僧，对益州佛教的发展贡献较大①。其中梁武帝之子萧纪是最为重要的一位，他出镇益州十七年，是益州经济、外交各方面充分发展的时期②。

“河南道”在其兴盛时期，便利的交通不仅带来了贸易的繁荣，文化的交流也随之兴盛。大量的西域使团、商旅、僧人都通过荆州、益州中转，发展贸易，传播信仰。正如汤用彤先生所言：“由凉州东下至长安，进至洛阳，俱为中国佛法之中心地点。但在东晋南北朝时，东来者常由凉州南经巴蜀，东下江陵，以达江东。而南朝之西去者，亦有取此道者。”③

南朝承袭汉魏以来重视儒学的传统，以儒学为正统，以此来维护其统治。同时又将玄学、佛教作为儒学的补充。中原高僧两次避地江南，将大量的佛教思想及信仰带到江南。受此影响南朝各位皇帝都崇佛，宋武帝刘裕礼敬鸠摩罗什弟子慧严、僧导④。宋文帝为“坐致太平”也提倡支持佛教⑤。宋高祖、太宗、太祖均建寺立像，供养僧人。梁朝诸帝更是大肆倡佛，尤以梁武帝为甚，南朝佛教在梁武帝时达到了顶峰。“右梁世合寺二千八百四十六所，译经四十二人二百三十八部，僧尼八万二千七百余人。右后梁二帝治在江陵三十五年，寺有一百八所，山寺有青溪、鹿溪，覆船龙山、韭山等。并佛事严丽，堂宇雕奇。覩即发心，见便忘返。僧尼三千二百人。”⑥

受到西去的陆路交通阻断的影响，建康于东晋时期就逐渐通过海路

---

①《高僧传》卷十二《僧侯传》记僧侯随萧惠开入蜀，《续高僧传》卷六《慧韶传》、卷十六《僧副传》等记载他们分别随萧渊藻、梁武陵王镇蜀之事。详见《大正藏》第 50 册。

②《南史》卷五十三《武陵王纪》，中华书局，1983 年。

③汤用彤《汉魏两晋南北朝佛教史》（上）第十二章，中华书局，1983 年，第 268 页。

④《高僧传》卷七《僧导传》，《大正藏》第 50 册。

⑤《弘明集》卷十一《答宋文帝赞扬佛教事》，《大正藏》第 52 册。

⑥《辩证论·十代奉佛篇》，《大正藏》第 52 册。

与域外交往，这其中，佛教文化的交流尤为显著。“晋义熙初，(海南诸国)始遣献玉像，经十载乃至。像高四尺二寸，玉色洁润，形制殊特，殆非人工。此像历晋、宋世在瓦官寺，寺先有征士戴安道手制佛像五躯，及顾长康维摩画图，世人谓为三绝。”[①]《历代名画记》中对此也有记载[②]。说明晋室不仅与域外联系广泛，佛教文化交流也十分久远兴盛。至萧梁时期与域外诸国的关系更为密切，交往频繁，“自梁革运，其奉正朔，修贡职，航海岁至，踰于前代矣”[③]。不仅如此，与海南诸国的佛教交流也很多，如“征扶南僧人僧伽婆罗于寿光殿等处译经……又有扶南僧曼陀罗，亦被敕共翻经。又曾遣僧诣外国寻禅经。而天竺沙门真谛，亦闻萧主之名，远来扬都”[④]。虽然我们现在见不到佛教南传的造像实物，但通过文献记载，可以看出南朝时期通过海路传播佛教是不争的事实。在这种环境中，南朝大量擅长儒、玄之学的文人士大夫与僧侣交往密切，他们共同研习佛法，促进了佛教的中国化[⑤]。

道路交通的畅通是促进经济、文化发展的一个重要原因，随着东来西往的交流的加强，佛教文化的传播也日益兴盛。益州地区佛教信仰源远流长，目前发现的我国早期佛教遗物都出现在四川[⑥]。“永嘉之乱”后，中原南下江左的高僧中有大量的下江陵、入巴蜀。其中法和、慧持、昙翼、道汪、僧隐，甚至罽宾僧人僧伽难陀均住锡岷蜀，大弘佛法[⑦]。北魏武帝灭

---

①《梁书》卷五十四《诸夷·海南诸国》，中华书局，1983 年。

②张彦远《历代名画记》卷五，人民美术出版社，1985 年。

③《梁书》卷五十四《诸夷·海南诸国》，中华书局，1983 年，第 783 页。

④汤用彤《汉魏两晋南北朝佛教史》(下)第十三章《佛教之南统》，中华书局，1983 年，第 341 页。

⑤任继愈主编《中国佛教史》第三卷第一章，中国社会科学出版社，1988 年。

⑥俞伟超《东汉佛教图像考》，《文物》1980 年第 5 期；唐长寿《四川早期佛教遗物辨识》，《东南文化》1991 年第 5 期；吴焯《四川早期佛教遗物及其年代与传播路径的考察》，《文物》1992 年第 11 期；李正晓《中国早期佛教造像研究》，文物出版社，2005 年。

⑦《高僧传》卷五《释法和传》《释昙翼传》，卷六《释慧持传》，卷七《释道汪传》，卷十一《僧隐传》，《大正藏》第 50 册。

佛，中原北方的佛教信徒再次南迁，大量的僧人入蜀，或取道蜀地去往建康、西域[①]，促进了蜀地佛教的繁荣。《高僧传·习禅篇》中记载的21人中，贤护、法绪、法成、慧览、道法等都为河西或高昌僧人，均经岷山入蜀。智猛自天竺回凉州，南朝宋元嘉十四年入蜀[②]。明达，康居人，南朝梁天监初来自西戎，至于益部[③]。《续高僧传》卷二五《释道仙传》记，其本康居国人，原来往于吴蜀间，从事商贸活动，后出家，并受到益州刺史鄱阳王恢的礼遇[④]。同时统治者的提倡也是益州佛教大发展的重要条件。如萧纪崇佛，刺史益州时带来了大量的高僧，《续高僧传》卷六《梁蜀郡龙渊寺释慧韶传》记："梁武陵王出镇庸蜀，闻彼（慧韶）多参义学。必须硕解弘望，方可开宣。众议荐举，皆不合意。王曰，忆往年法集有伧僧韶法师者，乃堪此选耳。若得同行，想能振起边服。便邀之至蜀。于诸寺讲论开道，如川流。"[⑤]不仅如此，他还大造佛像，据说万佛寺曾出土过萧纪大同七年（541年）造的弥勒像[⑥]。

史载吐谷浑曾在成都立左军寺[⑦]，至"梁天监十三年，遣使献金装马脑钟二口，又表于益州立九层佛寺，诏许焉"[⑧]。河南国屡次在成都建立佛寺，从一个侧面反映出益州佛教的发达。

益州远离建康，佛教水平不如其高，许多有志之士下荆州，去建康，从高僧名师修习多年，之后又回到益州，振兴蜀地佛教，这从客观上也促

---

①《高僧传》卷三《释智猛传》《昙摩蜜多传》，卷十二《释超辨传》，卷十三《释法献传》，《大正藏》第50册。

②《高僧传》卷三《释智猛传》，《大正藏》第50册。

③《续高僧传》卷二十九《释明达传》，《大正藏》第50册。

④《续高僧传》卷二十五《释道仙传》，《大正藏》第50册。

⑤《大正藏》第50册。

⑥高文、高成刚编《四川历代碑刻》六朝萧纪造弥勒铭，四川大学出版社，1990年。

⑦《高僧传》卷十一《慧览传》，《大正藏》第50册。

⑧《梁书》卷五十四《诸夷传·河南国传》。

进了益州佛教的发展[①]。

鉴于此,佛教信仰及佛教造像在益州地区渐渐繁盛起来。益州与文化中心建康的紧密联系,使得益州地区受到建康传来的南海诸国佛教文化的影响。同时西来的信仰在南朝早、晚期也对益州产生了作用。益州受到来自东、西两方面的影响也越来越大,在这样的大背景下,益州佛教吸收各方面的营养,其佛教信仰及造像形成了自身的特点,并影响周围地区。

二、益州南朝佛教造像的特点及源流

1. 造像内容及特点

目前所见益州南朝造像形式以背屏式和单体圆雕造像为主,另有个别的造像碑等。时代以梁代为最,还有少量的宋、齐、北周像[②]。造像以红砂岩为材料,易于雕刻。造像较为细腻精致,多数造像上原贴金。

从出土的造像中可以看出,益州南朝造像表现出一定的阶段性特点,以萧梁为界,宋齐到萧梁初的成都造像从题材到特点上都与建康地区造像相似,如多造无量寿佛、弥勒佛等,与栖霞山石窟14窟、新昌石城大佛相同,是南朝崇奉西方无量寿佛、弥勒佛的体现。一主尊二胁侍菩萨的一铺三身是主要组合形式。造像流行南朝秀骨清像样,袈裟盛行褒衣博带式。栖霞山石窟大佛"藕丝萦发",新昌石城大佛原高发髻[③]。护法胁侍梳高髻,上袒,下着裙,披帛及裙边皆成尖角样,飘扬于体侧,这些特点

---

①严耕望《魏晋南北朝佛教地理稿》,上海古籍出版社,2007年。

②关于成都南朝造像的分期可参见李裕群《试论成都地区出土的南朝佛教石造像》,《文物》2000年第2期;在《四川南朝造像的题材及其与北朝石窟的关系》一文中对上文中分期做了部分调整,参看《四川出土的南朝造像》,第228—242页;雷玉华《四川南北朝造像的分期及渊源诸问题》,参看《四川出土的南朝造像》,第210—227页。

③宿白《南朝龛像遗迹研究》,《中国石窟寺研究》,文物出版社,1996年。

与北魏迁洛前后样式相近[①]，益州地区造像与建康同，南朝色彩较为浓厚，仍保留着秀骨清像式及褒衣博带的袈裟样式，如齐永明八年(490)像，坐佛袈裟宽大，下摆繁复多层分瓣，覆座较长。立佛袈裟下角外撇。菩萨梳高发髻，披帛腹前交叉，裙摆外扬。与此同时，新样式也显露，如梁天监三年(508)像菩萨面圆，头戴高花蔓冠，宝缯垂肩，披帛角不再外扬，而是依身下垂。

梁普通四年(523)以后成都造像呈现出与之前完全不同样式，圆雕大像及多主尊多胁侍的背屏式群像组合出现，甚至出现一铺十三身像(梁中大通四年像)。群像组合中主尊多释迦牟尼、释迦多宝、释迦双身、三佛等，胁侍弟子像表现较小，多以浅浮雕的形式表现，且时有时无，并不固定。背屏像中双身的观音菩萨像出现。单体圆雕佛像、菩萨像、阿育王等也开始出现。人物造型普遍变得丰壮，面部浑圆。佛像中螺髻大量出现，袈裟褒衣博带、通肩两种样式并存。前者如梁大同三年(537)侯朗像，是齐永明、梁天监年像的延续。后者是新出现的样式，以梁中大通元年(529)像为代表，造像高大，身体健壮，肩部宽厚，袈裟贴体，衣褶稠密，下垂感强，是典型的"曹衣出水"式。背屏式造像中，主尊立佛虽然还着褒衣博带式袈裟，但面部丰圆。释迦坐像着通肩、袒右及双领下垂袈裟。梁太清三年(549)释迦双身像中右侧释迦戴耳珰，着偏袒右肩袈裟。通肩袈裟领口有高低之分。无论何种袈裟，下摆均很短，仅裹住腿部，不见覆座样式。

菩萨无论主尊还是胁侍，均带高冠，宝缯垂肩，戴项圈，披帛于腹前交叉于圆形饰物上，是梁天监三年造像的发展。中大同三年造像饰联珠项圈、长璎珞于腹前交叉，双腿裙褶呈U形。菩萨身姿也发生变化，不再是直立样，出现一腿直，一腿微曲的游足式，表现出十足的动感。胁侍菩

---

①前揭宿白文。

萨双手捧宝珠或持杨柳枝、净瓶、桃形物。

力士圆脸短颈，戴冠。上袒，带项圈，下着裙，披帛腹前交叉后折臂上，于体外下垂，或长瓔珞交叉挂于腹前。身姿出现与菩萨像同的游足样及扭曲样。

阿育王像高大螺髻，八字胡。身着通肩袈裟，身体僵直，袈裟衣褶呈U形。

成都宽巷子出土过巨大的佛头，推测应有丈八大佛①，这与建康地区造大像有关，宋武帝造有丈四金像及行像八部鬼神。此外，丈六、丈八铜像的制造甚多。梁武帝造有光宅、爱敬、同泰诸寺的丈六弥陀铜像等。梁武帝还在剡溪造伟像，坐躯高五丈，立形十丈，龛前驾三层堂，又造门阁殿堂，并立众基业②。

成都地区北周造像承袭梁后期的特点，单体的释迦、菩萨、阿育王像等成为题材的主流，群像组合消失。

南朝造像中存有一定数量的浮雕说法图、经变图、佛传图等。多位于背屏像背面及两侧。

说法图主要位于背屏像上方或像背面，如商业街梁天监十年像背光、8号像背光；西安路3号梁中大通二年像、5号梁大同十一年像及2号像、8号像佛头光、梁中大同三年像（WSZ45）背面；万佛寺梁中大通五年像（WSZ44）。其画面较为简洁，主尊佛说法，两侧胁侍，下部供养人。个别说法图中还出现建筑形式。西安路8号像佛座上也有说法图。

有些像背光中还存在七佛内容，如万佛寺WSZ47。

佛传内容有乘象入胎、树下诞生、七步生莲、九龙灌顶、涅槃图等。除涅槃图外，其余内容多是辅助性的，浮雕于经变或说法图的两侧。万佛寺

---

①李裕群《试论成都地区出土的南朝佛教石造像》，《文物》2000年第2期。

②汤用彤《汉魏两晋南北朝佛教史》（下）第十三章《佛教之南统》，第344页。

WSZ46像背光残,但从残迹可以看出佛涅槃图、建筑等内容。同样表现涅槃内容的还有彭州龙兴寺出土的梁中大通五年(533)释迦双身像背面上部。万佛寺宋元嘉二年像(425)、万佛寺WSZ49号像两侧面均浮雕树下诞生、七步生莲、九龙灌顶等佛传故事。

经变图多位于像背面,内容明确的有维摩文殊变、弥勒经变。如西安路6号像背的维摩、文殊图,万佛寺普通四年像(WSZ41)背面上部维摩、文殊变,万佛寺WSZ49号碑背面弥勒经变。万佛寺WSZ48号碑正面双身菩萨像,背面刻经变,对其内容学界认识不同。吉村怜、赵声良考证为法华经观世音菩萨普门品,王静芬认为表现了西方净土变[①]。WSZ48号像碑现存部分原本断裂为上下两半,复原后知正面为双身立菩萨像[②],经李裕群研究认为是观音菩萨[③],笔者赞同此观点。对于背面的浮雕内容,李裕群未做阐述。背面画面分为上下两部分,上部描绘了说法的场景,听法的圣众分坐释迦前八字形的榻座上,其后为高大的屋殿建筑,周围环绕以树木。画面中穿插宝池,宝池分为三段,两侧建筑前各一段,上半段画面下部一段,三段宝池均用过桥与画面中央部分连接。宝池中有盛开的莲花及化生童子等。整个画面与佛经中西方极乐美好世界相符,故笔者认为上部应表现西方净土经变。桥以下的部分是另一内容,仔细分析每个画面,笔者同意赵声良的观点,认为其表现了法华经观音普门品。其中画面上部中间为释迦灵鹫山说法,下部及右侧为观音救难的内容。《法华经·观世音菩萨普门品》中记:若遇火难、水难、罗刹难、王难、鬼难、枷锁难、怨贼难等七难,而称观世音名号的皆得解脱;同时观世音能解脱淫

---

①[日]吉村怜《南朝的法华经普门品变相——刘宋元嘉二年铭石刻画像的内容》,[日]吉村怜著、卞立强、赵琼译《天人诞生图研究——东亚佛教美术史论文集》,中国文联出版社,2002年;赵声良《成都南朝浮雕弥勒经变与法华经变考论》,《敦煌研究》2001年第1期;[美]王静芬《四件四川佛教石雕和净土图像在中国的起源》,《敦煌研究》2002年第1、2期。

②袁曙光《四川省博物馆藏万佛寺石刻造像整理简报》,《文物》2001年第10期。

③李裕群《试论成都地区出土的南朝佛教石造像》,《文物》2000年第2期。

欲、瞋恚、愚痴三毒，满足求男求女，应化三十三身等[①]。万佛寺48号像碑中表现了救七难、解脱三毒等内容，是观音普门品中较为代表性的部分。此浮雕内容与正面双身观音菩萨雕像相呼应，同时也符合南朝观音信仰流行的状况。观音菩萨普门品等图像的流行，反映了观音信仰的盛行，这与《法华经·观世音菩萨普门品》宣扬的称颂观音菩萨名号便能摆脱种种困境，而最终成佛的教义相符。而北朝晚期观音信仰逐渐世俗化，与《法华经·观世音菩萨普门品》提倡的简便易行的修行方式紧密相连。万佛寺48号碑雕刻的西方净土与法华观音普门品均反映了南朝盛行的佛教思想。另外，现仅存拓片的宋元嘉二年(425)经变故事浮雕，下部内容与48号碑下部同，也为《法华经·观世音菩萨普门品》，其中可辨识的有救海难等内容。元嘉二年碑上部虽残损，但可以明确看出有一桥的形象，这使人联想到它或许也表现了西方净土变，与万佛寺48号碑背面浮雕内容相同[②]。

总之，南朝造像中经变内容明确的有维摩诘变、弥勒经变等，另有部分或为西方净土变、法华经观音菩萨普门品。它们大都反映了南朝重视大乘义理的情况。南朝梁时皇帝、王公、后妃等也广建佛寺，盛造佛像，《辩证论》记梁朝一代，有寺2846所[③]。益州地区受到这些影响，雕凿碑像盛行，并在碑像中将用于禅观的释迦、弥勒、释迦多宝、观音等佛教尊像与表现义理的经变结合，形成了益州既重禅法，又重义理的“定慧双弘”特色。

南北朝初期，南朝佛教重义学，北朝崇禅法，佛教思想上的这种差异导致了南北佛教造像面貌的不同，不仅是数量上南少北多，且北方多开凿石窟寺，南方盛行建造寺庙。四川地近西北，与西域、长安、秦陇关系密

---

①《妙法莲华经》，《大正藏》第9册。

②《成都万佛寺石刻艺术》，图31；《四川出土南朝佛教造像》，图版39。

③《辩证论》卷三，《大正藏》第52册，第503页。

切，所以在形式上出现了受到北方修行重实践的影响而产生的石窟寺、造像碑、单体造像等，而内容上却仍以南朝佛教思想为主，流行无量寿佛、弥勒等南朝佛教初传时期的信仰偶像。梁以后产生变化，释迦佛、观音菩萨、阿育王像成为主流，这与此时佛教信仰的变化紧密相连，尤其与观音信仰在民间的大量流行有关。

2. 造像源流

益州东西交通孔道的特殊地理位置，使得其不仅与南朝文化中心建康联系紧密，与西域诸国交往亦频繁，佛教造像受到东西两方面的影响。

益州南朝宋、齐时期造像题材同建康，流行南朝崇奉的无量寿佛、弥勒、观音等，但两地在造像形式上有差异。南方佛理中重弥勒下生，造像也以倚坐佛为主。《名僧传》记宋龙华寺道矫元嘉十六年像，其像为"……夹苎弥勒佛倚像一躯，高一丈六尺"。从实物看，建康地区弥勒造像多为佛装倚坐，有摄山二期萧齐末中102窟、上089窟、宋元嘉二十八年(451)刘国之造弥勒佛像、浙江新昌宝相寺大佛、梁普通六年(525)公孙伯成夫妻造倚坐弥勒佛像等[①]，虽然坐式上有倚坐、禅定等不同姿态，但均作佛装，这表明其为表现弥勒下生的弥勒佛，正如宿白先生认为的，弥勒下生信仰是建康等地区较为流行的内容[②]；而益州弥勒造像佛装与菩萨装并存，表明上下生信仰皆流行。如齐永明八年(490)造像碑、齐建武二年(495)造像碑、四川博物馆藏萧梁时期交脚弥勒造像碑等[③]，均出现了表现弥勒上生信仰的交脚弥勒形象，与新疆、河西地区十六国早期造像同，明显地借鉴吸收了西域特色。虽然这种西来的影响不如建康大，但这种

①费泳《栖霞佛教造像及传播路径探究》,《朵云60卷·中国南方佛教造像艺术》;《中国仏教彫刻史论》(一),图20。

②宿白《南朝龛像遗迹研究》,《中国石窟寺研究》,文物出版社,1996年。

③成都市文物考古工作队《成都市西安路南朝石刻造像清理简报》,《文物》1998年第11期;张肖马、雷玉华《成都商业街南朝石刻造像》,《文物》2001年第10期;李静杰《佛教造像碑尊像雕刻》,《敦煌学辑刊》1996年第2期。

非主流的影响在南朝风格为主的益州早期造像中还是有所表现。另外，益州年代较早的造像中肉髻均为磨光式，不见建康地区的螺髻，与西部地区早期造像同，也应是受到西域、河西的影响。无量寿、观世音信仰在南朝极为流行，不仅王室贵族大造无量寿佛像，并将此风带到益州。随着观世音应验传说在江南的风行，《观经》等盛行，造观世音像也成为风尚，益州受此影响也出现了观音像，不仅有单身的观音像，还有以观音为主尊的群像，尤其突出的是出现双身的观音像、浮雕的观音救苦救难图等。

成都地区南朝造像中另一显著的特点是梁普通年间后群像组合较多。建康摄山造像二期末齐永元元年（499）造像中出现了一铺五身、一铺十一身的多尊组合形式。其年代比成都地区最早的梁普通四年（523）一铺十一身组合的康胜像，早二十多年，故群像组合还是来自建康地区①。检阅资料时发现，北魏晚期至东、西魏的龙门石窟存有一定数量的一佛四弟子二菩萨、一佛二弟子四菩萨、一佛二弟子二菩萨二力士的组合形式②，另有个别造像碑上也出现了群像组合，如北魏建明二年（531）铭造像碑③、西安碑林博物馆藏西魏大统三年（537）高远造像碑（残）④、日本书道院藏西魏大统十三年（547）铭造像碑⑤、西魏大统十七年（551）铭石造四面像⑥、东魏天平三年（536）铭造像碑、大魏元年铭造像⑦，但北方群像碑年代都晚于南朝最早的梁普通四年（523）碑。故推测成都群像组合

---

①费泳《栖霞佛教造像及传播路径探究》，《朵云60卷·中国南方佛教造像艺术》。

②《中国石窟·龙门石窟》（一），文物出版社，1991年；温玉成《河南新安县西沃石窟》，《考古》1982年第6期；常青《龙门石窟北朝晚期龛像浅析》，《龙门石窟一千五百周年国际学术讨论会论文集》，文物出版社，1996年。

③《中国仏教彫刻史论》（一），图217。

④《陕西古代佛教美术》，第56页。

⑤《中国仏教彫刻史论》（一），图302。

⑥《中国仏教彫刻史论》（一），图312。

⑦《中国仏教彫刻史论》（一），图258、319。

或是受到建康影响后在成都本地产生的，而北魏、西魏的这些像与南朝相关。

益州造像中另一特点是阿育王像的大量出现，据统计万佛寺出土有7件[①]，均有高大的螺髻，八字胡须，着通体U形衣纹的通肩袈裟。文献记载阿育王像在长江中下游的荆州、扬州等地很早就出现[②]。西晋法安钦译有《阿育王传》，梁时扶南僧人伽婆罗重译《阿育王经》[③]。东晋咸和中丹阳尹高悝就曾掘得一尊金阿育王像，后得趺坐。瓦官寺沙门慧邃传写数十躯，令其流布。可见阿育王像在江南从东晋时期就已流行，至陈王臣莫不归敬。隋灭陈后将阿育王像移至长安寺院进行供奉[④]。从上述分析中可以看出，阿育王像在南朝流行的状况。益州作为南朝佛教的中心之一，出土大量的阿育王像就十分自然了。其阿育王像年代不仅为南朝，到北周保定年间还存在。益州阿育王像，除了螺髻、八字胡须、通体U形衣纹的通肩袈裟这些造像特征外，头后多附圆形头光，这点不仅文献中有提及，实物造像中也表现得很明确，如西安路8号佛像、11号道教造像、太清五年阿育王像均附圆形头光。阿育王像的这些特点明显借鉴了笈多造像的因素。

益州南朝造像受到西部影响除上文提到的交脚菩萨外，还有大量的胡人伎乐形象。如万佛寺梁普通四年、中大同三年像，WSZ48号造像碑、商业街90CST⑤:9、西安路H1:8号造像的基座，其伎乐多为胡人，手持乐器也以箜篌、琵琶、笛、筚篥、腰鼓、羯鼓为主，与龟兹乐同[⑤]，明显是受

---

①袁曙光《四川省博物馆藏万佛寺石刻造像整理简报》，《文物》2001年第10期。

②《高僧传》卷五《昙翼传》，中华书局，1992年；《法苑珠林》卷十三。

③《阿育王传》《阿育王经》《大正藏》史传部。

④《高僧传》卷十三《慧达传》，中华书局，1992年；（唐）道宣《集神州三宝感通录》卷2，《大正藏》第51册。

⑤《隋书》卷十五《音乐志下》，中华书局，1982年。

到西来的影响。同时，在同一造像背光中的伎乐天，全为南朝风格的飘逸之态，但所持乐器却为龟兹乐器。说明此时南朝造像在保留自身特性的同时受到西方的影响。四川出土的东汉画像砖就已存有着胡服、奏胡乐的胡人形象，如四川省博物馆所藏汉“载乐骆驼俑”等遗物。齐永明元年（483）造像铭记“西凉曹比丘玄嵩”造、四川蒲江龙陀湾北朝石刻中发现的西凉嘉兴元年（417）“张仁忠、许七忠”题名[①]都说明益州与西域、河西的关系十分密切。

南朝造像在梁普通年间后无论佛像，还是菩萨像都呈现壮硕样，与此前的秀骨清像不同，表现出一种新风。这种丰壮化倾向，是受到南朝“张家样”画风的影响。张僧繇是南朝著名的画家，善画道释人物。“（梁）武帝崇饰佛寺，多命僧繇画之。”[②]可见僧繇对佛画十分熟知。更为重要的是张僧繇曾奉武帝之旨到蜀地为武陵王画像，并于梁天监年间“为武陵王国侍郎，直秘阁，知画事”[③]。张僧繇在建康及益州的经历，很有可能将建康的新风带到益州，只是目前在建康没有发现南朝的造像（碑）等，可以比较的资料较少，相信随着日后建康地区南朝佛教造像（碑）的出土，这一问题一定会得到印证与解决。

南朝造像中褒衣博带袈裟仍保留汉式风格，而螺髻、通肩袈裟的出现就显得与众不同，成为一种新形式。从袈裟特征看，它们与中印度秣陀罗造像相近。印度本土的笈多造像中佛像螺髻凸出，袈裟无论通肩或袒右式，皆轻薄贴体。佛像通肩类的袈裟褶皱对称，密集均匀，韵律感极强。南朝单体佛像、阿育王像继承了笈多像的特点，但又有所变化，如贴体程度较弱，袈裟的轻薄感也略差，这种变化是在适应本土文化的过程中产

---

①《蒲江龙陀湾摩崖石刻造像调查简报》，成都文物考古研究所编著《2002 成都考古发现》，科学出版社，2004 年。

②《历代名画记》卷七《张僧繇传》，人民美术出版社，1985 年，第 148 页。

③《历代名画记》卷七《张僧繇传》，第 147 页。

生的。

益州与域外关系密切，这其中与天竺的关系是较为重要的。天竺国分为东、西、南、北、中五部分，各部分文化面貌不同，差异较大。东天竺、南天竺常从海路与南朝通商交往；中天竺、北天竺、西天竺三国经常取道河南道从陆路去往南朝。文献记载中天竺、北天竺曾于梁天监二年（503）、三年（504）遣使南朝[①]。天竺使团或僧侣东往南朝的路线有经过古代于阗的丝路南道。于阗位于塔里木盆地南沿，是连接中西交通的孔道，同时又是丝路南道的佛教中心。《北史·西域传》记于阗“俗重佛法，寺塔、僧尼甚众。王尤信尚，每设斋日，必亲自洒扫馈食焉”。此地出土过一些具有秣陀罗风格的造像，如于阗克拉沙依出土4、5世纪佛立像、于阗拉瓦克遗址出土的5、6世纪的佛像、库车都勒都尔阿获尔遗址出土6、7世纪的燃灯佛授记像木雕像等[②]，其中4、5世纪的造像对于炳灵寺等早期秣陀罗风格的造像产生了一定的影响，而5、6世纪的造像或许会随着往来使团、僧侣等通过“河南道”带到益州、建康，再影响其他地区。除了天竺外，粟特国人因善于经商，也在南北朝时期东来进行贸易交流，粟特人入华的地区不仅有新疆、河西、中原北方地区，巴蜀、江南也是其终点站之一[③]。《南史》卷二《宋本纪》记元嘉十八年（441）“河南、肃特……高丽、苏摩黎、林邑等国并遣使来朝贡”。《北史·西域传》记康国、石国皆属粟特。《出三藏记集》《高僧传》著录自汉以来康姓译经者，皆来自康国，最为著名的就是康僧会[④]。《北史·西域传》记康国“奉佛，为胡书”。粟特画工曹

①《梁书》卷二《武帝纪中》，中华书局，1987年。

②图见[英]奥雷尔·斯坦因著、中国社会科学院考古研究所译《西域考古图记》第四卷，广西师范大学出版社，1998年，第10、15页。

③荣新江《魏晋南北朝隋唐时期流寓南方的粟特人》，《“社会转型与多元文化”国际学术研讨会论文集》；姚崇新《中古时期巴蜀地区的粟特人踪迹》，《西域文史》第二辑，科学出版社，2007年。

④《高僧传》卷一《康僧会传》，《大正藏》第50册。

仲达创立的“曹衣出水”式是秣陀罗样式的翻版，对南朝造像有很深的影响。

川北的广元等地石窟造像表现出了一定的特点，对于我们正确认识成都南朝造像及南北朝造像关系应有一定的益处。

广元地处川、陕、甘三省交界处，地理位置十分重要。其境内主要石窟有千佛崖、皇泽寺、观音崖等。观音崖石窟以唐代小龛为主，千佛崖、皇泽寺不仅存有唐代窟龛造像，同时保存有北朝时期的窟龛造像，为我们认识北朝广元石窟造像提供了珍贵的资料。千佛崖、皇泽寺所存北朝造像数量虽然不多，但却能反映出广元北朝造像的特点。据姚崇新的研究，唐以前广元石窟造像分二期，一期为北魏晚期至北周，二期为隋代。其中一期又分为两个阶段，第一阶段为北魏晚期，第二阶段为北周时期[①]。

从广元现存造像来看，北魏晚期始凿是不争的事实，皇泽寺 45 窟、千佛崖 226（三圣堂）、726（大佛窟）窟是较为典型的北魏洞窟。皇泽寺 45 窟为中心柱窟，是较为典型的早期窟形。千佛崖 226 窟为三壁三龛式，726 窟为平面马蹄形，这些窟形均是北魏早中期北方石窟的主要形制。广元早期的洞窟形制继承了北方石窟的特点。广元北魏三窟造像组合均为一佛二菩萨，226 窟整窟构成三佛题材，同北方地区相同。西魏时期广元石窟并无大的发展，窟龛造像很少，较难划分。皇泽寺 33、34、35 号龛均为圆拱形小龛，一佛二菩萨组合，33 龛主尊为倚坐样。三窟主尊仍保留有北魏晚期面相清瘦，双肩下削，袈裟衣领略微竖起，下摆较长垂于座前的特点。但菩萨像已出现面部丰圆、身短体壮的样式，尤为重要的是菩萨披帛已出现横于膝腹前的特征，显示出一种过渡性，故将其归为西魏较为合理[②]。皇泽寺 15、37、46 号窟等洞窟形制、造像内容较为接近，似

---

①姚崇新《广元唐以前佛教窟龛与造像的分期与年代》，《艺术史研究》第六辑。

②雷玉华、王剑平《广元石窟》，巴蜀书社，2002 年。

为一组洞窟。15 号洞窟形制为平面方形，正壁开一龛，其他为圆拱小龛。造像组合出现新形式，为一佛二弟子二菩萨的一铺五身样。造像特征上继承西魏以来的新样式，一改北魏晚期以来秀骨清像、褒衣博带的特点，不仅菩萨像，佛像也变得短粗、丰壮，佛像面相方圆、肉髻低平、肩部宽圆，出现了较为典型的北周样式。菩萨像装饰更加繁复，披帛保持西魏于腹膝前横过一二道的样式。至于隋代造像，因窟龛数量较少，较难做出准确全面的判断。

另外，广元等地出土的北魏、北周纪年像对上述分期也是一个印证。广元出土的北魏延昌三年（514）造像碑[①]（图六十六：1），一铺五身像，主

1

2

图六十六 四川造像

1. 延昌三年像 2. 刘约造像（1 采自《四川文物》2004 年第 1 期 51 页图二，2 采自《广元石窟艺术》图五）

①广元文管会《广元新出土的文物》，《文物》1990 年第 6 期。

尊佛高大，胁侍二弟子二菩萨较小。佛秀骨清像，着褒衣博带式服饰，弟子、菩萨残缺严重，但仍可见菩萨披帛于腹前交叉。从造像组合、佛与菩萨的造像及服饰特点可以看出，与皇泽寺、千佛崖北魏晚期的石窟造像相同，说明北魏晚期全国造像发展基本同步。此件造像铭记“延昌三年太岁在甲午廿日梁秦显明寺比丘惠愣与平都寺比丘僧政等觉世非常敬造释迦文佛石像一躯各为亡者现在眷属诸师同学华龙三会愿登初首诸劝助者并润动众生普同此愿得道如佛”，其中的“梁秦显明寺”，似乎表明了此像与秦地的关系。

广元还出土有刘约造像碑，碑正面圆形浅龛中雕一佛二菩萨三尊像，虽然造像残损较甚，但仍可见主尊面相方圆，肉髻低平，螺髻，颈部三道蚕纹，饰耳珰等。菩萨面短圆，戴冠，宝缯垂肩，饰项圈、耳珰、臂钏、璎珞等，披帛横于腹前一道后绕臂下垂。造像碑背面刻造像铭“大都督晋寿郡守田文约温州人也大都督前宋熙郡守小剑防主昌虑县开国子尉迟通司州汲郡人也兴安县刘约……”[①]（图六十六：2）通过对铭文中“晋寿郡”的考证，学者们认为此像的年代为北周时期[②]。相比皇泽寺37、46龛，15窟，虽然造像组合上有一定的差异，但造像特征与刘约像相近，年代上也应属同时期。

从北魏延昌三年（515）像可知，在北魏晚期四川与秦陇间就有联系。而千佛崖226窟（三圣堂）三壁三龛的窟形与麦积山北魏至西魏窟也相同。广元北魏晚期的中心柱窟形，又与中原的洛阳等地相同，说明北魏晚期四川石窟造像不仅与全国造像发展同步，与秦陇关系也十分密切。

---

①广元文管会《广元新出土的文物》，《文物》1990年第6期。

②姚崇新《广元唐以前佛教窟龛与造像的分期与年代》，《艺术史研究》第六辑。

第二节 南朝造像对西部地区石窟造像的影响

佛教在东传的过程中，首先自西域进入中国北方地区，随着佛教在中土的进一步传播，南北间的联系不断加强，南北地区佛教思想及造像等产生了互动，这种互相影响自汉末就已开始，早期的各种经典均翻译于北方地区，后传播到南方，造像随着经典的流布也逐渐在南方普及。

南朝中心文化区建康目前发现的佛教遗迹不多，四川地区因发现了一定数量北魏石窟寺及南朝造像等，因此就成为探讨研究北朝造像南传过程、南朝造像特点、南北造像关系的重要区域。从目前的情况看，北魏晚期北方石窟造像对四川产生了一定的影响，如四川地区较早的佛教石窟寺为北魏晚期的广元千佛崖、皇泽寺等，它们均处于南北交往的金牛道沿线，受到北魏石窟的强烈影响。广元石窟中出现了北魏流行的中心柱窟、三壁三龛窟、三壁一龛窟等窟形，造像组合为一佛二菩萨、一佛二菩萨二弟子等内容，与北方石窟完全一致。另外，广元出土的北魏延昌三年(514)造像也反映了受到北方影响的特点。而到南北朝中晚期，随着四川地区佛教思想的逐渐发达，大量的具有先进特性的南朝造像出现，并影响了北方地区，尤其以益州为中心的四川地区对北方西部地区产生了强烈的影响。

南朝造像对北朝的影响，从时间上看主要为北朝晚期这一时段，即东、西魏晚期至北齐、北周。地域以中原东部和西部为主。因地理位置及政权更替等因素的影响，东魏、北齐主要受到南朝文化中心建康的影响，而南朝文化的次中心区益州对长安、秦陇，甚至敦煌等西部地区的影响更大。因为地域、自身文化等因素的不同，西部各地在接受外来佛教文化及其造像上也存在一定的差异，益州对上述地区的影响时间上存在不同步性，内容上也有不统一性，以下针对各区域进行讨论。

一、对长安单体圆雕造像的影响

1. 背景

作为西魏、北周都城的长安，不仅是丝绸之路的东端起点，也是外来文化与本民族文化融合汇集，产生新的文化面貌的原点。佛教文化在长安的传播发展就是如此。北魏分裂后，洛阳佛教分别被西魏长安、东魏邺城继承[①]。这样，长安在北朝晚期又成为北方西部地区的佛教中心，与南朝建康、北齐邺城并举。长安佛教在经历了姚氏的兴盛后，佛事顿衰，又遇武帝毁佛，直至西魏始“修复故寺，延请沙门，关中大法更兴……”[②]，“西魏徙都长安，百事草创，僧徒相聚，缀旒而已。然文帝及宇文泰皆信佛法，立大中兴寺，尊道臻为魏国大统，大立刻条。”[③]宇文泰当政“兴隆释教，崇重大乘。虽摄总万机，而恒扬三宝”[④]。北周五帝，除武帝外，皆崇佛。“周朝诸帝，并常立寺。有大陟岵、大陟屺二寺为明帝下诏所营造。国

---

①任继愈《中国佛教史》第三卷，中国社会科学出版社，1988 年；常青《汉魏两晋南北朝时期长安佛教与丝绸之路上的石窟遗迹》，《文博》1992 年第 2 期。

②《高僧传》卷十一《僧周传》，《大正藏》第 50 册。

③汤用彤《汉魏两晋南北朝佛教史》(下)，中华书局，1983 年，第 382 页。

④《续高僧传》卷一《菩提流支传》，《大正藏》第 50 册。

家年别，大度僧尼。其时沙门昙延、道安，世号二杰。译经僧人则多得宇文护之赞助。”[①] “右周世宇文氏，五帝二十五年，合寺九百三十一所，译经四人一十六部。”[②]至周武帝废佛时，还俗的僧尼就有300万，可见佛教之兴盛。553年西魏攻克成都、剑南，次年又平江陵，扫平了南北间交通障碍，至558年北周控制成都后，长安佛教中又融入了成都南朝新因素。

北朝文化的中心自孝文帝改制后一直在东部的山东地区，正如陈寅恪先生所言："魏孝文以来，文化之正统仍在山东，遥与江左南朝并为衣冠礼乐之所萃，故宇文泰所不得不深思畏忌，而与苏绰之徒别以关陇为文化本位，虚饰周官旧文以适鲜卑野俗，非驴非马，籍用欺笼一时之人心，所以至其子并齐之后，成陵之鬼馁，而开国制度已渐为仇雠敌国之所染化。”[③]西魏北周文化较之东魏北齐，大为落后。西魏同南朝的关系，也不如东魏同南朝密切，两地交往较少。仅见西魏大统元年(535)宇文泰派赵刚赴梁追请流寓江左的贺拔胜、孤独信，并以刚为兼给事黄门侍郎使梁[④]。北周平巴蜀兼江陵后，益州与长安的交往加强，文化交流频繁。《周书》卷五记，保定二年“十一月丁卯，以大将军卫国公直、大将军赵国公招并为柱国。又以招为益州总管……十二月，益州献赤乌”。之后保定三年益州再献三足乌，天和元年夏四月益州三献三足乌。说明益州对北周朝贡十分频繁，同时，北周多派遣皇亲贵族出任益州地方官，加强对益州的统治。天和五年七月，以柱国、谯国公俭为益州总管[⑤]，宇文贵在魏废帝初任益州刺史[⑥]。这些皇亲国戚不仅在政治上统治益州，也促进了佛教

---

①汤用彤《汉魏两晋南北朝佛教史》(下)，中华书局，1983年，第382页。

②《辩证论》卷三《十代奉佛篇上》，《大正藏》第52册。

③陈寅恪《隋唐制度渊源略论稿》《唐代政治史论述稿》，生活·读书·新知三联书店，2002年。

④《周书》卷三十三《列传二十五》，中华书局，1983年，第573页。

⑤《周书》卷五《武帝上》，第77页。

⑥《周书》卷十九《列传十一》，第313页。

信仰在益州的传播。赵国公宇文招在益州造慧眼寺,《辩证论》卷四记载了慧眼寺的华丽:"归命仁祠,左益州造慧眼寺。重门跨迥,飞阁连云。鸟跂龙盘,凤翔鳞接。窓开神女之电,梁映美人之虹。檐四注而傍临阶三休而直上,金绳界道。仍图忉利之园。露幔垂阶,即写由干之地。三春令月,八节嘉辰。士女信心都鄙豪侠,委质回向顶礼归依。"①宇文招建造如此华丽的慧眼寺,证明了其对佛教的重视与崇尚。除此而外,众多的高僧大德来往两地,释亡名、僧实是其代表。"释亡名俗姓宗氏,南郡人,本名阙殆,世袭衣冠称为望族……事梁元帝深见礼待,有制新文帝多称述。而恭慎慈敬谦静为心……及梁历不绪,潜志玄门远寄汶蜀,脱落尘累,初投兑禅师……会周氏跨有井络,少保蜀国公宇文俊镇之,往爱贤才重其德素。礼供殊伦声闻台省。后齐王绞部伏敬日增,任满还雍遂勒归谒,帝劳遗既深,处为夏州三藏。"② "逮太祖平梁荆后,益州大德五十余人,各怀经部送像至京,以真谛妙宗,条以问实,既而慧心潜运,南北疏通。"③僧人的相互交往促进了佛教信仰的融合、造像样式的相互借鉴吸收。随着长安、益州两地交往的密切,文化面貌上的相似性逐渐显现出来。

北朝除了开凿石窟寺外,寺塔的建造也极一时之盛,真所谓"招提栉比,宝塔骈罗"④。北魏道武帝初涉佛教之时,便于天兴元年(398)在首都平城"作五级浮图、耆阇崛山及须弥山殿,加以绘饰"。后来献文帝又于皇兴元年(467)在平城"起永宁寺,构七级浮图"⑤。"太和时期,平城及其附近佛寺广多,工程精丽"⑥。到孝文帝迁都洛阳以后,更大力营造寺塔,洛

---

①《辩证论》卷四《周柱国益州总管赵王》,《大正藏》第 52 册。

②《续高僧传》卷七《释亡名传》,《大正藏》第 50 册。

③《续高僧传》卷十六《释僧实传》,《大正藏》第 50 册。

④《洛阳伽蓝记》序,《大正藏》第 51 册。

⑤《魏书》卷一百一十四《释老志》,中华书局,1984 年。

⑥宿白《平城实力的集聚和"云冈模式"的形成与发展》,《中国石窟·云冈石窟》(一),文物出版社,1991 年。

阳一地就有一千余寺，其中著名的有永宁寺、瑶央绖、景乐寺、法云寺、皇舅寺、祇洹精舍等。其中永宁寺是胡太后于熙平元年(516)按照平城永宁寺样式所营造。长安地处关中平原，或许不具备开凿石窟的条件，但建造寺庙却由来已久，后秦姚兴时就曾“起浮图于永贵里，立波若台于中宫”①。宋人宋敏求在《长安志》中对波若台有较为详细的记述：“居中作须弥山，四面有崇岩峻壁，珍禽异兽，林草精奇，仙人佛像，俱有人所未闻，借以为希奇。”唐时建有光宅寺与七宝台，虽然我们现在无从得见波若台中的造像及壁画，但七宝台出土的佛教造像却代表了唐代造像的较高水平。经过西魏、北周的提倡与弘扬，长安佛教又重振其雄风。西魏、北周佛教既然承袭北魏云冈、龙门的特点，建造佛寺应是情理中事。目前长安及其周围地区出土的大量单体佛教造像(碑)，是认识长安北周造像的唯一途径，它们应与建造塔寺密切相关。

2. 单体佛像

我们在南朝造像上见到的单体佛像大都高大，身材匀称，比例较为合理，通肩袈裟，贴体程度较为明显，衣纹韵律感强，而群像组合中的主尊多矮短。北周单体佛像有身材高大与低矮之分，袈裟也呈现厚重与轻薄贴体的差异，与南朝造像相似。北周造像中高大匀称的样式似来自于南朝，袈裟表现出一定的贴体性，但还是保留有北朝早期造像躯体与四肢分离不明显的样态。至于北周造像中的低矮粗壮则是在长安当地形成的，西魏时期已露端倪。如西魏大统六年、十六年岐法起像、十七年铭四面像塔②，造像短粗，腹部凸出，比例不甚合理。

北周佛像从袈裟样式到手印都表现出了典型的笈多因素，适应北周大的文化背景，部分因素发生了改变，形成了其自身的特点，而这种特点

①《晋书》卷一一七《姚兴载记》，中华书局，1982 年。

②《中国美术全集·雕塑篇 3·魏晋南北朝雕塑》，图 119；《中国仏教彫刻史论》(一)，图 304a、313。

中蕴含着成都南朝造像的影子。关于北周单体佛像受到的南朝影响的具体表现在第四章第四节中已做过讨论，此处不再赘述。

3. **单体菩萨像**

自从鸠摩罗什于姚秦弘始八年（406）译出《妙法莲华经·观世音菩萨普门品》之后，《观世音菩萨普门品》便独立出来，成为便于受持读诵的单行本，随着经典的流行，观世音菩萨的地位极大提高，南北两地皆流行观音信仰。南朝因观音应验类作品的出现与流行，使得观音信仰十分盛行，于是观音造像也成为南朝造像的一大宗。北方地区除了西秦时期的炳灵寺 169 窟中出现观音像外，之后在长达半个世纪的时间内，不见观音像，直至 5 世纪 70 年代，观音像才在北方再次出现，既有作为无量寿佛胁侍的，也有单体的造像，如龙门的诸多小龛等①。同时观音成佛像例也见，如北魏正光五年（524）胡绊妻造“官世音佛”②、龙门石牛溪永安二年（529）张欢□造“观世音佛”③等，但其年代晚于南朝。龙门普泰洞存普泰元年（531）道慧法盛造双观音龛④，造像身躯直立，披帛于腹前交叉穿环，是北魏以来的旧制。

南朝因无量寿佛信仰与观音应验神话的流行，无论建康还是益州，无量寿佛三尊像及观音像都出现较早，其中纪年观音像有成都商业街建武二年（495）观音佛像、万佛寺天监十六年（511）观音像⑤、绵阳平杨府

①温玉成《龙门北朝小龛的类型、分期与洞窟排年》，《中国石窟·龙门石窟》（一），文物出版社，1991 年；李玉珉《南北朝观音造像考》，《中央研究院第三届国际汉学会议文集》，2000 年。

②《中国历代纪年佛像图典》，图 119。

③温玉成《龙门北朝小龛的类型、分期与洞窟排年》，《中国石窟·龙门石窟》（一），文物出版社，1991 年，图 7。

④温玉成《龙门北朝小龛的类型、分期与洞窟排年》，《中国石窟·龙门石窟》（一），文物出版社，1991 年，图 62。有纪年的单体观音像保定元年（561 年）、建德元年（572 年）像均右手持杨柳，左手提净瓶，图见《中国历代纪年佛像图典》，图 205、221。

⑤高文、高成刚《四川历代碑刻》，四川大学出版社，1990 年。

君阙北阙 17 龛大通三年(529)的“观音大士佛像”①、万佛寺梁中大同三年(548)观音主尊群像等,无纪年的有单体观音菩萨像、双身观音像等,形式繁多。其中单体观音及双身观音像特征明显。

成都地区出土的南朝造像中,单尊的菩萨立像仅见万佛寺出土的一例(图六十七:1),其造像特征与梁普通四年以后的背屏式群像中胁侍相同,均戴华丽的项圈,粗大璎珞垂于胸腹前,手中提净瓶或持物。中大同三年像主尊观音也具有同样的服饰特征。

1　　2　　3　　4

图六十七　菩萨像比较

1. 万佛寺出土南朝菩萨像　2. 窦寨 07-008 菩萨像　3. 汶川双身菩萨像　4. 碑林藏双身菩萨像(1、3 采自《四川出土南朝佛教造像》图版 28、图版 69-1,2 采自《文物》2009 年第 5 期第 90 页图一三,4 自拍)

成都万佛寺出土两件双身菩萨像②, 其中编号 WZS48 无纪年双身观音像,菩萨身姿微扭,一腿直立一腿弯曲,虽然造像无头,不好判断其年代,但其旁胁侍菩萨戴高花冠,面圆短,与梁代造像相同,两者年代相差应不会太远。说明至少梁起成都地区就已出现双身菩萨像。汶川博物馆藏双

①孙华《四川绵阳平杨府君阙阙身造像》,巫鸿主编《汉唐之间的宗教艺术与考古》,文物出版社,2000 年;罗世平《四川南朝佛教造像的初步探索》,注释 43,巫鸿主编《汉唐之间的宗教艺术与考古》,文物出版社,2000 年。

②分别为万佛寺 WSZ48、WSZ50 号像,见《四川出土的南朝佛教造像》,图版 36—1、图版37。

身观音像(图六十七:3),体态丰满,头大颈短,面部圆短,腹部凸出,身躯呈S形。菩萨戴高冠,上饰化佛,披帛轻薄贴体,后附头光①。这些符合梁代造像特点,也应是此时作品。南朝双身观音像对北朝晚期中原东部地区的北齐、隋影响深远,北齐造像中出现大量的双身造像,最早的为太宁二年(562)菩萨像②。隋延续此风格,如故宫藏开皇廿年双身佛像、大业二年双身菩萨像、仁寿元年铭双身菩萨像③,前两者明显受到北齐风格的影响,后者敦厚壮实,头大体短,装饰较多,延续了北周特点。从目前看,北周还没见明确纪年的双身菩萨像,碑林博物馆藏一无纪年菩萨双身像④(图六十七:4),样式与汶川南朝双菩萨像近,面丰圆,颈短,身姿扭曲呈S形。头戴高冠,上饰坐佛,戴项圈,璎珞X交叉挂于身前,X交叉处饰兽面。腰际线明显,衣裙贴体。之前,学界对此像的年代,多判定为唐。近年随着南朝双身菩萨像的出现,关于此像的年代有了重新认识,从上述特征看其年代应为北周晚期至隋,其明显地继承了南朝双身像的风格。

从发愿文看,长安出土的大量北周单体纪年菩萨像也都是观世音。与佛像近似,均体现出丰壮的特点。身体直立如柱,头大身短,比例不甚合理。装饰繁复,头戴宝冠,项圈、手镯、璎珞华丽粗大,且璎珞均交叉于胸、腹或膝前。手上扬施无畏印或持杨柳枝,或提净瓶⑤。披帛绕臂于体侧下垂,或披帛宽大,披于肩背,之后于体侧下垂。这些特点与上述南朝观音像近似。其中菩萨手印应引起我们的关注,手上扬施无畏印应与观

①雷玉华等《四川汶川出土的南朝佛教石造像》,《文物》2007年第6期;《四川出土的南朝佛教造像》,图版69—1。

②《中国仏教彫刻史论》(二),图407。

③《中国仏教彫刻史论》(二),图597、598a。

④《长安佛韵——西安碑林佛教造像艺术》,第80页。

⑤有纪年的单体观音像保定元年(561年)、保定三年(563年)、天和元年(566年)、天和六年(571年)、建德元年(572年)均右手持杨柳,左手提净瓶。图见《中国历代纪年佛像图典》,图205、221;《中国仏教彫刻史论》(二),图349、350。

音成佛相关。而持杨柳枝,或提净瓶与之前北方地区持莲蕾、握披帛的菩萨样式不同。目前最早的此类样式菩萨见于南朝造像上,即现藏于美国旧金山亚洲美术馆的建武二年(495)金铜菩萨像,之后陈太建元年(569)像上也出现了菩萨持杨柳、提净瓶的样式①。前述成都地区出土单尊的菩萨像右手残,左手提净瓶。组合像中天监十年像胁侍菩萨持粗大的杨柳枝。东晋竺难提就译出《请观音经》,而此经中明确表明杨柳与净水是观音的持物②。刘宋时,典据《请观音经》的观音修行法门在南方迅速展开③。虽然目前见到的南朝杨柳与净水观音数量较少,但文献证明了南朝流行依《请观音经》而做的观音像,并有向北周传播的迹象。

观音像在北朝晚期的大量出现,与法华观音菩萨救苦救难信仰紧密相关,同时持杨柳枝、提净瓶菩萨的出现又表明了与西方净土的联系,虽然杨柳观音是隋唐以后才盛行的造像样式,但南朝时期造像已露端倪。

总之,南朝梁以后菩萨造像面相已呈丰圆样,持杨柳枝,提净瓶,装饰物繁多,尤其是璎珞使用很普遍。这些特点被长安北周菩萨像借鉴,与此同时,北周菩萨像仍保留了一些西魏以来的特点,身姿直立如柱,缺乏曲线(图六十七:2),形成了新旧样式混存的状态。源自笈多的游足菩萨造型在南朝部分观音菩萨像中率先出现,随着益州与长安的交往,传播影响到北周。

4. 阿育王像及附圆形头光像等

成都出土的阿育王像有梁太清五年(551)铭、万佛寺保定年间(561—

---

①李玉珉《南北朝观音造像考》,附图 23;《中国历代纪年佛像图典》,图 216。

②《请观音经》:"尔时毘舍离人,即具杨枝净水,授与观世音菩萨。大悲观世音,怜愍救护一切众生,故而说咒曰:普教一切众生而作是言,汝等今者应当一心称南无佛、南无法、南无僧、南无观世音菩萨摩诃萨,大悲大名称,救护苦厄者。如此三称三宝。三称观世音菩萨名。烧众名香五体投地。向于西方一心一意令气息定。为免苦厄请观世音。合十指掌而说偈言。"《大正藏》第 20 册,第 34 页。

③李玉珉《南北朝观音造像考》,附图 23;《中国历代纪年佛像图典》,图 216。

565)铭像及部分无纪年像[①]。这些阿育王像年代相差不过十余年,造像样式基本相同,均着通肩袈裟,衣纹呈U形,袈裟较薄,身体轮廓略显露。太清五年像头后圆形头光,足踩圆形仰覆莲台。其他像不见头光,脚下为方形台,身后有矮小的半截背屏。阿育王像是一种特殊的瑞像,源头是中印度的秣陀罗造像,在成都南朝造像中出现,并在成都地区获得了一定的发展。虽然在西安地区目前还未发现阿育王像,但成都阿育王像的U形袈裟样式对北周佛造像产生了一定影响。

通肩袈裟衣褶呈U形样式,最早见于十六国至北魏中期金铜像及石窟造像上。太清年间阿育王像此类袈裟再现,其衣褶于体前呈通体U形,不分左右和上下,是对秣陀罗造像的模仿。长安北周金铜像偶见同样的形式[②],但袈裟在左肩下垂外飘的样式与南朝不同。北周单体圆雕佛像第一类通肩袈裟同样也呈U形,但与南朝阿育王像有一定的差异,分别在胸部、两腿处形成三个U形,应是受到南朝影响而又具有自身特点的一类形式。

成都地区南朝及北周圆雕造像中有一种造像,附圆形头光,头光正面浅浮雕坐佛,联珠纹等,背面亦浮雕人物或佛教故事、经变画等。如西安路太清五年(551)阿育王像有方形背屏,圆形头光上浅浮雕坐佛,背面残存供养人。H1:8号像(无纪年)肉髻低平,螺髻,通肩袈裟,U形衣褶,圆形头光正面浅浮雕坐佛、飞天、装饰纹样等,背面佛说法图,下为圆形台座,台座上雕博山炉、伎乐、狮子、说法佛、弟子及供养人等。万佛寺中梁大通元年(529)释迦立像(WSZ1)、北周阿育王像(WSZ25)腿后有方形背屏,圆形头光。这种头后附圆光、身下依短背屏的样式,来自犍陀罗、笈多造像(图六十八:1、2)。国内除上述像外,在建康栖霞石窟中也常见

---

①成都市文物考古工作队《成都市西安路南朝石刻造像清理简报》,《文物》1998年第11期。
②《中国仏教彫刻史论》(二),图353。

造像头光后附圆形莲花的形式[①]。可以看出此类头光多在南朝出现。在目前出土的长安北周造像中较少发现此种样式，个别金铜像上出现桃形头光，足下踏圆形覆莲台的形式[②]，桃形头光还出现镂空式样，具有了一种先进性。而圆形覆莲台与西安路 H1:8 号像相似。甘肃甘谷、天水出土的北周造像上出现圆形头光，如甘谷县博物馆藏佛立像，身材略高大，附莲瓣式圆形头光，肉髻低平，着通肩袈裟，袈裟领口开得较低，露出僧祇支，下摆呈内外两层，双手施无畏与愿印（图六十八:3）。天水地区秦安县博物馆所藏的菩萨立像、倚坐像等也都附这种圆形头光[③]（图六十八:4）。甘谷、天水所处的古秦州历来与长安关系密切，同时，又与蜀地有所交往，受到南朝风格影响也很自然。成都南朝造像头后附背光的形式，除

1　2　3　4

图六十八　阿育王像、附圆形头光像

1. 2 世纪犍陀罗佛立像　2. 5 世纪秣陀罗佛立像　3. 甘肃甘谷南关北周立佛　4. 甘肃秦安郑川北周立菩萨（1、2 采自《印度美术》93、166 页，3 自拍，4 采自《甘肃文物菁华》图 279）

---

①前揭费泳文。

②仅见一身菩萨像头后附残存的头光，见《中国仏教彫刻史论》(二)，图 370，同书图 353 金铜像与南朝同。

③《甘肃文物菁华》，图 279、280。

了影响北周造像外，对北齐造像也有相当的作用，北齐大量的菩萨像头后附圆形镂空头光的形式也应来自南朝。

5. 道教造像

成都南朝造像中出现了个别道教内容，如西安路出土的道教造像，萧宝隆绪元年（527）王阿善造道教像[①]。这两尊道教造像不仅是成都地区，也是目前全国范围内少有的南朝道教造像。据文献记载，南朝道士欲使信徒皈依，乃学佛家制作道像，命名为天尊。南朝刘宋时期道士陆修静就曾造道像[②]。而北朝道教造像自424年的魏文朗像起就已出现，比南朝道教造像约早一个世纪，且多以佛道混杂的形式出现，其造像特点又较多地吸收了佛教造像的样式，说明北魏道教造像是受到佛教造像的影响而产生的。直到北周，这种佛道混杂的现象仍旧延续，形成了长安地区佛教造像的一大特点。成都地区除了上述的单体道教造像外，在龙泉驿有北周重臣强独乐为文王造佛道二尊像[③]。

西安路出土道教造像与北朝前期关中地区出土的道教造像不同，脑后附圆形头光，头戴莲花冠，着对襟衫，胸前三脚夹轼，手中持尘尾扇。脑后圆形头光与南朝佛教造像相似，疑是借鉴了南朝佛教造像的特点。尘尾扇在关中地区北朝前期道教造像中不见，到了北周时期道教造像上才出现类似的样式，如保定二年（562）李昙信佛道像碑，雷小豹等碑中道像所持尘尾扇[④]。同时北周道教造像的服饰也还保留有南朝佛教造像的特征，如内衣结带下垂等，与褒衣博带式同。

益州与长安道教造像的关系问题，题材上长安早于益州，益州南

①胡文和《中国道教石刻艺术史》上，高等教育出版社，2004年，图28。

②《辩证论》卷六，《大正藏》第52册。

③丁明夷《从强独乐建周文王佛道造像碑看北朝道教造像》，《文物》1986年第3期。

④陕西省耀县药王山博物馆、陕西省临潼市博物馆、北京辽金城垣博物馆合编《北朝佛道造像碑精选》，天津古籍出版社，1996年。

朝道教内容，源于北魏的长安，北周长安道教的形式又吸收益州南朝的特点。

成都南朝造像对长安单体造像产生了极大的影响，释迦佛、观音菩萨等题材内容是两地共有的。造像样式中丰壮短粗型，是在笈多艺术及南朝“张家样”画风的影响下，首先见于成都南朝造型中，并在之后的北周长安造像中流行。中西合璧的造像服饰也创始于南朝造像中，随着南北的交流影响到北周造像。长安北周造像在吸收南朝造像风格特点的同时，也进行了部分改造，形成了适应北周文化，具有时代及地方特色的佛教造像形式。

二、对水帘洞石窟群北周隋代造像的影响

水帘洞石窟群造像及壁画内容除了常见的一铺三身、一铺五身外，还存在一主尊多身胁侍的组合，这种组合形式，极其独特，在同一文化圈的麦积山北周洞窟中不见。水帘洞石窟群中的群像组合形式与地缘及文化上相近的麦积山无甚关联，是受到其他地区的影响而产生的。

1. 群像组合

如上所述，群像组合是水帘洞石窟群北周造像与壁画的主要内容。我们考察了水帘洞石窟以外的其他地区，发现只有益州地区造像中群像组合较多，是同时期造像中较为突出的特点，而益州的这种特点是受到建康影响后，在益州本地形成的。同时益州的群像组合年代早于拉梢寺，那么武山水帘洞石窟群中群像组合是受到益州的影响而产生的吗？

为了弄清此问题，我们对相关的南朝造像做一简单归纳，成都南朝造像除了大量单体造像外，一铺多身群像，双身、三身主尊及胁侍群像组

合形式流行，多身群像组合据现发表的资料可分为以下几类[①]：

(1)单身主尊

据主尊又可细分为释迦(弥勒)和观音菩萨为主尊的两种。

释迦为主尊：

①一佛四弟子四菩萨二力士 / 天王，如梁普通四年（523)(图六十九:1)、梁普通六年(525)、中大通二年(530)、中大通三年(531)，(图六十九:3)、中大通五年(533)、商业街7(图七十:1)、9号像、西安路3号像等。

②一佛四菩萨，如梁天监十年(511)，(图六十九:2)。

③一佛二弟子二菩萨二力士，如万佛寺WSZ47。

④一佛四弟子六菩萨二力士，如梁中大通四年(532)像。

观音菩萨为主尊：

一菩萨四胁侍菩萨四弟子二力士，如中大同三年(548)像、无纪年像。

(2)双身主尊

又分为二佛像与双观音菩萨像为主尊的两种。

二佛像为主尊，释迦多宝二佛并坐及五菩萨二弟子二力士，如大同十一年(545)像(图六十九:4)、西安路H1:5。

释迦双身及一辟支佛二菩萨四弟子二力士像，如太清三年像(549)(图六十九:6)、梁中大通五年(533)释迦双身像、梁大同六年(540)双佛四菩萨二力士像，佛与菩萨间浅刻五身弟子[②]。

---

①成都市文物考古工作队《成都市西安路南朝石刻造像清理简报》，《文物》1998年第11期；袁曙光《四川省博物馆藏万佛寺石刻造像整理简报》，《文物》2001年第10期；张肖马、雷玉华《成都商业街南朝石刻造像》，《文物》2001年第10期；霍巍《四川大学博物馆收藏的两尊南朝石刻造像》，《文物》2001年第10期；雷玉华等《四川汶川出土的南朝佛教石造像》，《文物》2007年第6期；彭州市博物馆、成都市文物考古研究所《四川彭州龙兴寺出土石造像》，《文物》2003年第9期。

②藏于重庆中国三峡博物馆，见《四川出土南朝佛教造像》图版66—1。

双观音菩萨为主尊，双身观音菩萨及多身胁侍（残留四菩萨二力士），如万佛寺 WSZ48 号造像(图六十九:5)、汶川出土无纪年双身观音菩萨像，此像不见胁侍，仅在双身菩萨间绘制出一身弟子像。

另商业街 1 号造像主尊也为双身，但残毁太甚，不辨主尊尊格。

(3)三身主尊

目前只见三身佛为主尊的形式，有西安路 H1:6 号像碑(图六十九:7)，但可惜的是造像上部残缺，组合中有四身弟子装束的人物，但益州地区此时造像中存在辟支佛，故此碑组合为三佛四弟子二菩萨二力士还是三佛二弟子二辟支佛二菩萨二力士不清；另外，汶川博物馆藏三佛四菩萨二力士组合的造像(图六十九:8)。

从梁天监十一年(512)一佛四菩萨到太清三年(549 年)的释迦双身

图六十九　南朝群像组合

1. 梁普通四年像　2. 梁天监十年像　3. 中大同三年像　4. 大同十一年像　5. 观音双身像　6. 太清三年像　7. 西安路三佛像　8. 汶川三佛像（采自《四川出土的南朝佛教造像》图版 30-1、图版 49-1、图版 33-1、图版 57-1、图版 36-1、图版 64-1、图版 58-1、图版 71-1）

像，使我们看到成都地区 510—550 年间存在群像组合，多以背屏式造像形式出现。虽然主尊不同，但造像形式特点相近。正如八木春生先生所认为的，520—540 年成都的群像形式没有大的变化①。从学者们对成都地区南朝造像来源的论述中知，主要集中于南朝文化中心区的建康与西域等地②。但这种群像组合形式，在西域不见，建康地区仅见个别现象，故多胁侍的群像组合或是在成都本地产生的。

中国早期石窟寺造像及单体造像碑的组合形式多是一佛二菩萨的三尊样式，胁侍二弟子在早期也是偶有出现。北魏中晚期一佛二弟子二菩萨一铺五身的造像才逐渐流行。据张宝玺先生研究胁侍弟子形象是中国本土产生的，云冈、龙门石窟是其发源地③，之后力士、天王出现，形成了一铺七身、九身的造像组合，使得造像的表现形式更加多样化，艺术感染力更强。成都南朝造像中多身菩萨、弟子做胁侍的样式，在云冈、龙门不见，是一种地方特征。在年代稍早的宋齐造像中，弟子形象或无或仅有佛、菩萨像的一半，如梁天监三年（504）法海造像弟子像位于佛与菩萨间下部，且浅浮雕而成，表现出一种早期特征。梁普通年间以后，胁侍数量大增，多身弟子与菩萨的群像样式似形成定式，大批的造像以此种样式出现，如万佛寺出土的梁普通四年、普通十年像，中大通四年、五年像，中大同三年像，无纪年的释迦、弥勒背屏造像等，形成了南朝造像的一大特点。

---

①［日］八木春生著、顾虹、赵声良译《关于中国成都地区的佛教造像——以 520—540 年间造像为中心》，《敦煌研究》2003 年第 3 期。

②宿白《青州龙兴寺窖藏的几个问题——青州城与龙兴寺之三》，《文物》1999 年第 10 期；李裕群《试论成都地区出土的南朝佛教石造像》，《文物》2000 年第 2 期；袁曙光《成都万佛寺出土的梁代石刻造像》，《四川文物》1991 年第 3 期；姚崇新《成都地区出土南朝造像中的外来艺术风格源流再探》，《华林》第一卷，中华书局，2001 年；雷玉华《成都地区南朝造像研究》，《少林文化研究论文集》，2001 年。

③张宝玺《龙门北魏石窟二弟子造像的定型化》，《龙门石窟一千五百周年国际学术讨论会论文集》，文物出版社，1996 年。

对于北朝而言，510—550 年正值北魏晚期由盛转衰的阶段，东西分裂，造成了东魏、北齐与西魏、北周造像差异的形成。此间成都地区这种群像组合，在其他地区少见。地处秦陇地区的麦积山，北魏晚期到西魏的造像题材上都是以一佛二菩萨、一佛二弟子二菩萨等为主，个别洞窟出现了力士像，但一铺三身、一铺五身仍是造像主流。北周时期的麦积山也不见这种组合，须弥山、敦煌亦如此。

除了石窟寺外，在北魏、西魏等单体造像碑中，群像组合也不多见，仅见下列几例：

固原博物馆藏北魏建明二年（531）铭造像碑，造像为一主尊菩萨四弟子二胁侍菩萨①；西安碑林博物馆藏西魏大统三年（537）高远造像碑（残），正面一佛二菩萨二弟子二力士二护法狮②；日本书道院藏西魏大统十三年（547）铭造像碑，中间主龛内雕一佛四弟子四菩萨，弟子上下相叠。主尊下两蹲狮，龛外两侧还各阴刻一菩萨③；西魏大统十七年（551）铭石造四面像，其中一面主像为一佛二弟子二菩萨，下部座上一博山炉、二供养菩萨、二力士，力士一腿弯曲，身姿扭曲④；东魏天平三年（536）铭造像碑一佛二弟子二菩萨二力士组合，弟子、菩萨、力士上下相错排布；丙辰年（536）铭造像一佛四菩萨二力士，造像面圆短，力士身姿弯曲⑤。甘肃灵台博物馆藏一件西魏造像残碑，中部偏上部分遗失，中部可见为一佛二菩萨八弟子组合像，八弟子上下层叠布局，与上述北魏建明二年（531）铭造像碑相近，造像还带有秀骨清像的遗风，但菩萨披帛已出现横于腹前的样式⑥。

①《中国仏教彫刻史论》（一），图 217。

②《陕西古代佛教美术》，第 56 页。

③《中国仏教彫刻史论》（一），图 302。

④《中国仏教彫刻史论》（一），图 312。

⑤《中国仏教彫刻史论》（一），图 258、319。

⑥《甘肃佛教石刻造像》，图 188。

上述诸通造像碑中的组合形式，均为单身主尊多胁侍的群像类，与510—550年间的成都造像有一定的共性，虽然数量较少，但可见510—550年间北朝造像中也存在群像组合的形式。另外，在洛阳地区，胡太后执政后期的正光元年（520）至武泰元年（528）间，新的佛像形式和组合不断出现[①]。到了分裂前的北魏末期（“河阴之变”至534年），龙门石窟路洞、河南新安西沃石窟2号窟正壁，均出现了七尊造像，其组合分别为一佛四弟子二菩萨、一佛二弟子四菩萨[②]。这说明在北魏末、西魏时期石窟寺中，也存在一主尊多身胁侍的群像组合形式，这样长安西魏时期像碑中的群像样式可能是受到洛阳地区的影响，长安在继承的基础上又有了发展，增加了力士像。从上述分析看，北朝也存在部分群像组合形式的造像，只是北朝这种形式不像南朝集中出现而已。同时北朝不见双主尊的形式，从二者年代上看，群像组合的年代南朝早于北朝。

水帘洞石窟群水帘洞单元2号塑绘结合造出一佛二菩萨，佛与菩萨间又绘制出较小的二弟子，菩萨外侧也绘出较小的二菩萨二力士，主佛足下绘一宝瓶，宝瓶两侧各绘一供养菩萨（图七十:2）。这幅壁画主体一佛二菩萨是北魏以来造像的主要题材，北周时期仍存在。弟子、胁侍菩萨、力士、供养菩萨虽然也成为该壁画的组成部分，但比例较小，只有主体壁画的一半，似乎表明它在继承北魏以来一佛二菩萨造像组合传统的同时，出现了新因素，虽然新内容不占主导地位，但也表现出了一种超越传统的面貌。

千佛洞单元9号组合造像，原塑二坐菩萨二弟子四胁侍菩萨像（图七十:3），现两身主尊菩萨像已毁，均只存浮塑大莲瓣形身光、宝缯及披帛，左侧一身菩萨身光略大于右侧菩萨之身光。右侧主尊菩萨与弟子、弟

①宿白《洛阳地区北朝石窟的初步考察》一文中指出“龙门黄甫公洞正壁出现了一铺七身的组合形式”，《中国石窟·龙门石窟》（一），后收入《中国石窟寺研究》，文物出版社，1996年。

②《中国石窟·龙门石窟》（一）；温玉成《河南新安县西沃石窟》，《考古》1982年第6期。

子与胁侍菩萨、二胁侍菩萨间各彩绘一比丘。此铺组合主尊为双身菩萨，胁侍弟子、菩萨，并绘制出供养比丘等，虽然目前已无法判定主尊是何身菩萨，但明确是以菩萨为主尊的多身群像组合。另外，据笔者多次调查，千佛洞单元中，还存在一些以单身菩萨为主尊的造像组合，如 26、27 龛间交脚菩萨，32、43 龛内主尊，但因造像多残损，我们只能从残存的披帛上判定主尊为菩萨。虽然无法确知主尊菩萨的尊格，但还是能够看出，千佛洞以菩萨做主尊的组合占一定的比例。

1　　2

3

图七十　群像组合比较

1. 成都商业街 7 号造像　2. 水帘洞石窟群水帘洞 2 号造像壁画　3. 水帘洞石窟群千佛洞 9 号造像（1 采自《四川出土的南朝佛教造像》图 47，2、3 采自《水帘洞石窟群》图七、三八）

从上文粗略的分析知，水帘洞石窟群北周造像和壁画中的群像组合，有单身主尊及双身主尊，胁侍众多；同时群像组合中菩萨为主尊的情况占一定比例，这种情形在同一地区、同一时期的麦积山石窟中不见，同样在敦煌莫高窟、固原须弥山石窟同期洞窟中也很难见到。虽然长安等地出现过少量的群像组合，但也只见释迦为主尊的样式，无菩萨作主尊或双身主尊的例子。这样，从造像组合及样式上看，水帘洞石窟群中的群像组合与南朝造像相似，再考虑到渭州地近益州，两地又因尉迟迥的关系，联系应较为紧密，故其受到南朝影响的可能性较大。

从地缘上看，秦蜀两地相邻，之间的通道也早已通畅，由成都经绵阳—广元—汉中抵秦州的金牛道更是连接两地的主干道，道路的畅通使得经济、文化的交流有了便利的条件。金牛道在促进两地经贸交流的同时，也传播了佛教艺术，金牛道沿线的广元、绵阳发现了一批北魏、南朝的佛教石窟寺及造像等，广元石窟、绵阳汉阙是其重要的代表。

作为水帘洞石窟群开创者的尉迟迥曾为蜀国公、益潼十八州诸军事、益州刺史①。后任秦州总管、秦州刺史②，加之尉迟迥本人崇信佛教③。虽然目前没有发现他在任职益州时开凿过石窟寺或制造过造像的记载，但迥伐蜀，正值梁武陵王纪在蜀称帝之时，不久迥就任益州地方长官，此时成都地区南梁佛教造像高峰已过，但业已形成的造像风格对崇佛的尉迟迥应有一定的影响。他本人征伐益州，这一经历或许会使得他拥有大量的益州佛教造像人才，而这对于其在拉梢寺开凿大佛应起了积极的作用。虽然尉迟迥亲自开创的拉梢寺 1 号造像中仍保持一佛二菩萨的旧有组合形式，并未采用南朝流行的多主尊多胁侍的群像样，但他带来南朝多身群像组合样式的可能性还是有的。拉梢寺 1 号造像虽然内容组合上

①《周书》卷二十一《尉迟迥传》，中华书局，1983 年，第 349—352 页。

②《周书》卷四《明帝纪》，第 58 页。

③《辩正论》卷四《周太师柱国蜀国公尉迟迥》，《大正藏》第 52 册。

与南朝510—550年间造像不同,但其菩萨样式与南朝群像中菩萨像近,菩萨高宝冠,装饰繁复华丽,手中持莲花等特点,在南朝群像的胁侍菩萨身上均能见到。另外,拉梢寺1号造像体量巨大,相同的还有千佛洞七佛造像,在北魏、西魏的麦积山大体量的造像较少见,而在成都商业街附近的宽巷子出土了二件梁代的石刻大佛头,佛像应为丈八像,知成都也雕凿大型佛像①。那么,拉梢寺、千佛洞的大体量造像也可能随着尉迟迥的到来从南朝借鉴而来。

2. 飞天

南朝齐永明八年(490)像背光中飞天,头束双髻,着对襟衫,下着长裙,不见双足。披帛于头后形成双环状(图七十一:1)。整个造型飘逸灵动,是典型的汉化样式,与南朝墓葬中出土的天人形象十分相近②。水帘洞石窟群千佛洞14窟中也见类似的飞天,飞天绘圆形头光,梳四叶状高

1

2

图七十一 飞天图

1. 永明八年像背屏中菩萨 2. 水帘洞石窟群千佛洞14窟飞天(1采自《四川出土南朝佛教造像》图版54-1,2采自《水帘洞石窟群》彩版一九:1)

①李裕群《试论成都地区出土的南朝佛教石造像》,《文物》2000年第2期。

②南京博物院《江苏丹阳胡桥建山两座南朝墓葬》,《文物》1980年第2期;河南省文物局文物工作队《邓县彩色画像砖墓》,文物出版社,1958年。

发髻，面长圆，细眉丹眼，戴项圈，上身穿对襟衫，下着长裙，披帛于身后环形飘扬，手中持物，形象俊美潇洒，动感十足（图七十一：2），与南朝飞天如出一辙。这种特点的飞天，在邻近的麦积山石窟北魏末至西魏的127窟中已出现，只是127窟中飞天上袒，还保留早期西式风格，拉梢寺中北周飞天从造型到服饰等都已完全模仿自南朝样式。

三、对麦积山北周造像的影响

关陇与蜀地的关系，自古以来就较为密切，米仓道、金牛道是两地间的主要通道。关于此二道，学者论述较多[①]。基于道路交通的通畅，两地间经贸、文化交流也十分发达，佛教及其艺术的传播随着僧侣的不断往来也日益加深。两地间的佛教思想、造像内容、谱系样式等均产生了互动。

1. 三佛

三佛是麦积山北魏、西魏时期的主要内容，众多的窟龛内塑绘三佛，三佛内容与组合形式各不相同。有同形的三佛（78窟）、二坐佛一交脚菩萨（142窟）、一倚坐佛一交脚菩萨一坐佛（163窟）组合等样式。麦积山133窟内的石刻造像碑上也表现三佛，其中10号像碑以释迦多宝、交脚弥勒、释迦组成。16号碑中部偏下部开一帐形龛，内雕三佛，中间佛倚坐，两侧佛结跏坐。对于麦积山的早期三佛题材究竟是三世还是三身，学界一直存在分歧，大部分学者持三世说，另一部分认为是三身佛[②]。

---

①严耕望《唐代交通图考》卷四《金牛成都驿道》，台湾商务印书馆，1986年。

②刘慧达《北魏石窟中的“三佛”》，《考古学报》1958年第4期；邓健吾《麦积山石窟的研究和有关初期石窟的二、三个问题》，《中国石窟·天水麦积山》，文物出版社，1987年；杜斗城《麦积山早期三佛窟与姚兴的〈通三世论〉》，《敦煌学辑刊》2007年第1期；魏文斌《麦积山石窟初期洞窟三佛造像考释》，《敦煌学辑刊》2008年第3期；阎文儒《麦积山石窟的历史、分期及其题材》，阎文儒主编《麦积山石窟》，甘肃人民出版社，1984年；董玉祥《麦积山石窟的北魏窟龛及其造像》，阎文儒主编《麦积山石窟》，甘肃人民出版社，1984年。

麦积山石窟中无论洞窟组合还是像碑中，出现交脚菩萨、一倚坐佛的部分，依学界公认其所代表的为弥勒观点推论，这样的三佛组合应是表示佛法相承的竖三世佛。至于三身形同的佛像是否三世佛，就要依具体情况而定。一般而言，北朝晚期以前在北方地区流行竖三世佛，这与北方重视禅观、流行弥勒净土的思想有关。具体到麦积山石窟中，同形的三佛造像窟中，多在主尊两侧的壁面上出现左右对称的小龛，内雕塑交脚菩萨、思惟菩萨、二佛并坐等内容，这些内容与主尊联系起来考虑，很明显整窟表现了竖三世佛概念。

三佛题材不仅是麦积山主要的造像内容，它还在更大的范围内流行，云冈、龙门、炳灵寺、莫高窟等处均存在大量的三佛窟龛，成为贯穿始终的内容。关于十六国北朝石窟中的三佛题材样式等，贺世哲先生有过详实精辟的论证①。

南方地区以前三佛造像内容极少发现，只在栖霞山石窟中出现过，面目不甚清楚。可喜的是，近年四川地区陆续发现了几例三佛造像碑，使我们认识到三佛也是南朝造像的题材之一。虽然从目前出土的数量上看，南朝的三佛无法与北朝相比，但它们的出现对三佛在南北地区的流行情况、南朝三佛的尊格问题、南朝三佛与北朝三佛的相互关系等问题的探索还是十分重要的。况且唐宋以后，四川地区石窟中三佛造像非常普遍，造像组合与南北朝的明显不同。这样对南朝三佛造像的分析，不仅涉及南北问题，还牵扯唐宋三佛与南朝三佛间有无继承关系等问题。

十六国北朝前期，我国三佛主要流行以表示过去、现在、未来的三世佛组合的形式，无论以定光佛、释迦多宝代表过去，或交脚、倚坐菩萨表现未来，均表现了竖三世的概念。而南北朝晚期开始，我国三佛题材出现

---

①贺世哲《关于十六国北朝时期的三世佛与三佛造像诸问题》，《敦煌研究》1992 年第 4期、1993 年第 1 期，后收录于贺世哲著《敦煌石窟论稿》，甘肃人民出版社，2004 年。

了一定的变化。三佛并非全为竖三世佛。由释迦、弥勒、无量寿佛、药师佛中的任意三尊组合而成的三佛形式也已出现[①]。这种组合关系所代表的非竖三世佛的内容，而是横三世，同时整体组合更加强调了净土信仰，符合南北朝晚期净土信仰渐渐盛行的大趋势。这种变化在南北两地均有例证。

三佛造像的初创应与后秦长安相关，姚兴崇信三世，并著有《通三世论》，论证过去世、现在世、未来世三世真实存在，以表明佛教因果报应、三世轮回理论的正确[②]。其在《通三世论》中曰："余以为三世一统，循环为用，过去虽灭，其理常在。""众生历涉三世，其犹循环，过去未来，虽无眼对，其理常在。是以圣人寻往以知往，逆数以知来。"[③]姚兴的三世主张或许对长安、秦州，甚至炳灵寺的佛教造像起到一定的作用，炳灵寺、麦积山石窟北魏以来三佛造像的流行应是证明。

北方姚兴提倡三世轮回论的同时，东晋慧远也持此观点，其著名的"报应论"内容与姚兴三世论相似[④]。他认为人有"三业"（身业、口业、意业）、业有"三报"（现报、生报、后报）、生有"三世"（前世、今世、来世）。《高僧传》卷六《慧远传》记："夫缘化之理既明，则三世之传显矣。迁感之数既符，则善恶之报必矣。推交臂之潜沦，悟无常之期切。审三报之相催，知险趣之难拔。"[⑤]在南京栖霞山南朝无量寿佛等大龛附近，凿有大量小龛像，其中有三坐佛龛，年代为南朝宋、齐间[⑥]，这应是目前发现最早的南朝三佛造像，或许是受到慧远"报应论"的影响而产生的。除此以外，四川地区出土过二件南朝三佛造像，分别为成都西安路6号造像、汶川博

①李静杰《唐宋时期三佛图像类型分析》，《故宫学刊》2008年，总第四辑。

②任继愈主编《中国佛教史》第二卷第二章，中国社会科学出版社，1988年。

③《广弘明集》卷十八，《大正藏》第52册。

④任继愈主编《中国佛教史》第二卷第三章，中国社会科学出版社，1988年。

⑤《大正藏》第50册。

⑥宿白《南朝龛像遗迹初探》，《中国石窟寺研究》，文物出版社，1996年8月，第179页；费泳《栖霞佛教造像及传播途径探究》，《朵云60卷·中国南方佛教造像艺术》。

1

2

图七十二　南朝三佛造像图

1. 成都西安路出土三佛像　2. 汶川出土三佛像（采自《四川出土南朝佛教造像》图 56、68-1）

物馆藏三佛造像（图七十二：1、2），数量较少①。

南朝三佛造像中，栖霞山小龛内三佛均结跏趺坐，高螺髻，外着通肩袈裟，内穿僧祇支②，三佛形象雷同，与北朝三佛相近，它们到底是何尊格，在目前资料缺乏的情况下，较难做出判断。

汶川三佛造像碑，中间一身佛结跏坐，两侧佛倚坐，构成了一坐佛二倚坐佛的组合，这种组合形式较为独特。在北方地区北魏造像中有相近的像例，如云冈 19 窟是目前所见最早的一坐佛二倚坐佛像组合，再晚到太原天龙山北魏晚期至东魏武定年间的 2、3 窟中也出现了相同的组合形式③。这些造像明显为三世组合。在洛阳吉利区万佛山北魏神游洞中

①成都市文物考古工作队《成都市西安路南朝石刻造像清理简报》，《文物》1998 年第 11 期；雷玉华等《四川汶川出土的南朝佛教石造像》，《文物》2007 年第 6 期。

②前揭费泳文。

③《中国石窟·云冈石窟》（二）；陈平《河南中小型石窟调查的主要收获》，巫鸿主编《汉唐之间的宗教艺术与考古》，文物出版社，2000 年；李裕群、李钢编著《天龙山石窟》，科学出版社，2003 年。

出现了一佛一倚坐佛一菩萨组合，同样西部麦积山北魏163窟中也出现了一坐佛一倚坐佛一交脚菩萨的组合。考虑到北朝早中期弥勒上下生信仰的流行及云冈此类组合的不同形式，这类组合强调了弥勒的重要性。

南方很早就重视弥勒下生信仰，南朝单体的倚坐弥勒佛像流行较早，如南朝宋元嘉十六年(439)像、栖霞二期萧齐末年倚坐弥勒大佛、梁普通六年(525)公孙伯成夫妻造像等，这与北方地区重视弥勒上生信仰不同。十六国北朝早期北方地区流行弥勒上生信仰，故三佛造像中多以交脚菩萨表示未来的弥勒。自北魏晚期开始，随着北方地区弥勒上下生信仰的流行，三佛造像中倚坐菩萨像、佛像逐渐增多。倚坐菩萨像与交脚菩萨像并行代表弥勒上生含义，同时倚坐菩萨像与倚坐佛像又均可代表弥勒下生的意思。北方地区三佛造像中存在的交脚菩萨、倚坐菩萨、倚坐佛均代表未来世的形式。但总体上来说，交脚菩萨或佛代表的上生信仰，在北朝早期阶段较为盛行，到了北朝晚期代表弥勒下生的倚坐菩萨或佛逐渐成为弥勒的主要形式，三佛造像中倚坐菩萨或佛呈现增长的趋势。但三佛组合中出现两身倚坐佛的形式的确少见。因为在三世佛组合中，过去佛从未见过倚坐的样式。即便有个别释迦为倚坐的像例[1]，但也不能说明三佛组合中的倚坐佛是释迦。况且，对任何造像尊格的判定，都应视具体的组合情况而定。

汶川三佛造像中间佛像，半结跏趺坐，右手残，似施无畏印，左手手指相握置于膝上。左右侧二佛，虽为倚坐，但其手印不同，右侧佛右手上举于胸前，并捧钵，左手扶于膝上。左侧倚坐佛，双手置于胸前，残。三身佛像中间佛依其坐姿、手印等应判读为释迦佛。两身倚坐佛，表面看似可认为是弥勒佛。但究竟何尊格还须仔细分析。右侧佛右手上举捧钵，左手

①杨伯达《曲阳修德寺出土纪年造像的艺术风格与特征》，《中国古代艺术文物论丛》，紫禁城出版社，2002年。

抚膝,使我们联想到其尊格或与东方净土世界的药师佛有关。因为在佛教造像中,手捧或托钵,是药师佛的标志。据药师琉璃光王七佛本愿功德念诵仪轨供养法载,药师佛左手执持药器(又作无价珠),右手结三界印,着袈裟,结跏趺坐于莲花台上,台下有十二神将。另外,年代较晚的大足北山五代、宋时期雕刻的药师佛经变中药师佛也采取倚坐姿势,说明药师佛有倚坐姿①。三佛中左侧佛双手举于胸前,倚坐姿。原报告认为双手合十,笔者从残迹观察,似为转法轮印。从犍陀罗、中亚、新疆到中原,弥勒菩萨或佛图像,可分为三类,一类手中不持物,手施无畏印或转法轮印。另一类手中持净瓶、数珠等。第三类一手施无畏印,一手持净瓶②。在我国十六国、北朝时期双手合十或转法轮印都是弥勒菩萨或弥勒佛的常见手印③。而倚坐姿在北朝晚期开始便为弥勒佛坐姿，这样此身佛像或可定为弥勒佛。如果上述推测无误,此三佛就构成了释迦佛 + 弥勒佛 +药师佛的三佛组合。这种形式在北朝造像中几乎不见,是南朝新特点,它着重强调了多种净土思想。

成都西安路出土 H1:6 号造像，三佛中间一身着褒衣博带袈裟,半跏坐,手施无畏与愿印。其坐式及手印常见于释迦佛。两侧佛,均结跏趺坐,身着通肩袈裟,一身圆领较高,另一身领口下垂至上腹,露出内衣,两侧佛均双手捧钵。其尊格较难判定,依捧钵为药师佛的标志,它们或为药师佛。但我们也应考虑到阿弥陀佛也存在捧钵的形象。

从上述两尊三佛像碑中知,南朝三佛造像组合有释迦佛 + 弥勒佛+ 药

---

①重庆大足石刻艺术博物馆、重庆出版社编《大足石刻雕塑全集》北山石窟卷,重庆出版社,1999 年。

②[日]宫治昭著、李静杰译《弥勒信仰与美术》,《艺术史研究》第八辑,中山大学出版社,2006 年,第 230 页。

③炳灵寺 169、麦积山北魏窟交脚弥勒菩萨、陕西出土的北魏皇兴五年弥勒佛像中,北魏延兴二年弥勒佛都为转法轮印。

师佛+阿弥陀佛，反映了此时净土信仰的盛行。

药师，梵名 Bhaisiajyaguru，音译作鞞杀社窭噜。又作药师如来、药师琉璃光如来、大医王佛、医王善逝、十二愿王。为东方净琉璃世界之教主。药师佛崇拜的出现较释迦、弥勒佛晚，有关药师佛的经典主要有隋代达摩笈多译《佛说药师如来本愿经》、唐玄奘译《药师琉璃光如来本愿功德经》、义净译《药师琉璃光七佛本愿功德经》等。事实上南朝宋时就有相关的经典译出，刘宋慧简译《佛说药师琉璃光经》1 卷。另外，达摩笈多译《佛说药师如来本愿经序》中记："昔宋孝武之世，鹿野寺沙门慧简已曾译出，在世流行。但以梵宋不融，文辞杂糅，致令转读之辈多生疑惑。"[①]此指东晋帛尸梨蜜多罗译《佛说灌顶经》卷十二《佛说灌顶拔除过罪生死得度经》。可知此经确早已译出，只因文辞难于理解，而使人生疑，故隋代才又重译。据经文记载，药师佛于过去世行菩萨道时，曾发十二大愿，愿为众生解除疾苦，使具足诸根，导入解脱，故依此愿而成佛，住净琉璃世界，其国土庄严如极乐国。此佛誓愿不可思议，若有人身患重病，死衰相现，眷属于此人临命终时昼夜尽心供养礼拜药师佛，读诵药师如来本愿功德经四十九遍，燃四十九灯，造四十九天之五色彩幡，其人得以苏生续命。成都南朝造像中出现药师佛崇拜，跟此时的社会动荡、民不聊生有关，人们祈望平安、消除灾祸。而"药师如来本愿经者，致福消灾之要法也……忆念称名则众苦咸脱，祈请供养则诸愿皆满。至于病士求救应死更生，王者攘灾转祸为福。信是消百怪之神符，除九横之妙术矣"[②]。文献记载陈文帝曾撰《药师斋忏文》[③]，大赞药师如来。药师佛有如此神奇之功，礼拜或称念药师佛（经）就能消灾获福，摆脱诸苦，自然能够吸引大量的信徒。于是在崇奉药师佛的背景下，药师佛像的制作也就应运而生了。

①《大正藏》第 14 册。

②《佛说药师如来本愿经序》，《大正藏》第 14 册。

③《广弘明集》卷二十八，《大正藏》第 52 册。

目前在石窟及造像中较早的药师形象出现在炳灵寺169窟壁画中，其旁有“药王佛”榜题[①]。随后在云冈、龙门北魏古阳洞中也出现了部分药师佛造像，并附有发愿文[②]。龙门古阳洞南壁孝昌元年题记中记“孝昌元年七月七日，比丘尼僧□割己有□□之余，仰为皇帝，下(为)师僧父母、四辈像主，敬造弥勒像一堪(龛)，(并)观音、药师，今已就达”。这些题记说明北魏时期药师佛不仅有单尊像，还出现与其他佛像、菩萨像组合的形式。这与帛尸梨蜜多罗译《佛说灌顶经》中“佛告文殊：若欲生十方妙乐国土者，亦当礼敬琉璃光佛。欲得生兜率天见弥勒者，亦应礼敬琉璃光佛”相契合[③]。浚县出土北齐武平三年(572)四面龛造像碑，碑身分三层，此碑像内容丰富，除了佛传故事、维摩、文殊、普贤菩萨、观音菩萨外，还有释迦佛、弥勒菩萨、阿弥陀佛、无量寿佛、释迦多宝、药师佛等[④](图七十三：1)。既有北朝流行的竖三世佛内容，也有横三世思想。不仅中原东部地区出现了重视净土的图像，在西部地区也出现了个别像例。甘肃华亭石拱寺石窟2窟，平面近方形，圆拱顶大窟，三壁设低坛基，上雕三佛及胁侍菩萨。正壁主尊一坐佛，两侧壁主尊各为一倚坐佛[⑤]。简报中将此窟年代定为北周。虽然窟中造像残毁严重，但两侧壁倚坐佛，其中一身右手抚于右膝，左手于胸前捧钵(图七十三：2)，从其手中的钵，似可以判定其为药师佛。另外一身倚坐，残毁严重，但无论其造像是佛装还是菩萨装，据窟内整体内容，都可以判读为弥勒。这样其三佛组合就是释迦 + 药师 + 弥勒，与石拱寺石窟中其他三佛窟的内容相异，也不

①《中国石窟·永靖炳灵寺》，图21。

②云冈11窟“佛弟子祈口口，发心造药师留离(琉璃)光像一躯，愿愿从心”，转引自许立权《中国药师佛信仰研究》，陕西师范大学硕士论文，2014年。

③《佛说灌顶经》卷十二，《大正藏》第21册。

④周到、吕品《河南浚县造像碑调查记》，《文物》1965年第3期。

⑤魏文斌《甘肃华亭石拱寺石窟调查简报》，《敦煌研究》2007年第3期。

同于其他北朝石窟中的三佛。它非竖三世佛内容，而是北朝少见的横三世佛。

1　　2

图七十三　药师佛

1. 浚县北齐武平三年四面龛造像碑　2. 石拱寺 2 窟倚坐佛（1 采自《文物》1965 年第 3 期第 32 页图二，2 自拍）

李玉珉在敦煌北周经卷中也发现了药师佛与弥勒佛信仰有关的例证[①]。敦煌写经 S1945 号题记："周保定五年乙酉朔，比丘洪珍自慨摩心集于愚怀，宿障隔于正轨，仰惟大圣，遂劝化道俗，写《千五百佛名》一百卷，《七佛八菩萨咒》一百卷，诸杂咒三千三头，写《涅槃经》一部，写《法华经》一部，写《方广经》二部，《仁王经》一部并疏，写《药师经》一部，写《药王药上菩萨经》一部、戒一卷，并律。评謶兹福，普为尽法，一切众生用纸十八章，登弥勒初会，一时成佛。"从经典及写经中知，药师佛与弥勒佛的关系十分密切。通过礼敬药师佛就可进入兜率天宫，得见弥勒。敦煌隋代洞窟中出现药师经变，分别在 395、417、433、436 窟内绘制，且 417、433、436 窟的药师经变与弥勒经变常绘制在相对应的位置上，这既反映了经

①李玉珉《敦煌药师经变研究》，《故宫学术季刊》第七卷第三期。

文的内容,也从一个侧面说明了药师佛与弥勒佛应有一定的联系[①],两者在南北朝晚期及隋时有成对出现的情况,说明净土思想的重要,三佛组合中药师、弥勒的出现或与此相关。另外,河南滑县隋代开皇二年(582)像碑中也出现了阿弥陀佛、无量寿佛、香积佛等代表净土的图像[②]。两碑均反映出北朝晚期多种净土信仰的流行。

南朝这些三佛龛像的出现不仅证明了南朝信仰三佛,同时可以看出南朝三佛造像题材与北朝不完全相同。北魏晚期四川地区初受北朝石窟的影响,在广元北魏石窟中流行三壁三龛窟,窟中每壁雕一佛二菩萨,整窟构成了三佛组合[③]。这是北方三佛内容对四川石窟的最早影响,它完全继承了北朝的形式。自梁普通年间后,南朝造像在题材内容、造像形式等方面都发生了大的变化,三佛内容的变化或是受此影响。当然变化中的联系也是十分明显的,我们注意到在汶川三佛背光正面雕刻有七佛形象,联系主尊三佛中释迦、弥勒佛,此像也暗寓有佛法相承的三世含义。据报告作者判定此像年代为梁普通年间,此时正值北魏晚期三世佛流行期,南朝造像中反映出明显的北朝因素,说明南北间相互联系及影响。在北朝造像中,表示佛法相继的形式有多种,三佛是最为常见、基础的形式。另外,还存在大量的以七佛或释迦多宝、定光佛代表的过去世,以弥勒代表的未来世,与释迦代表的现在世自由结合的形式。这种形式在南朝造像中也已出现,如万佛寺编号 47 的像碑中[④],主尊为弥勒佛,背光中刻七佛,整碑在突出表现弥勒佛的同时,也暗示了佛法相继的观念。

---

①上揭李玉珉文; 王惠民《敦煌净土图像研究》,《中国佛教学术论典》81,《法藏文库》,2003 年 10 月;[日]百桥明穗《敦煌的药师经变与日本的药师如来像》,《1987 年敦煌石窟研究国际讨论会文集·石窟考古编》,辽宁美术出版社,1990 年。

②李静杰《北朝隋时期佛教图像反映的信仰与实践》,《民族艺术》2008 年第 2 期。

③雷玉华、王剑平《广元石窟》,巴蜀书社,2002 年;姚崇新《广元唐以前佛教窟龛与造像的分期与年代》,《艺术史研究》第六辑。

④袁曙光《四川省博物馆藏万佛寺石刻造像整理简报》,《文物》2001 年第 10 期。

三佛题材在南朝造像中的逐步被发现，应引起我们对南北三佛造像的深入思考。造像出现的时间，就目前的情况看，北方较早。北魏晚期之前南北三佛内容基本相同，均流行北方盛行的三世佛。南北朝晚期时三佛内容出现不一致的情况，各自有其发展的轨迹。南朝三佛组合中代表东方净土世界的药师佛出现，改变了北朝流行竖三世佛的传统，使得三佛内容更加丰富，同时也适应南北朝晚期净土思想盛行的状况。虽然南朝三佛图像与北朝晚期阿弥陀净土流行的情况不同，没出现表现西方净土世界的无量寿(阿弥陀)佛，但自东晋起就已盛行于南朝的无量寿佛信仰，在三佛组合中应有一定的地位，我们期待更多资料的发现。弥勒佛、药师佛在南朝三佛组合中的出现也反映了多种净土信仰流行的状况，对于唐以后四川地区净土信仰盛行有一定影响。

相信随着今后南朝造像的不断出土，南朝三佛组合特点及其所反映的佛教思想都会逐渐清晰化的。

2. 经变画

麦积山北魏晚期至西魏，出现了一定数量的经变画，北周、隋、唐延续，这些经变画不仅在北朝石窟中是年代较早的，且内容丰富，主要有维摩诘经变、西方净土变、涅槃经变、法华经变等[①]，既有北朝时期占主导地位的法华变，也有北朝晚期新出现的西方净土变，反映了此时佛教信仰的多元性。同时，麦积山北朝经变画画面恢弘巨大，表现出相对成熟的样式，在我国经变画发展中占有重要地位。

如上节所述成都南朝造像中，出现了弥勒经变、西方净土变、法华经变、维摩文殊变、涅槃图等内容，且年代较早，是中国石窟寺中除了炳灵寺西秦时期的经变画雏形外时代最早的。麦积山的经变画从题材内容到

①张宝玺《麦积山石窟壁画叙要》，《中国石窟·天水麦积山》，文物出版社，1998 年；张宝玺《甘肃石窟艺术壁画编》，甘肃人民美术出版社，1997 年。

表现形式上都与南朝经变有着紧密的联系。

弥勒经变是南北朝时期较为常见的内容,总体看北朝重视弥勒上生经,南朝流行下生信仰①。同时南朝也见上下生结合的形式,南朝齐永明八年(490)弥勒佛像背面雕出交脚弥勒菩萨像,万佛寺49号像就是南朝较早表现弥勒上下生结合的实例②(图七十四:1)。麦积山早期洞窟中常见的在主尊背后上部小龛中雕塑交脚菩萨的形式,其多与思惟菩萨像相对而置,笔者认为居于上层小龛中的交脚菩萨还应是弥勒菩萨,表现了弥勒处于兜率天宫中的上生内容,与北朝整个弥勒发展的步伐一致。同时麦积山北魏、西魏流行三佛窟,三佛中交脚菩萨的出现,表现了佛法传承的内涵。北朝晚期,以倚坐弥勒菩萨或弥勒佛为主的造像渐多,它们代表了弥勒下生信仰在北朝晚期的流行情况,与此同时,北朝晚期还存在弥勒上下生结合的图像,如须弥山北周洞窟中交脚菩萨与倚坐弥勒佛对坐。这是弥勒净土信仰发展到北朝晚期时的一种变化。南朝重视弥勒下生思想或对北朝晚期弥勒上下生结合造像、表现下生内容造像增多的情况产生了一定的影响。

法华经是南北朝石窟造像中指导性的经典,依法华思想组织的图像,是北朝佛教图像的主流。其中以法华世界教主释迦、法华象征释迦多宝对坐、交脚弥勒菩萨共同构成的图像组合是北朝后期法华图像的重要表现形式之一③。麦积山十号造像碑就是典型例证。北魏至西魏麦积山流行的三佛等题材均是法华盛行的反映。北周麦积山虽然以七佛为主要内容,却也是法华禅观内容之一。除此外,麦积山27窟窟顶绘制大型法华经变(图七十四:4),以释迦多宝说法为中心,周围配置以众多的菩萨、

---

①宿白《南朝龛像遗迹初探》,《中国石窟寺研究》,文物出版社,1996年。

②成都市文物考古工作队《成都市西安路南朝石刻造像清理简报》,《文物》1998年第11期;袁曙光《四川省博物馆藏万佛寺石刻造像整理简报》,《文物》2001年第10期。

③李静杰《北朝后期法华图像的演变》,《艺术学》第21期,台北。

弟子、圣众、城池、建筑等景象，构成了完整而成熟的图像，这不同于炳灵寺西秦壁画中简单的释迦多宝对坐形式，也不同于众多北朝石窟造像中以释迦 + 释迦多宝 + 交脚弥勒菩萨组合图像表现法华的样式。麦积山 27 窟窟顶的法华经变与以往的北朝表现法华的形式均不同，它的突然出现，似受到外部因素的影响。成都万佛寺 48 号造像碑背面下部的法华经观音菩萨普门品是目前所见最早的与法华相关的经变图，其表现的内容是与正面的双身菩萨像相符合的观音菩萨普门品。大画面、多场景、人物众多是其特点。该碑以上述内容为基础，营造出一个宏大的空间环境，这种表现形式开创了中国佛教绘画雕刻艺术的新风，对隋唐以后大型经变画的绘制影响深远。虽然麦积山北周 27 窟与万佛寺 48 号像碑对于法华这一主题内容的表现不同，前者承袭了北朝重视释迦多宝这一法华象征的特点，后者强调了观音菩萨的重要性，符合南朝观音信仰流行的状况，但两者在表现形式上极其相似，都注重场景与空间的表现，笔者认为 27 窟的表现形式受到的外来影响就来自南朝。

麦积山北魏晚期至西魏时期 127、135 窟中大型西方净土变的出现与南朝无量寿佛信仰及造像相关。虽然在南朝石窟造像中仅见到少量西方净土变图像，但自 402 年慧远率领白莲教的 123 名书僧徒，在庐山祈愿往生西方净土开始，无量寿佛信仰就成为南朝佛教极为盛行的内容，其早期造像中存有明确的无量寿佛题记。慧远的弟子中不乏前往四川传教的，如慧持、道汪等。“罗什在关遥相钦敬，致书通好，结为善友。持后闻成都地沃民丰。志往传化兼欲观，瞩峨嵋振锡岷岫。乃以晋隆安三年辞远入蜀……正以西方为期耳……遂乃到蜀，止龙渊精舍，大弘佛法，井络四方，慕德成侣。”① “释道汪，姓潘，长乐人，幼随叔在京，年十三投庐山远公出家。研综经律雅善涅槃，蔬食数十余年。尝行梁州，道为羌贼所围垂

①《高僧传》卷六，《大正藏》第 50 册。

失衣钵，汪与弟子数人誓心共念观世音，有顷觉如云务者覆汪等身，群盗推索不见，于是获免。后闻河间玄高法师禅慧深广，欲往从之。中路值吐谷浑之难，遂不果行，于是旋于成都。征士费文渊初从受业，乃立寺于州城西北。名曰祇洹，化行巴蜀，誉洽朝野。"[①]从上述文献记载中知，慧持、道汪等人原随慧远习佛，信仰西方无量寿，之后均入蜀传教，亲身经历了磨难，并因信奉无量寿及观音菩萨而得解脱，想必这些经历坚定了其信念，并将建康造像题材内容带到蜀地。随着秦益两地交往的加强，此内容又传至西魏的麦积山，并以经变画的形式表现出来，形成了自身特点。麦积山 127 窟绘制了大幅的西方净土变，其内容到形式都与万佛寺 48 号碑背面上部的西方净土变极为相似，上部中间位置均为无量寿佛及胁侍，两侧众多的听法圣众呈"八字形"列于高大的建筑前；画面下部为宝池。127 窟因壁画漫漶不清，宝池中物不详。在麦积山西魏前不见此题材，又结合麦积山北魏、西魏造像中反映出的南朝特点等分析，南朝对麦积山的影响自北魏、西魏起就已产生。而南朝无量寿佛信仰出现较早，流行时间较长，相关造像较多，麦积山西魏才出现相关内容，且形式上又与南朝益州西方净土变有相似之处，故麦积山西方净土变当受到益州影响。麦积山的西方净土变中没表现山形，可能依据的是《阿弥陀经》，与益州典出不同，但两者都突出表现了净土庄严相。无独有偶，中原东部地区的北齐南响堂山 1、2 号窟中均浮雕西方净土图像，4、6 窟雕刻西方三圣像，小南海中窟、东窟表现十六观。南响堂山净土图像与南朝、麦积山相同，依据《无量寿经》《阿弥陀经》类经典，强调庄严相，而小南海石窟以《观无量寿经》为典出。可见在北朝晚期，无论东部还是西部地区，西方净土图像都已存在，但表现内容的侧重点有所不同，南朝及西部地区以表现庄严相为主，北齐石窟则庄严相、观经类均出现。北朝以来石窟造像中

①《高僧传》卷七，《大正藏》第 50 册。

法华思想为主导的情况发生了变化，佛教信仰呈现多元趋势。中原东部地区与西部地区相比，内容与表现形式更加多样化。

虽然北周时期的麦积山不见西方净土变的内容，但同时期的北齐南响堂1、2窟，小南海中窟、东窟均有西方净土变的内容，南响堂4、6窟正壁阿弥陀三尊像，亦强调了西方净土及观世音信仰[①]，可见北齐石窟中，西方净土信仰也十分盛行，其源头也是南朝。

涅槃经变在麦积山自北魏晚期至西魏时就已出现，127、135窟正壁均绘制了大型的涅槃经变图，两窟左右壁又都绘制维摩诘变、西方净土变。到北周的26窟顶部也绘制了涅槃变(图七十四:3)。而涅槃内容，在四川南朝造像中，完整的见彭州龙兴寺出土的梁中大通五年(528)释迦双身像，正面主尊为双身释迦像，两侧面刻佛教故事，如逾城出家等，背面上部浮雕涅槃像及说法图(图七十四:2)，上部释迦仰身横卧，周围举哀弟子等，下部释迦临终说法图[②]。万佛寺WSZ46像为释迦说法像，背光残，但从残迹可以看出佛涅槃图、建筑等内容。南朝释迦单身或双身像与北朝释迦多宝二佛并坐图形式不同，但表现法华的含义却是相近的。整个像碑的构图应是法华思想主导下的图像内容，同时又强调了涅槃的重要性。此时逾城出家等已脱离了狭义的佛传故事的范畴，具有了更加广泛的象征义涵，反映了成就佛道的思想[③]。麦积山127窟、26窟佛涅槃都

①邯郸市文物保管所、峰峰矿区文物保管所《河北邯郸鼓山常乐寺遗址清理简报》，《文物》1982年第10期；邯郸市文物保管所《邯郸鼓山水浴寺石窟调查报告》，《文物》1987年第4期；河南省古代建筑保护研究所《河南安阳灵泉寺石窟及小南海石窟》，《文物》1988年第4期；邯郸市峰峰矿区文物保管所、北京大学考古实习队《南响堂石窟新发现窟檐遗迹及龛像》，《文物》1992年第5期。

②沈洪民《彭州市出土佛教石刻造像》，《成都文物》1995年第1期；彭州市博物馆、成都市文物考古研究所《四川彭州龙兴寺出土石造像》，《文物》2003年第9期。

③李静杰《敦煌莫高窟北朝隋代洞窟图像构成试论》，云冈石窟研究院编《2005年云冈国际学术研讨会论文集·研究卷》，文物出版社，2006年。

取仰卧姿势，与成都两例一致。壁画主体同南朝均选取了林间说法及涅槃两个主要场景。所表达的佛教思想与南朝相同。

1

2

3

4

图七十四 经变画

1. 万佛寺 49 号造像背面 2. 梁中大通五年像 3. 麦积山 26 号窟顶涅槃变 4. 麦积山 27 号窟顶法华变（1、2 采自《四川出土的南朝佛教造像》图版 38–1、图版 62–3，3、4 采自《中国石窟·天水麦积山》图 252、256）

《大涅槃经》虽然最早由北凉昙无谶译出，但东晋时法显也译出六卷本的《大般泥洹经》，南朝宋慧严、慧观、谢灵运等又对《大般泥洹经》进行了调整润色，形成了《南本涅槃经》。宋、齐二代，先是《涅槃》代《般若》而兴，到梁代而极盛。武帝一生精研佛教教理，固持戒律，四次舍身同泰寺，自讲涅槃、般若、三慧等经，并著有《涅槃经》等[1]。于是《涅槃经》也成为

---

[1]《佛祖统纪》卷三十七；《佛祖历代通载》卷九。

南朝盛行的经典之一。如此重要的经典，按理对应的造像也应较多，但在建康地区却没发现任何实物，贺世哲先生据《世说新语》中的记载判定，南方地区在4世纪上半叶就已出现涅槃像[①]。

南朝维摩、文殊造像有三例，西安路6号像背的维摩、文殊图，万佛寺普通四年像（WSZ41）背面上部文殊师利问疾，绵阳平阳府君阙北阙17号龛。这种在般若经系统基础上发展起来的佛教题材，在建康产生流行，并影响到北方炳灵寺西秦壁画。成都此类题材也应源自建康。麦积山北魏至西魏洞窟集中出现了维摩、文殊内容，如102、123窟中维摩诘造像及127、135窟中的维摩诘经变画。这两幅经变画人物造型为典型的南朝褒衣博带式样。事实上，麦积山自北魏晚期至西魏的127、135窟中出现的维摩诘、涅槃、西方净土、地狱等经变图像，尤其是维摩诘、涅槃变等强调大乘义理的图像，与洞窟中用以禅观的造像结合，就表现出了"双弘定慧"的含义。北周的26、27窟中七佛塑像及法华、涅槃变壁画更是对此的延续。敦煌因时空上的滞后，到了北朝晚期至隋代，表现"双弘定慧"的法华、涅槃、维摩诘变才出现在洞窟中。[②]《法华经》被视为"诸佛之秘藏，众经之实体"。[③]《大般涅槃经序》说："大般涅槃经者，盖是法身之玄堂，正觉之实称，众经之渊镜，万流之宗极。"[④]说明两者都十分重要，且彼此关联。这种情况影响了麦积山、敦煌等西部地区，只是时间上出现一定的滞后性。麦积山北周26、27窟为双窟，顶部分别绘制涅槃、法华图像，也说明了法华、涅槃双举的状况。敦煌隋代的419、420窟则对此进行了进一步的阐述[⑤]。

---

①贺世哲《敦煌壁画中的涅槃经变》，《敦煌石窟论稿》，甘肃人民出版社，2004年。

②贺世哲《敦煌莫高窟隋代石窟与双弘定慧》，《敦煌石窟论稿》，甘肃人民出版社，2004年。

③《出三藏记集经序》卷八，《大正藏》第55册，第57页。

④《大般涅槃经序》，《大正藏》第12册，第365页。

⑤郭佑孟《敦煌隋代法华主题洞窟初探》，《兰州大学学报（社会科学版）》第34卷第4期，2006年7月。

3. 伎乐

北周以前麦积山诸窟中伎乐多出现在佛像背光中，如127窟，而位于佛座上的不见，且伎乐形象多着汉装，身姿飘逸灵动。北周出现了变化，已非秀骨清像样。26窟两侧壁佛座上浮雕伎乐数身，伎乐上袒，蹲坐状，披帛绕肩外扬，乐器有腰鼓、排箫等（图七十五：1）。

成都梁普通四年像、梁中大同三年像（图七十五：2）、梁中大通四年释迦像，另有无纪年的商业街90CST⑤：9号像碑、西安路H1：8号像、万佛寺WSZ48号双菩萨像、汶川三佛造像的佛座上均出现过伎乐群像①。这些造像中伎乐存在两种样式，一种为背光中典型的南朝汉式，另一种

图七十五　伎乐图

1. 麦积山26窟伎乐像　2. 中大同三年像伎乐图　3. 莫高窟西魏249窟伎乐　4. 莫高窟北周290窟伎乐（1自拍，2采自《文物》2001年第10期第25页图一二，3、4采自《中国石窟·敦煌莫高窟》（一）图94、182）

---

①成都市文物考古工作队《成都市西安路南朝石刻造像清理简报》，《文物》1998年第11期；袁曙光《四川省博物馆藏万佛寺石刻造像整理简报》，《文物》2001年第10期；张肖马、雷玉华《成都商业街南朝石刻造像》，《文物》2001年第10期；霍巍《四川大学博物馆收藏的两尊南朝石刻造像》，《文物》2001年第10期；雷玉华等《四川汶川出土的南朝佛教石造像》，《文物》2007年第6期。

为基座上的胡人形象。其中胡人伎乐，上袒、下着裙(裤)，还有的似戴风帽。立姿，边舞边奏，动感十足。所持乐器有腰鼓、排箫等。

梁武帝依儒家的礼制，制礼作乐，同时又作佛乐，以为“正乐”。《隋书》卷十三《音乐志上》记：“帝既笃敬佛法，又制《善哉》《大乐》《大欢》《天道》《仙道》《神王》《龙王》《灭过恶》《除爱水》《断苦轮》等十篇，名为正乐，皆述佛法。又有法乐童子伎、童子伎歌梵呗，设无遮大会则为之。”可以看出其对佛乐及伎乐十分重视。南朝益州胡人伎乐的出现或是受到建康的影响，或由途经此地或定居此地的西域胡商、僧人带来，其中粟特人是较为重要的一支。目前发现的北周、隋时期粟特人墓葬中出现大量的西域式伎乐，表明其善歌舞伎。

麦积山西魏127窟佛像背光中的伎乐完全是南朝汉式的，与梁普通四年、中大通四年像背光中的伎乐如出一辙，这是在南朝之风影响全国之时作用于麦积山的。而麦积山26窟中伎乐与127窟不同，伎乐身姿与服饰均非南朝汉式，伎乐跪姿，上袒，跪姿使得造像略显笨重，整个造像通过披帛的飘动表现了其动态。一改之前轻盈飘逸的样式，与北周造像整体敦厚的特征一致。须弥山45、46窟中心柱基座上也雕刻有伎乐像①，以中心柱每面基座中间的博山炉为中心，两侧对称跪状排布，每侧四身。伎乐上袒，披帛于头后飘扬。所持乐器有箜篌、腰鼓、排箫、笛、琵琶、竽等。与麦积山同，反映了北周造像的共性。长安地区北周造像座上伎乐像席地而坐，或以博山炉为中心，伎乐围绕在两侧，或分布于基座两侧②。伎乐着汉装，所持乐器有箜篌、琵琶、排箫等。其中有部分胡人形象。麦积山、须弥山北周时期的伎乐像与中心文化区长安较为近似，其来源似是

---

①宁夏回族自治区文物管理委员会、北京大学考古系编著《须弥山石窟内容总录》，文物出版社，1997年。

②《北朝石刻艺术》，图65；赵力光、裴建平《西安市东郊出土北周佛立像》，《文物》2005年第9期。

长安地区。当然长安的胡风伎乐也可能受到南朝影响。

另外,我们也注意到,同时期的北齐,重视与西域诸胡的联系,高齐本出自北镇,以鲜卑自居,崇信佛教的同时,又深染胡俗。龟兹乐伎、粟特画风都盛行其境[①]。

以上从佛教信仰及造像题材上讨论了益州与麦积山的异同等,另外,两地在佛教造像的服饰上也存在一定的联系。

4. 造像服饰

麦积山北朝佛装样式较为复杂,北魏早期阶段继承云冈特点,表现为西域式样。到北魏晚期,除了千佛表现为西域通肩样式外,主体造像与全国造像发展基本同步,佛均着汉化的褒衣博带式袈裟,菩萨披帛轻薄飘逸。麦积山 133 窟 3 号龛出现了与南朝造像相同的佛装,其佛内着僧祇支,外穿褒衣博带式袈裟,袈裟下摆呈三瓣式(图七十六:1),142 窟出现四瓣式下摆。这种样式在成都出土南朝齐永明八年(490)法海像上就已出现(图七十六:2)。因南朝齐永明八年造像是此类造像中年代最早的,李裕群先生认为它影响了长安,并由长安影响其他地区[②]。而笔者检阅了目前出土的长安此阶段造像,发现长安此类造像数量较少,如北魏普太元年、二年像碑上主尊。长安对周围地区的影响还有待更多此类造像资料的发现。而益州地近秦州,两地间的交往也较频繁,四川造像很可能直接影响麦积山。故北魏晚期,麦积山在受到来自中原洛阳等地南朝风格影响的同时,也有直接吸收四川造像特点的可能。

到北周时期,麦积山佛装样式较多,有双领下垂、通肩、偏覆右肩式等,其受到的外来影响较为明显。

①宿白《青州龙兴寺窖藏所出土佛像的几个问题——青州城与龙兴寺之三》,《文物》1999年第 10 期。

②李裕群《试论成都地区出土的南朝佛教石造像》,《文物》2000 年第 2 期。

1　2　3　4　5　6　7　8

图七十六　佛像服饰

1. 麦积山133窟3号像　2. 齐永明八年像　3. 麦积山36窟正壁佛像　4. 中大通三年像主尊　5.麦积山62窟正壁佛像　6. 麦积山26窟正壁佛像　7. 北周单体白石浮雕嵌板　8. 响堂山7窟正壁（2采自《文物》1998年第11期6页图四，1、3、4、5、6、8采自《5—8世纪汉地佛像着衣法式》图5-1-3:6，图5-1-4:11，图2-2-2:2，图5-1-6:1，图5-1-6:4，图4-6-3:9，7赵章赫绘）

如前章所述，北周单体造像中佛像着双领下垂样，下摆两瓣圆弧形，是受到南朝造像的影响。麦积山北周坐佛中也出现此类袈裟样式，如麦积山36窟佛像（图七十六：3），其与中大通三年（531）像极为相似（图七十六：4），明显受到南朝影响。

麦积山北周7、26、62等窟中佛内着僧祇支，束带，中衣双领下垂，束带，外披偏覆右肩式袈裟，右衣角存在两种样式，一种为62窟正壁佛像，右衣角搭向左肩。另一种为26窟正壁佛像，右衣角搭于左臂上，两者有略微的差别。26窟佛衣与前述北周单体佛像中佛衣相同，来自于南朝样式。而62窟佛衣虽与长安地区白石浮雕嵌板类佛衣相似，却也有一定的差异。麦积山62窟着衣既继承了南朝偏覆右肩的特点，又吸收了北齐法上改制后新出现的右衣角搭向左肩的样式[①]（图七十六：5、6、7、8）。联系到北周麦积山在窟形及窟外立面等方面受到北齐石窟影响的特点，这种吸收北齐袈裟样式的着衣也就顺理成章了。

麦积山北周造像中，部分佛着通肩袈裟，出现了新特点。北周前仅76、75、114、155等窟正壁或侧壁佛着通肩袈裟，另外114窟等洞窟中影塑也见通肩袈裟，其他窟中基本不见。北周之前麦积山通肩袈裟，领口较高，不见内衣，衣纹通体呈U形，下摆较短，仅覆住双腿，袈裟右角搭于左肩外。而北周佛像通肩袈裟分三类。一类如141窟两侧壁佛通肩袈裟，领口有高低之分，右边袈裟搭于左肩后外飘，袈裟下摆短小，仅遮住腿部，不下垂（图七十七：1）。二类以141窟正壁主尊为代表，通肩袈裟领口开得很低，下垂于腹部，僧祇支外露，胸前结带，下摆两瓣悬裳式。22、62

1　　2　　3　　4

图七十七　麦积山佛像

1.麦积山141窟右壁　2.麦积山141窟正壁　3.麦积山22窟正壁　4.麦积山62窟左壁（采自《中国石窟·天水麦积山》图208、205、215、220）

①响堂山石窟大量出现右衣角搭向左肩的袈裟，学者对此也有充分的考证，可参见刘东光、李裕群、王振国、陈悦新等人文章。

窟主尊与此同类。但它们之间也有细微的差别，那就是内衣结带与否，141、62窟不仅见僧祇支，还出现汉式的结带（图七十七：2），而22窟主尊仅见僧祇支（图七十七：3）。三类为上身通肩，不见内衣，下摆两瓣式悬裳。如62窟左右壁主尊、45窟主尊（图七十七：4）。

北魏晚期、东魏时中原东部地区石窟及造像中，却较少见到通肩袈裟，一派褒衣博带样。西魏文化中心长安现存的造像上，除了千佛外，也不见通肩袈裟，与麦积山状况相同。而年代上早于麦积山北周造像的成都南朝造像中，出现了为数不少的通肩式袈裟的例子，既有单尊造像也有群像组合，如西安路出土的大同十一年（545）释迦多宝造像、西安路H1：6号三佛像、汶川县博物馆藏造像、万佛寺出土的单体佛像等。南朝这些通肩袈裟开口分高低，部分袈裟下摆较短，通体衣纹呈U形，如西安路出土的大同十一年释迦多宝造像、西安路H1：6号三佛像。部分袈裟下摆较长，覆座，分两瓣，如汶川县博物馆藏造像。这样看来，同时期的南北两地，只在成都地区造像上存有通肩样式，且麦积山北周佛通肩袈裟与南朝通肩袈裟存在极大的相似性，麦积山北周袈裟较短样与成都西安路出土的大同十一年释迦多宝造像、西安路H1：6号三佛像类似，而袈裟略长覆座样又与汶川县博物馆藏造像一致，同时下摆圆弧样与南朝双领下垂袈裟下摆相似。麦积山北周出现的通肩袈裟只能从南朝造像上找到其源头。

5. 菩萨像

麦积山62窟是北周时期一个极为重要的洞窟，其洞窟形制、题材组合、造像形态、袈裟样式等既反映出北周时期的特点，同时又可看出多元因素的影响。其中四川观音像对其影响极为显著。万佛寺出土的双观音像、汶川博物馆藏双观音像（图七十八：1、2），观音肩宽细腰，肌体丰满圆润。头部和胯部微微扭向一侧，腹部隆起，一腿微屈，足尖踮起，柔美的身

1　　2　　3

图七十八　菩萨像比较

1. 万佛寺菩萨像　2. 汶川双观音像　3. 麦积山 62 窟菩萨像（1、2 采自《四川出土南朝佛教造像》图版 36-1、图版 69-1，3 采自《中国石窟·天水麦积山》图 221）

体曲线赋予了强烈动态之美①。麦积山 62 窟正壁菩萨面短而艳（图七十八：3），一腿直立，一腿弯曲，身姿略微扭曲，S 形身段已露雏形，与万佛寺及汶川南朝像极为接近，而同窟左右壁菩萨仍保持北魏以来直立的身姿。说明此时麦积山菩萨两种造型并存，既有吸收了南朝较为先进的因素而成的 S 形身段，同时又保留了来自北魏、西魏的传统柱状样式，表现了新旧因素共同作用于麦积山北周造像的特点。

四、对敦煌北周造像的影响

敦煌因其地理位置及文化的特殊性，文化面貌呈现出与众不同的特点，佛教造像也如此。在西域及中原不同文化的影响下，佛教石窟造像及壁画等表现出双重性，外来文化与汉文化的影子在造像及壁画中交织出

①雷玉华等《四川汶川出土的南朝佛教石造像》，《文物》2007 年第 6 期。

现[①]。其中汉文化的影响主要来自中原云冈、龙门等地。南朝造像也对其产生了一定的影响，虽然这种影响较小，也非主流，但我们在敦煌造像中还是窥见了南朝因素。

南朝因素出现在敦煌造像中，是通过长安、秦州、原州等地传播形成的。长安、秦州、原州、敦煌都是丝绸之路干线的重要城市，便利的交通、大量的人员往来，都促进了各地间的文化交流。从时间上看，敦煌受南朝影响要晚于长安、秦州等地，北周是初传期，影响较小，大量的较为深刻的影响要到隋以后才体现出来。

1. 造像样式及服饰

敦煌早期洞窟受西域佛教文化影响较大，加之远离中原文化中心，北魏中晚期以来风靡全国的秀骨清像、褒衣博带的造像样式直到西魏才在莫高窟流行。题材方面也大量出现了中国传统的神话内容。虽然西魏窟中题材内容和造像样式上都出现了汉化的倾向，但西来的因素还是存在，东西两种文化面貌相互交错出现在西魏洞窟中，最为明显的例子是西魏的飞天，上身袒露，肌肤施西式晕染法，而披帛却是典型的汉式，整个造像升腾飘扬，似火焰，与南朝风格相同。

到了北周，敦煌造像中的南朝因素主要表现在造像样式及服饰上。西魏时期流行的秀骨清像样逐渐被丰壮型代替，佛、菩萨均面相丰圆，躯体的肌肉感增强。菩萨像身姿弯曲，表现了一定的动感。

服饰方面，佛像褒衣博带、通肩、偏袒右肩式并存，且南朝风格的双领下垂褒衣博带式袈裟所占比列较大，而通肩、偏袒右肩等西式样较少见，仅见 438 窟主尊、461、428 窟侧壁壁画中佛像。与同时期的长安、麦积山、须弥山等地流行西域通肩样式的情况不同，说明莫高窟北周袈裟

---

①李静杰《敦煌莫高窟北朝隋代洞窟图像构成试论》，《2005 年云冈国际学术研讨会论文集·研究卷》，文物出版社，2006 年。

依旧流行西魏以来的旧样式，在接受北周新因素时存在一定的滞后性。长安北周高大的立佛、立菩萨像等直到隋代才出现在莫高窟，如427窟立佛及胁侍菩萨，高大丰壮。佛着通肩袈裟，衣纹自左胸前向右侧斜散，两腿间形成直长的竖向衣褶，袈裟轻薄贴体，这种样式与受南朝影响的长安单体佛像十分接近。莫高窟419窟西壁佛通肩袈裟左肩外飘衣角，下摆呈多重垂悬样，与麦积山22窟相似。北周莫高窟菩萨服饰简单，装饰很少，不似长安等地装饰繁复。直到隋代菩萨身上的璎珞等增多，装身具呈现复杂化倾向。

除此而外，莫高窟隋代造像组合中新出现了一铺七身，甚至十多身的形式，与南朝群像相近。造像组合、体态、袈裟样式及装身具上的相似性，表现出北周至隋代莫高窟造像外形上受南朝影响而产生的变化，而隋代莫高窟在思想信仰上的变化才是更为重要的部分。

2. 经变画

莫高窟北周时期存在一定的壁画，内容主要还是前代就有的佛教故事画，尤其是本生、因缘、佛传等，新出现了牢度叉斗圣变、福田经变等。从隋代开始，洞窟中绘制了大量的经变画，内容丰富，画面宏伟。主要有西方净土变、弥勒上生经变、法华经变、维摩诘变、涅槃变、药师经变、福田经变等数种[①]。莫高窟北朝洞窟中佛教故事画盛行，经变画不见，故内容丰富的隋经变画的出现显得十分突然。从全国范围看，目前较为完善的经变图最早出现在成都南朝造像碑中，虽然南朝经变图只见弥勒经变、西方净土变、法华变、维摩诘变及涅槃图，但南朝这些早期的浮雕经变图对西魏以后西北地区的影响还是十分深远的。如前所述受其影响，麦积山西魏、北周就出现了法华变、西方净土变、涅槃变、维摩诘变等内容，且两地在大场面表现情节，注重空间感上十分相似。

---

①李其琼《隋代的莫高窟艺术》，《中国石窟·敦煌莫高窟》（二），文物出版社，1984年。

隋代两京地区寺观中也存有大量的当时名画家绘制的经变画①。隋平陈后,将陈的大量书画作品带到东都洛阳,并筑“妙楷台”“宝迹台”来收藏这些作品②。同时大量的南朝画家入侍隋朝,如董伯仁、展子虔等,他们中很多人都善画经变画③。南朝书画名品及名画家的到来,无疑带来了善画经变的风气,从而促进了隋代经变画的发展。隋炀帝崇信佛教,并注重对河西的经营,曾于隋大业五年(609)西巡河西,在张掖会见西域诸国使节④,这些都促进了东西交往,是隋代莫高窟经变画发展的有利条件。

净土思想是成都南朝造像的主要内容,从弥勒净土到无量寿(阿弥陀)西方净土,早期净土思想的两种内容均盛行。弥勒信仰从万佛寺49号碑浮雕弥勒净土图、南朝齐永明元年(483)造像、齐永明八年(490)造像、建武二年(495)背面像、梁中大同三年(548)像、万佛寺无纪年的弥勒造像上得见。同时部分造像铭记中也反映了净土信仰的内容,如中大同三年像铭记:“……敬造官世菩萨一躯明□天游神净土□□兜率供养□……”广元出土的北魏延昌三年(514)造像铭记:“……敬造释迦文佛石像一躯各为亡者现在眷属诸师同子华龙三会愿登初首诸劝助者并润动众生普同此愿得道如佛。”⑤表明在敬奉释迦的同时,也祈望往生龙华,体现了净土与法华思想的结合。从这些造像及铭记中可以看出,南朝造像中既有表现弥勒上生的内容,也有上下生内容结合的。但总体看南朝弥勒下生信仰流行较早,造像中表现下生的内容占多数,与北朝早期常

---

①《历代名画记》卷三、卷八,人民美术出版社,1985年。

②《隋书》卷三十二《经籍志》,中华书局,1982年。

③《历代名画记》卷八《展子虔传》《董伯仁传》。

④《隋书》卷七十六《裴矩传》。

⑤袁曙光《四川省博物馆藏万佛寺石刻造像整理简报》,《文物》2001年第10期;广元文管会《广元新出土的文物》,《文物》1990年第6期。

见弥勒上生内容不同。

敦煌地区从北凉洞窟开始，就存有大量的表现弥勒上生的造像，且多以交脚菩萨的形式出现，直到隋代的经变画中也还是继承十六国、北朝的特点，流行以交脚菩萨为主的表现弥勒上生内容的图像。如莫高窟419、423窟后部平顶上的弥勒上生经变，弥勒交脚坐于兜率天宫内，两侧为胁侍及听法的众圣①。成都万佛寺49号碑背面浮雕将弥勒上生、下生内容结合在一个画面中的形式，在莫高窟唐代洞窟中才出现。虽然莫高窟隋代弥勒经变与南朝相比，时间上有一定的滞后性，但从表现形式上看十分相似，两者均人物众多、场面宏大，都注重对空间环境的刻画，但我们也注意到莫高窟弥勒变更加突出了说法的场景，此内容是画面的中心部分。故莫高窟隋唐经变画应受到南朝的影响，同时也有自身的变化。

在我国无量寿西方净土变相的创作，与净土经典的翻译与流布有很密切的关系。东汉灵帝时支娄迦谶就译《般舟三昧经》《无量清净平等觉经》，它们是最早的此类经典。曹魏康僧铠又译《无量寿经》，之后西晋支谦译《大阿弥陀经》、后秦鸠摩罗什所译《阿弥陀经》等。从这些经典的翻译流布，可知中国的无量寿净土思想早在3世纪时便出现了。在众多经典中《阿弥陀经》《无量寿经》与《观无量寿经》合称净土三部经，成为影响中国最重要的西方净土类经典。但三部经典所侧重的内容不同，《无量寿经》与《阿弥陀经》主要描绘了净土世界的庄严，而《观无量寿经》对净土景致的描写稍少，注重观想内容。西方净土类经典的兴盛，推动了净土类美术的创作。大量民间应验类传说也使得净土信仰得以流行。大量高僧名士也崇信西方净土思想，为其歌功颂德，如僧显"遇疾绵笃，乃属想西方心甚苦至。见无量寿佛降，以真容光照其身，所苦都愈，是夕便起澡浴。

①《中国石窟·敦煌莫高窟》(二)，图84、34。

为同住及侍疾者说己所见，并陈诫因果”。[①]支遁曾为阿弥陀佛像书写颂词及序文[②]。加之东晋时高僧慧远在庐山于般若台精舍无量寿像前建斋立誓共期西方，提倡修念佛三昧，于是净土教大兴。从文献记载及现存的造像看，早期西方净土类作品中，无量寿单尊像，或西方三圣是主要的形式[③]，如《历代名画记》曾记载戴逵花了三年所造无量寿胁侍菩萨像[④]。道安于东晋宁康三年（375）铸造丈八金铜无量寿佛[⑤]。炳灵寺169窟中建弘元年（420）西方三圣像等[⑥]。可知在东晋十六国时造立无量寿像，已较普遍，尤其南方地区较盛行。

进入南北朝，西方净土信仰的表现形式发生了变化，单体的无量寿佛像继续存在，如南朝齐永明元年（483）造像、天监三年（504）像。文献还记梁天监十五年（516）临川王萧宏又造无量寿大佛[⑦]。除了单体无量寿佛像外，净土变相图的出现是此时最重要的变化，南朝宋元嘉二年（425）碑、万佛寺48号碑上部浮雕是其代表。宋元嘉二年碑上部残毁，仅可见宝池及桥。万佛寺48号碑上部以浮雕形式形象地描绘了释迦牟尼佛于灵鹫山中说法，其旁围绕数千弟子及诸菩萨。释迦描述过去世自在王佛时说，有国王出家为僧，号法藏，发四十八大愿，称：“十方众生，至心信乐，欲生我国，乃至十念，若不生者，不取正觉。”经漫长时期，积无量德行，在十劫前成佛，号“无量寿佛”。光明寿命最尊第一。其国土谓安乐净土，无量功德庄严，国中声闻、菩萨无数，讲堂、精舍、宫殿、楼观、宝树、宝

---

①《高僧传》卷十一，《大正藏》第50册。

②《广弘明集》卷十五，《大正藏》第52册。

③参见陈清香《西方净土变相的源流及发展》，注5、6，《东方宗教研究》第二期，文殊文化有限公司出版，1988年9月。

④《历代名画记》卷五。

⑤《法苑珠林》卷十三，《大正藏》第53册。

⑥《中国石窟·永靖炳灵寺》。

⑦唐高宗立《摄山栖霞寺明征君碑》，《江宁金石记》。

池等均以七宝严饰，百味饮食随意而至，自然演出万种伎乐，皆是法音。其国人等智慧高明，颜貌端庄，但受诸乐，无有众苦，皆能趋向佛之正道。至于往生者有上辈、中辈、下辈之分。彼国菩萨都得到一生补处（即隔一生而成佛），以观世音、大势至为上首。最后释迦牟尼劝弥勒及诸天人等，备勤精进，不存怀疑，信心回向，便能在彼国七宝华中化生，等等。从48号碑浮雕画面看周围圣众、建筑、宝树、宝池、飞天等环绕，正符合佛经中所描绘的美好无比的西方极乐世界的场景，使人向往。同时与《无量寿经》《阿弥陀经》等相吻合，主要表现了净土庄严相。益州南朝造像中的西方净土题材的流行与东晋建康地区流行西方净土信仰紧密相关。

除了上述两种情况外，净土信仰与其他信仰结合的现象也较为常见，这一点在以益州为中心的长江上游地区表现得较为明显。益州出土的大量造像碑中出现了祈望西方的铭记，如梁中大通五年（533）释迦像铭记："……敬造释迦文石像一丘愿令玉尼永住生处值生西方无量寿国舍身受形常见诸佛同真出家及现在眷属六亲中表一切苍生并同此愿。"梁太清三年（549）释迦双身像发愿文："……佛弟子丁文乱为亡妻苏氏敬造释迦双身尺六刑石像一丘愿亡妻并及七世永离幽苦常往西方净土……"[①]均表现了法华与净土的结合。

地处河西走廊西端的敦煌，西方净土变图的出现虽然晚到隋代，但西魏时期就已出现了无量寿佛说法图，反映了佛教信仰多元的趋势自西魏就已现端倪。关于敦煌西方净土变，学界有较多的研究成果[②]，此不赘

①袁曙光《四川省博物馆藏万佛寺石刻造像整理简报》，《文物》2001年第10期；霍巍《四川大学博物馆收藏的两尊南朝石刻造像》，《文物》2001年第10期。

②施萍婷《关于敦煌壁画中的无量寿经变》，《敦煌研究》2007年第2期；中村兴二《日本的净土变相与敦煌》，《中国石窟·敦煌莫高窟》（三），文物出版社，1987年；陈清香《西方净土变相的源流及发展》，《东方宗教研究》第二期（1988年9月），文殊文化有限公司出版；宁强《从"偶像崇拜"到"理想天国"——论西方净土变的形成》，《段文杰敦煌研究五十年纪念文集》，世界图书出版公司，1996年。

述。笔者在此只比较敦煌早期西方净土变与南朝的关系。在讨论南北关系前,需要先搞清西方净土三部经典在图像上的差异。首先无量寿经、阿弥陀经与观无量寿经在内容上有一定的差异,其侧重点不同。正如日本学者春日井真认为,虽然它们都是"以阿弥陀佛即无量寿佛信仰为中心课题,但阿弥陀净土变相是无量寿经、阿弥陀经等经典所说的西方极乐净土庄严相的形象化,而观无量寿经以王舍城悲剧以及佛陀所说的十六观门的教相有关的事项制作的图像,所表示的内容,各自的出发点不同"。《观无量寿经》以序分、十六观为其重要特征①。《无量寿经》与《阿弥陀经》的区别,施萍婷先生在《敦煌学大辞典》"无量寿经变"条中认为,《无量寿经》中有"化生"内容,而《阿弥陀经》无"化生"之说。在搞清三种经典的图像差异后,我们来看敦煌莫高窟的相关图像。莫高窟隋窟 393 窟西壁、433 窟人字披西披上部绘制出西方净土变②(图七十九:1),以无量寿佛及观音、大势至菩萨为中心,三圣端坐在宝池中的莲台上,池中莲花、化生、鸳鸯等围绕于台座四周。两幅画中均出现"化生童子"这一代表性元素,故笔者认为它们是依《无量寿经》绘制的,是莫高窟较早的西方净土变图。但此图中不见高大的建筑物等,画面的主体是三圣,着意于强调人物形象,忽视对空间的表现,似乎还保留有早期说法图的特点,与南响堂山形式较为接近。南响堂山 1、2 窟中的西方净土变,重点表现说法部分,画面的中心位置为三圣及听法众人,宝池、建筑等都只在画面次要部位表现(图七十九:2),敦煌相似的图像似是受到北齐的影响,而与成都南朝、麦积山西魏窟表现大场面和注意空间雕刻的形式有一定的差异。北齐小南海石窟中的十六观等内容,莫高窟直到唐代才开始绘制,并注意表现空间感,形成成熟完整的西方净土变。

---

①转引自前揭施萍婷文。

②《中国石窟·敦煌莫高窟》(二),李其琼《隋代的莫高窟艺术》,插图 8。

1　　　　2

图七十九　西方净土变图

1. 莫高窟 393 窟西方净土变　2. 南响堂 2 窟西方净土变（1 采自《中国石窟·敦煌莫高窟》(二)165 页插图 8,2 采自《甘肃石窟艺术壁画编》序言图八）

成都南朝浮雕经变《法华经·观音菩萨普门品》中以佛在灵鹫山说法为主,下面刻画出许多观音救难的故事情节,如救海难、火难、水难、地狱难等等,表现出了完整的普门品内容①。其中救海难、火难、水难的场景及人物与莫高窟隋代 420 窟东披壁画十分近似②，两者间的联系十分明显,此组图像或受南朝影响。

涅槃经是北朝晚期莫高窟重要的写经内容，在现存的纪年经卷中，涅槃经与法华经各占一半。莫高窟最早涅槃内容出现在北周 428 窟及西千佛洞 8 号窟中,之后的隋代涅槃经变大量出现,且多与法华相关联。隋代莫高窟洞窟塑像以三佛为主③,三佛本身就是法华三昧观十分重要的内容,加上洞窟壁画中也绘制了大量的法华内容,如《方便品》《譬喻品》《见宝塔品》《观世音菩萨普门品》等,可见隋代莫高窟法华信仰的兴盛。这样就形成了莫高窟隋代法华、涅槃并重的局面。北魏时期的炳灵寺、麦

①赵声良《成都南朝浮雕弥勒经变与法华经变考论》,《敦煌研究》2001 年第 1 期。

②《中国石窟·敦煌莫高窟》(二),图 75、77。

③樊锦诗、关友惠、刘玉权《莫高窟隋代洞窟分期》,《中国石窟·敦煌莫高窟》(二),文物出版社,1984 年。

积山北魏至西魏诸洞窟中就已体现出法华、涅槃并重的情况，炳灵寺132窟内主要的造像内容为释迦多宝、释迦、弥勒构成的三世佛，反映了法华禅观思想。窟门上方雕刻出涅槃的内容，使得整窟形成了法华、涅槃并举的状况，但此时的涅槃还是从属于法华内容。麦积山127、135窟原塑像均为三世佛题材，顶部及壁面绘制壁画，其中正壁上部绘制涅槃变，两侧壁分别绘制维摩诘、西方净土变等，虽然这两窟中壁画题材丰富，反映了多种信仰，但从洞窟造像构成、壁画位置分析，法华、涅槃内容还是最重要的部分。可见自北魏晚期以来北方地区法华、涅槃同时表现的情况就已流行。南朝地区至今仅发现了两例涅槃图像，即彭州龙兴寺出土的梁中大通五年（528）释迦双身像及万佛寺WZS46号像背光。释迦双身像正面主尊为双身释迦像，两侧面刻“逾城出家”等佛教故事。背面上部浮雕涅槃及说法图①，上部释迦仰身横卧，周围举哀弟子等，下部释迦临终说法图，整个图像构成了涅槃内容。背面佛涅槃的图像，相比侧面的“逾城出家”等佛教故事所处的位置显著，表明了其重要性。从年代上看，上述各案的年代接近，都为520—550年，说明此时南北方都重视法华、涅槃信仰。北周、北齐时，涅槃仍是北方地区石窟造像中的重要内容。麦积山26窟主尊为七佛，顶部绘制出涅槃经变图，与其为双窟的27窟，窟形、造像内容都接近，顶部绘制法华经变，这样26、27两窟就构成了法华、涅槃并举的内容。南响堂5窟主尊为三世佛，正壁上方刻涅槃图，也表现出法华、涅槃的结合。同时受末法思想影响，响堂石窟中大量刊刻佛经，其中涅槃经就非常多。莫高窟420窟为三壁三佛窟，顶部绘制法华经变，其中部分内容为涅槃，大部分学者都注意到此情况，同时有些学者还通过细致分析，将其中的涅槃内容，从法华经变中分离出来，认为是独立

①沈洪民《彭州市出土佛教石刻造像》，《成都文物》1995年第1期；沈洪民《彭州龙兴塔始建溯源》，《成都文物》1999年第3期；彭州市博物馆、成都市文物考古研究所《四川彭州龙兴寺出土石造像》，《文物》2003年第9期。

的涅槃经变，并通过420、419窟法华、涅槃内容的考释，认为此时的敦煌也处于法华、涅槃双美的状况[①]。

笔者认为从北朝晚期的北周、北齐，甚至从更早的北魏晚期至西魏开始，南义北禅之分逐渐开始消失，洞窟或造像都成为宣扬佛法的场所与载体，北周洞窟中经变画的逐渐出现，反映了大乘义理思想在北方的流布。北齐石窟中的大量刻经，不仅受到末法思想的影响，也是邺城地区佛教禅理兼弘的表现。隋代受到统治者的倡导，“破斥南北”，南义北禅之界限更是不复存在，受此影响敦煌地区出现大量的经变画，以不同于中原东部地区刻经的方式表达了双弘定慧的相同思想。这些变化，反映了佛教中国化的历程。

3. 伎乐形象

敦煌北魏251窟两侧壁下层绘有大量药叉形象，其中有的手持乐器，如琵琶等，西魏的249窟北壁下部也有同样的药叉。北周290窟南壁下层还见此类药叉[②]。敦煌手持乐器的药叉形象上袒，下着短裤，或立或蹲，姿态各异，动感十足。乐器有腰鼓、筚篥、琵琶等。而这些乐器均是由龟兹凉州等地传来的。“西凉者，起苻氏之末，吕光、沮渠蒙逊等，据有凉州，变龟兹声为之，号为秦汉伎。魏太武既平河西得之，谓之‘西凉乐’。至魏、周之际，遂谓之《国伎》。今曲项琵琶、竖头箜篌之徒，并出自西域，非华夏旧器……其乐器有钟、磬、弹筝、搊筝、卧箜篌、竖箜篌、琵琶、五弦、笙、箫、大筚篥、长笛、小筚篥、横笛、腰鼓、齐鼓、担鼓、铜拔、贝等十九种，为一部。”[③]从上述文献记载可知，西凉乐与龟兹乐的关系及其乐器

---

①郭佑孟《敦煌隋代法华主题洞窟初探》，《兰州大学学报（社会科学版）》第34卷第4期，2006年7月；叶佳玫《敦煌莫高窟隋代四二〇窟研究》，国立台湾大学艺术史研究所硕士论文，1996年6月。

②《中国石窟·敦煌莫高窟》（一），图48、94、182。

③《隋书》卷十五《音乐志下》，中华书局，1982年。

来源。龟兹乐、凉州乐很早就已在河西地区流行，十六国壁画墓中就已出现[①]。成都南朝造像碑中伎乐上袒，肩披披帛，动感极强，造型上同敦煌药叉，人物形象也类胡人，故疑这些伎乐与西来的龟兹乐、凉州乐有关。

五、小结

外来的佛教造像在不断中国化的过程中，吸收各地区、各民族的思想、艺术，形成新的面貌是必然趋势。从中国绘画史及佛教美术史来看，南朝绘画、雕塑艺术对北朝佛教造像产生了两次重要的影响[②]。两次影响都很深远，其中第二次不仅对北朝晚期的北周、北齐造像等产生了影响，也为隋唐佛教及其造像的发展奠定了基础。

南朝对北朝的第一次影响肇始于晋、宋之际，此时正值佛教在中土的初传期。为适应中土传统文化，外来佛教造像在中国初期的传播可以用“改梵为夏”来形容[③]。东晋的戴逵父子是其代表，他们所造之像，不仅在题材上以南朝流行的无量寿佛等为主，在表现形式上对过于朴拙的西方样式也进行了改造，以期在符合佛教仪轨的同时也融合世人的爱好，迎合士大夫清谈之风，形成清秀典雅、衣纹繁缛的特点。之后顾恺之、陆探微将“秀骨清像”的风格推向了极致。魏孝文帝改制，借助皇家的倡导，南朝艺术中秀丽典雅、飘逸灵动的风格进入了北朝佛教殿堂，南朝士大夫所崇尚的秀骨清像造型、褒衣博带式汉服被外来的佛教所吸收，并盛行于世，南北地区均奉其为佛教造像的圭臬，对中国佛教的发展产生了巨大的影响，使得佛教中国化的进程向前迈出了一步。

第二次是南朝张家样画风的流行及其对北方石窟造像的影响。“萧

①甘肃省文物考古研究所编著《酒泉十六国墓壁画》，文物出版社，1989 年。

②宿白《北朝造型艺术中人物形象的变化》，《中国石窟寺研究》，文物出版社，1996 年。

③金维诺《关于龙门造像样式及其变革——南方在佛教图像上的创造及其对北朝的影响》，《龙门石窟一千五百周年国际学术讨论会论文集》，文物出版社，1996 年。

衍建梁，裁革齐制……南朝风尚乃一变化。"[①]张僧繇改革了前人画法，使"秀骨清像"变为"面短而艳"，人物形象丰腴壮硕。这种风格不仅影响了世俗绘画，在佛教造像上也流行开来。张僧繇的新画风与此时经东南亚等地传来的印度笈多艺术风格联系紧密。张僧繇本人为宫廷画家，又善绘佛画，曾绘制"天竺二胡僧"及"凹凸花"[②]，他对秀骨清像人物造型的改变，与笈多丰圆壮硕的风格极为相似，故其画风的产生当受到笈多美术的影响与刺激[③]。另外，北齐曹仲达"衣服紧窄……曹衣出水"的画风，也应继承了梁朝笈多美术新风尚。南朝齐梁年间开始，直至北齐、北周的造像便是受到上述两位画家的影响而产生的。南朝齐永明元年像是最早的例证，龙门北朝中晚期的东魏、西魏造像也已体现出丰满圆润的特征[④]，北齐响堂山、北周麦积山、须弥山、敦煌石窟造像，青州、长安单体造像均越发丰满壮硕，表现出强烈的笈多特色。

上述南朝对北朝晚期石窟造像的影响虽然重视外在的表现形式，但也不乏对造像精神面貌的刻画，自秀骨清像画风开始，就注重人物神态、风骨的表现，超然于世外的精神气质无处不在。至萧梁时期，在注重人体造型的同时，也重视人物内心的刻画，造像多双目微睁，眼睑下垂，做沉思冥想状，神秘中又透出一种亲近感，改变了早期造像庄严威仪的样态。

成都南朝造像的许多特点都带有较为明显的印度笈多佛教造像的

---

①宿白《北朝造型艺术中人物形象的变化》，《中国石窟寺研究》，文物出版社，1996年。

②唐许嵩《建康实录》卷十七："（大同三年）置一乘寺，西北去县六里……寺门遍画凹凸花，代称张僧繇手迹。其花乃天竺遗法，朱及青绿所成，远望眼晕如凹凸，就视即平，世咸异之，乃名凹凸寺。"中华书局，1986年。

③李静杰《南北朝隋代佛教造像系谱与样式的整体观察》（下），《艺术与科学》（十），清华大学出版社，2010年。

④常青《龙门石窟北朝晚期龛像浅析》，《龙门石窟一千五百周年国际学术讨论会论文集》，文物出版社，1996年。

特点。笈多风格不仅从海路通过东南亚诸国传播到建康，西边的陆路也是传播途径之一，成都南朝造像中的一些特点，如菩萨“S”形身段、波斯因素等，在建康、青州这些受到强烈笈多艺术影响的地区不见。中亚地区在5—8世纪吸收了印度犍陀罗、笈多佛教美术及波斯萨珊朝美术的因素，形成了一种新的混合型佛教美术样式，造像高大，佛像身躯直立，比例较为协调，头大，颈部三道弯，身体的量感及肌肉的质感突出。通肩袈裟较贴体，袈裟衣褶自左肩斜向右边，接近笈多袈裟的样式，有一定的韵律感。菩萨身姿扭曲，采用笈多造像中常见的三曲法造型，代表作品是巴米扬东西大佛及其壁画。这种样式在东传的过程中，首先影响到新疆的克孜尔、于阗地区[①]。之后我们在成都南朝造像中见到，虽然成都南朝造像的主要源头是南朝文化中心建康地区，但西来的影响还是不容忽视的。目前我们在建康地区还没见到过具有笈多佛教美术因素的造像实例。所以我们有理由相信，成都南朝造像中笈多等因素，也可能是受到中亚、新疆的影响。这些外来的特征，又从益州扩展辐射到周围地区，如长安、秦州等。

北朝因其经济、文化上相对的落后性，佛教义理不如南朝发达，造像又承自北凉以来的传统，重视禅观，禅僧备受重视，而义学高僧人数较少。同时北朝佛法，在做功德方面以造塔像、崇福田为主。在上述背景下，北朝石窟造像多表现为重视禅观的三佛、七佛、释迦、释迦多宝等题材[②]，西魏、北周均如此。而南朝文化重视清谈玄学，尤重佛教义理。宋齐间造像流行无量寿佛、弥勒等，以秀骨清像、褒衣博带为主要的造像样式。520—550年间的成都南朝造像发生了一定的变化，题材上更加多样，群像组合增多，造像一改秀骨清像样，变得丰壮圆润，袈裟样式上褒衣博带

---

①[日]宫治昭著、李静杰译《巴米扬——文明的十字路》，故宫博物院《故宫学刊》2006年，总第三辑。

②刘慧达《北魏石窟与禅》，《考古学报》1978年第3期。

与印度笈多式通肩样并行,呈现一派新风格。这种新风,对占领益州后的西魏、北周造像产生了极大的影响。当然北周造像变化的原因很复杂,不是单一的南朝影响,北周复古改制,崇尚质朴之风对其造像题材、样式等变化起了决定性的作用。经济文化上的相对落后性,也使得其保留了较多的北魏以来的传统题材及造像样式,对新风格的吸纳相对于东魏、北齐来说较为滞后与保守,故其造像形成了自身具有时代特点,又有地域特点的风格,是一种改造了的适应本土文化的样式。

北朝晚期东西部地区在佛教信仰、造像特征上都受到南朝影响,以邺城为中心的东部地区因经济文化的先进性及地近南朝文化中心建康,受到南朝影响较大。同时从海上传来的印度笈多佛教艺术也对其产生了一定的影响,其造像中笈多特点十分明显,造型优美,身躯与四肢的分离程度显著,腰部曲线明显,袈裟轻薄贴体,韵律感强,总体上表现出较多的新因素。而西部的麦积山等石窟,因所处地区文化不如东部地区先进,保留北魏以来的旧有传统较多,通过益州传来的南朝新因素对其影响不如东部强烈。造像样式与笈多式有一定的距离,吸收新因素不如东部地区彻底,是一种改造过的形式。造像敦厚,身体的量感突出,曲线较弱;佛像袈裟不如东部地区轻薄贴体;菩萨像中"S"形身段引人注目。总体上看,北朝晚期,北方石窟较多地受到南朝影响。

虽然从 6 世纪中期开始,中原西部地区对四川地区佛教石窟及造像产生了一定的影响,体现了北周中心文化对周围地区的影响,但成都地区 520—550 年左右形成的造像特点,以先进文化的面貌出现,并影响了北周初年长安、秦陇等地区的石窟造像,使北方西部地区造像产生了巨大的变化。

益州南朝造像中单体释迦、观音、阿育王造像、多身的群像分别对长安造像、拉梢寺造像题材产生了影响,而造像服饰对麦积山、须弥山石窟影响显著,菩萨"S"造型的身躯对麦积山及以后的隋唐造像影响深远。

虽然南朝造像对北朝造像产生了极大的影响，但北方地区也不是一味地照搬南朝的样式，而是据自身的文化特性等，吸收、改造南朝新风格，形成了具有自身特色的样式。中国佛教艺术就是在这种相互的吸纳、改造中不断完善，走向成熟的。

参考文献

一、典籍文献

[北宋]司马光《资治通鉴》,中华书局点校本,1982 年。
[西汉]司马迁《史记》,中华书局点校本,1982 年。
[东汉]班固《汉书》,中华书局点校本,1975 年。
[南朝宋]范晔《后汉书》,中华书局点校本,1973 年。
[唐]房玄龄等《晋书》,中华书局点校本,1982 年。
[北齐]魏收《魏书》,中华书局点校本,1984 年。
[南朝梁]沈约《宋书》,中华书局点校本,1983 年。
[南朝梁]萧子显《南齐书》,中华书局点校本,1983 年。
[唐]姚思廉《梁书》,中华书局点校本,1983 年。
[唐]姚思廉《陈书》,中华书局点校本,1982 年。
[唐]李延寿《南史》,中华书局点校本,1983 年。
[唐]令狐德棻《周书》,中华书局点校本,1983 年。
[唐]李百药《北齐书》,中华书局点校本,1983 年。
[唐]李延寿《北史》,中华书局点校本,1983 年。
[唐]魏征等《隋书》,中华书局点校本,1982 年。
[清]顾祖禹《读史方舆纪要》,中华书局点校本,2005 年。

[南朝梁]释慧皎《高僧传》,中华书局点校本,1992年。

[南朝梁]僧佑《出三藏记集》,中华书局点校本,2003年。

[唐]张彦远《历代名画记》,北京:人民美术出版社,1985年。

[宋]《宣和画谱》(岳仁译注本),长沙:湖南美术出版社,1999年。

[唐]李吉甫《元和郡县图志》,中华书局点校本,1983年。

[宋]乐史《太平寰宇记》,《四库全书》,上海:上海古籍出版社,1987年。

二、图录、报告

敦煌文物研究所编《中国石窟·敦煌莫高窟》(一)、(二)、(三)、(四)、(五),北京:文物出版社,1982、1984、1987年。

敦煌研究院编《中国石窟·安西榆林窟》,北京:文物出版社,1997年。

云冈石窟文物保管所编《中国石窟·云冈石窟》(一)、(二),北京:文物出版社,1991、1994年。

龙门文物保管所、北京大学考古系编《中国石窟·龙门石窟》(一)、(二),北京:文物出版社,1991、1992年。

河南省文物研究所编《中国石窟·巩县石窟寺》,北京:文物出版社,1989年。

天水麦积山石窟艺术研究所编《中国石窟·天水麦积山》,北京:文物出版社,1998年。

甘肃省博物馆、炳灵寺石窟文物保管所编《炳灵寺石窟》,北京:文物出版社,1982年。

甘肃省文物工作队、炳灵寺文物保管所著《中国石窟·永靖炳灵寺》,北京:文物出版社,1989年。

甘肃省文物考古研究所、炳灵寺文物保管所编《炳灵寺一六九窟》,深圳:海天出版社,1994年。

甘肃省文物工作队、庆阳北石窟文物保管所等《陇东石窟》，北京：文物出版社，1987年。

甘肃省文物工作队、庆阳北石窟寺文管所《庆阳北石窟寺》，北京：文物出版社，1985年。

甘肃省文物工作队《河西石窟》，北京：文物出版社，1987年。

宁夏回族自治区文物管理委员会、中央美术学院美术史系《须弥山石窟》，北京：文物出版社，1988年。

新疆维吾尔自治区文物管理委员会、拜城县克孜尔千佛洞文物保管所、北京大学考古系编《中国石窟·克孜尔》（二），北京：文物出版社，1996年。

《中国美术全集·雕塑篇13·巩县天龙山响堂山安阳石窟雕刻》，北京：文物出版社，1989年。

《中国美术全集·雕塑篇3·魏晋南北朝雕塑》，北京：文物出版社，1988年。

张林堂、孙迪《响堂山石窟——流失海外石刻造像研究》，北京：外文出版社，2004年。

陕西省考古研究所等《北朝佛道造像碑精选》，天津：天津古籍出版社，1996年。

李静杰《石佛选粹》，北京：中国世界语出版社，1995年。

李静杰《中国金铜佛》，北京：宗教文化出版社，1996年。

胡文和《中国道教石刻艺术史》，北京：高等教育出版社，2004年。

金申《中国历代纪年佛像图典》，北京：文物出版社，1995年。

金申《海外及港台藏历代佛像珍品纪年图鉴》，太原：山西人民出版社，2007年。

张宝玺《甘肃佛教石刻造像》，兰州：甘肃人民美术出版社，2001年。

张宝玺《甘肃石窟艺术壁画编》，兰州：甘肃人民美术出版社，1997年。

张宝玺《甘肃石窟艺术雕塑编》,兰州:甘肃人民美术出版社,1994年。

甘肃省文物局编《甘肃文物菁华》,北京:文物出版社,2006年。

刘志远等编《成都万佛寺石刻艺术》,北京:中国古典艺术出版社,1958年。

王子云《陕西古代石雕刻》,西安:陕西人民美术出版社,1985年。

李域铮《陕西古代石刻艺术》,西安:三秦出版社,1995年。

张鸿修编著《北朝石窟艺术》,西安:陕西人民美术出版社,1993年。

《中国美术分类全集·中国石窟雕塑全集》第五卷陕西、宁夏卷,重庆:重庆出版社,2001年。

贺云翱《佛教初传南方之路文物图录》,北京:文物出版社,1993年。

《中国古佛雕——哲敬堂珍藏选辑》,台北:觉风佛教艺术文化基金会出版,艺术家杂志社,1989年。

甘肃省文物考古研究所编著《酒泉十六国墓壁画》,北京:文物出版社,1989年。

甘肃省文物考古研究所编《敦煌佛爷庙湾——西晋画像砖墓》,北京:文物出版社,1998年。

甘肃省文物考古研究所《敦煌祁家湾——西晋十六国墓葬发掘报告》,北京:文物出版社,1994年。

罗丰《固原南郊隋唐墓地》,北京:文物出版社,1996年。

陕西省考古研究所《西安北周安伽墓》,北京:文物出版社,2003年。

段文杰《敦煌石窟艺术·莫高窟285窟》,南京:江苏人民美术出版社,1995年。

樊锦诗《中国壁画全集·敦煌壁画·北周卷》,沈阳:辽宁人民美术出版社,2007年。

贺世哲《敦煌石窟全集·法华经画卷》,上海:上海人民出版社,2000年。

松原三郎《中国仏教彫刻史论》,东京:吉川弘文馆,1995年。

水野清一、长广敏雄《云冈図像学》，京都：京都大学人文科学研究所研究报告《云冈石窟》第 11、12 洞，1953 年。

大村西崖著《中国美术史雕塑篇》，1915 年，东京。

Osvald Siren〈Chinese Scolpture from the Fifth to the Fourteenth Centuries〉，londen，1925.

西安市文物保护考古所编著《西安文物精华——佛教造像》，西安：世界图书出版公司，2010 年。

中国社会科学院考古研究所编著《古都遗珍——长安城出土的北周佛教造像》，北京：文物出版社，2010 年。

西安碑林博物馆《长安佛韵——西安碑林佛教造像艺术》，西安：陕西师范大学出版社，2010 年。

中华世纪坛艺术馆、青州博物馆编《青州北朝佛教造像》，北京：北京出版社，2002 年。

保利艺术博物馆《保利藏珍——石刻佛教造像精品选》，广州：岭南美术出版社，2000 年。

山东临朐山旺古生物化石博物馆编著《临朐佛教造像艺术》，北京：科学出版社，2010 年。

四川博物馆、成都文物考古研究所、四川大学博物馆编著《四川出土南朝佛教造像》，北京：中华书局，2013 年。

李裕群、李钢编著《天龙山石窟》，北京：科学出版社，2003 年。

甘肃省文物考古研究所等《水帘洞石窟群》，北京：科学出版社，2009 年。

[日]松本荣一《敦煌画の研究——図像篇》，东京：同朋社，1986 版。

[日]水野清一、长广敏雄《响堂山石窟》，京都：东方文化学院京都研究所，1973 年。

三、专著、文集、资料汇编

任继愈主编《中国佛教史》,北京:中国社会科学出版社,1985、1988年。

汤用彤《汉魏两晋南北朝佛教史》(上、下),北京:中华书局,1983年。

汤用彤《隋唐佛教史稿》,北京:中华书局,1982年。

唐长孺《魏晋南北朝史论拾遗》,北京:中华书局,1983年。

向达《唐代长安与西域文明》,北京:生活·读书·新知三联书店,1957年。

陈寅恪《隋唐制度渊源略论稿　唐代政治史述论稿》,北京:生活·读书·新知三联书店,2002年。

周一良《魏晋南北朝史论集》,北京:中华书局,1963年。

王仲荦《魏晋南北朝史》,上海:上海人民出版社,1979年。

王仲荦《北周地理志》,北京:中华书局,1980年。

王仲荦《北周六典》,北京:中华书局,1979年。

黎虎《魏晋南北朝史论》,北京:学苑出版社,1999年。

严耕望《魏晋南北朝佛教地理稿》,上海:上海古籍出版社,2007年。

李文才《南北朝时期益梁政区研究》,北京:商务印书馆,2002年。

方立天《魏晋南北朝佛教》,北京:中国人民大学出版社,2006年。

刘淑芬《中古的佛教与社会》,上海:上海古籍出版社,2008年。

侯旭东《五、六世纪北方民众佛教信仰——以造像记为中心的考察》,北京:中国社会科学出版社,1998年。

马长寿《碑铭所见前秦至隋初的关中部族》,北京:中华书局,1985年。

陈垣《释氏疑年录》,北京:中华书局,1964年。

郑炳林《敦煌地理文书汇辑校注》,兰州:甘肃教育出版社,1989年。

陈良伟《丝绸之路河南道》,北京:中国社会科学出版社,2002年。

罗丰《胡汉之间——"丝绸之路"与西北历史考古》,北京:文物出版社,2004年。

王青《魏晋南北朝时期的佛教信仰与神话》,北京:中国社会科学出版社,2001 年。

刘亚丁《佛教灵验记研究——以晋唐为中心》,成都:巴蜀书社,2006 年。

王镛《印度美术》,北京:中国人民大学出版社,2004 年。

[荷]许理和著、李四龙、裴勇译《佛教征服中国》,南京:江苏人民出版社,2003 年。

马世长《中国佛教石窟考古文集》,新竹:财团法人觉风佛教艺术基金会,2001 年。

杨泓《汉唐美术考古与佛教艺术》,北京:科学出版社,2000 年。

杨伯达《中国古代艺术文物论丛》,北京:紫禁城出版社,2002 年。

金申《佛教美术丛考》,北京:科学出版社,2004 年。

敦煌研究所编《敦煌石窟内容总录》,北京:文物出版社,1996 年。

敦煌研究所编《敦煌莫高窟供养人题记》,北京:文物出版社,1986 年。

新疆龟兹石窟研究所编《克孜尔石窟内容总录》,乌鲁木齐:新疆美术摄影出版社,2000 年。

宁夏回族自治区文管会、北京大学考古系《须弥山石窟内容总录》,北京:文物出版社,1997 年。

孙迪《中国流失海外佛教造像总合图目》,北京:外文出版社,2005 年。

国家文物局教育处《佛教石窟考古概要》,北京:文物出版社,1993 年。

阎文儒编著《麦积山石窟》,兰州:甘肃人民出版社,1984 年。

宿白《中国石窟寺研究》,北京:文物出版社,1996 年。

敦煌研究院编《敦煌研究文集——敦煌石窟考古篇》,兰州:甘肃民族出版社,2000 年。

段文杰《段文杰敦煌艺术论文集》,兰州:甘肃人民出版社,1994 年。

敦煌研究院编、贺世哲著《敦煌石窟论稿》,兰州:甘肃民族出版社,2004 年。

敦煌研究院编、施萍婷著《敦煌习学集》(上、下),兰州:甘肃民族出版社,2004 年。

贺世哲《敦煌图像研究——十六国北朝卷》,兰州:甘肃教育出版社,2006 年。

郑炳林《敦煌碑铭赞辑释》,兰州:甘肃教育出版社,1992 年。

郑炳林、沙武田《敦煌石窟艺术概论》,兰州:甘肃文化出版社,2005 年。

郑炳林等主编《麦积山石窟艺术文化论文集》(上、下),兰州:兰州大学出版社,2004 年。

施萍婷、贺世哲《近承中原、远接西域——莫高窟第 428 窟研究》,南京:江苏美术出版社,1998 年。

李正宇《敦煌学导论》,兰州:甘肃人民出版社,2008 年。

李崇峰《中印石窟寺比较研究》,北京:北京大学出版社,2003 年。

萧默《敦煌建筑研究》,北京:文物出版社,1989 年。

赖鹏举《丝路佛教的图像与禅法》,台湾:圆光佛学研究所。

李裕群《北朝晚期石窟寺研究》,北京:文物出版社,2002 年。

巫鸿主编《汉唐之间的宗教艺术与考古》,北京:文物出版社,2000年。

李淞《长安艺术与宗教文明》,北京:中华书局,2002 年。

殷光明《北凉石塔研究》,台北:觉风佛教艺术文化基金会,2000 年。

李淞《佛教美术全集九——陕西佛教美术》,台北:台湾艺术家出版社出版,1999 年。

李淞《陕西古代佛教美术》,西安:陕西人民教育出版社,2000 年。

雷玉华、王剑平《广元石窟》,成都:巴蜀书社,2002 年。

[韩]苏铉淑《东魏北齐庄严纹样研究》,北京:文物出版社,2008 年。

[韩]李正晓《中国早期佛教造像研究》,北京:文物出版社,2005 年。

[韩]梁银景《隋代佛教窟龛研究》,北京:文物出版社,2004 年。

阮荣春《佛教南传之路》,长沙:湖南美术出版社,2000 年。

龙门石窟研究所编《龙门石窟一千五百周年国际学术讨论会论文集》，北京：文物出版社，1996 年。

罗宏才《中国佛道造像碑研究——以关中地区为考察中心》，上海：上海大学出版社，2008 年。

《宿白先生八秩华诞纪念文集》编委会《宿白先生八秩华诞纪念文集》，北京：文物出版社，2002 年。

《中国文物地图集陕西分图》，西安：西安地图出版社，1998 年。

荣新江、张志清主编《从撒马尔干到长安——粟特人在中国的文化遗迹》，北京：北京图书馆出版社，2004 年。

荣新江《中古中国与外来文明》，北京：生活·读书·新知三联书店，2001 年。

颜娟英主编《美术考古》，北京：中国大百科全书出版社，2005 年。

陈悦新《5—8 世纪汉地佛像着衣法式》，北京：社会科学文献出版社，2014 年。

王敏庆《北周佛教美术研究——以长安造像为中心》，北京：社会科学文献出版社，2013 年。

云冈、龙门、敦煌、麦积山等石窟寺历年学术研讨会论文集。

四、期刊论文

刘慧达《北魏石窟中的“三佛”》，《考古学报》1958 年第 4 期。

刘慧达《北魏石窟与禅》，《考古学报》1978 年第 3 期。

宿白《参观莫高窟第 285 窟札记》，《文物参考资料》1956 年第 2 期。

宿白《青州龙兴寺窖藏所出佛像的几个问题——青州城与龙兴寺之三》，《文物》1999 年第 10 期。

宿白《武威天梯山早期石窟参观记》，《新燕京学报》第八期。

樊锦诗、马世长《莫高窟北朝洞窟本生、因缘故事画补考》，《敦煌研究》1986年第1期。

杨泓《试论南北朝前期佛像服饰的主要变化》,《考古》1963年第6期。

贺世哲《关于北朝石窟中千佛图像诸问题》,《敦煌研究》1989年第3、4期。

贺世哲《莫高窟第420窟顶部分壁画内容新探》,《敦煌研究》1996年第4期。

贺世哲《关于北朝石窟千佛图像诸问题》,《敦煌研究》1989年第4期。

甘肃省博物馆、炳灵寺石窟文物保管所《炳灵寺石窟老君洞北魏壁画清理简报》,《考古》1986年第8期。

罗世平《汉地早期佛像与胡人流寓地》,《艺术史研究》第一辑,广州:中山大学出版社,1999年。

李玉珉《"半跏思惟像"再探》,《故宫学术季刊》第三卷第三期。

李玉珉《敦煌药师经变研究》,《故宫学术季刊》第七卷第三期。

李玉珉《敦煌四二八窟新图像源流考》,《故宫学术季刊》第十卷第四期,台北,1993年。

郭佑孟《敦煌隋代法华洞窟初探》,《兰州大学学报》(哲社版)第34卷第4期,2006年。

常青《汉魏两晋南北朝时期长安佛教与丝绸之路上的石窟遗迹》,《文博》1992年第2期。

李静杰《北朝隋代佛教图像反映的经典思想》,《民族艺术》2008年第2期。

李静杰《北朝后期法华经图像的演变》,《艺术学》第21期,台北,2004年。

李静杰《早期单体石佛区域性分析》,《故宫博物院院刊》1998年第2期。

李静杰《关于云冈第九、第十窟的图像构成》,《艺术史研究》第十辑,中山大学出版社,2008 年。

李静杰《唐宋时期三佛图像类型分析》,故宫博物院《故宫学刊》2008 年,总第四辑。

李静杰《南北朝隋代佛教造像系谱与样式的整体观察》(上),《艺术与科学》(九),北京:清华大学出版社,2009 年。

李静杰《南北朝隋代佛教造像系谱与样式的整体观察》(下),《艺术与科学》(十),北京:清华大学出版社,2010 年。

李静杰《论定州系白石佛像》,《艺术史研究》第六辑,广州:中山大学出版社,2004 年。

李静杰《佛教造像碑尊像雕刻》,《敦煌学辑刊》1996 年第 2 期。

李崇峰《敦煌莫高窟北朝晚期洞窟的分期与研究》,敦煌研究院编《敦煌研究文集——敦煌石窟考古篇》,兰州:甘肃民族出版社,2000 年。

李裕群《试论成都地区出土的南朝佛教石造像》,《文物》2002 年第 2 期。

宁强《历代名画记与敦煌早期壁画——兼论南朝绘画与敦煌早期壁画的关系》,《敦煌研究》1988 年第 4 期。

宁强、胡同庆《敦煌莫高窟 254 窟千佛画研究》,《敦煌研究》1986 年第 4 期。

赵声良《成都南朝浮雕弥勒经变与法华经变考论》,《敦煌研究》2001 年第 1 期。

罗华庆《敦煌艺术中的〈观音普门品变〉和〈观音经变〉》,《敦煌研究》1987 年第 3 期。

楼宇烈《法华经与观世音信仰》,《世界宗教研究》1998 年第 2 期。

姚崇新《成都地区出土南朝造像中的外来艺术风格源流再探》,《华林》第一卷,北京:中华书局,2001 年。

姚崇新《广元唐以前佛教窟龛与造像的分期与年代》,《艺术史研究》第六辑,广州:中山大学出版社,2004 年。

费泳《南北朝时期佛教造像传播格局的转变》,《敦煌研究》2004 年第 2 期。

费泳《栖霞佛教造像及传播路径探究》,《朵云 60 卷·中国南方佛教造像艺术》。

刘永增《敦煌莫高窟隋代涅槃变相图与古代印度、中亚涅槃图像之比较研究》,《敦煌研究》1995 年第 1 期。

张元林《敦煌北朝时期的法华艺术及信仰观察》,《敦煌研究》2006 年第 5 期。

张元林《〈法华经〉佛性观的形象诠释——莫高窟第 285 窟南壁故事画的思想意涵》,《敦煌研究》2004 年第 6 期。

张元林、魏迎春《法华判教思想对北朝——隋时期敦煌石窟之影响试论》,《敦煌研究》2008 年第 5 期。

王景荃《试论北朝佛教造像碑》,《中原文物》2000 年第 6 期。

郝春文《东晋南北朝佛社首领考略》,《北京师范学院学报》(社会科学版)1991 年第 3 期。

董玉祥《精美的北魏石造像塔》,《中国艺术》第五期。

陈炳应《北魏曹天护造方塔》,《文物》1988 年第 3 期。

霍巍《四川大学博物馆收藏的两尊南朝石刻造像》,《文物》2001 年第 10 期。

靳之林《陕北发现一批北朝石窟和摩崖造像》,《文物》1989 年第4 期。

丁明夷《从强独乐建周文王佛道造像碑看北朝道教造像》,《文物》1986 年第 3 期。

冯汉骥《成都万佛寺石刻造像》,《文物参考资料》1954 年第 9 期。

袁曙光《四川省博物馆藏万佛寺石刻造像整理简报》,《文物》2001 年第 10 期。

吴怡如《北周王令猥造像碑》,《文物》1988 年第 2 期。

赵力光、裴建平《西安东郊出土北周佛立像》,《文物》2005 年第 9 期。

李美霞《临潼县博物馆藏北周造像座、唐代造像与经幢》,《文博》1992 年第 2 期。

韩保全《隋正觉寺遗址出土的石造像》,《考古与文物》1987 年第6 期。

杨军凯《西安窦寨村北周佛教石刻造像窖藏》,《2007 中国重要考古发现》,北京:文物出版社,2008 年。

西安市文物保护考古所《西安窦寨村北周佛教石刻造像》,《文物》2009 年第 5 期。

翟春玲《西安市出土的一批隋代佛道造像》,《文物》2002 年第 12 期。

袁曙光《四川茂县南齐永明造像碑及有关问题》,《文物》1992 年第2期。

成都文物考古研究所《成都市西安路南朝石刻造像清理简报》,《文物》1998 年第 11 期。

张肖马、雷玉华《成都市商业街南朝石刻造像》,《文物》2001 年第 10 期。

雷玉华等《四川汶川出土的南朝佛教石造像》,《文物》2007 年第6 期。

蒋明明《齐永明六年石佛造像》,《东南文化》1992 年第 3、4 期合刊。

丁文光《梁中大同元年造释迦石像》,《文物》1961 年第 12 期。

广元文管会《广元新出土的文物》,《文物》1990 年第 6 期。

周到、吕品《河南浚县造像碑调查记》,《文物》1965 年第 3 期。

魏文斌《甘肃华亭石拱寺石窟调查简报》,《敦煌研究》2007 年第3 期。

[韩]金理那著、洪起龙译《关于 6 世纪中国七尊像中的螺髻像之研究》,《敦煌研究》1998 年第 2 期。

[日]宫治昭著、贺小萍译《关于中亚涅槃图的图像学考察——围绕哀悼的形象与摩耶夫人的出现》,《敦煌研究》1987 年第 3 期。

[日]宫治昭著、李静杰译《弥勒信仰与美术》,230 页,《艺术史研究》第八辑,广州:中山大学出版社,2006 年。

[日]宫治昭著、李静杰译《巴米扬——文明的十字路》,故宫博物院

《故宫学刊》2006 年，总第三辑。

[日]吉村怜著、小泽亨子译《南朝法华经普门品变相——论刘宋元嘉二年铭石刻画像的内容》，《东南文化》2001 年第 3 期。

[日]吉村怜著、贺小萍译《法华经》普门品变相———刘宋元嘉二年石刻画像内容》，《敦煌研究》1996 年第 4 期。

[日]八木春生著、顾虹、赵声良译《关于中国成都地区的佛教造像——以 520—540 年间造像为中心》，《敦煌研究》2003 年第 3 期。

[日]石松日奈子著、刘永增译《关于陕西省耀县药王山博物馆藏魏文朗造像碑的年代》，《敦煌研究》1999 年第 4 期。

[日]八木春生《西安北周石造如来立像に関する一考察》，泉屋博古舘纪要第二十四卷，平城 20 年 3 月 30 日发行。

[日]八木春生《西安隋前期の石造菩萨立像に関する一考察》，《芸術研究报 29》，筑波大学芸術学系研究报告，第 53 辑。

陈悦新《甘宁地区北朝石窟寺研究》，北京大学博士论文，2004 年。

肖丁《西安地区北周佛教造像及其渊源研究》，南京艺术学院硕士论文，2014 年。

魏文斌《麦积山石窟初期洞窟调查与研究》，兰州大学博士论文，2009 年。

马羽娴《陕西北朝单体石造像考》，台南艺术大学硕士论文，2007 年。

后记

此书稿是在本人博士论文基础上修改完成的。接触佛教石窟寺考古已有 20 多年的时间了，但面对浩瀚磅礴的资料，显得仍如新人般无知。多年来虽在不断学习，但因天性愚钝，学养有限，成果甚微。2005 年，有幸进入兰州大学敦煌学研究所师从郑炳林先生研读敦煌学。因工作期间参与调查编写了《水帘洞石窟群》一书，对北周石窟造像有一定的了解，在郑先生的指导下，确定了以北周石窟寺及单体造像作为研究对象。此后我系统地阅读了有关资料，并经常向先生请教，在此向恩师深表谢意！

北周石窟寺研究是中国石窟寺研究中的一个难点，不仅是因北周处于承上启下的过渡阶段，同时各地文化背景不同，佛教文化面貌差异较大。敦煌地处东西文化交汇处，要想搞清其佛教文化的特点，需对印度、中亚及中原佛教文化有相当的认识，本人虽对敦煌地区北周石窟造像进行了讨论，但多只涉及皮毛，很多方面还需时日，以便有更深入的认识。麦积山石窟、须弥山石窟地近长安，文化面貌上与敦煌不同。大量长安单体的石造像是北周佛教艺术的重要组成部分，文中对其做了初步的归类、分析，以期全面地认识北周佛教艺术，很多问题还有待深入。对于无纪年北周与隋造像的划分是本人十分困惑的一个问题，它们年代较为接近，且持续时间较短，造像特征有很多相似性，故有些造像的定年存在一定的问题，望今后能有所辨识。南朝造像是近年学界的研究热点，其本身的特点及来源是学界关注的重点，但其对北方尤其是对西北地区石窟寺及造像的影响非常之大。如此庞大繁杂的内容在此一本书中不可能都有清晰的阐述与认识。

在攻博的几年里，我还承担了甘肃省文物考古研究所的田野发掘及报告编写工作，使得论文撰写的时间十分有限。所领导充分考虑到此，也为我提供了一定的方便，仅以此书对他们的关心表示感谢。甘肃省文物考古研究所见证了我学习、成长的过程，这里有苦有甜，大量的田野发掘工作，虽然十分辛苦，一路走来栉风沐雨，但其中的乐趣也是旁人无法体会的。有幸的是2013年至今，我主持发掘了甘肃泾州古城佛教遗址，其中出土了大量的北周至隋代造像，亲自整理这些造像使我对北周及隋代造像有了更进一步的认识，以前忽视或认识错误的问题都得以注意或纠正，对论文的修改十分有益。

在论文的写作过程中，我还受到了国内许多专家学者的帮助、支持。已故的北京大学马世长教授、清华大学李静杰教授、台南艺术大学潘亮文教授都不吝赐教，并为我提供了大量的资料。中国社会科学院考古研究所李裕群研究员、中国社会科学院世界宗教研究所张总研究员、敦煌研究院施萍婷、马德研究员对论文的修改提出了宝贵意见，在此对上述各位表示深深的感谢。

最后，我还要感谢多年来支持我工作和学习的家人，尤其是年迈的父母，他们承担了大量的家务劳动，为我解除了后顾之忧，使我能够安心工作、学习。对他们的关爱我有太多的愧疚，这本书也只是对他们的一个小小回报，在以后的日子里我会加倍回报，以弥补一二。

余生性愚钝，加之学养有限，书中有许多问题还需推敲，有些问题还需重新论证，不妥之处，敬请各位专家批评指正。

吴　荭

2009年11月初稿，2015年5月定稿

图版目录